EDITORA DO CONHECIMENTO

Auxiliando a humanidade a encontrar a Verdade

O Sublime Peregrino

© 1964 – Hercílio Maes

O Sublime Peregrino
Ramatís
Obra psicografada por Hercílio Maes

Todos os direitos desta edição
reservados à
CONHECIMENTO EDITORIAL LTDA.
www.edconhecimento.com.br
pedidos@edconhecimento.com.br

Edição de texto: Margareth Rose Fonseca Carvalho
Colaboraram nesta edição: Mariléa de Castro, Paulo Gontijo de Almeida, Sebastião de Carvalho
Ilustração da Capa: Mário Diniz
Projeto Gráfico: Sérgio Carvalho

ISBN 978-65-5727-032-5 – 20ª Edição – 2020

• Impresso no Brasil • *Presita en Brazilo*

Produzido no departamento editorial da
CONHECIMENTO EDITORIAL LTDA
Impresso na

a gráfica digital da **EDITORA DO CONHECIMENTO**

Dados Internacionais de Catalogação na Publicação (CIP)
(Angélica Ilacqua CRB-8 / 7057)

Ramatís, (Espírito)
   O Sublime Peregrino / Ramatís ; obra mediúnica ditada pelo espírito Ramatís ao médium Hercílio Maes ; revista por José Fuzeira – 20ª ed. – Limeira, SP : Editora do Conhecimento, 2020.
   392 p.

ISBN 978-65-5727-032-5

   1. Espiritismo 2. Psicografia 3. Jesus Cristo – Interpretações espíritas I. Título II. Maes, Hercílio, 1913-1993. III. Fuzeira, José.

16-1603   CDD – 133.93

Índices para catálogo sistemático:
1. Mensagens psicografadas : Jesus Cristo

Ramatís

O SUBLIME PEREGRINO

Obra mediúnica ditada pelo espírito
Ramatís ao médium Hercílio Maes.
Revista por José Fuzeira.

20ª edição — 2020

EDITORA DO
CONHECIMENTO

Obras de Ramatís editadas pela **EDITORA DO CONHECIMENTO**

HERCÍLIO MAES

- A Vida no Planeta Marte e os Discos Voadores – 1955
- Mensagens do Astral – 1956
- A Vida Além da Sepultura – 1957
- A Sobrevivência do Espírito – 1958
- Fisiologia da Alma – 1959
- Mediunismo – 1960
- Mediunidade de Cura – 1963
- O Sublime Peregrino – 1964
- Elucidações do Além – 1964
- Semeando e Colhendo – 1965
- A Missão do Espiritismo – 1967
- Magia de Redenção – 1967
- A Vida Humana e o Espírito Imortal – 1970
- O Evangelho à Luz do Cosmo – 1974
- Sob a Luz do Espiritismo (Obra póstuma) – 1999

SÁVIO MENDONÇA

- O Vale dos Espíritas – 2015
- Missão Planetária – 2016
- A Derradeira Chamada – 2017
- O Sentido da Vida – 2019
- Amor: Encontros, desencontros e Reencontros – 2020
- Mediunidade sem Preconceito – 2021
- Por que Reencarnar? – 2022

MARIA MARGARIDA LIGUORI

- Jornada de Luz
- O Homem e o Planeta Terra
- O Despertar da Consciência
- Em Busca da Luz Interior

AMÉRICA PAOLIELLO MARQUES

- Mensagens do Grande Coração

OBRAS COLETÂNEAS:

- Ramatís uma Proposta de Luz
- Face a Face com Ramatís
- Um Jesus que Nunca Existiu
- Simplesmente Hercílio
- A Missão do Esperanto
- A Origem Oculta das Doenças
- O Objetivo Cósmico da Umbanda
- Do Átomo ao Arcanjo
- O Apocalipse
- Marte: O futuro da Terra
- O Além – Um guia de viagem
- Geografia do Mundo Astral
- O Homem Astral e Mental
- O Carma
- O Menino Jesus
- Homeopatia – A cura energética

Coletâneas de textos organizadas **por SIDNEI CARVALHO:**

- A Ascensão do Espírito de A a Z – Aprendendo com Ramatís
- Ciência Oculta de A a Z – O véu de Ísis
- Evangelho de A a Z – A caminho da angelitude
- Jesus de Nazaré – O avatar do amor
- Mecanismos Cósmicos de A a Z – O amor do Pai
- Mediunidade de A a Z – O portal da Luz
- Saúde e Alimentação de A a Z – O amor pelos animais
- Transição Planetária de A a Z – A chegada da Luz
- Universalismo de A a Z – Um só rebanho

Obs: A data após o título se refere à primeira edição.

A Rui Ferreira da Luz

O meu preito fraterno no limiar desta obra, cujas palavras afetuosas e pensamentos instrutivos têm vivificado o meu labor espiritual.

Hercílio Maes

Sumário

Nota de repúdio à pirataria 8
Algumas palavras 10
Preâmbulo de Ramatís 12
1. Considerações sobre a divindade e existência de Jesus 17
2. Jesus e sua descida à Terra 32
3. A descida angélica e a queda angélica 49
4. Considerações sobre o "Grande Plano"
   e o Calendário Sideral 53
5. Jesus de Nazaré e o Cristo Planetário 67
6. A identidade sideral de Jesus 76
7. A natureza do corpo de Jesus 82
8. Maria e sua missão na Terra 89
9. Maria e o período gestativo de Jesus 97
10. Maria e o nascimento de Jesus 103
11. Maria e os aspectos do seu lar 121
12. Jesus e sua infância 126
13. Considerações sobre Jesus e a família humana 150
14. Jesus e seus aspectos humanos 155
15. O aspecto bíblico do povo eleito para a vinda do Messias 168
16. A influência benéfica do povo galileu na obra de Jesus 173
17. Por que Jesus teria de nascer na Judeia? 179
18. Aspectos da Judeia, Galileia e Nazaré no tempo de Jesus 190
19. Jesus e Maria de Magdala 199

20. José, o carpinteiro, e seu filho Jesus 207
21. Jesus e seus precursores 216
22. As pregações e as parábolas de Jesus 223
23. Jesus, seus milagres e seus feitos 241
24. Jesus e os relatos dos quatro evangelhos 256
25. Jesus e a Boa Nova do Reino de Deus 270
26. Jesus e os essênios 284
27. Os últimos dias da vida de Jesus 305
28. Jesus e sua entrada triunfal em Jerusalém 319
29. A prisão e o julgamento de Jesus 340
30. Jesus e Pôncio Pilatos 365
31. O drama do calvário 377

Nota de repúdio à pirataria

Respeitar o sacrifício alheio para produzir uma obra espírita é o mínimo que se espera de todos que almejam alcançar a condição de "bons espíritas", conforme nos ensina *O Evangelho Segundo o Espiritismo*, no capítulo 17, intitulado "Sede perfeitos", item **Os bons espíritas**.

O capítulo 26 desta obra básica ("Dai de graça o que de graça recebestes") nos conduz a uma importante reflexão sobre o tema "mediunidade gratuita", explicando, de forma muito objetiva, o papel do médium como intérprete dos Espíritos:

> ... receberam de Deus um dom gratuito – o dom de ser intérpretes dos Espíritos –, a fim de instruir os homens, mostrar-lhes o caminho do bem e conduzi-los à fé, e não para vender-lhes palavras que não lhes pertencem, porque não são produto de suas concepções, nem de suas pesquisas, nem de seu trabalho pessoal. ...

Contudo, muitos seguidores da Codificação têm um entendimento equivocado a respeito da produção das obras espíritas e/ou espiritualistas, atribuindo a elas o ônus da gratuidade, ao confundir a produção editorial com a mediunidade gratuita, universo material do qual ela não faz parte.

É fundamental separar uma coisa da outra, para que os espíritas não sejam induzidos a erros, cujos efeitos morais e éticos conflitam com os princípios espirituais.

Para que um livro de qualquer gênero literário chegue às mãos dos leitores, é preciso mais que a participação do autor (ou do mé-

9

dium psicógrafo), uma vez que o processo editorial depende de inúmeros profissionais qualificados em áreas diversas. Sem eles, as ideias e conteúdos não se materializariam em forma de livros.

Portanto, tradutores, revisores, editores, digitadores, diagramadores, ilustradores, capistas, artefinalistas, impressores, distribuidores, vendedores e lojistas fazem parte desse rol de profissionais empenhados na veiculação das obras espíritas/espiritualistas.

Como se pode perceber, para que uma conteúdo, uma psicografia, chegue aos leitores, percorre-se um longo caminho que envolve uma equipe diversa, em que muitos dos profissionais não são os médiuns nem voluntários e, portanto, não se inserem na máxima: "Dai de graça o que de graça recebestes".

Por isso, ao se praticar a pirataria, apropriando-se indevidamente de uma obra, seja através da reprodução de seu conteúdo por arquivo pdf ou digital, visando ao compartilhamento "fraterno" dos ensinamentos da Doutrina Espírita, está-se, na realidade, infringindo a lei da Primeira Revelação: "Não roubarás!". Sim, porque apropriação indébita de bens que também fazem parte do plano material é um delito, qualquer que seja a suposta boa-intenção.

Este é o alerta que a maioria das editoras, inclusive as espíritas, gostaria de fazer chegar aos leitores e que a **EDITORA DO CONHECIMENTO** inclui no início desta belíssima obra, fruto de um trabalho editorial que não envolveu voluntários mas sim profissionais remunerados que exigem respeito por suas atividades.

Deixamos aqui registrado nosso repúdio a sites, blogs, fóruns e outras mídias que pirateiam e armazenam obras literárias. Ao fazer uso ilícito desses depósitos de livros roubados, "espíritas e espiritualistas" se distanciam cada vez mais de seus objetivos maiores.

Finalizando, lembramos que "o homem de bem respeita todos os direitos que as leis da natureza atribuem aos seus semelhantes, como gostaria que respeitassem os seus". (*O Evangelho segundo o Espiritismo*, capítulo 17 "Sede perfeitos", item **O homem de bem**).

Conhecimento Editorial
Seus editores.

Algumas palavras

Prezados leitores.

Cabe-nos dar algumas breves explicações a respeito desta obra intitulada *O Sublime Peregrino*. Não se trata propriamente de uma história de Jesus em absoluta cronologia com todos os seus passos na Terra. Calcula-se que já ultrapassam 7.000 as obras escritas sobre sua existência, e todas elas fundamentadas ou baseadas nos relatos evangélicos de Mateus, Lucas, João e Marcos, que são a única fonte biográfica de referência oficial da passagem do Mestre Cristão entre os homens. Em consequência, achamos que seria desperdício de tempo tentarmos com Ramatís mais uma "Vida de Jesus" nos moldes das biografias já existentes, as quais nos apresentam tantos aspectos dele, que até nos parecem tratar-se de centenas de indivíduos diferentes.

Então, preferimos indagar a Ramatís quanto aos principais fatos da existência do Amado Mestre Jesus, mas sem qualquer receio de tabus, proibições, dogmas, pieguismo, crenças e interesses religiosos, malgrado isso possa causar choques emotivos nos tradicionais e protestos dos mais sentimentalistas, ainda condicionados às tradições religiosas. Sabíamos que Ramatís fora conhecido filósofo egípcio, no tempo de Jesus, e assim poderia dizer-nos algo daquela época e da vida do próprio Mestre. Mobilizamos assuntos nevrálgicos e perguntas até impertinentes sobre Jesus de Nazaré, o Redentor da humanidade, mas procuramos conhecê-lo como o homem incomum, magnífico e santificado, que seria mais lógico, em vez do mito alvo da adoração fanática e inconsciente imposta pelos dogmas da especulação religiosa organizada. Ademais, queríamos saber quanto a sua "descida" à Terra, sua identidade sideral, porque nascera na Judeia, qual o processo técnico de sua encarnação, o seu contato com os essênios, a natureza da traição de Judas, a realidade dos seus milagres e feitos, os motivos óbvios de sua condenação à cruz, o seu julgamento perante o Sinédrio e Pilatos, a razão das passagens evangélicas que lhe desmentem a bondade e a tolerância, a verdade ou fantasia do Cristo Planetário e, finalmente, qual fora a sua contextura humana, física ou fluídica.

Quanto às simpatias ou antipatias, censuras ou elogios, é problema que não nos preocupa, uma vez que a nossa intenção é servir e ser útil a uma causa espiritual de amplitude coletiva, quaisquer que sejam as críticas humanas a respeito de nossa tarefa. Antevemos os protestos de certos setores religiosos grampeados ainda ao subjetivismo dos "milagres" e das fantasias mitológicas; chegando até a admitir que o próprio Deus se travestiu de homem para então poder salvar a humanidade. E também discordarão desta obra os espiritualistas que admitem a excentricidade de um Jesus fluídico, a competir com os homens mediante o privilégio de uma natureza humana diferente das leis biológicas da procriação.

Na função de médium de Ramatís, tudo fizemos para recepcionar o seu pensamento com isenção de ânimo e sem qualquer premeditação mediúnica. *O Sublime Peregrino* não é somente uma tentativa para focalizar novos ângulos da vida de Jesus através da psicografia; mas, principalmente, dar-nos algo de sua própria contextura sideral fora da matéria, a natureza de suas relações com os planos da vida cósmica e com o Espírito Planetário da Terra! Esse então é o Jesus que precisamos sentir permanentemente em nós mesmos, porque ultrapassa o "tempo" e o "espaço" e significa a Fonte inesgotável, o "caminho, a verdade e a vida" de nossa ventura espiritual!

Curitiba, 15 de dezembro de 1964.
Grupo Ramatís

Preâmbulo de Ramatís

Meus irmãos.

Esta obra prende-se a algumas lembranças do contato que tivemos com Jesus de Nazaré, na Palestina, e de indagações que fizemos a alguns dos seus próprios discípulos naquela época, e a outros, aqui no Espaço. Alguns quadros ou configurações de sua infância, adolescência e maturidade, pudemos revivê-los recorrendo aos arquivos ou "registros etéricos", fruto das vibrações das ondas de luz, o Éter ou "Akasha" dos orientais, que fotografa desde o vibrar de um átomo até a composição de uma galáxia.[1]

Em vez de tecermos uma biografia romanceada, em que a nossa imaginação ou do médium suprisse os elos faltantes ou obscuros, esforçamo-nos para deixar-vos uma ideia mais nítida e certa da realidade do Espírito angélico de Jesus, que jamais discrepou da vida física, pois viveu sem exorbitar dos costumes e das necessidades humanas. Atendendo à sugestão dos nossos Maiorais da Espiritualidade, procuramos esclarecer os leitores sobre diversos conhecimentos da vida oculta e prepará-los para as revelações futuras, com referência à contextura do seu espírito imortal. Eis os motivos das "divagações", que costumamos

[1] "Conforme não mais ignoram os estudiosos e pensadores do Espiritismo, as poderosas sensibilidades etéricas, as ondas luminosas disseminadas pelo Universo, o fluido universal, enfim, sede da Criação, veículo da Vida, possui a prodigiosa capacidade de fotografar e arquivar em suas indescritíveis essências os acontecimentos desenrolados sob a luz do Sol, na Terra, ou pela vastidão do Infinito". Trecho extraído da p. 56, da obra *Dramas da Obsessão*, de Yvonne A. Pereira, editada pela Federação Espírita Brasileira.

tecer propositadamente fora dos temas fundamentais de nossas obras, as quais então proporcionam aos nossos leitores o ensejo de uma doutrinação suave, indireta e desapercebida, que os auxilia a ajustar os fragmentos de suas próprias aquisições espirituais. O que lhes seria mais árido numa busca isolada sobre o espírito, fica-lhes mais atraente e fácil, quando disseminado em torno de um assunto vertebral na leitura espiritualista.

Não defendemos "tese", nem pretendemos firmar pontos doutrinários nos relatos sobre *O Sublime Peregrino*; tentamos apenas revelar-vos algumas atitudes e estados de espírito do Mestre Jesus, que se ajustam realmente à sua elevada contextura espiritual. Cabe ao leitor achar justo, certo ou inverossímil o texto desta obra, o que, sem dúvida, será de conformidade com o seu próprio grau espiritual. Em verdade, todos nós descobrimos, dia a dia, que ainda sabemos muito pouco sobre a natureza sideral de Jesus, e, possivelmente, só depois de alguns milênios poderemos conhecê-la em sua plenitude. Uma vez que não nos move a vaidade insensata de querermos contentar a todos os homens, desde já asseguramos o nosso respeito e a nossa compreensão diante de qualquer opinião sobre esta obra.

Há séculos que os homens desperdiçam seu precioso tempo na indagação de minúcias dos acontecimentos ocorridos em torno do Mestre Jesus. No entanto, descuram-se de considerar e praticar os seus admiráveis ensinamentos de redenção moral e espiritual. Quanto ao seu nascimento, certos estudiosos, baseados na história profana, o julgam nascido em Nazaré; e outros, conforme a tradição evangélica da Igreja Católica,[2] o creem oriundo de Belém. E alguns chegam a atribuir o nascimento do Mestre Galileu, em Belém, à necessidade de se justificar a lenda criada para situá-lo na manjedoura e assim cumprirem-se integralmente as profecias do Velho Testamento.[3]

A tradição mitológica costuma sempre descrever o nascimento dos grandes iniciados ou avatares destinados a desempenhar relevantes missões sociais ou espirituais, como provindos de virgens e sob misterioso esponsalício estranho à ordem natural do sexo e da gestação. Krisna, Lao-Tse, Zoroastro, Buda, Salivahana e outros instrutores espirituais nasceram de virgens

---

[2] Nota do Revisor: Segundo o Evangelho de João, cap. 1, vers. 45-6, o apóstolo refere-se a Jesus de Nazaré, filho de José. Do fato de haver-se criado em Nazaré, é que resultou o cognome Jesus de Nazaré, embora tenha realmente nascido em Belém.
[3] Mateus, 2:23. Lucas, 2:4-7. Isaías, 9:6,7.

Ramatís / Hercílio Maes

e através de fenômenos ou processos extraterrenos. Jesus, portanto, devido à sua elevada hierarquia sideral, também não escaparia de vir à luz do mundo sem alterar a virgindade de Maria e ser concebido "por obra e graça do Espírito Santo"! Ainda existem outras preocupações quanto a certos acontecimentos, tais como se José e Maria realmente se movimentaram para atender ao recenseamento ordenado pelos romanos. Se isso aconteceu, só poderia ter ocorrido no reinado de Quirinus, após a queda de Arquelau. Mas se Jesus nasceu sob o poder de Herodes, conforme asseguram os dois evangelhos,[4] então a viagem de José e Maria rumo a Jerusalém não se realizou, porquanto no regime de Herodes não houve qualquer recenseamento.

E ainda multiplicam-se as dúvidas ou discordâncias a respeito de Jesus, pois até os espíritas, apesar de mais esclarecidos quanto à verdadeira vida espiritual, também divergem sobre a natureza do corpo do Mestre. Uma parte admite Jesus com um corpo físico e sujeito às contingências comuns da vida carnal; outros preferem a tese dos *Quatro Evangelhos*, de Roustaing, obra mais afim às revelações mitológicas do catolicismo e responsável pela concepção do "corpo fluídico". Aliás, essa assertiva de Jesus ter um "corpo fluídico" ajusta-se ao mistério da sua "ascensão em corpo e alma", a qual não é admitida pelos espíritas kardecistas.

No entanto, estas discussões sobre as características ou minúcias dos acontecimentos ocorridos quanto ao nascimento de Jesus constituem perda de tempo, pois o aspecto mais importante é a sua vida de abnegação e sacrifício ilimitados, no sentido de "salvar" a humanidade. Belém ou Nazaré, o lar ou a manjedoura, corpo físico ou fluídico, milagres ou trivialidades são circunstâncias incapazes de influir sobre o conteúdo do seu Evangelho, o mais avançado Código de Leis de aperfeiçoamento espiritual. Jesus sempre viveu em si mesmo os ensinamentos e conceitos salvadores ensinados ao homem terreno; obviamente, é muito mais valiosa e importante a sua doutrina e não os aspectos humanos do ambiente onde ele nasceu e viveu. A consumação do seu holocausto na cruz foi o coroamento messiânico e a confirmação inconfundível de toda sua doutrina recomendada à humanidade e sem derrogar as leis do mundo material, pois os seus próprios "milagres" nada tinham de sobrenaturais, mas podiam ser facilmente explicáveis pelas leis da física transcen-

[4] Mateus, 2:1. Lucas 1:5.

dental com relação aos fenômenos mediúnicos hoje conhecidos.

Jesus, embora fosse um anjo exilado do Céu, viveu junto dos terrícolas, lutando na vida humana com as mesmas armas, sem privilégios especiais e sem recorrer a interferências extraterrenas para eximir-se das angústias e dores inerentes à sua tarefa messiânica. O seu programa na Terra destinou-se a libertar tanto o sábio e o rico, como o iletrado e o pobre; por isso enfrentou as mesmas reações comuns a todos os homens, suportando as tendências instintivas e os impulsos atávicos, próprios de sua constituição biológica hereditária, embora lhe atribuíssem uma linhagem excepcional da estirpe de Davi.[5] O Mestre mobilizava todos os recursos possíveis para evitar sua desencarnação prematura; seu corpo de carne se ressentia do potencial elevado das vibrações emitidas pelo seu Espírito angélico. Vivia, em alguns minutos, os pensamentos, as emoções, angústias e ansiedades que os terrícolas não conseguiam viver em uma existência. O ritmo do metabolismo de sua vida espiritual ultrapassava o limite áurico de toda a humanidade terráquea, e os seus raciocínios transbordavam fora do tempo e do espaço, exaurindo-lhe o cérebro.

No seu hercúleo esforço para situar-se a contento, na carne, Jesus assemelhava-se a um raio de sol tentando acomodar-se numa vasilha de barro. A sua mente vivia hipertensa; seu impacto se descarregava sobre os plexos nervosos, oprimiam-lhe o cérebro, os nervos, o sangue e os vasos capilares, resultando, então, perigosos hiatos na rede circulatória. O turbilhão de pensamentos criadores vibrava e descia da superconsciência; ele então recorria aos jejuns periódicos, a fim de o seu espírito conseguir maior liberdade nessas fases pré-agônicas de desafogo da matéria. Outras vezes, o próprio organismo mobilizava recursos biológicos de emergência e vertia suor e sangue, compensando, com essa descarga imediata de humores, a perigosa tensão "psicofísica", fruto do fabuloso potencial de energia espiritual a lhe prensar a carne frágil![6]

Embora as paixões e os desejos estejam na alma, Jesus também se via obrigado a mobilizar os seus recursos angélicos, a fim de neutralizar as vibrações pesadas do ambiente onde se encontrava, assim como as flores delicadas resistem aos ventos

---

[5] Lucas, 2:4. II Timóteo, 2:8.
[6] Nota do Revisor: *O Evangelho de Lucas*, cap. 22, vers. 44, refere o seguinte: "E veio-lhe um suor de sangue, como de gotas de sangue, que caía sobre a terra". Trata-se de suor sanguíneo por hemorragia das glândulas sudoríparas, que a Medicina chama de hematidrose.

Ramatís / Hercílio Maes

agressivos. A própria narrativa religiosa simboliza na tentação de Satanás[7] ao Mestre Jesus, no "deserto da vida humana", a força dos impulsos da animalidade pretendendo enlaçá-lo nas teias sedutoras da vida sensual e epicurística do mundo.

Malgrado o terrícola ainda não possuir sensibilidade moral apurada, em condições de avaliar o imenso sacrifício e abnegação despendidos por Jesus para descer aos charcos do vosso mundo, são bem menores as lutas, angústias e os tormentos do pecador, no sentido de purificar-se até subir às esferas da angelitude, ante o martírio do anjo que renuncia às venturas celestiais dos mundos divinos, para descer ao abismo pantanoso dos mundos materiais, como sucedeu a Jesus.

É bem mais fácil e cômodo despojarmo-nos dos trajes enlameados e tomarmos um banho refrescante, do que vestirmos roupas pesadas e descermos a um fosso de lodo repulsivo e infeccionado, onde se debatem criaturas necessitadas de nosso auxílio.

Paz e Amor.
Ramatís

---

[7] Mateus, cap. 4:1-11.

1. Considerações sobre a divindade e existência de Jesus

PERGUNTA: — Que dizeis a respeito do dogma católico que afirma ter sido Jesus o próprio Deus, encarnado, feito homem para salvar a humanidade?

RAMATÍS: — Em verdade, Jesus é o Espírito mais excelso e genial da Terra, da qual é o Governador Espiritual. Foi também o mais sublime, heroico e inconfundível Instrutor entre todos os mensageiros espirituais da vossa humanidade. A sua encarnação messiânica e a sua paixão sacrificial tiveram como objetivo acelerar, tanto quanto possível, o ritmo da evolução espiritual dos terrícolas, a fim de proporcionar a redenção do maior número possível de almas, durante a "separação do joio e do trigo, dos lobos e das ovelhas", no profético Juízo Final já em consecução no século atual.

PERGUNTA: — Podereis referir alguns aspectos e detalhes, quanto ao critério dessa separação em duas ordens distintas?

RAMATÍS: — O "trigo" e as "ovelhas" simbolizam os da "direita" do Cristo: são os pacíficos, altruístas, humildes e compassivos, representantes vivos das sublimes bem-aventuranças do Sermão da Montanha. O caso é semelhante ao que se processa num jardim, quando o jardineiro decide arrancar as ervas daninhas que asfixiam as flores; e, em seguida, aduba a terra, a fim de obter uma floração sadia e bela.

O outro grupo de espíritos situados à "esquerda" do Cristo,

referidos na profecia como sendo o "joio" ou os "lobos", compõem-se dos maus, dos cruéis, avarentos, irascíveis, orgulhosos, egoístas, hipócritas, luxuriosos ou ciumentos. Semelhantes à erva daninha do jardim, eles são "arrancados" ou "excluídos" da Terra para um planeta inferior, compatível com suas paixões e vícios. No entanto, como o Pai jamais perde uma só ovelha do seu rebanho, tais "esquerdistas", depois de "limpos" ou "redimidos" no exílio planetário purgatorial, regressarão à sua velha morada terrena para harmonizar-se à sua humanidade.

Consequentemente, os exilados da Terra sentir-se-ão "estranhos" no planeta para onde forem expulsos; e, em certas horas de nostalgia espiritual, criarão também a lenda de um Adão e Eva enxotados do Paraíso, por haverem abusado da "árvore da vida".[8] Então, no astro-exílio surgirá uma versão nova da lenda dos "anjos decaídos", como já aconteceu há milênios, na Terra, por parte dos exilados de outros orbes submetidos a juízo final semelhante. E quando esses expatriados voltarem a reencarnar na Terra, que é a sua "casa paterna", então o Pai se rejubilará.[9]

No Terceiro Milênio, a Terra será promovida a um grau sideral ou curso espiritual superior, algo semelhante ao ginásio do currículo humano, cujos inquilinos ou moradores serão os espíritos graduados à "direita" do Cristo, conforme João diz no seu Apocalipse (Apocalipse, 21:27): — "Não entrará nela (Terra) coisa alguma contaminada, nem quem cometa abominação ou mentira, mas somente aqueles que estão escritos no livro da vida do Cordeiro". Em verdade, no Terceiro Milênio, só entrarão na Terra, pela "porta" da reencarnação, os espíritos devidamente ajustados ao Evangelho de Jesus, no simbolismo das "ovelhas", do "trigo" e dos "direitistas".

PERGUNTA: — Qual uma ideia mais ampla, quanto a Jesus ser o "Salvador" dos homens, conforme aludistes há pouco?
RAMATÍS: — As profecias do Velho Testamento sempre se referiram a um Messias, eleito de Deus, "Salvador" da humanidade terrena e libertador do Povo de Israel, cativo dos romanos. Mas os profetas não explicaram qual seria a natureza dessa "salvação", nem deixaram quaisquer indicações que pudessem esclarecer os exegetas modernos. No entanto, a humanidade do século XX já está capacitada para entender o sentido exato do vocábulo "Salvador", e também qual é a natureza da tarefa de

[8] Vide "Gênesis", 3:23,24.
[9] Lucas, 15:11-32 - a parábola do filho pródigo.

Jesus junto aos homens.

O seu Evangelho, como um "Código Moral" dos costumes e das regras da vida angélica, proporciona a "salvação" do espírito do homem, libertando-o dos grilhões do instinto animal e das ilusões da vida material. Essa "salvação", no entanto, ainda se amplia noutro sentido, porque os redimidos ou "salvos" dos seus próprios pecados também ficam livres da emigração compulsória para um planeta inferior, cujo acontecimento já se processa na vossa época, simbolizado pelo "Fim dos Tempos" ou "Juízo Final".

Os evangelizados ou "salvos" das algemas das paixões da animalidade devem corresponder ao simbolismo do "trigo", das "ovelhas" ou da "direita" do Cristo, a fim de ficarem desobrigados de uma emigração retificadora para outro orbe inferior, sendo-lhes permitido reencarnar-se na Terra, participando da humanidade sadia e pacífica predita para o Terceiro Milênio.[10] Em consequência, a humanidade futura será composta dos "escolhidos" à "direita" do Cristo e perfeitamente integrados no seu Evangelho redentor.

PERGUNTA: — *E quanto à outra afirmação da Igreja Católica, de que Jesus era o "Filho de Deus", como a segunda pessoa da Santíssima Trindade manifesta na carne?*

RAMATÍS: — Jesus nunca afirmou que era o próprio Deus manifesto na segunda pessoa da Santíssima Trindade, nem se pronunciou diferente da natureza dos demais homens. Mas deixou bem claro a sua condição de irmão de todos os homens e filho do mesmo Deus, quando por diversas vezes assim se dirigiu aos seus discípulos: "Eu vou a meu Pai e a vosso Pai, a meu Deus e a vosso Deus". É evidente, nesse conceito, que ele se referia a Deus como o Pai de todos os homens; e a todos os homens como filhos desse mesmo Deus.

PERGUNTA: — *Poderíeis citar-nos algum fato ou versículo do Novo Testamento, comprovando-nos o fato de Jesus não ser o próprio Deus encarnado?*

RAMATÍS: — Deus, o Absoluto, o Infinito, jamais poderia ser enclausurado ou "comprimido" nas limitações da forma humana, assim como um pequeno lago não pode suportar e conter o volu-

---

[10] Vide a obra de Ramatís *Mensagens do Astral*, cap. I, II e XI, respectivamente, "Os Tempos são Chegados", "O Juízo Final" e "Os que Emigrarão para um Planeta Inferior".

Ramatís / Hercílio Maes

me das águas do oceano.

A Terra, planeta de educação primária a se mover entre bilhões de outros planetas mais evoluídos, jamais poderia justificar a derrogação das leis do Universo Moral, no sentido de o próprio Deus tomar a forma humana para "salvar" a humanidade terrícola, ainda dominada pela cupidez, sensualidade, avareza, ciúme e orgulho. Isso seria tão absurdo, como se convocar um sábio da categoria de Einstein para ensinar os rudimentos da aritmética aos alunos primários.

Deus jamais precisaria encarnar-se na Terra para despertar os terrícolas quanto aos objetivos superiores da vida imortal. A revelação espiritual não se faz de chofre; ela é gradativa e prodigalizada conforme o entendimento e o progresso mental dos homens. Assim, em épocas adequadas, baixaram à Terra instrutores espirituais como Antúlio, Numu, Orfeu, Hermes, Krishna, Fo-Hi, Lao-Tse, Confúcio, Buda, Maharishi, Ramakrishna, Kardec e Gandhi, atendendo particularmente às características e aos imperativos morais e sociais do seu povo. Jesus, finalmente, sintetizou todos os conhecimentos cultuados pelos seus precursores, e até por aqueles que vieram depois dele. O seu Evangelho, portanto, é uma súmula de regras e de leis do "Código Espiritual", estatuído pelo Alto, com a finalidade de promover o homem à sua definitiva cidadania angélica.

Aliás, é Jesus quem nos comprova não ser ele o próprio Deus, porquanto do alto da cruz, num dos seus momentos mais significativos, exclamou: — *"Pai! Perdoai-lhes, pois eles não sabem o que fazem"!* Por conseguinte, é absolutamente lógico e evidente que a sua súplica ao Pai, rogando pelos seus algozes, demonstra a existência na cruz do martírio de um "filho espiritual", feito homem e não o próprio Deus.

Se Jesus fosse o próprio Deus feito carne, por que então ele se dirigiu a um Pai que, sem dúvida, estava nos Céus?[11]

PERGUNTA: — Somos de opinião que Jesus, apesar de toda sua capacidade espiritual e graduação angélica, gozava de uma assistência excepcional do Alto. Essa designação de "Filho de Deus" devia referir-se mais propriamente ao fato de ele exer-

---

[11] Nota do Revisor: — Vide *Epístola aos Gálatas*, cap. 4, vers. 4: "Mas quando veio o cumprimento do tempo, enviou Deus o seu Filho, nascido de mulher, nascido sujeito à lei". É evidente que Paulo de Tarso, nessa epístola, deixa bem claro que Jesus não é Deus. E se o Mestre foi nascido de mulher e sujeito à lei, é óbvio que nasceu com um corpo carnal e de modo comum e humano, como os demais homens. A citação de Paulo não admite outra conclusão.

cer uma atividade incomum na Terra. Não é assim?

RAMATÍS: — Não foi a condição excepcional de "Filho de Deus", como um ser divino e acima da contextura humana dos terrícolas, nem o efeito de uma assistência privilegiada, o sustento de Jesus na sua obra redentora, mas a sua fé ardente e convicção inabalável em favor da humanidade terrena. Ele já possuía em si mesmo, por força de sua hierarquia espiritual, a ventura e a paz tão desejadas pelo homem terreno. O êxito absoluto na sua tarefa salvacionista não dependeu de proteções celestiais privilegiadas, mas do seu amor intenso e puro, de seu afeto desinteressado e incondicional para com o homem. Essas virtudes expandiam-se naturalmente de sua alma e contagiavam quantos o cercavam, assim como o cravo e o jasmim não podem evitar que o perfume inerente à sua natureza floral também se desprenda sobre as demais flores do jardim.

Jesus não tinha dúvidas quanto à realidade do "Reino de Deus" a ser fundado entre os homens, porque esse ideal era manifestação espontânea de sua própria alma, já liberada da roda viciosa das encarnações planetárias. Nada mais o atraía para os gozos e os entretenimentos da vida carnal. Todo o fascínio e convite capcioso do mundo exterior não conseguiam aliciá-lo para o seu reinado "cesariano", ou fazê-lo desistir daquele "reino de Deus", que ele pregava ao homem, no sentido de "salvá-lo" da ilusão e do cativeiro carnal.

A tarefa messiânica de Jesus desenrolava-se sem quaisquer hesitações de sua parte, sustentada pela vivência superior do seu próprio espírito. A sua presença amiga e o seu semblante sereno impressionavam a todos os ouvintes, quer fossem os apóstolos, discípulos, simpatizantes, homens do povo ou até inimigos.

Assim como o calor revigora o corpo enregelado, sua presença semeava o ânimo e a esperança, fazendo as criaturas esquecerem os próprios interesses da existência humana. A fonte que mitiga a sede dos viandantes não precisa de "interferências misteriosas" para aliviar os sedentos; ela já possui o atributo refrescante como condição inerente à sua própria natureza. Jesus também era uma fonte sublime e abençoada de "água espiritual", sempre pronta a mitigar a sede de afeto, de alegria e de esperança dos peregrinos da vida terrena, sem usar as armas agressivas, de moedas, de recursos políticos, de credenciais acadêmicas para divulgar a "Boa Nova". Em vez de recrutar os seus discípulos entre os doutos e os ricos, escolheu-os entre os pescadores rudes e ignorantes, porém honestos e sinceros. Espírito magnânimo e sábio, embora humilde, ninguém poderia superá-lo ou vencê-lo no ambiente terráqueo, pois sua aura excelsa, radiante de luz, embora imperceptível aos sentidos dos que o cercavam, traçava fronteiras defensivas contra as más intenções e os maus pensamentos dos seus detratores.

PERGUNTA: — *Porventura, Jesus também evoluiu de modo idêntico aos demais homens, conforme vos referistes às suas encarnações noutros mundos?*

RAMATÍS: — Jesus também foi imaturo de espírito e fez o mesmo curso espiritual evolutivo através de mundos planetários, já desintegrados no Cosmo. Isso foi há muito tempo, mas decorreu sob o mesmo processo semelhante ao aperfeiçoamento dos demais homens. Em caso contrário, o Criador também não passaria de um Ente injusto e faccioso, capaz de conceder privilégios a alguns de seus filhos preferidos e deserdar outros menos simpáticos, assemelhando-se aos políticos terrenos, que premiam os seus eleitores e hostilizam os votantes de outros partidos. Em verdade, todas as almas equacionam sob igual processo evolutivo na aquisição de sua consciência espiritual e gozam dos mesmos bens e direitos siderais.

Jesus alcançou a angelitude sob a mesma Lei que também orienta o selvagem embrutecido para a sua futura emancipação espiritual, tornando-o um centro criador de novas consciências no seio do Cosmo. Ele forjou a sua consciência espiritual sob as mesmas condições educativas do bem e do mal, do puro e do impuro, da sombra e da luz, tal qual acontece hoje com a vossa humanidade. Os orbes que lhe serviram de aprendizado planetário já se extinguiram e se tornaram pó sideral, mas as suas humanidades ainda vivem despertas pelo Universo, sendo ele um dos seus venturosos cidadãos.

PERGUNTA: — *Alguns espíritas afirmam que a evolução de Jesus processou-se em linha reta. Podeis esclarecer-nos a esse respeito?*

RAMATÍS: — Essa afirmação não tem fundamento coerente, pois a simples presunção de Jesus ter sido criado espiritualmente com um impulso de inteligência, virtude ou sabedoria inata, constituiria um privilégio de Deus a uma alma de sua preferência. Isso desmentiria o atributo divino de bondade e justiça infinitas do próprio Criador. Aliás, não há desdouro algum para o Mestre ter evoluído sob o regime da mesma lei a que estão sujeitos os demais espíritos, pois isso ainda confirma a grandeza do seu espírito aperfeiçoado pelo próprio esforço. Nenhum espírito nasce perfeito, nem possui qualquer sentido especial para a sua ascese espiritual à parte; todos são criados simples e ignorantes; sua consciência ou "livre arbítrio" se manifesta através do "tempo-eternidade", mas sem anular o esforço pessoal na escalonada da angelitude.

E Jesus não fugiu a essa regra comum, pois forjou a sua consciência de Amor e Sabedoria Cósmica ao nível dos homens, lutando, sofrendo e aprendendo os valores espirituais no intercâmbio dos mundos materiais. Ele tornou-se um ente sublime porque libertou-se completamente das paixões e dos vícios humanos, mas não se eximiu do contato com as impurezas do mundo carnal. A sublimidade da flor não reside apenas na sua conformação formosa, mas, acima de tudo, na sua capacidade de transformar detritos dos monturos em cálices floridos e odoríferos.

Assim como é impossível a um professor analfabeto ensinar os alunos ignorantes do ABC, Jesus também não poderia prescrever aos homens a cura dos seus pecados, caso ele já não os tivesse tido em si mesmo. Justamente por ele ter sofrido do mesmo mal, então conhecia o medicamento capaz de curar a enfermidade moral da humanidade terrena!... Jesus, alhures, já foi um pecador como qualquer homem do mundo; porém, ele venceu as ilusões da vida carnal, superou a coação implacável do instinto animal e seu coração transbordante de Amor envolve todos os cidadãos da Terra.

PERGUNTA: — Que dizeis de certos autores, alguns sinceros e outros apenas talentosos, quando asseguram que Jesus foi apenas um "mito" e jamais existiu fisicamente no seio da humanidade terrena?

RAMATÍS: — É indiscutível que Jesus não só comprovou as predições do Velho Testamento, como ainda correspondeu completamente às esperanças do Alto, na sua missão espiritual junto aos terrícolas. Os profetas tentaram comunicar aos judeus as premissas principais da identificação do Messias, assim como o tempo de sua vinda ao orbe, pois asseguraram que Israel seria o povo eleito para tal evento tão importante. Conforme as predições de Isaías (Isaías, 65:25), depois do advento do Salvador, todas as coisas se ajustariam, pois até o "cordeiro se deitaria com o lobo, o leão comeria a palha junto ao boi e um pequeno menino conduziria as feras". E as profecias ainda advertiam a raça de Israel, eleita para o advento do Messias, quanto a sua queixa, mais tarde, ao exclamar que "o povo para o qual viera, não o conhecera". Corroborando tal predição, os judeus de hoje ainda adoram Moisés, profeta irascível, vingativo e até cruel; e olvidam Jesus, pleno de amor, bondade e renúncia, porque, realmente, "ainda não reconheceram o seu verdadeiro Messias".

Efetivamente, causa estranheza o fato de certos autores ainda considerarem Jesus um mito ou embuste religioso, e lhe negarem a vida física e coerente na Terra. Em verdade, Jesus é justamente o ser cada vez mais vivo entre os homens, pois a sua doutrina, crescendo em todos os sentidos, já influencia até os povos afeiçoados aos credos de outros instrutores. Se o fulgor da Roma de Augusto ofuscou os historiadores da época, fazendo-os ignorar a figura de Jesus, isso não o elimina da face da Terra, nem o desfiguram as lendas semelhantes já atribuídas a Adonis, Krishna, Buda, Orfeu, Átis, Osíris, Dionísio ou Mitras. Apesar das inequívocas referências históricas sobre Aníbal, Júlio César, Carlos Magno ou Napoleão; ou mesmo sobre filósofos excepcionais como Sócrates, Platão, Epicuro, Aristóteles, Spinoza ou Marco Aurélio, eis que Jesus, o "mito", sobrepuja, em celebridade, a todos esses homens famosos.

Por que Jesus, o "mito", supera a realidade e vive cada vez mais positivo e imprescindível no coração da humanidade terrena, enquanto famosos personagens "históricos" arrefecem no seu prestígio através dos tempos? Em verdade, os homens já experimentaram todas as filosofias, reformas religiosas e todos os códigos morais e sociais, e, no entanto, não lograram uma solução definitiva para os seus problemas angustiosos. A humanidade terrena do século XX, cada vez mais neurótica e desesperada, pressente a sua derrocada inevitável, ante o requinte e a fúria dos mesmos conflitos odiosos e guerras fratricidas do passado. Os homens da caverna não evoluíram nem se humanizaram; apenas trocaram o tacape pelo revólver de madrepérola, ou o porrete pela metralhadora eletrônica. Matava-se a pedras e paus, um de cada vez; hoje, mata-se uma civilização derretendo-a sob o impacto da bomba atômica. Paradoxalmente, não é a cultura e a experiência real transmitidas pela História o fundamento convincente para solucionar os problemas humanos tão aflitivos na atualidade. As criaturas estão tomadas pela desconfiança; duvidam da ciência que lhes dá o conforto material, mas não lhes ameniza a angústia do coração; descreem de todas as inovações sociais e educativas, que planejam um futuro brilhante, mas não proporcionam a paz de espírito.

No entanto, Jesus, o "mito" esquecido pela história profana, ainda é o único medicamento salvador do homem moral e psiquicamente enfermo do século atual. Só o seu Amor e o seu Evangelho poderão amainar as paixões humanas e harmonizar os seres numa convivência pacífica e jubilosa. Se Jesus fosse fruto da fantasia religiosa, então teríamos de concordar com a inversão de todos os valores do conhecimento humano, a ponto de não distinguirmos o fantasioso do real. Que força poderosa alimentou a vivência desse Mestre Cristão "imaginário", fazendo-nos reconhecer-lhes um porte moral e espiritual do mais alto quilate humano? Qualquer homem pode negar a existência de Jesus; porém, jamais há de oferecer ao mundo conturbado e corrupto uma solução mais certa e mais eficaz do que o seu Evangelho!

PERGUNTA: — Existe alguma fonte histórica que anotou a figura de Jesus?

RAMATÍS: — Alguns estudiosos confiaram na referência feita por Josefo, na sua obra "Antiguidade dos Judeus", 93 anos depois de Cristo, aceitando como relato histórico da autenticidade do Mestre Galileu a seguinte passagem: "Nesse tempo viveu Jesus, um homem santo, se homem pode ser chamado, porque fez coisas admiráveis, que ensinou aos homens; e inspirado recebeu a Verdade. Era seguido por muitos judeus e muitos gregos. Foi o Messias".

Mas, a nosso ver, as provas mais autênticas da vida de Jesus são as referências à perseguição aos "cristãos", isto é, os seguidores do Cristo. Havendo cristãos martirizados por se recusarem a abandonar a doutrina do seu líder Jesus, cujos fatos foram registrados pela História, conclui-se que o Mestre Jesus não foi um mito, mas uma figura real, malgrado a ausência de apontamentos históricos. Quanto à existência dos cristãos e do seu martírio, basta consultar-se as obras e anotações de Plínio, o Moço, Suetônio, Tácito e outros da mesma época.

Também se pode considerar um relato autêntico a carta enviada a Tibério, pelo senador Público Lentulo, quando presidente da Judeia, narrando a existência de "um homem de grandes virtudes chamado Jesus, pelo povo inculcado de profeta da verdade e pelos seus discípulos de filho de Deus. É um homem de justa estatura, muito belo no aspecto; e há tanta majestade no seu rosto, obrigando os que o veem a amá-lo ou a temê-lo. Tem os cabelos cor de amêndoa madura, são distendidos até as orelhas; e das orelhas, até as espáduas; são da cor da terra, porém, reluzentes. Ao meio da sua fronte, uma linha separando os cabelos, na forma em uso pelos nazarenos. Seu rosto é cheio; de aspecto muito sereno; nenhuma ruga ou mancha se vê em sua face; o nariz e a boca são irrepreensíveis. A barba é espessa, semelhante aos cabelos, não muito longa e separada pelo meio; seu olhar é muito afetuoso e grave; tem os olhos expressivos e claros, resplandecendo no seu rosto como os raios do sol; porém, ninguém pode olhar fixo o seu semblante, pois se resplandece, subjuga; e quando ameniza, comove até às lágrimas. Faz-se amar e é alegre; porém, com gravidade. Nunca alguém o viu rir, mas, antes, chorar".[12]

PERGUNTA: — Sob vossa opinião, quais são as fontes não históricas, mas autênticas, para informarem sobre a existência de Jesus?

RAMATÍS: — Sem dúvida, a fonte mais autêntica não histórica é a narrativa dos quatro evangelistas, apesar das interpolações e dos retoques que sofreu, inclusive também quanto a algumas contradições existentes entre os próprios narradores. Mas é fonte idônea, porque manteve a unidade psicológica e os propósitos messiânicos do espírito de Jesus. Entre os quatro evangelistas, dois deles foram testemunhas oculares dos acontecimentos ali narrados; e, por isso, mostram-se vivos e naturais nos seus relatos; os outros dois interrogaram minuciosamente testemunhas que presenciaram as atividades de Jesus ou delas participaram na época. Superando as interpelações perceptíveis a uma análise percuciente, os quatro evangelistas se mostram imparciais, singelos e seguros, pois eles narram os fatos diretamente, sem muitas divagações.

Há nos seus relatos um grande espírito de honestidade e de certeza absoluta naquilo que foi a vida de Jesus. Certamente existem algumas diferenças quanto à movimentação da pessoa do Mestre nos escritos dos quatro evangelistas, mas não há

---

[12] O retrato de Jesus feito por Públio Lentulo foi publicado pela *Revista Internacional do Espiritismo* e também se encontra na introdução da obra *A Vida de Jesus Ditada por Ele Mesmo*.

dúvida alguma no tocante à sua existência real. Outras provas de evidência são as cartas ou epístolas atribuídas a Paulo, as quais possuem a força comunicativa das suas atividades cristãs e transmitem o odor refrescante da "Boa Nova" e do "Reino de Deus" apregoados por Jesus![13]

Evidentemente, os historiadores não se preocuparam em focalizar a pessoa de Jesus, por achá-la de pouca importância na época, pois se tratava de um simples carpinteiro, arvorado em rabino, e a pregar estranha moral num mundo conturbado pelas mais violentas paixões e vícios. A história jamais poderia prever no seio da comunidade de tantos rabis insignificantes da Palestina, que um deles se tornaria o líder de milhões de criaturas nos séculos vindouros, pregando somente o amor aos inimigos e a renúncia aos bens do mundo, em troca de um hipotético "reino celestial".

Além disso, Jesus era filho da Galileia, uma terra de homens ignorantes e rudes, coletividade de gentios, indignos de figurarem na história. No entanto, malgrado essas deficiências, Jesus projetou-se além dos séculos testemunhado pelos homens que o conheceram e pelos discípulos integrados em sua vida messiânica. Ninguém duvida da existência de Pedro e Paulo de Tarso; nem dos encontros do próprio Paulo com Pedro, Tiago e João. As próprias divergências e ciúmes existentes nas relações desses apóstolos, competindo para se mostrarem mais dignos do Mestre Jesus, já desencarnado, chegaram até o vosso século sem perder a sua autenticidade. Paulo refere-se à última ceia e à crucificação de Jesus, como se tivesse realmente participado de tais acontecimentos tão dramáticos para a humanidade.[14]

Enfim, as contradições encontradas entre os próprios evangelistas são apenas de minúcias, pois não modificam a substância das narrativas, e ali Jesus permanece de um modo fiel e coerente. É inadmissível que no curto espaço de uma geração, homens ignorantes, rudes e iletrados, pudessem inventar uma personalidade tão viva e inconfundível em sua contextura moral, como foi Jesus. Em verdade, a força do Amor e o espírito de confraternização manifestos na sua mensagem influíram sobre milhares de criaturas até aos nossos dias, impondo a existência lógica e indiscutível de Jesus, ou então outro homem deve substituí-lo. Afaste-se Jesus da autoria do Evangelho, por que ele não figura na história profana de modo convincente, e a humanidade

[13] Vide *Epístola aos Romanos*, 5:9; *Coríntios*, 1:23; 14:3; *Gálatas*, 2:21; *Efésios*, 2:20,21; II *Timóteo*, 2:8.
[14] *Coríntios*, 11:23; 15:3; *Gálatas*, 2:20.

Ramatís / Hercílio Maes

terá de criar outro "mito", ou outro homem, para então justificar esse "Código Moral" de profunda beleza espiritual.

De todos os acontecimentos narrados pela própria História, Jesus ainda é a figura mais fascinante e convincente para nos condicionar a uma vida espiritualmente elevada. Jamais houve qualquer lenda ou narrativa a consumir tantas páginas em milhares de obras, capaz de atrair tanto interesse e admiração à consciência do homem terreno.

Indubitavelmente, quanto mais os ateus e outros negadores se empenham em "extinguir" ou apagar a figura de Jesus, mais ele se impõe acima de todas as dúvidas, sobrepuja a própria História e mais vibra no coração dos crentes. Por conseguinte, é vã e tola qualquer pretensão de negar a sua existência, pois a despeito de todas as negativas, ele sempre ressurge irradiando luz e amor na tela viva da consciência humana.

PERGUNTA: — Outros escritores expõem dados históricos e descrevem Jesus como um "sedicioso" incurso nas leis penais da época, cuja doutrina sob a sua chefia fracassou ante os poderes judeus e romanos constituídos em Jerusalém. Que dizeis?

RAMATÍS: — Basta o conteúdo do Evangelho vivido e ensinado por Jesus, para desmentir qualquer afirmativa quanto a ele ter sido deliberadamente um rebelde ou sedicioso. Jamais o Mestre Cristão desejou alguma coisa do mundo material; sua vida terrena foi centralizada exclusivamente em torno dos bens imperecíveis do espírito eterno. Ele viveu trinta e três anos na face da Terra sem ater-se a quaisquer interesses mundanos; e ninguém poderá inculpá-lo de um só fato ou empreendimento egoísta, que lhe tenha dado relevo pessoal no ambiente político ou sacerdotal do mundo. Nasceu e desencarnou extremamente pobre, encerrando seus dias heroicos sem valer-se dos favores ou conluios com os poderosos da época.

O homem sedicioso é sempre um rebelde, um inconformado, pois é criatura ávida do poder temporal e da exaltação sobre os seus conterrâneos. Os grandes sediciosos, ou indisciplinados, que a História nem sempre registra com carinho e gratidão chamaram-se Davi, Átila, Gengis-Khan, Asoka, Alexandre, Aníbal, Tito, Júlio César, Carlos Magno, Ivã, o Terrível, Napoleão, Kaiser, Stalin, Hitler, Mussolini e outros, os quais, juntamente com certas qualidades excepcionais, como a obstinação, capacidade de comando, arrojo, ambição e estratégia, manifestaram também os pecados do orgulho, da crueldade, pilhagem, vingança ou libidinosidade.

Sem dúvida, alguns desses homens foram gênios ou heróis; outros, apenas loucos ou paranoicos. Não contestamos que tenham influído ou modificado os destinos dos povos no transcorrer de uma época, pois a Suprema Lei faz surgir o bem dos destroços do próprio mal, aproveitando a impetuosidade, paixão selvagem, cobiça, ambição e o arrojo dos sediciosos para efetuar as grandes transformações históricas e sociais no mundo. Escravos dos desejos de glórias ou de riquezas, muitas vezes eles abriram as comportas da dor e do sofrimento para os seus próprios comparsas das vidas passadas, agindo como os carrascos implacáveis nas provas de resgate cármico do pretérito. Examinando as tropelias sangrentas narradas no Velho Testamento, podemos certificar-nos do imenso número de soldados, comparsas e aventureiros judeus, que naquela época praticaram as mais bárbaras atrocidades. No entanto, sob o gládio da justiça divina, eis que eles retomaram à carne travestidos ainda na figura de judeus, porém, humilhados e vítimas dos nazistas nos famigerados campos de concentração e em mortes cruéis, para resgatar os débitos clamorosos do pretérito.[15]

Mas a Lei aproveita esses homens atrabiliários e cruéis e os mobiliza como matéria-prima para trazer o Bem pelo Mal, pois eles aproximam povos, fundem fronteiras, derrubam tiranias, extinguem feudos seculares, sacodem o pó das velhas dinastias, abrem clareira para novas relações humanas, proporcionando o ambiente eletivo para novos ensaios políticos e sociais de vida entre os sobreviventes. Durante a Revolução Francesa cometeram-se as mais bárbaras atrocidades e injustiças sob o *slogan*

---

[15] Nota do Médium: — Segundo certo comunicado mediúnico por entidade de reconhecido critério espiritual, Hitler, no passado, foi o rei Davi e comandou inúmeras vezes as hecatombes sangrentas registradas amiúde, na Bíblia. Mas, de acordo com a lei de "quem com ferro fere com ferro será ferido", o seu espírito retornou à Terra, na Alemanha, e, sob a injunção do Carma, abriu as comportas do sofrimento redentor para os seus próprios comparsas e soldados que comandou outrora e lhe cumpriram fielmente as ordens bárbaras. Assim, os mesmos judeus que ele trucidou neste século, nos campos de concentração, já tinham vivido com ele e eram os mesmos soldados e comparsas impiedosos, afeitos aos massacres dos povos vencidos. Como exemplo a esmo das barbaridades cometidas pelo rei Davi e seus exércitos, no passado, eis o que se encontra em II Samuel, 12:31 e transcrevemos: "E trazendo os seus moradores, os mandou serrar; e que passassem por cima deles carroças ferradas; e que os fizessem em pedaços com cutelos; e os botassem em fornos de cozer tijolos; assim o fez com todas as cidades dos amonitas; e voltou Davi com todo o seu exército para Jerusalém."

Ramatís / Hercílio Maes

esperançoso de "Liberdade, Fraternidade e Igualdade". A pilhagem foi organizada e oficializada pelos poderes dominantes; dela não se beneficiaram apenas os pobres e os injustiçados, mas também os oportunistas, os delinquentes e os facínoras, espécie de corvos adejando sobre a carniça. Mas, paradoxalmente, desse movimento sangrento e sarcasticamente amparado pelos próprios conceitos da moral superior, nasceram os princípios que depois consolidaram uma jurisprudência mais digna e a soberania popular pela doutrina da Democracia.

Quantas vezes surgem da ralé indivíduos inexpressivos, que se projetam no furor dos empreendimentos e das tropelias sangrentas, ávidos de glóriolas mundanas e festejados pelas multidões tolas, dominados pelo cabotinismo e pela paranoia perigosa? Servis, incultos, temerosos, enfermiços, frustrados, miseráveis e impotentes, depois se tornam monstros, bárbaros, impiedosos, cínicos, irascíveis, brutos e orgulhosos, quando são guindados ao poder absoluto, passam a desforrar-se dos mínimos vexames e ressentimentos que acumularam durante os seus dias inexpressivos e desfavoráveis![16]

No entanto, Jesus sempre foi criatura pacífica, de atitudes claras e honestas, esclarecendo que o seu "reino não era deste mundo", e cuja conduta não era dúbia, nem capciosa, jamais se assemelhando a quaisquer sediciosos do mundo. Nunca praticou em sua vida qualquer ato de rebeldia, desforra ou crueldade que pudesse nivelá-lo à conduta dos homens despóticos e belicosos. O seu bom senso sempre aconselhava aos homens "dar a César o que é de César, e a Deus o que é de Deus"; a sua autoridade espiritual merece o culto de todas as escolas espiritualistas do mundo, que lhe cultuam a memória na conta de um elevado Mestre. Os esoteristas, teosofistas, rosa-cruzes e iogues reconhecem Jesus como entidade já liberada do jugo do carma, um "Avatar" ou Instrutor Espiritual de alta estirpe; enfim, um "eleito" de ele-

[16] Nota do Revisor: — É ainda o caso de Hitler, que, em sua juventude, foi indivíduo enfermiço, ignorante, taciturno e pobre, malsucedido com os amigos e sustentando-se mediante trabalhos rudes e humildes, tais como limpar ruas, carregar bagagens, servir de pedreiro, puxar terras ou remover neve, conseguindo, a muito custo, a divisa de cabo na cozinha do exército alemão. No entanto, quando assumiu o poder na Alemanha, então, ele vingou-se furiosamente de todas as mágoas e ressentimentos que sofrera na juventude, por parte da sociedade, dos militares e dos judeus especuladores. Dominado pela megalomania de profunda exaltação de um misticismo egocêntrico e mórbido, que o fazia supor-se um predestinado para dominar e dirigir o mundo, extravasou o seu furor paranoico e atrabiliário, a sua perversidade e vingança, causando a catástrofe guerreira de 1939, onde foram organizados os diabólicos campos de concentração e as câmaras de gás para extinguir e assassinar os judeus.

vada categoria sideral e de amplitude cósmica. Ele foi um eleito que trouxe à Terra o Bem pelo Bem, e não apenas um "escolhido" que pode semear o Bem pelo Mal.[17]

PERGUNTA: — Se Jesus não era um sedicioso, como pôde ser enquadrado sob as leis romanas, em cuja época se puniam os rebeldes e os criminosos pela crucificação?

RAMATÍS: — O sacerdócio judaico conseguiu arquitetar provas materiais e testemunhos contra Jesus, entre os próprios seguidores e a turba que o aplaudira à sua entrada em Jerusalém, conseguindo incriminá-lo como "sedicioso" junto a Pôncio Pilatos, Procurador de Roma na Judeia.

Prenderam-no à conta de um malfeitor comum, malgrado ele só ter lutado com as armas da ternura, bondade e amor. Mas os verdadeiros motivos da sua crucificação, holocausto que o Mestre Jesus aceitou sem qualquer protesto, exigem um capítulo especial a ser compilado nesta obra.

---

[17] Vide a obra *Do País da Luz*, cap. IV, 12 vol. psicografia de Fernando de Lacerda, na qual o espírito de Napoleão diz o seguinte: "O eleito é sempre escolhido; mas o escolhido não é eleito. O eleito foi escolhido por Deus para fazer o Bem pelo Bem; o escolhido pode ser para fazer o Bem pelo Mal. O eleito foi Jesus. Eu fui escolhido".
Nesta comunicação, Napoleão compara sua existência turbulenta e ambiciosa com a missão terna e pacífica de Jesus.

2. Jesus e sua descida à Terra

PERGUNTA: — A fim de Jesus de Nazaré, elevado instrutor espiritual, conseguir baixar à Terra e encarnar entre nós, houve necessidade de providências excepcionais, ou tal acontecimento obedeceu somente às mesmas leis comuns que regulam a encarnação dos espíritos em geral?

RAMATÍS: — O nascimento de "Avatares" ou de altas entidades siderais no vosso orbe, como Jesus, exige a mobilização de providências incomuns por parte da técnica transcendental, medidas que ainda são ignoradas e incompreendidas pelos terrícolas. É um acontecimento previsto com muita antecedência pela Administração Sideral,[18] pois do seu evento resulta uma radical transformação no seio espiritual da humanidade. Até a hora de espírito tão elevado vir à luz no mundo terreno, devem ser-lhe assegurados todos os recursos de defesa e assistência necessários para o êxito de sua "descida vibratória".

Aliás, para cumprir a missão excepcional no prazo marcado pelo Comando Superior, o plano de sua encarnação também prevê o clima espiritual de favorecimento e divulgação de sua mensagem na esfera física. Deste modo, encarnam-se com a devida antecedência espíritos amigos, fiéis cooperadores, que

[18] Vide a obra de Ramatís, *Mensagens do Astral*, cap. "Os Engenheiros Siderais e o Plano da Criação", que dá uma ideia aproximada da "Administração Sideral". Trecho extraído da obra *A Caminho da Luz*, de Emmanuel, por Chico Xavier: "Rezam as tradições do mundo espiritual que, na direção de todos os fenômenos do nosso sistema, existe uma Comunidade de Espíritos Puros e Eleitos pelo Senhor Supremo do Universo, em cujas mãos se conservam as rédeas diretoras da vida de todas as coletividades planetárias".

empreendem a propagação das ideias novas ou redentoras, recebidas do seu magnífico Instrutor, em favor da humanidade sofredora.

Jesus foi um "Avatar", ou seja, uma entidade da mais alta estirpe sideral já liberada da roda exaustiva das reencarnações educativas ou expiatórias. Em consequência, a sua encarnação não obedeceu às mesmas leis próprias das encarnações comuns dos Espíritos primários e atraídos à carne devido aos recalques da predominância do instinto animal. Os espíritos demasiadamente apegados à matéria não encontram dificuldades para a sua reencarnação, pois em si mesmos já existe a força impetuosa do "desejo" impelindo-os para a carne.

No entanto, Jesus, o Sublime Peregrino, ao baixar à Terra em missão sacrificial e sem culpas a redimir, para facilitar o seu ligamento com a matéria, viu-se obrigado a mobilizar sua vontade num esforço de reviver ou despertar na sua consciência o desejo de retorno à vida física, já extinto em si há milênios e milênios. A fim de vencer a distância vibratória existente entre o seu fulgente reino angélico e o mundo terreno sombrio, ele empreendeu um esforço indescritível de "auto-redução", tão potencial quanto ao que um raio de Sol teria de exercer em si mesmo para conseguir habitar um vaso de barro. Os espíritos inferiores são arrastados naturalmente pelos recalques dos "desejos" que os impelem para a vida carnal, e assim ligam-se à matriz uterina da mulher, obedecendo apenas a um imperativo ou instinto próprio da sua condição ainda animalizada.[19] Em tal circunstância, os técnicos siderais limitam-se a vigiar o fenômeno genético da Natureza. Trata-se de encarnações que obedecem aos moldes primitivos das vidas inferiores, cujos espíritos compõem as "massas" inexpressivas da humanidade terrena. Mesmo depois de desencarnados, mal dão conta de sua situação, porque ainda vivem os desejos, as emoções e os impulsos da vida psíquica rudimentar. Sem dúvida, o Senhor não os esquece no seu programa evolutivo, orientando-os, também, para a aquisição de consciência espiritual mais desenvolvida.

No caso de Jesus, tratava-se de uma entidade emancipada no seio do sistema solar, uma consciência de alta espiritualidade,

---

[19] Segundo Buda, o elevado Instrutor Espiritual da Ásia, "é no desejo que se encontra a causa de todo o mal, de toda a dor, da morte e do renascimento na carne. É o desejo, é a paixão que nos prende às formas materiais, e que desperta em nós mil necessidades sem cessar e nunca saciadas. O fim elevado da vida é arrancar a alma dos turbilhões do desejo".

que não podia reajustar-se facilmente à genética humana. Tendo se desvencilhado há muito tempo dos liames tecidos pelas energias dos planos intermediários entre si e a crosta terráquea, ele precisaria de longo prazo para, na sua descida, atravessar as faixas ou zonas decrescentes dos planos de que já se havia libertado. E então, para alcançar a matéria na sua expressão mais rude, teve de submeter-se a um processo de abaixamento vibratório perispiritual, de modo a ajustar-se ao metabolismo biológico de um corpo carnal. Jesus não poderia ligar-se, de súbito, à substância grosseira da carne, antes que a Ciência Divina lhe proporcionasse o ensejo favorável e as providências indispensáveis para uma graduação de ajuste à frequência comum da Terra.

PERGUNTA: — Essas providências para a encarnação de Jesus foram previstas muito tempo antes de ele descer à Terra?

RAMATÍS: — Em verdade, a manifestação de Jesus no vosso orbe se efetuou de acordo com um plano minucioso delineado antecipadamente pela Engenharia Sideral, no qual foram previstas as principais etapas de sua descida e as decorrências de sua vida física, no tocante à arregimentação de seus apóstolos e outros discípulos.[20] Tudo foi estudado para se realizar no "tempo psicológico" exato e visando ao melhor aproveitamento espiritual da estada do Mestre junto à humanidade terrena. No entanto, malgrado a tarefa messiânica deliberada pelo Alto, Jesus teria de concretizá-la mediante sua própria capacidade, inteligência, renúncia e até pela sua resistência orgânica, a fim de não sucumbir antes do prazo prefixado. Ele não teria de submeter-se a um determinismo fatal, que o transformasse num simples autômato movido pelos "cordéis" do mundo oculto, porém, mobilizar todos os seus recursos espirituais de modo a cumprir o programa heroico que aceitara em sã consciência.

Apesar de lhe serem programadas as fases de maior importância na sua existência humana, isso foi apenas uma coordenação dos fatos de maior relevo quanto ao sustentáculo da obra evangélica, sem jamais anular o seu esforço próprio.

---

[20] Pergunta feita a André Luís por espíritas: "Todas as reencarnações, mesmo as dos indivíduos inferiores, são objeto de um planejamento detalhado, por parte dos administradores espirituais? Resposta: — Há renascimentos quase que automáticos, principalmente se a criatura ainda permanece fronteiriça à animalidade, entendendo-se que quanto mais importante o encargo do espírito a corporificar-se, junto da Humanidade, mais dilatado e complexo o planejamento da reencarnação". Extraído da *Agenda Espírita 1964*, pergunta n. 25, do cap. "Reencarnação", e artigo *Entrevistando André Luíz*. Obra do Instituto de Difusão Espírita, Araras, SP.

Em verdade, no tempo "psicológico exato", não antes, nem depois do que fora marcado pela Direção Sidérica do orbe, Jesus, o Verbo de Deus, abriu os olhos à vida humana do planeta Terra; e, dali por diante, à medida que ele se desenvolvia no comando do seu corpo carnal, também aumentava, paralelamente, a sua personalidade espiritual. Felizmente, o mecanismo sideral funcionara a contento, embora os seus responsáveis tenham enfrentado problemas graves, imprevistos e perigosas ciladas dos espíritos inferiores. Graças ao esforço e devotamento incompreensíveis para os terrícolas, o Sublime Peregrino, descido das regiões mais excelsas, alcançou a face do orbe terráqueo no tempo previsto. Assumindo a posse do seu delicado instrumento carnal, ele iniciou a sua viagem messiânica pelo deserto da incompreensão humana, culminando em sacrificar sua própria vida para redimir os seus irmãos encarnados.

Desde a formação do planeta Terra, os sociólogos Siderais previram no esquema evolutivo do orbe, e no tempo exato, a "descida" de todos os instrutores espirituais, destinados a participar dos grandes eventos da sua humanidade. Mas no desenvolvimento desse plano educativo e redentor, eles marcaram a época da conjunção de Saturno, Júpiter e Marte, no signo de *Pisces*, para a cobertura vibratória da descida do maior de todos os avatares, como foi Jesus. Então o acasalamento no campo etérico dos três astros ofereceu na tela celeste um "tom vibratório" ou suavidade astralina, que predispunha os próprios homens à expectativa de "algo" sublime e esperançoso. O excelso esponsalício de Jesus com a Terra, nessa mesma época, e a efusão etérica, astralina e mental das humanidades mais avançadas desses planetas espargiam uma vibração espiritual de natureza pacífica, de terna emoção e misteriosa ansiedade sobre os homens.

Um lençol de fluidos puros e desconhecidos em sua doçura incomum pousava na face da Terra; uma estranha e sedativa aragem ondulava sobre a humanidade, despertando-lhe um sentimento expectante e serenando os instintos inferiores nas criaturas mais sensíveis. O fato de Jesus tornar-se mais tangível, emergindo em Espírito à periferia da Terra e ainda catalisando com o seu infinito Amor e delicado fluido cósmico que aflorava pela via interna do orbe, produzia uma vibração harmoniosa e incomum no coração dos homens.[21]

[21] Nota do Revisor: — Vide a obra *Boa Nova*, ditada pelo espírito de Humberto de Campos ao médium Chico Xavier, na qual ele também assinala essa influência benfeitora sobre a Terra durante o advento de Jesus: "Como se o mundo

Em verdade, cumprira-se a profecia; o "Avatar", o Messias, entrevisto tantas vezes pelos profetas do Velho Testamento, atingira a crosta material depois de um inconcebível esforço de auto-redução, despendido em alguns séculos, a fim de iniciar sua romaria sacrificial para a redenção dos terrícolas.

PERGUNTA: — *Mas era necessário ocorrer a conjunção planetária de Saturno, Júpiter e Marte para Jesus poder se encontrar na Terra?*

RAMATÍS: — A mais eficiente organização dos homens ainda é um simples arremedo da mais singela disciplina determinada pela Administração Sideral dos orbes, sistemas solares e das galáxias do Cosmo. O "acaso" não existe nas obras criadas por Deus! O aforismo popular de que "não cai um fio de cabelo do homem, sem que Deus não saiba", explica o fato de todos os fenômenos da Vida submeterem-se à disciplina de leis inteligentes da criação do Universo. Se a "queda de um fio de cabelo" não se faz por acaso, é impossível imaginarmos a complexidade, a extensão dos esquemas, detalhes e planos elaborados há bilhões e bilhões de anos, pelo Alto, a fim de prever e disciplinar a descida dos Instrutores Espirituais à Terra, no momento exato da necessidade de progresso e redenção dos encarnados. O encontro planetário entre Júpiter, Saturno e Marte, sob o signo de *Pisces*, foi o cumprimento de uma etapa devidamente prevista pelos Mestres do atual "Grande Plano" em execução. E os estudiosos do tema astrológico poderão verificar que o ano de 748 da fundação de Roma, quase 9.000 anos após a civilização adâmica, marcou a mais exuberante conjunção de astros do vosso sistema solar na abóbada celeste, produzida realmente por esse poderoso grupo de planetas: Saturno, Júpiter e Marte.

Assim, foi calculado o tempo exato em que se daria o esponsalício desse trio planetário, quando a Terra ficasse sob a influência do magnetismo suave do signo de *Pisces*, para então baixar um Messias e estabelecer um novo Código Espiritual de libertação dos terrícolas. E Jesus fora eleito para entregar pessoalmente o Evangelho e ensiná-lo aos homens, a fim de ajudá-los a resistir aos impulsos da animalidade e prepará-los para o "Fim de Tempos" em que já viveis. Realmente, são decorridos pressentisse uma abençoada renovação de valores no tempo, em breve, todas as legiões se entregavam, sem resistência, ao filho do soberano assassinado. O grande império do mundo, como que influenciado por um conjunto de forças estranhas, descansava numa onda de harmonias e de júbilo, depois de guerras seculares e tenebrosas."

2.000 anos da crucificação de Jesus, e a humanidade terrena vive a época perigosa e tão bem definida por João Evangelista como a "Besta do Apocalipse".[22]

PERGUNTA: — Como foi prevista a vinda de Jesus à Terra, há tantos milênios?

RAMATÍS: — A encarnação de Jesus, na Terra, foi prevista e fixada durante a elaboração do "Grande Plano" atualmente em transcurso no Universo. A Administração Sideral então cogitou de eleger um espírito da esfera dos "Amadores", mais tarde conhecido como Jesus de Nazaré, a fim de cumprir a missão redentora sobre a face da Terra na época aprazada. Repetimos que não há surpresas nem confusões no funcionamento do mecanismo sideral do Cosmo; em consequência, foram perfeitamente previstas e determinadas todas as premissas, etapas e conclusões na vida messiânica do Mestre Jesus, o Redentor dos homens terrenos.

PERGUNTA: — Nesse caso, toda a atividade de Jesus, de sua família e dos seus apóstolos e discípulos, foram acontecimentos enquadrados rigidamente pela Administração Sideral no esquema de sua missão na Terra?

RAMATÍS: — A vida de Jesus não foi um automatismo, nem consequência de deliberação do Alto, impondo o cristianismo de qualquer modo; mas os acontecimentos principais foram esquematizados dentro de um plano de sucesso espiritual, em que não fosse tolhida a vontade, o pensamento e o sentimento de todos os seus participantes encarnados ou desencarnados. Espíritos eleitos, escolhidos e convidados participaram desse programa messiânico de benefício coletivo, sob a égide do Messias, mas nenhum deles foi cerceado no seu livre-arbítrio.

Os apóstolos, discípulos e seguidores de Jesus, ao servi-lo para o êxito de sua sublime missão, também buscaram sua própria renovação espiritual e imolaram-se para a florescência de um ideal superior, liquidando velhas contas cármicas assumidas no pretérito. O sangue cristão, derramado para alimentar os fundamentos do cristianismo, também lavou as vestes perispirituais dos seus próprios mártires. Pedro foi crucificado, Estêvão lapidado, João foi torturado e Paulo degolado; tudo em favor da

---

[22] "A Besta Apocalíptica representa, pois, a alma global e instintiva de todas as manifestações desregradas; ela age sorrateiramente nas criaturas negligentes e sempre lhes ajusta emoções que incentivam a insanidade e corrupção e a imoralidade geral. " Cap. IX, "A Besta Apocalíptica", da obra de Ramatís, *Mensagens do Astral.*

Ramatís / Hercílio Maes

abençoada ideia de libertação espiritual; seus destinos cármicos foram acertados sob a bússola de Jesus, resplandecendo no holocausto messiânico da Era Cristã.

No entanto, Jesus, o aluno menos necessitado do banco escolar terreno, foi justamente o mais sacrificado, pois ele descera à matéria esperançado de melhorar o padrão espiritual dos seus queridos pupilos.

PERGUNTA: — Qual a ideia que poderíamos fazer dessa previsão tão acertada da Administração Sideral, a ponto de antecipar com segurança os acontecimentos messiânicos de Jesus? Se não se tratava de um automatismo, como prever com exatidão todas as atitudes e reações do Mestre até o sucesso final?

RAMATÍS: — Assim como podeis prever que geniais pintores ou músicos hão de produzir pintura e composições musicais incomuns, pois isso é próprio de sua natureza excepcional, obviamente, os Planejadores Siderais também podiam confiar no sucesso da missão de Jesus, em face do seu elevado padrão espiritual angélico, inacessível a qualquer deformação. No entanto, como o Messias e Instrutor da humanidade terrena, ele também precisaria de discípulos e cooperadores decididos, tal qual o compositor genial exige boa instrumentação para o êxito de suas peças musicais. Tratava-se, portanto, de um Espírito de elevada contextura sideral, e incapaz de se deixar atrair pelas ilusões ou tentações de um mundo material.

O Alto não opunha qualquer dúvida a respeito da tarefa messiânica de Jesus, conhecendo-lhe o inesgotável amor em favor dos homens e a capacidade de renúncia diante de qualquer sacrifício e da própria morte. Daí a escolha para a sua obra dos tipos psicológicos que o cercaram durante sua romagem terrena, e no momento oportuno também deram-lhe os melhores testemunhos de fidelidade e abnegação em favor da mensagem sublime do Evangelho. Eram pescadores, campônios, publicanos, criaturas bastante rudes e até impossibilitadas de compreender o alcance de sua participação na obra de Jesus; mas abdicaram dos seus bens e da própria família a fim de sustentar-lhe a pregação messiânica.

Sem dúvida, os intelectuais da época jamais se arriscariam ao ridículo de admitir ou divulgar as noções tão singelas e utópicas do Cristianismo nascente, e que num ambiente fanático e de cobiças e ódios, pregava o amor, a bondade e a renúncia entre escravos e senhores, ricos e pobres, santos e prostitutas, cultos e analfabetos. Mas tudo isso foi possível, pois acima da rudeza de homens tão simples e pobres, como foram os apóstolos, prevaleceu-lhes a força extraordinária de uma fé incomum e a sinceridade pura, criando a seiva indestrutível para adubar e fazer crescer a árvore do Evangelho na gleba terrena.

A atividade de Jesus foi prevista com segurança e êxito no mundo físico e sem quaisquer preocupações antecipadas dos Mestres Siderais, porque o seu padrão angélico era garantia suficiente para profetizar a sua verdadeira conduta, no testemunho sacrificial da cruz.

PERGUNTA: — Por que motivo ainda não podemos compreender a verdadeira significação da paixão de Jesus?

RAMATÍS: — É um equívoco da tradição religiosa considerar que o supremo sacrifício de Jesus consistiu essencialmente na sua paixão e sofrimento, compreendidos entre a condenação de Pilatos e o holocausto da cruz. Se o verdadeiro sacrifício do Amado Mestre se tivesse resumido nos açoites, nas dores físicas e na sua crucificação injusta, então os leprosos, os cancerosos, os gangrenosos deveriam ser outros tantos missionários gloriosos e eleitos para a salvação da humanidade. Os hospitais gozariam da fama de templos e viveiros de "ungidos" de Deus, capazes de salvar a humanidade dedicando a ela suas dores e gemidos lancinantes. Milhares de homens já têm sofrido tormentos mais atrozes do que as dores físicas suportadas por Jesus naquela terrível sexta-feira, mas nem por isso foram consagrados como salvadores da humanidade.

PERGUNTA: — Então, nesse caso, o maior sofrimento de Jesus consistiu na sua dor moral ante a ingratidão de nossa humanidade. Não é assim?

RAMATÍS: — Jesus, como sábio e psicólogo sideral, compreendia perfeitamente a natureza psíquica de vossa humanidade, pois os pecados dos homens eram frutos da sua imaturidade espiritual. Jamais ele sofreria pelos insultos e apodos, ou pelas ingratidões e crueldades humanas, ao reconhecer nas criaturas terrenas mais ignorância e menos maldade. Porventura os professores se ofendem com as estultícias e travessuras dos pequenos que ainda frequentam os jardins de infância, considerando injúrias ou crimes aquilo que ainda é próprio da irresponsabilidade infantil?

A piedade e o amor excelsos de Jesus faziam-no sofrer mais pelo descaso dos homens em promover a sua própria felicidade, do que mesmo pela ingratidão deles. O seu verdadeiro sacrifício e sofrimento, enfim, foram decorrentes da penosa e indescritível operação milenar durante o descenso espiritual vibratório, para ajustar o seu psiquismo angélico à frequência material do homem terreno. A Lei exige a redução vibratória até para os espíritos menos credenciados no Espaço, cuja encarnação terrena, às vezes, se apresenta dificultosa nesse auto-esforço de ligar-se à carne. Mas Jesus, embora espírito de uma frequência sideral vibratória a longa distância da matéria, por amor ao homem, não hesitou em suportar as terríveis pressões magnéticas dos planos inferiores que deveria atravessar gradualmente em direção à crosta terráquea.

Já pensastes no sofrimento de um condor abandonando a atmosfera pura dos Andes e baixando dos altos píncaros até oprimir-se, cá embaixo, pelo pó ou pelo lodo a enlamear-lhe as penas e o corpo? E depois de exausto pela agressividade exterior e tolhido na sua ansiedade de volitação, ainda se deixa aprisionar numa estreita gaiola a lhe molestar os movimentos mais amplos? Jamais alguém efetuou empreendimento tão intenso e extraordinário para descer do Alto e amoldar-se à forma física, conforme fez Jesus, a fim de submeter-se às leis imutáveis do cientificismo cósmico, em vez de derrogá-las!

Ele desceu através de todos os planos inferiores, desde o mental, astralino e etérico, até poder manifestar-se com sucesso na contextura carnal e letárgica da figura humana. Abandonando os píncaros formosos do seu reino de glória, imergiu lentamente no oceano de fluidos impuros e agressivos, produzidos pelas paixões violentas dos homens da Terra e dos desencarnados no Além.

Embora se tratasse de um anjo do Senhor, a Lei Sideral obrigava-o a dobrar suas asas resplandecentes e percorrer solitariamente o longo caminho da "via interna", até vibrar na face sombria do orbe terráqueo e entregar pessoalmente a sua Mensagem de Amor. O Sublime Peregrino descido dos céus lembra o mensageiro terreno que, após exaurir-se no tormento da caminhada de muitos quilômetros, deve entregar a "carta de libertação" a infelizes prisioneiros exilados de sua pátria.

Assim, os 33 anos de vida física de Jesus significam apenas o momento em que ele faz a entrega da mensagem espiritual do

Evangelho, pois o processo espinhoso e aflitivo até imergi-lo nos fluidos terráqueos durou um milênio do calendário humano. Essa operação indescritível de sua descida sacrificial em direção à Terra é, na realidade, sua verdadeira "Paixão", pois só os anjos, que o acompanhavam distanciando-se cada vez mais, por força da diferença vibratória, é que realmente podiam compreender a extensão do heroísmo e sofrimento de Jesus, quando deixou o seu mundo rutilante de luzes e prenhe de beleza, para então habitar um corpo de carne em benefício dos terrícolas.

Após ajustar o seu corpo mental e reativar o mecanismo complexo do cérebro perispiritual, em seguida, Jesus desatou o corpo astralino para vibrar ao nível das emoções humanas. Atingindo o limiar do mundo invisível e do material, então fez o seu estágio final, incorporando-se no éter físico ectoplásmico, para compor o "duplo etérico" e os centros de forças conhecidos por "chacras",[23] que deveriam se desenvolver e estruturar-se durante a gestação carnal. Em seguida, integrou-se definitivamente na atmosfera do mundo físico, corporificando-se, mais tarde, no mais encantador menino que a Terra já havia conhecido!

A descida vibratória do Mestre para atingir o vosso plano físico foi apenas uma fase à qual ele se ajustou por amor ao vosso mundo, reduzindo o padrão de suas funções angélicas para desempenhar, com sucesso absoluto, a sua missão de salvador da humanidade. Não podeis subestimar as fronteiras vibratórias que separam e disciplinam as várias manifestações da vida cósmica. É muito longa a faixa ou distância existente entre o anjo e o homem. E Jesus, sendo a mais alta entidade presente no vosso mundo, obviamente, com sua poderosa vontade, mobilizou os espantosos recursos necessários para executar fielmente o Divino Mandato da sua tarefa messiânica.

Na impossibilidade de requintar ele a matéria ou elevar o padrão vibratório dos planos intermediários entre si e a Terra, o único recurso viável do cientificismo cósmico teria de consistir na sua "auto-redução" aos veículos que deveria incorporar gradativamente, quais elos de ligação dos planos subangélicos até à carne. O escafandrista, ao descer ao fundo dos mares, embora permaneça senhor de sua consciência, fica circunscrito ao meio líquido, à sua fauna e densidade; a sua capacidade normal, do

---

[23] Vide as seguintes obras que abordam assunto semelhante: *Os Chacras, O Plano Astral* e *O Plano Mental*, de C. W. Leadbeater: *O Duplo Etérico*, de Powell, obras editadas pela Editora Teosófica Adyar S.A. e Editora Pensamento, e *Elucidações do Além*, de Ramatís, editada pela **EDITORA DO CONHECIMENTO**.

meio externo, fica reduzida. Tal descida exige-lhe uma técnica especial e uma prévia adaptação às leis naturais do plano aquático onde vai fixar-se e agir.

Jesus, qual andorinha a debater-se no lodo viscoso de um lago, deixou-se submergir no "mar" da vida humana, ajustando-se heroicamente às contingências sombrias do planeta. Se ele pudesse fixar-se, instantaneamente, no corpo físico, na fase de sua gestação, seria o mesmo que alguém conseguir, de um golpe, aprisionar um raio de sol num vaso de barro.

O Messias, cuja aura é imenso facho de luz a envolver a Terra — do que a sua transfiguração no Tabor nos dá uma pálida ideia — teve que transpor densas barreiras fluídicas e enfrentar terríveis bombardeios mentais, inferiores, suportando os efeitos da viscosa névoa magnética do astral inferior a envolver a sua aura espiritual. Vapores sádicos atingiram-lhe o campo emotivo--angélico, no turbilhão de vendavais arrasantes produzidos pelas paixões tóxicas da humanidade ainda dominada pelos instintos animalizados.

Em sentido inverso, após o seu sacrifício no Calvário, o seu retorno ao mundo celestial foi um desafogo, uma libertação dos liames grosseiros que o retinham na Terra.

Se Jesus não suportou sofrimentos acerbos na sua descida para a matéria, só por tratar-se de um espírito angélico, é óbvio que ele também teria sido insensível às reações contundentes da vida carnal e jamais sofreria em sua existência messiânica. A alma sublime, à medida que ingressa nos fluidos mais grosseiros dos mundos materiais, para aí viver e se manifestar, ela também sofre os impactos, os efeitos e as reações próprias desse ambiente hostil, pois não pode eximir-se da ação e reação das leis físicas criadas por Deus na dinâmica dos mundos materiais.

A descrença dos espíritas e suas dúvidas de Jesus gastar quase mil anos no esforço sublime de baixar à Terra talvez resulte desse longo período tão impressionável para os homens. Um milênio do calendário humano avulta na mente do homem, pois ele mal atinge a média de 60 ou 80 anos de idade na sua vida terrestre. Para quem coordena sua existência pela contagem do calendário humano, é demasiadamente extenso, e até inverossímil, que Jesus tenha consumido mil anos para a descida vibratória e apenas vivido 33 anos na face da Terra. Contudo, a mesma medida milenária capaz de produzir tanta impressão no cérebro humano, não passa de um fugaz minuto no relógio da Eternidade, pois os espíritos vivem fora do espaço e do tempo das convenções terrenas. A descida milenária de Jesus foi somente uma etapa prevista pela Técnica Sideral, quando ele reduziu o seu poder e a sua consciência angélica por amor à humanidade, a fim de comparecer pessoalmente à "escola primária" terrena e entregar a mensagem salvadora. Mas a sua peregrinação do Céu à Terra foi-lhe dolorosa e sacrifical, lembrando o príncipe que deixa o seu palácio resplandecente para descer aos charcos onde vivem cancerosos, réprobos e leprosos, junto aos quais ele não se livra de aspirar-lhes as emanações doentias, nem mesmo evita de sofrer alguns danos em sua veste fidalga. Aliás, conforme diz o velho provérbio popular, "no meio do espinheiro, rasga-se mais facilmente o traje de seda do que a veste de couro"!

Malgrado a dúvida suscitada por protestantes, católicos e espíritas, eles não podem anular a diferença vibratória existente entre o mundo angélico e o mundo humano. Caso Jesus resolvesse encarnar-se novamente na Terra, então já de há muitos anos ele teria iniciado a sua descida vibratória, obediente às mesmas leis imutáveis que lhe disciplinaram a encarnação messiânica há dois mil anos.

Se a descida angélica da Mente Divina até a fase-matéria, que forma o mundo das formas exteriores, é disciplinada por leis fixas que regulam essa expansão do Espírito de Deus para fora de Si Mesmo, por que a manifestação de Jesus na carne humana deveria contrariar o ritmo cósmico da Criação?

PERGUNTA: — A Bíblia, porventura, faz alguma referência que confirme ou esclareça essa descida milenária do Mestre Jesus, assim como a explicais?

RAMATÍS: — Quando Moisés terminou sua missão combativa, e por vezes até cruel, no seu compromisso de codificar a ideia de um Deus único entre o povo hebreu retirado do Egito, Jesus então estabeleceu os planos para a sua descida messiânica à Terra, a fim de reajustar os ensinamentos dos seus predecessores. O profeta Isaías, tocado pela graça do Senhor e pressentindo essa "descida vibratória" do Mestre Cristão, então anuncia o seguinte: "Já um pequenino se acha nascido para nós, e um filho foi dado a nós, e o nome com que se apelidará será Deus forte, Pai do futuro século, Príncipe de Paz. O seu império se estenderá cada vez mais e a Paz não terá fim" (Isaías, 9:5,6). Miquéias também alude ao mesmo fato, dizendo: "E tu, Belém, tu és pequenina entre os milhares de Judá, mas de ti é que há de sair aquele que há de reinar em Israel, e cuja geração é desde o princípio, desde os dias da eternidade" (Miquéias, 5:1).

PERGUNTA: — Dissestes há pouco que até certas almas sem grandes credenciais psíquicas podem encontrar dificuldades na sua descida para a carne. Poderíeis assinalar qualquer obra mediúnica, ditada por Espíritos de confiança e através de médiuns criteriosos, capaz de ajudar-nos a associar acontecimentos semelhantes com a descida sacrificial de Jesus por entre os fluidos densos do nosso planeta?

RAMATÍS: — Embora reconhecendo a excelente bibliografia espírita que já existe a esse respeito, citaremos algumas obras mediúnicas de nossa confiança, de preferência através da psicografia de Chico Xavier. Na obra *Voltei*, ditada pelo espírito de Irmão Jacó, à página 127, o autor menciona uma centena de espíritos singularmente iluminados, em profunda concentração, e assim explica: "Aqueles são vanguardeiros da pureza e da sabedoria, que fornecem fluidos para materializações de ordem sublime." Em *Libertação*, André Luiz, outro espírito, à página 41, alínea 11, registra idêntica cena: "Os doadores de energia radiante, médiuns de materializações em nosso plano, se alinhavam, não longe, em número de vinte."

No entanto, essas providências técnicas transcendentais não se referiam ao nascimento na carne, mas apenas para se materializarem Espíritos no próprio mundo astral adjacente à Terra, a fim de poderem efetuar curtas preleções na colônia designada pelo nome de "Nosso Lar". Malgrado ainda se tratarem de acontecimentos exclusivos do plano espiritual, assim mesmo eles requeriam complexos recursos e a mobilização de energias superiores de sustentação de um campo vibratório acessível às entidades comunicantes de natureza superior. Imaginai, então, o dispêndio de forças e as indescritíveis atividades siderais mobilizadas pelo Alto, a fim de que Jesus pudesse se reduzir no seu comando espiritual e na sua aura refulgente, para poder vestir o opressivo escafandro de carne depois da sacrificial descida vibratória!

PERGUNTA: — Poderíeis citar-nos mais alguns exemplos quanto à necessidade de Jesus reduzir propriamente o seu perispírito para alcançar a carne?

RAMATÍS: — Evidentemente, a leitura das obras citadas, no seu desdobramento dos fenômenos em questão, dar-vos-á melhores elucidações quanto a um estudo mais profundo. Mas atendendo a vossa pergunta, recomendamos sobre o assunto a leitura de todo o Capítulo XIII, inserido na obra mediúnica *Missionários da Luz*, no qual se estuda o mecanismo da reencarnação de uma entidade com algumas prerrogativas a seu favor. Citando pequenos tópicos desse livro, indicamos a página 205, alínea 5, onde os técnicos se dirigem ao espírito de Segismundo, a entidade reencarnante, e assim lhe dizem: "Dê trabalho à sua imaginação criadora. Mentalize os primórdios da condição fetal, formando em sua mente o modelo adequado." Além, na página 214, alínea 20, lereis: "Agora, continuou o instrutor — sintonize conosco relativamente à forma pré-infantil. Mentalize sua volta ao refúgio maternal da carne terrestre! Lembre-se da organização fetal, faça-se pequenino! Imagine sua necessidade de tornar a ser criança para aprender a ser homem!" Ainda na mesma página, alínea 32, o autor elucida: "A operação não foi curta, nem simples. Identificava o esforço geral para que se efetuasse a redução necessária." É evidente que ainda não estamos em condições de compreender o processo sideral da descida de Jesus, cujo tempo do calendário humano despendeu quase um milênio no esforço de auto-redução antes de atingir a Terra. Se uma encarnação tão simples, como relatam espíritos credenciados no Espaço, pelas obras que citamos, exige tais recursos e mobilizam assistência superior, imaginai a atividade angélica durante um milênio preparando e consolidando o advento do Messias à Terra! E a mesma obra ainda confirma essa assistência superior quando na página 217, alínea 13, assim diz: "Em todo o lugar desenvolve-se o auxílio da esfera superior, desde que se encontre em jogo o trabalho da Vontade de Deus. Entretanto, devemos considerar que, em tais circunstâncias, as atividades de auxílio são verdadeiramente sacrificiais. As vibrações contraditórias e subversivas das paixões desvairadas da alma em desequilíbrio comprometem os nossos melhores esforços..."[24]

PERGUNTA: — Ser-vos-ia possível também assinalar alguns

---

[24] Nota do Médium: - Ramatís apenas indicou-nos as páginas das obras citadas e as respectivas alíneas, que então copiamos para facilidade de uma transcrição mais direta. Para isso usamos as seguintes obras: *Voltei*, 1ª edição, do espírito de Irmão Jacó; *Libertação*, 20ª edição; *Missionários da Luz*, 41ª edição, e *Nosso Lar*, 1ª edição, estas últimas ditadas pelo espírito de André Luís.

conceitos mediúnicos de confiança espiritual, que nos expliquem a necessidade da higienização dos fluidos ambientais?

RAMATÍS: — Ainda recorrendo às obras psicografadas por Francisco Xavier, citamos *Nosso Lar,* quando o seu autor espiritual diz, à página 199, alínea 1: "Todas as tarefas de assistência imediata funcionam perfeitamente, a despeito do ar asfixiante, saturado de vibrações destruidoras." E na alínea 12: "Aos fluidos venenosos da metralha, casam-se as emanações pestilentas do ódio e tornam quase impossível qualquer auxílio." Tratava-se de singela comissão de Espíritos em tarefa de socorro sobre os campos de batalha, na zona europeia, classificada como verdadeiro inferno de indescritíveis proporções. Essa descrição das más vibrações apenas em zona do vosso globo, bem pode servir para avaliardes o efeito que a massa mental odiosa e corrosiva, da vossa humanidade, produziu na maravilhosa e delicada tessitura perispiritual de Jesus, na sua sintonia com os planos intermediários da carne.

Na obra "Libertação", página 53, alínea 36, o autor espiritual focaliza muito bem, em miniatura, um descenso sideral pelo qual se pode avaliar o que teria sofrido Jesus. Diz o autor: "Nossas organizações perispirituais à maneira de escafandro estruturado em material absorvente, por ato deliberado de nossa vontade, não devem reagir contra as baixas vibrações deste plano. Estamos na posição de homens que, por amor, descessem a operar num imenso lago de lodo; para socorrer eficientemente os que se adaptaram a ele, são compelidos a cobrir-se com as substâncias do charco, sofrendo-lhes, com paciência e coragem, a influência deprimente." Na alínea 18, página 54, da mesma obra, lê-se: "Chegou para nós o momento de pequeno testemunho. Muita capacidade de renúncia é indispensável, a fim de alcançarmos nossos fins."

Achamos desnecessário assinalarmos outras obras para justificar a heroica descida de Jesus à Terra, quando já podeis ajuizar o imenso sacrifício que efetuam os espíritos benfeitores desencarnados, apenas para socorrer os seus companheiros infelizes atolados nos pântanos cruciantes dos abismos inferiores do Além. Jamais o homem poderá avaliar o prodigioso esforço de Jesus e o imenso trabalho da Técnica Sideral para ele alcançar a atmosfera opressiva do globo terráqueo e se fazer sensível entre os homens perturbados pelas paixões e pelos vícios insaciáveis. O seu perispírito delicadíssimo sofria tanto os bombardeios mentais dos terrícolas, como a violenta ofensiva dos espíritos nas sombras, que tentavam impedir-lhe a encarnação terrena, pois do êxito da mesma decorria o enfraquecimento do comando satânico do mundo oculto sobre os homens.[25]

Jesus viu-se obrigado a mobilizar as energias mais adversas e a recompor, com a matéria de cada plano denso em que se manifestava, o seu equipo perispiritual, já abandonado pela sua ascensão espiritual feita através de outros mundos já extintos. Ele teve de adensar-se o mais possível até se fazer sensível entre os homens e poder situar-se no corpo carnal gerado por Maria.

PERGUNTA: — Qual o motivo, por que as tradições religiosas desconhecem ou encobrem a "descida" de Jesus da maneira como a explicais? Aliás, o Mestre só é conhecido a partir do seu nascimento e finda-se no sacrifício do Calvário, onde situam o ponto máximo de sua dor e sofrimento. Os católicos, no entanto, creem na sua ressurreição e ascensão ao céu em "corpo e alma", mas não se referem à "descida". Que dizeis?

RAMATÍS: — A Igreja Católica não admite o exercício e a divulgação da mediunidade, conforme o aceitam e cultivam o Espiritismo e outros movimentos espiritualistas; obviamente, ela também não pode recepcionar e entender as elucidações sobre a estóica descida de Jesus à carne. Apegada ainda ao "milagre", crê na história absurda e ingênua de Jesus subir aos céus em "corpo e alma", embora isso desminta a própria disciplina e imutabilidade das leis siderais que regem as relações do espírito com a matéria. Como admitir-se Jesus subestimando o traje refulgente de sua alma angélica, para depois substituí-lo pela opacidade de um corpo físico no seu retorno ao reino celestial? Por que ele iria transportar para o Céu um organismo de carne, cuja alimentação e exigências fisiológicas dependeriam exclusivamente da Terra? Ou então buscar o ventre materno de Maria para gerar-se, nascer, crescer e depois de adulto arrasar as leis comuns da vida humana, pela sua absurda ascensão ao Céu, em corpo e alma? Se ele pudesse efetuar tal milagre, então poderia

---

[25] No "Anuário Espírita de 1964", p. 38 de *Entrevistando André Luiz*, os diretores dessa revista fizeram a seguinte pergunta ao espírito em questão: 'Reencarnações de espíritos de ordem superior, presididas por espíritos elevados, em meio inferior, estão sujeitas a represálias por parte de organizações espirituais interessadas na ignorância humana?' A resposta de André Luiz ajusta-se perfeitamente aos dizeres de Ramatís sobre o assédio dos espíritos das sombras na 'descida' de Jesus, quando ele assim responde: 'Natural que assim seja. Recordemos o próprio Jesus.'"

ter-se materializado na Terra, já em figura de adulto, em vez de recorrer ao processo dificultoso da gestação humana!

Os crentes dessa ascensão instantânea, em que o Mestre Cristão eliminou todos os óbices e impedimentos sensatos criados pela estrutura do Cosmo, também não podem compreender nem admitir a sua descida vibratória sucedida num milênio do calendário terreno, pois se foi tão fácil a subida, deveria ser bem mais fácil a descida. E os religiosos dogmáticos, que ainda consideram Jesus como sendo o próprio Deus materializado na Terra, não veem motivos para ele não poder triunfar sobre as próprias leis do Universo.

Assim como a criança, embevecida na contemplação da lâmpada elétrica, custa a compreender o mecanismo prosaico da usina que lhe dá a luz, esses religiosos excessivamente místicos e ainda afeitos ao sobrenatural, também sofrem imensamente ao admitir a perspectiva de Jesus se enquadrar no mecanismo de uma técnica sidérea, para só então lhe permitir a manifestação na Terra.

PERGUNTA: — Em nossas indagações, temos observado que a tese da descida ou da auto-redução vibratória do Espírito de Jesus para alcançar a Terra, tanto é recusada pelos católicos e protestantes, como também por diversos espíritas. Estes creem que o espírito sofre apenas enquanto se "limita" ou se "encaixa" no ventre materno, durante o período gestativo, para então reduzir o perispírito à forma fetal, e depois despertar e desenvolver-se na organização humana.

RAMATÍS: — Antes de elucidar a vossa solicitação, recomendamos a leitura de mais um trecho da obra *Missionários da Luz*, cap. XIII, "Reencarnação", quando o instrutor Alexandre assim insistia com o espírito de Segismundo, em processo de reencarnação: "Agora — continuou o instrutor — sintonize conosco relativamente à forma pré-infantil. Mentalize sua volta ao refúgio maternal da carne terrestre! Lembre-se da organização fetal, faça-se pequenino; imagine a sua necessidade de tornar a ser criança para aprender a ser homem." Cumpre-nos salientar que não se tratava de espírito de alta linhagem espiritual, assim como ainda não se processava o fenômeno da gestação, mas apenas o preparo para a incubação uterina. Em consequência, poderemos imaginar quão dificultoso deveria ter sido o processo da encarnação de Jesus!

3. A descida angélica e a queda angélica

PERGUNTA: — Poderíeis esclarecer-nos qual é a diferença entre a "descida angélica" e "queda angélica", a fim de compreendermos melhor a descida vibratória de Jesus ao nosso mundo físico?

RAMATÍS: — A descida angélica é quando o Espírito de Deus desce vibratoriamente até ao extremo convencional da Matéria, acontecimento que é conhecido pelos hindus como o "Dia de Brahma" e distingue o fenômeno da criação no seio do próprio Criador. É uma operação que abrange todo o Cosmo, ainda incompreensível para o homem finito e escravo das formas transitórias. A queda angélica, no entanto, refere-se especificamente à precipitação ou exílio de espíritos rebeldes, que depois de reprovados na tradicional seleção espiritual de "Fim de Tempos" ou de "Juízos Finais", transladam-se do orbe de sua morada para outros mundos inferiores. Os reprovados colocam-se simbolicamente à esquerda do Cristo, que é o Amor, e emigram para outros planetas em afinidade com sua índole revoltosa e má, a fim de repetirem as lições espirituais negligenciadas e então recuperarem o tempo perdido mediante um labor educativo mais rigoroso.

Daí a lenda da "queda dos anjos", que se revoltaram contra Deus; e depois de expulsos do Céu transformaram-se em "diabos" decididos a atormentar os homens. Aliás, tais "anjos" são espíritos de inteligência algo desenvolvida, que lideraram movimentos de realce e foram prepotentes nos mundos transitórios da carne, onde se impuseram por um excesso intelectivo, causando sérios prejuízos ao próximo.

Maquiavélicos, cruéis ou astutos, renegam-se à retificação espiritual espontânea e opõem-se veementemente contra quaisquer diretrizes redentoras que lhes façam sofrer ou lhes exijam a renúncia, o perdão e a prática do amor ensinados pelo Cristo-Jesus. São obstinados, argutos e arrojados, mas profundamente egotistas, jamais cedem no seu orgulho e recusam-se a aderir a qualquer princípio crístico do mundo angélico. O seu conceito radical e obstinado é o seguinte: "O mundo material pertence aos homens e o Céu aos anjos." Então eles caem de suas posições prestigiosas e perdem-se pelo despotismo, pois se a razão lhes dá a medida exata do mundo de formas, infelizmente isso lhes aniquila o senso intuitivo da realidade espiritual. Os "anjos" decaídos são espíritos rebeldes a qualquer insinuação redentora que lhes fira o orgulho ou lhes enfraqueça a personalidade humana.

Quando encarnados, mobilizam seu talento incomum para demolir as instituições e os movimentos que exaltem as virtudes da alma e fortaleçam o comando angélico; quando desencarnados, filiam-se a qualquer empreitada inferior do mundo astral, desde que tenha por objetivo combater as hostes do Cristo. Aviltam-se pela obstinação furiosa contra os poderes angélicos e se endurecem no sentimento ante a recusa de aceitar o processo cármico redentor através do sofrimento ou da humildade. Em verdade, eles se envergonham de aderir à ternura, à tolerância e ao amor pregados por Jesus.

Mas depois de exilados para os orbes inferiores, submetidos ao tradicional processo seletivo de "Fim de Tempos" ou "Juízo Final", esses "anjos" decaídos terminam cedendo em sua estrutura pessoal orgulhosa, quer enfraquecidos pelos vícios incontroláveis, como destroçados pelas paixões devoradoras. Destruído o paredão granítico de sua vaidade e orgulho, então lhes reponta a fulgência da luz angélica que palpita no âmago de toda criatura. Sem dúvida, essa emigração de anjos decaídos ou de espíritos rebeldes, de um orbe superior para outro inferior, evita o perigo da saturação satânica no ambiente astralino das humanidades, porque a carga nociva alijada faz desafogar a vida espiritual superior, tal qual as flores repontam mais vivas e belas nos jardins que se livram das ervas malignas.

Em consequência, tem fundamento a lenda bíblica da "queda dos anjos", embora, às vezes, alguns a confundam com o processo da "descida angélica", o que é bem diferente e refere-se a quando Deus cria os mundos planetários e se manifesta exteriormente, no ciclo de um novo Grande Plano criador.[26]

PERGUNTA: — Considerando-se a descida dificultosa de Jesus à Terra, qual seria, então, o processo de retorno ao seu mundo angélico, depois de sua desencarnação da cruz e do término de sua heroica missão?

RAMATÍS: — Enquanto o Espírito superior, na sua descida, algema-se à carne pela redução de sua energia perispiritual, então ele se liberta quando retorna aos seus páramos de luz, num processo oposto, que é a aceleração energética. No primeiro caso é o aprisionamento opressivo na forma, e, no segundo, a libertação para reassumir a sua condição natural superior. Jamais se pode comparar a ascensão ou retorno espontâneo de Jesus em direção ao seu mundo angélico, operação mais fácil e libertadora, com sua descida vibratória tão difícil e tormentosa. Ascensionando, ele abandonou a matéria em fuga energética natural acelerada; mas a descida reduziu-lhe a função normal de sua delicada contextura perispiritual e a própria memória sideral se obscureceu, para poder se ajustar aos limites acanhados do cérebro humano.

Como a Técnica Sideral não consegue elevar a frequência vibratória dos planos inferiores até ao nível energético de um espírito do tipo de um Jesus, ela precisa processar-lhe, gradualmente, a redução perispiritual de plano superior para plano inferior, até ajustá-lo ao casulo carnal. Essa operação sideral redutora implica na incorporação sucessiva de energias cada vez mais inferiores e letárgicas na vestimenta resplandecente da entidade em descenso. Embora seja um exemplo incorreto, lembramos que o mergulhador, além de vestir o escafandro pesado e opressivo, ainda fica circunscrito à natureza da fauna e à densi-

---

[26] Parece-nos que o consagrado Prof. Pietro Ubaldi, autor da *Grande Síntese*, confundiu a queda angélica com a descida angélica, em sua obra *Deus e o Universo* (Cap. V. p. 64, 1ª edição). Conforme diz Ramatís, na descida angélica, "Deus desce até a fase matéria e cria o Universo exterior das formas; porém, na queda angélica, os espíritos reprovados na seleção espiritual dos seus mundos eletivos, precisam repetir as mesmas lições noutros orbes inferiores, para onde são exilados". Acreditamos que o conhecimento espiritista da reencarnação seria suficiente para Pietro Ubaldi ajustar a sua tese. Aconselhamos os leitores a examinarem os excelentes artigos de Henrique Rodrigues, na *Revista Internacional do Espiritismo*, números 7 a 10, de 15 de julho e 15 de novembro de 1956, assim como a análise de Edgard Armond, inserido no *O Semeador*, nº 140, de junho de 1956, órgão da Federação Espírita de São Paulo, que abordam o assunto da queda dos anjos, na obra *Deus e o Universo*, de Pietro Ubaldi.

dade dificultosa no meio líquido onde opera. Sem dúvida, é bem grande a diferença do escafandrista oprimido no seio da água, com o homem em liberdade no ambiente gasoso da superfície terrena, onde o oxigênio dispensa aparelhamentos especiais para ser absorvido.

Mas apesar de todas as dificuldades e óbices à sua elevada natureza espiritual, Jesus, o Sublime Amigo do homem, não hesitou em aceitar o sacrifício sideral de deixar o seu mundo de Luz para submeter-se heroicamente às leis e às formas escravizantes do planeta Terra.

PERGUNTA: — Consoante vossa descrição, deduzimos que Jesus ainda continua a sofrer os impactos vibratórios hostis do mundo material, caso um estado angélico não imunize o Espírito contra as reações dos planos inferiores.

RAMATÍS: — É óbvio que no seu excelso "habitat", Jesus não sofre o impacto das forças inferiores, pois estas só o afetaram enquanto ele precisou situar-se no seio da matéria. O seu padrão angélico o torna imune às frequências vibratórias mais grosseiras, assim como o pó não afeta a luz do Sol e as ondas hertzianas não se deformam de encontro ao charco. No entanto, se o Sol precisasse habitar o banhado, é óbvio que ele também sofreria as suas emanações fétidas. Quando em liberdade espiritual, o imenso campo áurico de luz e a emanação crística de Jesus ainda alentam e purificam os seres mais ínfimos que lhe tomam contato, mas não o hostilizam como seria na Terra. Mas na sua descida espiritual até a matéria, ele teve de nivelar-se às vibrações contundentes das faixas retardadas e próprias de cada plano inferior em que se manifestava.

4. Considerações sobre o "Grande Plano" e o Calendário Sideral

PERGUNTA: — Que se pode compreender por um "Grande Plano" de aperfeiçoamento dos orbes e das humanidades, que referistes há pouco?

RAMATÍS: — Em outra obra de nossa autoria já descrevemos com certas minúcias o objeto de vossa pergunta, mas vos daremos outra vez uma breve síntese do mesmo assunto.[27] O Grande Plano, ou "Manvantara" da escolástica oriental, que os hindus também classificam de uma "pulsação" ou "respiração" completa de Brahma, ou de DEUS, é considerado o "tempo exato" em que o Espírito Divino "desce" até formar a matéria e depois a dissolve novamente, retornando à sua expressão anterior. Um Grande Plano abrange a gênese e o desaparecimento do Universo exterior e compreende 4.320.000.000 de anos do calendário terreno, dividido em duas fases de 2.160.000.000 anos, assim denominadas: o "Dia de Brahma", quando Deus expira ou se processa a descida angélica até atingir a fase derradeira da matéria ou "energia condensada"; a "Noite de Brahma", quando Deus então aspira ou dissolve o Cosmo exterior constituído pelas formas. Assim, cada fase chamada o "Dia de Brahma" e a "Noite de Brahma" perfaz o tempo de 2.160.000.000 anos terrestres, somando ambas o total de 4.320.000.000 anos, em cujo tempo DEUS completa uma "Pulsação" ou "Respiração", subentendi-

---

[27] Vide a obra *Mensagens do Astral*, de Ramatís, cap. "Os Engenheiros Siderais e o Plano da Criação", no qual se esmiúça com bastante clareza o que se compreende por um "Grande Plano" ou "Respiração" de Brahma.

das pela mentalidade ocidental ocultista como um Grande Plano na Criação Eterna.[28]

Assegura a vossa ciência que o Universo se encontra em fase de contínua expansão; assemelha-se a gigantesca explosão dilatando-se em todos os sentidos. Efetivamente, a imagem está próxima da realidade; entretanto, como o tempo no vosso mundo é relativo ao calendário humano, não podeis avaliar essa explosão na eternidade da Mente Divina. Para Deus, esse acontecimento entre principiar e cessar a explosão é tão instantâneo como o explosivo que rebenta no espaço de um segundo terrestre. No entanto, desde os velhos iniciados dos Vedas e dos instrutores da dinastia de Rama, esse tempo de expansão, que é justamente quando Deus cria e depois dissolve o Universo exterior, é conhecido por "Manvantara", e significa um período de atividade e não de repouso, podendo ser concebido no Ocidente como um "Grande Plano" ou "Respiração" completa do Criador, dividida na diástole e sístole cósmica.[29] Em suma: aquilo que para Deus se sucede no "tempo" simbólico de um segundo terrestre, para nós, suas criaturas, abrange 4.320.000.000 de anos terrestres. Isto significa para Ele a sensação comum que tereis com os fogos de artifício. O Cosmo, eliminada a ideia de tempo e espaço, é apenas uma eterna "Noite Feérica" e infinita festa de

[28] Conforme os Vedas, "uma respiração ou pulsação macrocósmica de Brahma ou Deus, corresponde a uma respiração microcósmica do homem". Os hindus também costumam definir por Manvantara um período de atividade planetária com suas sete raças.

[29] Nota do Revisor: — Sob admirável coincidência, justamente quando revíamos as provas do presente capítulo, surpreendemo-nos pelo artigo "Universo em Expansão", de Mendél Creitchinann, publicado no jornal *O Estado do Paraná*, de domingo, dia 17 de janeiro de 1965, cujo trecho de interesse transcrevemos a seguir: "UNIVERSO EM EXPANSÃO — A solução de Friedman, matemático russo, das equações de Einstein acerca do universo, conduziu à possibilidade de um Universo em expansão ou contração. Como relatamos em capítulo anterior, esse matemático descobriu um engano na solução final das equações sobre o universo elaboradas por Einstein. Um dos tipos de Universo que as equações indicam é o que chama Gamow de pulsante. Admite este modelo que, quando o universo atingisse uma certa expansão máxima permissível, começaria a contrair-se. A contração avançaria até que sua matéria tivesse sido comprimida até uma densidade máxima, possivelmente a do material nuclear atômico, que é uma centena de milhões de vezes mais denso que a água. Que começaria então novamente a expandir-se, e assim por diante através do ciclo até o infinito." Hosanas, pois, aos velhos mestres do Oriente, que há mais de 4.000 anos vêm ensinando o "Universo Pulsante" através dos Manvantaras, da Grande Respiração ou Pulsação de Brahma, ou Deus, cuja diástole e sístole cósmicas correspondem exatamente à concepção de um Universo em expansão ou contração, da nova teoria científica dos astrônomos modernos. Pouco a pouco desvendam-se os símbolos da escolástica hindu, e graças à cooperação da própria ciência acadêmica, ergue-se o "Véu de Ísis" e surge o ensinamento ocultista oriental em todo o seu preciosismo e exatidão científica.

Beleza policrômica, decorrendo sob a visão dos Espíritos Reveladores da Vontade e da Mente Criadora dos Mundos.

O Universo é a sucessão consecutiva de "Manvantaras" ou "Grandes Planos", a se substituírem uns aos outros, nos quais formam-se também as consciências individuais, que nascidas absolutamente ignorantes e lançadas na corrente evolutiva das cadeias planetárias, elas despertam, crescem, expandem-se, absorvem o "bem" e o "mal" relativos às faixas ou zonas onde estacionam e depois, conscientes do seu próprio destino, atingem o grau de angelitude. Deste modo, os espíritos angélicos, como consciências participantes do Grande Plano, passam então a orientar e "guiar" aqueles seus irmãos, almas "infantis" que vão surgir no próximo Grande Plano ou "Manvantara" vindouro. Esta é a Lei Eterna e Justa; os "maiores" ensinam os "menores" a conquistarem também sua própria Ventura Imortal.

A consciência espiritual do homem, à medida que cresce esfericamente, funde os limites do tempo e do espaço para atuar noutras dimensões indescritíveis; abrange, então, cada vez mais, a magnificência real do Universo em si mesma, e se transforma em Mago a criar outras consciências menores em sua própria Consciência Sideral.

A criatura humana, que vive adstrita ao simbolismo de tempo e espaço, precisa de ponto de apoio para firmar sua mente e compreender algo da criação cósmica e da existência de Deus. Os Grandes Iniciados têm amenizado essa dificuldade compondo diagramas especiais e graduado as diversas fases da descida do Espírito até a expressão matéria, como no caso dos "Manvantaras" ou Grandes Planos, em que avaliam os ritmos criadores mais importantes para auxiliar o entendimento do homem e fazê-lo sentir o processo inteligente de sua própria vida. É uma redução acessível ao pensamento humano, embora muito aquém da Realidade Cósmica, mas é a expressão gráfica mais fiel possível. Os hermetistas, hinduístas, taoístas, iogues, teosofistas, rosa-cruzes e esoteristas têm norteado os seus estudos com êxito sob esses gráficos inspirados pelos Mentores Siderais desde a extinta Atlântida.[30]

Da mesma forma, os Mestres Siderais necessitam de alicer-

---

[30] Vide: *Mensagens do Astral*, cap. "Os Engenheiros Siderais e o Plano da Criação"; "A Sabedoria Antiga", de Annie Besant, *A Doutrina Secreta*, de Blavatsky, *O Conceito Rosa-Cruz do Cosmo*, de Max Handel, obras que, embora apresentem esquemas e expressões peculiares, ajudam os leitores à maior receptividade do processo real da Criação e da Vida Imortal.

Ramatís / Hercílio Maes

çar os eventos da Criação dentro de um programa de previsão disciplinada, para que os acontecimentos de maior importância, a ocorrerem nos orbes planetários, como a descida de Instrutores Espirituais, efetuem-se em perfeita concordância com as fases evolutivas das humanidades encarnadas. Assim, embora a vida angélica possa transcorrer acima da ideia ou do simbolismo de "tempo" e "espaço" da convenção humana, o Alto precisa cingir--se a um esquema de controle sideral, quanto às suas relações e determinações cármicas ou evolutivas com os mundos materiais. Em consequência, o prosaico calendário da humanidade terrena, que lhe disciplina as atividades baseado na translação e rotação do planeta Terra em torno do Sol, nada mais é do que uma decorrência do "calendário sideral" fixado pelo Alto para controlar os fenômenos do próprio Cosmo.

PERGUNTA: — *Será possível esclarecer-nos, com algum exemplo objetivo, quanto a esse calendário sideral, com que os Diretores do nosso sistema disciplinam os principais eventos dos orbes, tal como a descida de Jesus e a sua missão sacrificial?*

RAMATÍS: — Se no vosso mundo há um calendário para disciplinar todos os fenômenos e os fatos da vida humana, dividido em pequenos ciclos chamados dias, semanas e meses, e grandes ciclos denominados anos, séculos ou milênios, é evidente que a Administração Sideral também possui o seu modo especial de marcar os acontecimentos que se sucedem no Cosmo, com relação a cada planeta e sua humanidade, dentro de uma convenção de "tempo" e "espaço". Porventura as principais datas nacionais de vossa Pátria, e o Natal ou o Ano Novo, já não se encontram devidamente determinados no calendário terreno, para que não aconteça confusão, desmandos ou imprevistos? Se não fora esse calendário como atenderíeis, sem perturbações, às vossas relações sociais, especulações comerciais, porfias esportivas, obrigações religiosas, intercâmbios turísticos, regozijos artísticos, congressos científicos, nascimentos, natalícios, esponsais e até o culto fúnebre da morte?

Sem dúvida, a administração de um sistema solar e mesmo de um orbe é bem mais complexa e importante do que o controle das atividades humanas; e os seus motivos também exigem um sistema ou ordem capaz de prever disciplinadamente todos os acontecimentos futuros mais importantes. Assim como o homem coordena o simbolismo do tempo em sua mente "finita", graças à tabela do seu calendário, a Administração Sideral disciplina os seus eventos cósmicos prevendo, marcando e controlando os acontecimentos principais que se sucedem e se desdobram no decorrer de um "Grande Plano".

Os diretores do Sistema Solar, ou do berço da Terra, também precisam situar-se na ideia de "tempo" e "espaço" para interferir no momento justo das necessidades de reajuste planetário e intensificação espiritual das humanidades dos orbes sob sua direção.

Eis, pois, o sentido da Astrologia! Ela é o calendário sideral e a marcação cósmica de que se serve a Administração Sideral do orbe para assinalar os eventos excepcionais em perfeita concomitância com o próprio calendário do homem. A ciência acadêmica zomba dos acontecimentos previstos nos esquemas zodiacais, mas ainda ignora o mecanismo que disciplina o processo astrológico. Até a Idade Média a Astrologia foi considerada uma Ciência; no entanto, quando o Clero se apoderou de suas bases científicas e as deixou misturar-se com as lendas miraculosas tão comuns às fórmulas das religiões em crescimento, então ela se deturpou no seu verdadeiro sentido e interpretação. A Astrologia, em verdade, é o espírito da Astronomia, que se manifesta pela sua influência fluídica e magnética na composição de signos, situações de astros e conjunções planetárias. Aliás, não nos referimos ao comércio de horóscopos a domicílio, que assinalam os dias favoráveis para os "bons negócios" ou os dias aziagos para os seus consulentes, em concorrência com a "buena dicha" dos ciganos.

Ela é o calendário sideral, cujos "signos" significam os dias comuns, sucedendo-se no mesmo ritmo limitativo e semelhante à marcação da folhinha humana; as conjunções, no entanto, seriam as datas excepcionais, os marcos mais importantes e menos frequentes. A Astrologia, como um calendário sideral, que limita um "tempo" dentro do mesmo ciclo de Criação e dissolução do Cosmo material, facilita aos Diretores do Sistema Solar prever o momento em que se efetuam as modificações da estrutura dos orbes e os eventos evolutivos ou expiativos de suas humanidades. Por isso os ocultistas, iogues e os astrólogos orientais conhecem que o tempo exato de um "Manvantara", o "Grande Plano", do calendário sideral, compreende exatamente 4.320.000.000 anos terrestres, em processo disciplinado em torno da Terra pela sucessão de signos e de Conjunções astrológicas.[31]

Assim, quando a Terra se colocou sob a influência suave do signo de Pisces e da conjunção de Saturno, Júpiter e Marte, era o momento exato de Jesus nascer, determinado e escolhido pelos Mentores Siderais, assim como podeis situar o Natal para a realização de algum fato de importância em vossa vida. O certo é que não houve deslocação de uma "vírgula" no esquema sideral do Universo para Jesus nascer sob o signo de Pisces e da conjunção de Saturno, Júpiter e Marte. Tudo já estava previsto nos planos da Engenharia Sideral e na sucessão do atual Grande Plano em que viveis.

PERGUNTA: — *Poderíeis dar-nos um exemplo dessa influência benfeitora astrológica, cotejando-o com algum acontecimento da nossa vida em comum?*

RAMATÍS: — Supondo que escolhais a data de 24 de dezembro para se efetuar o casamento de vossa filha. Porventura esse esponsalício terá de ser realizado implacavelmente, só porque é o dia 24 de dezembro ou porque se trata de uma data mais simpática? É um acontecimento que obedece à influência do dia ou de vossa vontade?

Assim também aconteceu com a Administração Sideral, que marcou a hora do signo de Pisces e a data da conjunção de Marte, Saturno e Júpiter para Jesus nascer sobre a Terra, porque tal "momento" correspondia exatamente com a carência da humanidade terrícola em ser esclarecida e "salvar-se" sob a doutrinação messiânica de um Avatar. Os espíritos diretores do Sistema Solar, conhecedores profundos das condições morais, dos estados psicológicos e temperamentos das humanidades planetárias que orientam, fixaram, com trilhões de anos de antecedência, o "tempo" exato da descida de Jesus à Terra, a qual, por uma sábia disposição cósmica, deveria ser paraninfada pelo signo de Pisces.[32]

[31] Vide a obra *Mensagens do Astral*, principalmente os capítulos "As Influências Astrológicas", "O Signo de Pisces" e "Os Engenheiros Siderais e o Plano da Criação", nos quais o assunto está esmiuçado e não comporta repeti-lo nesta obra, cujo objetivo essencial é a figura de Jesus.

[32] O Sol faz a cobertura astrológica de um signo zodiacal no prazo de 2.160 anos exatos; um grande ano astrológico é a passagem do Sol por doze signos, perfazendo 25.920 anos. Dois milhões de signos somam exatamente o total de 4.320.000.000 anos terrestres, ou seja, o tempo em que ocorre um "Manvantara", "Pulsação" de Brahma ou "Grande Plano" da Criação de Deus. Graças à criação e ao desfazimento da matéria exterior na composição dos mundos no Cosmo, também se formam novas legiões de consciências individuais, que surgem ignorantes, mas depois alcançam a angelitude na decorrência de cada "Grande Plano".

Portanto, a conjunção dos três planetas seria inevitável, mesmo sem a descida de Jesus, porque era uma decorrência natural do próprio esquema sideral e mecanismo cósmico sob a regência de leis que regulam os ciclos, as aproximações e as revoluções dos astros no Cosmo.

Igualmente se dá com o nosso exemplo acima, em que o dia 24 de dezembro surgiria na marcação da folhinha humana de qualquer forma, com ou sem o casamento de vossa filha, mas escolhido apenas por ser mais agradável aos vossos sentimentos ou objetivos. Insistimos em dizer-vos que não houve encomenda especial da conjunção planetária de Saturno, Júpiter e Marte no signo de Pisces, para presidir fatalmente a "descida" de Jesus à Terra. Esse evento astronômico fora previsto e escolhido no tempo do calendário sideral astrológico para atender as bases do acontecimento mais importante do passado e do futuro da humanidade terrena — a Era Cristã! Dentro do esquema evolutivo da Terra, quando o signo de Pisces ou Peixes foi visitado pelo famoso trio de planetas, seria também a época determinada, ou o "momento divino", em que a Luz do Cristo Planetário, pelo sublime medianeiro Jesus, iria aflorar ao orbe através do seu sacrifício e modelar o Código Moral mais perfeito para a redenção dos homens — o Evangelho!

PERGUNTA: — Comumente, os astrólogos predizem acontecimentos bons ou maus para a nossa humanidade, baseando-se unicamente na leitura dos astros e na sua posição zodiacal, sem qualquer predisposição da existência de um calendário sideral, conforme nos informais. Que dizeis?

RAMATÍS: — Realmente, não é preciso muito conhecimento para os estudiosos da Astrologia verificarem que sob a conjunção favorável dos astros só ocorrem fatos e acontecimentos louváveis para a humanidade, tal como o nascimento de Jesus, o início da Era Cristã, o renascimento das artes e das ciências benfeitoras, ou então períodos longos de paz. No entanto, as situações astrológicas entre os orbes de fluidos discordantes ou de má combinação magnética, marcam acontecimentos indesejáveis, que modificam a paisagem do orbe ou eventos trágicos, como as revoluções e guerras, onde se trucidam homens, mulheres e crianças.

Em geral, os astrólogos tomam o efeito pela causa e supõem que a boa ou má influência de certo astro é que realmente determina os acontecimentos bons ou maus do mundo. Na verdade, os fatos favoráveis ou desfavoráveis preconizados pelos astrólogos já se encontram determinados há muito tempo. Eles eclodem sob tal conjunção ou signo zodiacal, não por força fatal dos astros, mas porque são acontecimentos cármicos previstos para tal circunstância no esquema da Astrologia. Em verdade, os Diretores Siderais fixam os acontecimentos bons em concomitância com as conjunções ou presenças planetárias de boa influência, assim como os fatos trágicos se sucedem marcados pelas combinações astrológicas de má influência. Resta, então, aos estudiosos perscrutarem as posições zodiacais e, tanto quanto lhes for de sucesso o dom intuitivo, preverem aquilo que já está delineado por força do progresso e do destino espiritual dos homens.

Na sucessão desse calendário sideral, os "momentos" ou "dias bons" alternam-se com os "dias aziagos", tal qual os domingos, dias santos e feriados são dias agradáveis para passeios, divertimentos, excursões ou visitações; e o ano bissexto ou o dia 13, de sexta-feira, fazem com que os mais supersticiosos evitem casamentos, mudanças, inícios de negócios ou comemorações.

PERGUNTA: — Como poderíamos entender que do campo magnético ou astrológico produzido pela conjunção de Saturno, Júpiter e Marte tivesse resultado uma influência favorável ao nascimento de Jesus na Terra?

RAMATÍS: — As influências astrológicas "predispõem" o temperamento ou as iniciativas das criaturas, mas não determinam nem "impõem" destinos, pois estes já estão traçados de há muito tempo. Eles se sucedem ao surgir de tal astro ou sob certo signo astrológico, porque foram marcados e previstos.

Não são as combinações planetárias, como o ascendente, o descendente ou a dominante de alguns astros e signos astrológicos, que criam os "bons" ou os "maus" presságios na navegação marítima, no transporte rodoviário, aéreo ou ferroviário, os eventos felizes ou as perturbações trágicas nas famílias e nos agrupamentos humanos. Eles só marcam e predispõem os acontecimentos de há muito tempo já delineados sob a disciplina da Lei do Carma. Não é a visita de tal ou qual astro ou o efeito de certa conjunção planetária que desata os fatos indesejáveis, mas é a imperícia, imprudência, estultícia ou embriaguez dos dirigentes dos veículos terrestres, marítimos ou aéreos, quase sempre os responsáveis por isso. Aliás, embora os acontecimentos trágicos vos pareçam ocasionais ou imprevistos, eles podem ter sido traçados pela Administração Sideral devido a uma coincidência cármica. Então ali se escolhem e se agrupam, justamente, criaturas cuja ficha moral as condiciona a um determinado fato, ocorrência ou acidente de resgate coletivo, ensejando-lhes a liquidação dos débitos das existências passadas.[33]

Sob qualquer aspecto planetário de boa ou má influência astrológica, Jesus sempre revelaria o mesmo caráter impoluto e a mesma capacidade de renúncia aos bens da vida humana, porquanto essas qualidades eram próprias de sua alma evoluída e não das interferências benfeitoras de astros e signos. Portanto, a conjunção planetária de Saturno, Júpiter e Marte, esposada sob o suave signo de Pisces, já fora escolhida e prevista no calendário sideral para o advento de Jesus. A boa influência astrológica, pela presença de um fluido sedativo e simpático, seria então um estímulo ou um convite para despertar os melhores sentimentos da humanidade terrena. Enfim, foi um feliz evento astrológico que catalisou sentimentos amorosos e pensamentos mais ternos e pacíficos nos homens, criando-lhes uma predisposição salutar para o melhor êxito da Era Cristã.

Naquela época, em torno do orbe terráqueo, expandiu-se um magnetismo de natureza superior, que ativou as boas ações nas criaturas eletivas para isso. Os espíritas e os ocultistas sabem que a Vida é resultante do potencial de forças manifestas do mundo oculto para o exterior. A matéria compacta para os sentidos humanos é somente um aglomerado de elementos invisíveis, como as moléculas e os átomos, os quais ainda se subdividem em elétrons, pósitrons, radiações, ondas, nêutrons, mésons, prótons etc. Há bilhões e bilhões de átomos numa simples gota d'água, pois se ela fosse ampliada até ficar do tamanho da Terra, cada um dos seus átomos não seria maior do que uma bola de futebol. Atualmente, os cientistas mais capacitados já admitem a existência de "campos mentais", formados de energia distinta e superior, e dotada de impulsos inteligentes. Aquilo que os velhos

---

[33] É o caso do incêndio do circo em Niterói, em que morreram centenas de crianças queimadas sob o fogo impiedoso, as quais, no entanto, eram os mesmos espíritos que, há alguns séculos, em Roma, haviam também contribuído para a morte de centenas de filhos de cristãos numa festividade macabra, em homenagem a certo general romano. E o mais importante é que os responsáveis pelo fogo do circo de Niterói foram os mesmos espíritos que, em Roma, atearam o incêndio do picadeiro saturado de resinas onde se acotovelavam as crianças cristãs. A Lei Cármica, portanto, também usou os mesmos carrascos do passado para punir esses culpados cármicos.

Ramatís / Hercílio Maes

hindus, há milênios, explicavam nos seus compêndios esotéricos sobre a imortalidade da mente após a desintegração do corpo carnal, os cientistas modernos já aceitam como evidente, afirmando que o campo mental do homem sobrevive.

Em consequência, os planetas, quando tomam determinadas posições nos signos astrológicos, constituem-se em verdadeiros condensadores de forças ocultas que se atritam, encorpam-se, elevam-se, expluem-se e arremessam-se em seu potencial para todos os sentidos e direções. Obviamente, a humanidade de um orbe físico sofre na sua contextura etérica, astral e mental a ação de uma carga semelhante, que for emitida pela humanidade do mundo que lhe está mais próximo. E conforme seja o estado espiritual dos habitantes desse orbe mais próximo, é evidente que também se poderá acusar os seus bons ou maus estímulos magnéticos. Independente da distância física existente entre os astros, eles estão interligados ocultamente pelas forças que emanam de todo o Universo e fluem em todos os sentidos.

Por consequência, se o planeta Júpiter, durante sua aproximação astronômica, projeta boa influência magnética sobre a Terra, porque a sua humanidade vibra emoções e pensamentos de elevado padrão moral, é evidente que os jupiterianos, em sentido contrário, hão de sofrer um impacto violento da carga desagradável emitida pelos recalques mentais dos três bilhões de terrícolas.

A conjunção Saturno, Marte e Júpiter, cujo rio planetário transporta uma carga humana moralmente superior à da Terra, então produziu um acasalamento de fluidos bons, que embeberam o vosso mundo de salutar influência e predispôs os terrícolas a sentimentos mais elevados. Assim, os homens bons, amorosos e pacíficos, sob a influência planetária benfeitora do manto suave do signo de Pisces, tornaram-se mais predispostos à bondade, paz de espírito, ternura e mansuetude, compondo na atmosfera da Galileia um campo psíquico favorabilíssimo para o advento da Era Cristã. E, evidentemente, os maus, os belicosos e os irascíveis, sob tão boa influência, sentiram-se estimulados a melhorar os seus impulsos animalizados.

PERGUNTA: — Tratando-se de um assunto incomum e difícilimo para a nossa compreensão, gostaríamos que nos désseis um exemplo mais acessível a respeito dessa influência benéfica astrológica. É possível?

RAMATÍS: — Sabeis que no dia de Natal, por exemplo, à simples lembrança do nascimento de Jesus, os pensamentos e os sentimentos dos homens se manifestam mais ternos e menos instintivos. É um dia de "boa influência" espiritual, pois abranda até os temperamentos mais empedernidos e reacende um júbilo incomum na alma das criaturas. Em vez de empreendimentos de ódios, especulações destruidoras ou preocupações odientas, o Natal estimula as campanhas de caridade em benefício dos órfãos, dos velhos, dos pobres e dos presidiários. Embora aqueles que semeiam o bem nesse dia possam já ser portadores de sentimentos amorosos mesmo independente do dia de Natal, a data festiva do nascimento de Jesus predispõe a boa influência, incentiva os impulsos para avivar a realização de ações e fatos concretos de fraternidade.

Portanto, os sentimentos louváveis que já lhes dominam a alma e os graduam em bom quilate espiritual, recebem o impulso catalisador e terno do Natal, acendendo nos corações os anseios benfeitores do amor ao próximo proclamado por Jesus. Tudo nesse dia influi para a manifestação da natureza superior dos homens, pois vibram no ar a expectativa e a surpresa dos presentes natalinos e a esperança para o ano vindouro mais feliz. Mesmo os adultos retornam à alegria da infância. A lembrança comovente do menino Jesus, as luzes, os enfeites coloridos do pinheirinho e a doçura mística do presépio, são convites aos bons sentimentos e às boas ações. Entre as famílias abrandam-se as tricas domésticas, enquanto se reúnem para o ágape natalino pais, filhos, genros, noras, sogros e demais parentes, olvidam-se nessa data os negócios, as especulações e as queixas para não se tisnar a alegria da festa. Os amigos se visitam e trocam-se aperitivos, experimentam-se os doces da casa; e raramente alguém ultrapassa o júbilo e a confraternização do Natal pelo excesso alcoólico, pois há um tácito respeito espiritual pela data tão significativa.

No entanto, em oposição à influência do terno e suave Natal mostra-se a festa animalesca do Carnaval. Então o ar se empesta, as criaturas tornam-se belicosas e fesceninas; os tímidos e os servis, postos à vontade no seio da turba e protegidos pelas máscaras e fantasias, abusam do cinismo e vazam os seus complexos recalcados durante os 365 dias do ano. Há os que durante os quatro dias de entrudo se desforram das mágoas e dos insultos, dos sofrimentos e das decepções vividos durante o ano. O

Ramatís / Hercílio Maes

álcool, servido a granel, ativa o instinto inferior do ser e o ajuda a expelir para o cenário do mundo a torpeza, a malícia e a libidinosidade acumuladas pelas convenções sociais. No Carnaval, a "má influência" do dia estimula no homem o acervo herdado do animal, em contraste com a "boa influência" do Natal, que sublima e amaina a própria tara indesejável, porque vibra somente emoções de caráter espiritual. O Carnaval é o catalisador psíquico dos piores desejos e recalques do homem; é o nivelador das fronteiras sociais; confunde o palhaço inato com o cidadão de bons costumes, pois ambos se disfarçam sob a mesma fantasia. É, em verdade, a festa da carne, enquanto o Natal é a festividade do Espírito.

Transportando o nosso exemplo singelo para o campo sideral, também poder-se-ia dizer que a Administração Sideral escolheu o Signo de Pisces e a conjunção de Saturno, Júpiter e Marte para marcar o advento de Jesus à Terra, porque essa feliz combinação astrológica e planetária proporcionava uma influência benfeitora sobre a humanidade. Finalmente, assim como não escolheríeis o Natal para a realização de acontecimentos trágicos e detestáveis, os Mentores Espirituais também situam no seu calendário sideral os eventos bons sob as influências astrológicas benfeitoras e os maus sob as combinações aziagas.

PERGUNTA: — Mas, considerando-se que Jesus era um Espírito puro, por que ele não podia vencer a "impureza" das vibrações da Terra, sem o recurso da boa influência ou da higienização da aura do planeta sob as conjunções astrológicas favoráveis? As vibrações espirituais superiores porventura não sobrepujam as frequências vibratórias inferiores do orbe terráqueo?

RAMATÍS: — Repetimos: Jesus é um Espírito excepcional, um "Avatar" acima dos desejos e comprometimentos humanos; é Entidade bem mais importante do que qualquer reunião de planetas fadados a uma vida transitória no Cosmo. Aliás, qualquer homem é sempre mais relevante perante Deus do que o mais fabuloso sistema planetário, pois o homem "pensa" e os planetas são apenas a substância que lhe serve de moradia. No entanto, a combinação astrológica tão rara foi um toque psíquico estimulante no seio das criaturas, uma vibração favorável para o êxito das atividades cristãs. Não foi encomendada especialmente para isso, mas foi "aproveitada" num evento espiritual superior.

É incontestável, portanto, que a vibração espiritual de Jesus é tão superior ao magnetismo cósmico ou terráqueo "impuro", que jamais ele precisaria depender de situações planetárias favoráveis para o seu messianismo redentor. Mas o fato dos Diretores Siderais escolherem circunstâncias e condições magnéticas favoráveis para o seu advento na matéria, não implica se considerar que ele não poderia encarnar-se na Terra, quando já havia realizado o pior, ou seja, transposto a fabulosa distância vibratória que separava o seu mundo espiritual da pulsação letárgica da matéria. Desde que Jesus não era um pecador em busca de sua redenção espiritual no mundo físico, mas sublime Instrutor em missão de esclarecimento aos terrícolas, obviamente ele merecia a melhor assistência possível para a consecução de sua obra. Um professor pode ministrar lições aos seus alunos, embora só vestindo um traje de linho em manhã de rigoroso inverno, mas ele há de sentir-se melhor e produzir mais, se vestir um casaco protetor de lã. Jesus também poderia lecionar com êxito aos habitantes da Terra, embora mergulhado num campo fluídico mais impuro. No entanto, tratando-se de um Mestre inconfundível e digno do maior respeito, as suas lições foram mais proveitosas porque o Alto situou-o num campo vibratório astronômico mais favorável à sensibilização psíquica dos seus alunos terrícolas.

Aliás, o puro e o impuro na concepção humana são apenas duas palavras que tentam definir circunstâncias relativas, cuja existência não depende de tais palavras. Que são as palavras, senão uma tentativa do homem em definir as coisas que já existem antes de suas próprias palavras?

PERGUNTA: — Finalmente, qual foi a natureza característica da influência do signo de Pisces sobre Jesus, sua obra e seus apóstolos?

RAMATÍS: — Como um signo dura 2.160 anos e o advento de Jesus se fez há 2.000 anos, isto é, depois de ter-se iniciado o signo de Pisces, então a humanidade do Terceiro Milênio há de viver sob a influência de outro signo, o próximo, que é Aquário. Sob este signo os homens tendem a desenvolver a mente e a consolidar, em definitivo, as qualidades despertas e cultivadas sob o signo de Pisces. A linguagem poética da Astrologia assim se refere sobre os homens nascidos sob o signo de Pisces:

"São profundamente emotivos, irradiando simpatia, mesmo quando rudes ou fracos; inquietos, interessam-se pela sua vida psíquica; são receptivos às mensagens elevadas, hospitaleiros e desinteressados; são românticos, sonhadores e conhecidos por médiuns; sofrem e se amarguram quando ofendem ou prejudicam alguém; podem falhar na primeira investida ao ideal superior, mas corrigem sua indecisão, e às vezes o fazem com o sacrifício da própria vida."

Embora considerando-se que tais qualidades já devem existir enraizadas nos indivíduos, mesmo antes da influência de um signo astrológico, como Pisces, o certo é que tanto os essênios, como os cristãos, ajustam-se perfeitamente a essa definição. O signo de Pisces ou de Peixes deixou sua marca inconfundível nos empreendimentos de Jesus. O próprio Mestre ficou conhecido como o "Pescador de Almas" e os seus primeiros discípulos foram pescadores; a senha que usavam entre si era a figura de dois peixes entrelaçados; a própria Igreja ainda conserva nas mitras dos seus bispos a forma exata de uma cabeça de peixe; e na Quaresma proíbe a carne, mas não o peixe! Os cristãos consideravam a figura do peixe como símbolo da pureza genética, pelo seu modo de procriar, independente de contato direto entre macho e fêmea, e pela sua vida no seio da água, fonte principal da vida e da qual o "homem terá de renascer", na linguagem de Jesus. Diante de Pedro, Jesus convidou-o para ser um "pescador de homens", e Francisco de Assis, seu admirável discípulo, fazia preleções aos peixes!...

5. Jesus de Nazaré e o Cristo Planetário

PERGUNTA: — Conforme deduzimos de vossas palavras, então Jesus é uma entidade e o Cristo outra? Porventura tal concepção não traz mais confusão entre os católicos, protestantes e espíritas, já convictos de que Jesus e o Cristo são a mesma pessoa?

RAMATÍS: — Em nossas singelas atividades espirituais, nós transmitimos mensagens baseadas em instruções recebidas dos altos mentores do orbe. Portanto, já é tempo de vos afirmar que o Cristo Planetário é uma entidade arcangélica, enquanto Jesus de Nazaré, espírito sublime e angélico, foi o seu médium mais perfeito na Terra. O excessivo apego aos ídolos e às fórmulas religiosas do vosso mundo terminam por cristalizar a crença humana, sob a algema dos dogmas impermeáveis a raciocínios novos e para não chocar o sentimentalismo da tradição. As criaturas estratificam no subconsciente uma crença religiosa, simpática, cômoda ou tradicional e, obviamente, terão de sofrer quando, sob o imperativo do progresso espiritual, têm de substituir sua devoção primitiva e saudosista por outras revelações mais avançadas sobre a Divindade. Os religiosos de tradição, herdeiros e repetidores da crença dos seus avoengos e preferida pela família, habituados a "adorar" e jamais "pensar", sentem-se amargurados quando têm de abandonar as imagens preferidas de sua devoção e substituí-las por outras mais estranhas.

Assim, correspondendo à assimilação progressiva humana, Deus primeiramente foi devotado pelos homens primitivos através dos fenômenos principais da Natureza, como o trovão, a chuva, o vento, o mar, o Sol. Em seguida, evoluíam para a figura dos múltiplos deusinhos do culto pagão. Mais tarde, as pequenas divindades fundiram-se, convergindo para a ideia unitária de Deus. Na Índia honrava-se Brahma, e Osíris, no Egito; e Júpiter em Olímpia; enquanto os druidas, no seu culto à Natureza, cultuavam também uma só unidade. Moisés expressa em Jeová a unidade de Deus, embora ainda o fizesse bastante humanizado e temperamental, pois todos os sentimentos e emoções dos hebreus, no culto religioso, fundiam-se com as próprias atividades do mundo profano. Com o aparecimento de Jesus, a mesma ideia unitária de Deus evoluiu então para um Pai transbordante de Amor e Sabedoria, que pontificava acima das quizílias humanas, embora os homens ainda o considerassem um doador de "graças" para os seus simpatizantes e um juiz inexorável para os seus contrários.

Tais ideias expressam-se de acordo com a psicologia, o sentimento e a cultura de cada povo. Osíris, no Egito, inspirou o culto da morte, enquanto Brahma, na Índia, recebia homenagens fabulosas como a primeira da Trindade divina do credo hindu. Mas, também havia Moloc a exigir o sacrifício de tenras crianças e, finalmente, Jeová, entre os hebreus, louvado com o holocausto de animais e aves, além de valiosos presentes dos seus devotos. Mais tarde, o catolicismo definiu-se pela ideia do Criador na figura de um velhinho de barbas brancas, responsável pela criação do mundo em seis dias, pontificando dos céus, atrás das nuvens, mas ainda sensível à oferenda de velas, flores, incenso, relíquias e auxílios necessários à manutenção do serviço divino no mundo terreno. Atualmente, a doutrina espírita ensina que "Deus é a Inteligência Suprema, causa primária de todas as cousas", descentralizando a Divindade do antropoformismo, para ser entendida animando todos os acontecimentos da Vida.

Não há dúvida; já é bem grande a diferença entre a concepção espírita e os deuses mitológicos, que presidiam os fenômenos da Natureza ou se imiscuíam na vida dos seus devotos. No entanto, ainda existe diversidade da própria fórmula espiritista, em confronto com outras explicações iniciáticas do ocultismo oriental. Em verdade, essa ideia da pluralidade divina foi-se atenuando com a própria evolução do homem na esfera da filosofia e no campo da ciência; porém, se isto lhe facultou maior assimilação da Realidade do Criador, aumentou-lhe, no entanto, a sua responsabilidade espiritual. Quando o religioso tradicional tem de abandonar o seu velho mito ou modificar sua ideia formal da Divindade, acariciada há tanto tempo e infantilmente sob a proteção do sacerdócio organizado, ele então sofre na sua alma; e, da mesma forma, sofrem os adeptos de doutrina como o espiritismo, ante a concepção de que Jesus é uma entidade à parte do Cristo, o Logos ou Espírito planetário da Terra.

Todavia, o mais importante não reside, propriamente, nas convicções da crença de cada um, na caminhada da sua evolução mental e espiritual, mas no seu comportamento humano, quando o homem atinge um discernimento mais exato e real quanto às suas responsabilidades e à forma de se conduzir perante o Deus único, cuja Lei Divina abençoa os que praticam o Bem e condena os que praticam o Mal. Os homens mais se aproximam da Realidade à medida que também se libertam das crenças, pois estas, quer sejam políticas, nacionais ou religiosas, separam os homens e os deixam intolerantes, tanto quanto se digladiam os torcedores pelo demasiado apego a uma determinada associação desportiva. Vale o homem pelo que é, o que faz e o que pensa, pois a crença, em geral, é mais uma fuga da realidade.[34]

Os próprios espíritas, em sua maioria, embora já possuam noções mais avançadas da realidade espiritual, ainda se confrangem, quando se lhes diz que o Cristo é um Arcanjo Planetário e Jesus, o Anjo governador da Terra. O anjo é entidade ainda capaz de atuar no mundo material, possibilidade que a própria Bíblia simboliza pelos sete degraus da escada de Jacó; mas o arcanjo não pode mais deixar o seu mundo divino e efetuar qualquer ligação direta com a matéria, pois já abandonou, em definitivo, todos os veículos intermediários que lhe facultariam tal possibilidade. O próprio Jesus, Espírito ainda passível de

---

[34] Transcrevemos da obra de Krishnamurti, *A Primeira e última Liberdade*, em seu capítulo XVI, "Sobre a Crença em Deus", o seguinte trecho que coincide bastante com o pensamento de Ramatís: "Há muitas pessoas que creem; milhões creem em Deus e encontram consolo nisso. Em primeiro lugar, por que credes? Credes porque isso vos dá satisfação, consolo e esperança; e dizeis que essas coisas dão sentido à vida. Atualmente vossa crença tem muito pouca significação, porque credes e explorais, credes e matais, credes em um Deus universal e assassinai-vos uns aos outros. O rico também crê em Deus; explora impiedosamente, acumula dinheiro e depois manda construir uma igreja e se torna filantropo. Os homens que lançaram a bomba atômica sobre Hiroshima disseram que Deus os acompanhava; os que voavam da Inglaterra para destruir a Alemanha, diziam que Deus era seu co-piloto. Os ditadores, os primeiros-ministros, os generais, os presidentes, todos falam de Deus e têm fé imensa em Deus. Estão prestando algum serviço, estão tornando melhor a vida do homem? As mesmas pessoas que dizem crer em Deus devastaram a metade do mundo, e o deixaram em completa miséria. A intolerância religiosa, dividindo os homens em fiéis e infiéis, conduz a guerras religiosas. Isso mostra o nosso estranho senso político."

Ramatís / Hercílio Maes

atuar nas formas físicas, teve de reconstruir as matrizes perispirituais usadas noutros mundos materiais extintos, a fim de poder encarnar-se na Terra.

PERGUNTA: — Em face dessa distinção de Jesus ser o intermediário do Cristo Planetário da Terra, gostaríamos que nos désseis maiores esclarecimentos sobre o assunto.

RAMATÍS: — Jesus, como dissemos, não é o Cristo, mas a consciência angélica mais capacitada para recepcionar e cumprir a sua vontade em cada plano descendente do reino angélico até a Terra. Em sua missão sublime, Jesus foi a "janela viva" aberta para o mundo material, recebendo do Cristo as sugestões e inspirações elevadas para atender à salvação das almas, em educação na crosta terráquea. No entanto, Jesus também ascensiona ininterruptamente pela expansão ilimitada de sua Consciência e libertação definitiva das formas dos mundos planetários transitórios. É provável, portanto, que no próximo "Manvantara" ou "Grande Plano" ele também já se gradue na escala arcangélica; e então participará diretamente da criação dos mundos sob a inspiração do Arcanjo, do Logos ou do Cristo do vosso sistema solar.

É o Arcanjo, o Logos ou Cristo Planetário da Terra, cuja Luz e Essência Vital, em perfeita sintonia com a vontade e o plano de Deus, então alimenta a alma da humanidade terrícola. Os homens vivem embebidos de sua essência sublime e, por isso, sentem no âmago de suas almas uma direção que os orienta, incessantemente, para as melhores aquisições espirituais no mundo educativo da matéria. As criaturas mais sensíveis, os intuitivos e os inspirados, às vezes identificam essa "voz oculta" a lhes falar silenciosa e ternamente nas belezas edênicas, que os aguardam após o desenlace do corpo carnal. Assim, o Logos, o Verbo ou o Cristo do planeta Terra, em determinado momento passou a atuar diretamente pelo seu intermediário Jesus, anjo corporificado na figura humana, transmitindo à humanidade a Luz redentora do Evangelho.

No entanto, o Cristo planetário não podia reduzir-se ao ponto de vibrar ao nível da mentalidade humana ou habitar a precariedade de um corpo de carne. Alguém poderá colocar toda a luz do Sol dentro de uma garrafa?

PERGUNTA: — Os teosofistas dizem que os Arcanjos são entidades oriundas de uma linhagem à parte e jamais viveram na face da matéria, cuja evolução ainda segue diretrizes dife-

rentes dos homens. Isso é exato?[35]

RAMATÍS: — Jamais existem duas medidas diferentes no plano da Criação e da manifestação do Espírito em peregrinação, para adquirir sua consciência individual. A centelha espiritual surge simples e ignorante em todas as latitudes do Cosmo, adquire o seu limite consciencial situando-se nas formas efêmeras dos mundos planetários e depois evolui através do transformismo das espécies. O esquema evolutivo é absolutamente um só; sensação através do animal, emoção através do homem, sabedoria através do anjo e o poder e a glória através do arcanjo! São condições inerentes a todos os espíritos, porquanto Deus não modifica o processo de sua criação fora do tempo e do espaço. Não existem duas espécies de processos evolutivos, em que uma parte dos espíritos progride exclusivamente no "mundo interno" e a outra inicia-se pelo "mundo externo". A matéria, conforme prova a ciência moderna, é apenas "energia condensada"; em consequência, não há mérito para o ser evoluir apenas no seio da "energia livre", ou qualquer demérito em submeter-se somente à disciplina letárgica da "energia condensada". A evolução é fruto de uma operação espontânea, um impulso ascendente que existe no seio da própria centelha por força de sua origem divina. À medida que se consolida o núcleo consciencial ainda no mundo do Espírito, a tendência expansiva dessa consciência primária é de abranger todas as coisas e formas, motivo por que ela não estaciona, num dado momento, no limiar das formas físicas, mas impregna-as impelidas pelo impulso criador de Deus. Assim, o mais insignificante átomo de consciência espiritual criado no seio do Cosmo jamais poderá cercear o ímpeto divino que o aciona para a angelitude e, consequentemente, para a própria condição arcangélica. Isso comprova-nos a Justiça, a Bondade e a Sabedoria de Deus, sem quaisquer privilégios ou diferenciações na escalonada do Espírito em busca de sua eterna ventura. Todo Arcanjo já foi homem; todo homem será Arcanjo — essa é a Lei!

Aliás, a importância da vida do Espírito não é quanto à contextura da instrumentação provisória usada para despertar sua consciência; mas, sim, aquilo que desperta, acumula e desenvolve em si mesmo, habitando a Terra ou somente o Espaço. Não há milagres nem subterfúgios da parte de Deus; nenhuma entidade espiritual, malgrado ser um Logos Solar, poderá ensinar, orientar

---

[35] Vide a obra *A Fraternidade dos Anjos e dos Homens*, de George Hogdson. Obra editada pela "Livraria Editora O Pensamento".

e alimentar humanidades encarnadas, caso não se trate de uma consciência absolutamente experimentada naquilo que pretende realizar.

Não havendo "graças" imerecidas, nem privilégios divinos, obviamente os arcanjos também fizeram sua escalonada sideral sob o mesmo processo extensível a todas as almas ou espíritos impelidos para o seu aperfeiçoamento. Se um Arcanjo ou Logos planetário pode ligar-se ao Espírito de um medianeiro, como o Cristo uniu-se a Jesus, e sendo incessante o progresso espiritual, mais cedo ou mais tarde, o próprio Jesus alcançará a mesma frequência e graduação arcangélica. E quando o espírito do homem alcança a condição beatífica de Arcanjo, ele é então chamado o "Filho Sideral"; é um Cristo, cujo estado espiritual absoluto é o Amor, como a "Segunda Manifestação de Deus" ou a "Segunda Pessoa da Santíssima Trindade", ainda tão mal compreendida entre os católicos e os protestantes, e injustamente criticada pelos espíritas ortodoxos.

Assim, o Logos ou Cristo planetário da Terra é realmente a Entidade Espiritual que, atuando na consciência global de toda a humanidade terrícola, alimenta e atende a todos os sonhos e ideais dos homens. É a Fonte Sublime, o Legado Sideral de Deus doando a Luz da Vida; o "Caminho, a Verdade e a Vida", em ação incessante através da "via interna" de nossa alma. Não é evidente que a lâmpada elétrica de vosso lar busca sua luz e força no transformador mais próximo, em vez de solicitá-la à usina distante? Deus, como "Usina Cósmica" e alimentador do Universo, legou aos seus Arcanjos, transformadores divinos de Luz e Vida, o direito e a capacidade de atenderem às necessidades humanas nas crostas terráqueas, doando-lhes a energia devidamente dosada para a suportação e benefício espiritual de cada ser. Não há desperdício energético no Cosmo; jamais a Divindade oferece um tonel de água para quem só pode suportar o conteúdo de um copo.

Os homens perdem-se pelos escaninhos dos raciocínios obscuros, buscando a Verdade e a Glória através de processos complexos e escravizando a razão às formas transitórias, enquanto, junto de si, continua o copo de água refrescante do Evangelho, capaz de saciar toda sede humana. Mal sabem eles que Jesus codificou, em linguagem simples e de execução fácil, o Pensamento e a Glória do próprio Cristo Planetário.

PERGUNTA: — Existe alguma referência bíblica indican-

do-nos que o Cristo é realmente um Espírito planetário, e não o próprio Jesus de Nazaré?

RAMATÍS: — Conforme já temos dito, cada orbe tem o seu Logos ou Cristo planetário, seja a Terra, Marte, Júpiter, Saturno ou Vênus. De acordo com a graduação espiritual de suas humanidades, também há maior ou menor absorvência da aura do seu Cristo, o que, às vezes, é assinalado com acerto pelos astrólogos, no estudo de suas cartas zodiacais coletivas.

Quanto mais evoluída é a humanidade de um orbe, ela também é mais sensível ou receptível à vibração espiritual do seu Arcanjo planetário; sente mais intimamente a sua influência benfeitora e pende para as realizações superiores.

No entanto, quando chega a época tradicional de "Fim de Tempos" ou de seleção espiritual nos planetas promovidos a melhor padrão educativo, é feita a separação no simbolismo dos lobos, das ovelhas, do joio e do trigo. Então os espíritos reprovados são considerados à esquerda do seu Cristo planetário, ou seja, à esquerda do Amor. Em seguida são exilados para orbes inferiores, cuja vida inóspita afina-se com o conteúdo espiritual violento, agressivo e despótico, que é próprio da sua graduação inferior. Essa emigração incessante de orbe para orbe, então gerou a lenda bíblica da "queda dos anjos", ou seja, espíritos talentosos, astutos e orgulhosos que subvertem as atividades do Bem, pelo abuso do poder e de privilégios em suas existências planetárias.

Mas é João Evangelista, no Apocalipse, quem deixa entrever de modo sibilino e sem duplicidade que o Cristo é uma entidade e Jesus outra, quando assim ele diz: "E eu ouvi uma grande voz no céu, que dizia: Agora foi estabelecida a salvação, e a fortaleza, e o reino de nosso Deus, e o poder do seu Cristo; porque foi precipitado o acusador de nossos irmãos, que os acusava dia e noite diante de nosso Deus" (Apocalipse, 12:10). João se refere, indiretamente, ao Cristo planetário do vosso orbe, de onde é enxotado Satanás, após a profética seleção espiritual, ou seja, simbolizado na comunidade de espíritos rebeldes ao Amor do seu Cristo!

Quando chega a época de "Fim de Tempo", ou de limpeza astralina de um orbe, então emigram os espíritos trevosos e rebeldes que lhes infestam a aura e reduzem a frequência vibratória da luz crística provinda do interior. Depois de afastados da aura do orbe higienizado, é óbvio que este também se mostra menos denso na sua contextura astralina e por isso aflora maior quantidade de Luz do seu Cristo planetário ao ambiente selecionado. Essa operação de técnica sideral, João enuncia no Apocalipse, ao dizer que "o poder do seu Cristo foi restabelecido após a expulsão de Satanás". Usando de exemplo rudimentar, diríamos que a simples providência de se espanar uma lâmpada obscurecida pelo pó, permite-lhe maior projeção de sua luz em torno. É por isso que a "Segunda vinda do Cristo" será exclusivamente pela via interna do espírito do homem, e não conforme descreve a mitologia religiosa, pois quanto mais se sensibiliza o ser, mais ele poderá absorver a luz espiritual do seu Cristo.

Em consequência, o divino Logos ou Cristo já atuou através de Moisés, Krishna, Isaías, Zaratrusta, Zoroastro, Buda, Maomé, Confúcio, Fo-Hi, Anfión, Numu e muitos outros instrumentos humanos. Mas Jesus foi o mais fiel intérprete do Cristo planetário, na Terra; ao completar 30 anos de idade física, quando lhe baixa sobre a cabeça a pomba simbólica do Espírito Santo, durante o batismo efetuado por João Batista, Jesus passou a viver, minuto a minuto, as fases messiânicas do plano espiritual, traçado pelo seu elevado mentor, o Cristo ou Arcanjo do orbe.

PERGUNTA: — Poderíeis apontar-nos alguma passagem bíblica cuja clareza nos dispense de interpretações dúbias, distinguindo o Cristo de Jesus?

RAMATÍS: — É muito significativo o diálogo que ocorre entre Jesus e Simão Pedro e os demais apóstolos, quando ele lhes indaga: "E vós que dizeis que eu sou?" E Pedro responde-lhe: "Tu és o Cristo, o Filho de Deus vivo." Finalmente, depois de certa reflexão, Jesus então mandou seus discípulos que a ninguém dissessem que ele era Jesus Cristo (Lucas, 9:20,21; Mateus, 16:15,16,20).

Nesse relato, Jesus admitiu representar outro ser, o Cristo, além de si, e que há muito tempo o inspirava e fora percebido intuitivamente por Simão Pedro. Falando mais tarde às turbas e aos apóstolos, o Mestre Jesus esclarece a sua condição excepcional de medianeiro do Cristo, não deixando qualquer dúvida ao se expressar do seguinte modo: "Mas vós não queirais ser chamados Mestre, porque um só é o vosso Mestre, e vós sois todos irmãos. Nem vos intituleis Mestres; porque um só é o vosso Mestre — o Cristo!" (Mateus, 23:8,10). É evidente que Jesus, falando na primeira pessoa e referindo-se ao Cristo na segunda pessoa, tinha o propósito de destacá-lo completamente de sua própria identidade, porque, em face de sua reconhecida humildade, jamais ele se intitularia um Mestre. Aliás, inúmeras passagens do "Novo Testamento" fazem referências a Jesus e o chamam o Cristo (Mateus 27:17,22), pressupondo-nos que mais tarde ele chegou a admitir-se como o Cristo, o "Ungido" ou "Enviado".

E se Jesus não esclareceu melhor o assunto, assim o fez em virtude dos apóstolos não poderem especular sobre a realidade de que ele pudesse ser uma entidade, e o Cristo outra; assim como a falta de cultura, própria da época, não lhes permitia raciocínios tão profundos como a ideia de arcanjo planetário.[36]

---

[36] Nota do Revisor: - Recomendamos a leitura do cap. "Os Engenheiros Siderais e o Plano da Criação", da obra *Mensagens do Astral*, de Ramatís, que explica minuciosamente as particularidades dos Cristos Planetários e Constelares, e, em particular, a excelente obra "Assim dizia Jesus", de Huberto Rohden, quanto ao capítulo "Ninguém vai ao Pai a não ser por mim", em que o autor faz proficiente estudo sobre a diferença entre o Cristo e Jesus.

6. A identidade sideral de Jesus

PERGUNTA: — Jesus não é o governador espiritual da Terra? No entanto, dizeis que ele veio da esfera dos "Amadores", provavelmente de algum orbe situado muito além do nosso sistema solar?

RAMATÍS: — Mais uma vez tomais a palavra do espírito pelo espírito da palavra, porquanto não estamos nos referindo a qualquer situação geográfica ou astronômica nestes relatos. Jesus deixou o seu reino espiritual apenas quanto à redução do seu campo vibratório e da sua consciência sideral, mas não veio de qualquer outra latitude astronômica ou cósmica. A esfera dos Amadores é um conjunto sideral de almas excelsas e identificadas por um padrão espiritual semelhante ao de Jesus. São espíritos eletivos, entre si, que formam um todo ou coletividade sideral e vibram, felizes, unidos pela mesma natureza angélica. Não se trata de uma "esfera material" ou planeta físico, mas de um "estado vibratório" peculiar e de natureza superior. São entidades portadoras de um Amor incondicional; e sentem-se felizes quando eleitas para qualquer missão redentora nos mundos físicos, dispondo-se a todos os sacrifícios em benefício dos seus irmãos que ainda se encontram nesses planos inferiores.

A esfera dos Amadores pode ser concebida à semelhança de uma "esfera social", "esfera militar", "esfera científica" ou "esfera religiosa", em que se agrupam criaturas pela mesma afinidade, simpatia ou tarefas semelhantes. Jesus foi um "Avatar" eleito da esfera dos Amadores para baixar à Terra no tempo predito, porque só um espírito do quilate dessa esfera seria capaz de tanto amor e renúncia para a missão de redimir o homem terreno.

No entanto, desde a origem do vosso orbe, ele jamais deixou de presidir os vossos destinos, atento ao esquema evolutivo traçado há trilhões de anos terrestres na elaboração do atual "Grande Plano", que vos proporciona a aquisição individual de consciência espiritual.

PERGUNTA: — Em nossas reflexões concluímos que o Amor absoluto e incondicional há de ser, no futuro, uma qualidade comum a toda humanidade cósmica. Mas em face de vossa exposição, parece-nos que só a "esfera dos Amadores" agrupa, realmente, as almas já cristianizadas por esse Amor. Não é assim?

RAMATÍS: — Inegavelmente, o Amor é a essência espiritual indestrutível e o fundamento da angelitude de todo ser; mas o anjo, como símbolo da alma perfeita, só é completo quando também já adquiriu a Sabedoria Cósmica. Embora todas as almas afins a Jesus sejam portadoras de amor tão semelhante quanto ao dele, elas podem se agrupar em conjuntos diferentes, unidas por outras características e gostos preferenciais.

Não é difícil comprovarmos que a figura tradicional do anjo, cultuada pelo Catolicismo, é realmente um símbolo da alma completamente livre de quaisquer deveres ou preocupações para com os mundos materiais, e goza do livre-arbítrio de doar o Seu Amor e Sabedoria a quem melhor lhe apetecer. O Anjo possui duas asas, mas ele só se equilibra, no tráfego do "reino do céu", quando ambas estão perfeitamente iguais ou uniformes, porquanto a asa direita simboliza o intelecto ou a razão, e a esquerda o coração ou o sentimento. A angelitude ou perfeição exige completo e absoluto equilíbrio entre o Amor e a Sabedoria. Por isso, quem vive na Terra, humilhado e submetido às provas cruciantes da carne, desenvolve a paciência, o amor, a resignação e a ternura. E, em futuro próximo, há de voltar à Terra ou a outro orbe, tantas vezes quantas forem necessárias para desenvolver a asa direita, ou seja, a Sabedoria da razão pura.

Em consequência, embora a "esfera dos Amadores" congregue espíritos angélicos, cuja característica fundamental é o Amor e a Renúncia da própria vida, para o bem do próximo, não é a única nesse gênero, pois todos os espíritos angelizados e já libertos das encarnações planetárias obrigatórias, embora sejam sábios, também são amorosos. Mas o amor também pode ser manifestado de vários modos e conforme a índole psíquica de cada ser, seja um homem ou um anjo. Os Amadores, portanto, são um tipo de espíritos que depois de eleitos para qualquer missão nas crostas planetárias, jamais se prendem aos bens do mundo onde atuam. E além do seu amor incondicional para servir e ser útil em tarefas de alta responsabilidade, a pobreza é a principal característica de suas vidas. Eles não vacilam em suas lutas messiânicas, pois as enfrentam desde o princípio com uma decisão heroica e absoluta renúncia pelo ideal superior que esposam e divulgam. Esse é o tipo dos espíritos peculiares da "esfera dos Amadores".

Embora o amor incondicional e absoluto seja, realmente, no futuro, uma qualidade comum de toda a humanidade cósmica, tal sentimento toma características peculiares da índole e do temperamento de quem o manifesta.

PERGUNTA: — Poderíeis dar um exemplo mais claro, a fim de compreendermos melhor o fato de existirem manifestações amorosas diferentes, de acordo com os temperamentos dos espíritos agrupados na mesma esfera angélica?

RAMATÍS: — Suponhamos um conjunto harmonioso de almas, cujo sentimento fundamental também seja o Amor absoluto, o qual, no entanto, é composto de espíritos que se ajustaram à índole dos ingleses, latinos ou asiáticos. Embora o sentimento predominante entre esses espíritos seja o Amor no mesmo diapasão espiritual, o seu sentimento se há de expressar em conformidade com o temperamento e a índole de cada uma dessas raças. Assim, os ingleses seriam fleumáticos e persistentes, os latinos eufóricos e extrovertidos e os asiáticos místicos e introspectivos, cada um impondo o seu cunho característico na prática e na manifestação desse mesmo Amor.

Eis por que têm sido tão diversas as manifestações do Amor pelos benfeitores da humanidade. Aqui, desenvolve-se e progride a medicina ou a física, graças ao sacrifício ou abnegação de um Pasteur, Édison ou Marconi; ali, Pitágoras, Sócrates ou Spinoza devotam todo o seu pensamento em amenizar a angústia humana pelo medicamento sutil da filosofia; acolá, o gênio de Da Vinci, o espírito agitado de Van Gogh, as privações e a tristeza de Rembrandt, também geraram a beleza e o encanto misterioso da pintura, manifestando o seu amor ao homem pela magia das cores. Beethoven, o gigante da música, doa ao mundo a Nona Sinfonia, o testamento do Amor em sons; Mozart extingue-se ainda moço, deixando as mais fascinantes melodias para a criatura humana; Bach deixa um monumento musical alicerçado no conceito de que "o objeto de toda música devia ser a glória de Deus!" Tolstoi, Dickens, Cervantes, Victor Hugo e outros manifestaram esse amor tentando novos roteiros na esfera social e moral do mundo; Marco Polo, Colombo e outros o fizeram na tentativa de estreitar as distâncias da Terra para o mais próximo convívio dos homens.

Portanto, é sempre o Amor manifestando-se nos coloridos mais variados, em conformidade com a índole de cada ser. Muitas vezes o sábio, o gênio ou o cientista principiam aquecendo o amor em si mesmos, numa satisfação ainda ególatra. No entanto, eis que transborda esse amor além das necessidades e da contenção do ser, para se transformar em doação ao mundo e em benefício da humanidade.

É indubitável que os guias espirituais precursores de Jesus também serviram à humanidade e a ensinaram para o Bem, porque eram de índole amorosa; mas há diferença entre as formas de pregar esse Amor, se compararmos Jesus a Confúcio, Krishna, Buda, Moisés, Zoroastro, Maomé, Gandhi e outros. Só ele, enfim, o mais pobre dos homens, também foi o mais rico de Amor!

PERGUNTA: — Há, porventura, outros conjuntos de espíritos afinados pelo mesmo amor e sabedoria, e que se constituem em esferas semelhantes à dos Amadores?

RAMATÍS: — Existem inúmeras outras esferas espirituais com denominações simbólicas, para conveniente identificação nos registros etéricos ou "akáshicos"[37] e que também reúnem espíritos afinados pelo mesmo sentimento de Amor, quanto à sua linhagem temperamental. O mundo espiritual é semelhante a um imenso país, cujos estados são constituídos por essas

---

[37] Nota do Revisor: - O "Ákasha" é um estado muito mais sutil ainda do que a matéria cósmica, embora não seja o éter propriamente admitido pela ciência como um meio transmissivo. Nele se reflete e se grava qualquer ação ou fenômeno do mundo físico, e que mais tarde os bons psicômetros podem lê-los graças à sua faculdade psíquica incomum. Myers chama a esse estado cósmico de "metaetérico" e Ernesto Bozzano o explica satisfatoriamente na sua obra *Os Enigmas da Psicometria*, no VI Caso, à página 41. Aconselhamos, também, a leitura do capítulo XXVI, "Psicometria", da obra *Nos Domínios da Mediunidade*, de Chico Xavier, e as págs. 191 a 197, da obra *Devassando o Invisível*, de Yvonne A. Pereira.

encantadoras esferas de almas harmonizadas por sentimentos e objetivos semelhantes, compondo a humanidade venturosa sob o carinho eterno do Pai. É certo que, em sentido oposto, também existem coletividades satânicas, agrupadas nas regiões trevosas e formando instituições belicosas, em porfia incessante contra as entidades do Bem. À semelhança da comunidade dos Amadores, citamos a esfera dos "Justiceiros", constituída por almas cuja jornada messiânica pelo vosso mundo as faz aliar o seu sentimento fraterno e amoroso à energia que reprova os desregramentos dos homens, como foram João Batista, Moisés ou Paulo de Tarso; a esfera das "Harpas Eternas" abrange o conjunto de espíritos eleitos para impregnar a música humana de respeitosa religiosidade, como Orfeu, Palestrina, Bach, Schubert, Hendel, Mozart, Gounod, Verdi, Haydn e outros autores dos mais belos oratórios, missas sinfônicas e trechos religiosos; a esfera dos "Oráculos dos Tempos", fonte dos profetas como Daniel, Ezequiel, Jeremias, Job, Isaías, Miquéias, Elezier, Samuel ou Nostradamus; a esfera das "Safiras da Renúncia" inspirou Gandhi, Francisco de Assis, ou Vicente de Paula; a esfera dos "Peregrinos do Sacrifício", almas que se imolaram por ideias ousadas de esclarecimento espiritual, como João Huss, Giordano Bruno, Joana D'Arc, Sócrates; a esfera das "Pérolas Ocultas", refere-se às almas capacitadas para a revelação dos fenômenos excepcionais da vida invisível, como Antônio de Pádua, Apolônio de Tyana, Dom João Bosco, Tereza Neumann, Home, Eusapia Palladino e outros; a esfera das "Chamas do Pensamento" abrange as almas do tipo de Hermes, Zoroastro, Platão, Buda, Pitágoras, Krishnamurti e outros autores dos novos rumos para a libertação mental do homem; a esfera das "Estrelas Silenciosas" reúne espíritos mais raros, em cuja vida física eles se tornaram verdadeiros "canais vivos" de receptividade à fluência espiritual do Alto sobre os homens, alimentando seus próprios discípulos só pela sua presença tranquila e confiante, como Sri Ramana Maharishi, Ananda Moyi Ma, Lahiri Mahasaya, Giri Bala, Babaji e outros iogues. Na esfera dos "Archotes da Procura" salientam-se os espíritos preocupados em investigar a religião pelos caminhos da Ciência, como Blavatstki, Max Hendel, William Crookes, Sinnet, Leadbeater, Besant, Kardec e Ubaldi.

Insistimos em dizer-vos que essas denominações correspondem mais propriamente às exigências da linguagem do mundo físico, a fim de fazerdes uma ideia aproximada das peculiaridades manifestas por esses espíritos em seus conjuntos ou esferas siderais, e os motivos principais que os atraem entre si para uma vida feliz e fraterna. Infelizmente não podemos alongar-nos no assunto ou expor-vos particularidades que possam satisfazer a todas indagações, porque teríamos de esmiuçar-vos matéria de complexa tipologia sideral. Quando mais tarde compreenderdes a verdadeira significação da paixão de Jesus, na Terra, então podereis aquilatar o sentido exato da terminologia psicológica desses vários grupos de Espíritos, os quais, apesar de sua maneira de agir, não só se congregam para o mesmo fim espiritual, como ainda atendem às convocações dos Instrutores Espirituais em suas missões de sacrifício nas crostas planetárias.

Cada grupo sideral é aproveitado conforme sua índole e talento, pois enquanto certa parte fica no Espaço, intuindo e guiando os encarnados para a maior receptividade dos ensinamentos e revelações do Instrutor situado na matéria, em época devidamente prevista, como aconteceu a Antúlio, Hermes, Krishna, Buda, Jesus ou Kardec, outros encarnam-se na Terra como antenas vivas propagadoras dos novos conceitos espirituais. Então se pode observar, no mundo material, que as grandes transformações e os renascimentos operados nas esferas musicais, da pintura, da ciência, da política ou da religião, não se cingem exclusivamente ao indivíduo que expõe e divulga a nova mensagem, mas, em seguida, aderem a ela discípulos, seguidores e simpatizantes atraídos pela natureza do mesmo ideal. No entanto, essa adesão absoluta e jubilosa em torno de igual mensagem de renovação no mundo, é sempre fruto de um plano inteligente, sensato e evolutivo a se desdobrar na matéria e controlado pela sabedoria dos Mentores Siderais, assim como ocorreu na propagação do cristianismo.

7. A natureza do corpo de Jesus

PERGUNTA: — Havendo duas teorias quanto à natureza do corpo de Jesus, a carnal e a fluídica, podeis dizer-nos algo a esse respeito?

RAMATÍS: — Embora respeitando o sentimento elevado de alguns espíritas que, apoiados na teoria de Roustaing, consideram fluídico o corpo de Jesus, na verdade o nascimento do Mestre obedeceu às leis comuns da genética humana. Seu organismo era realmente físico. Evidentemente, tratava-se de um organismo isento de qualquer distorção patogênica própria ou hereditária, pois descendia da mais pura linhagem biológica das gerações passadas. Constituída de magnífica expressão anatomofisiológica e o seu sistema nervoso era uma rede hipersensível entre o comando cerebral e os seus órgãos de relação.

PERGUNTA: — Mas não seria razoável que Jesus tivesse um corpo fluídico, considerando-se a sua elevada hierarquia espiritual?

RAMATÍS: — Não contestamos que o seu grau angélico faça jus e possa compor um corpo fluídico ou diáfano, idêntico aos já existentes em mundos superiores de outras constelações; porém, o cabal desempenho da missão de Jesus no ambiente do vosso planeta exigia-lhe um corpo igual ao de todos os seus habitantes. Teria de ser um organismo tão compacto e vigoroso quanto o reclamavam os imperativos do meio onde deveria viver.

Aliás, em face da revelação científica agora aceita, de que a matéria é energia condensada, não se justificam essas preocupações quanto à natureza fluídica ou material do corpo de Jesus. Ante a sua alta espiritualidade — e isto é o que mais importa — o seu corpo nada significa por ter sido mais ou menos denso, ou seja, composto de energia condensada em maior ou menor dose. Essa contingência de "mais" ou "menos" densidade material não seria favorável nem prejudicial a Jesus, pois o seu sacrifício máximo não decorreu das obras físicas que ele teria de suportar no ato de sua crucificação. O seu holocausto mais acerbo consistiu na sua luta de abaixamento vibratório, no sentido de ajustar-se à matéria densa do mundo inferior, em atrito com as vibrações morais do seu padrão angélico. Semelhante descida foi um calvário de angústias que se prolongaram durante mais de um milênio de vosso calendário. Infelizmente, as limitações de vossa sensibilidade moral ainda não vos permitem avaliar a renúncia espiritual de Jesus, decidindo abandonar o seu paraíso celestial para descer aos charcos de um mundo animalizado.

PERGUNTA: — A atribuição de um corpo fluídico a Jesus é porque um corpo físico parece-nos uma vestimenta muito grosseira, tratando-se de uma entidade espiritual de sua categoria.

RAMATÍS: — Há que considerar a natureza do mundo em que Jesus viera atuar. Sabeis que um condor dos Andes, que voa acima de mil metros de altura, precisa de asas grandes e robustas, que não podem assemelhar-se às da delicada borboleta, que só voa de flor em flor. As asas de cada um de tais seres correspondem ao meio em que os mesmos têm de agir. É também o caso do mergulhador, pois embora dispondo de um corpo perfeito, não pode dispensar o escafandro para descer ao fundo dos mares. Que aconteceria a um fidalgo do vosso ambiente civilizado, indo ao polo enregelado onde moram os esquimós e lá se apresentasse com a indumentária de camisa de seda e um terno de linho?

Essa preocupação quanto ao corpo de Jesus resulta de uma análise que se atém a superfícies. Buda foi um inspirado sublime e os milhões de budistas jamais discutiram a natureza física do seu elevado mentor. Certamente, a Índia estaria abalada espiritualmente, dividida sob divergência religiosa, se uma parte dos crentes afirmasse que a santidade de Buda exigia um corpo esguio e elegante, enquanto outros achassem natural o corpo obeso e nutrido do grande iluminado.

PERGUNTA: — Quanto à origem dessa concepção a respeito

Ramatís / Hercílio Maes

do corpo de Jesus ser fluídico, não terá sido produto de uma intervenção malévola do Espaço, quanto à obra de Roustaing, no sentido de tisnar a beleza dos quatro Evangelhos, ou trata-se de uma concepção do escritor, buscando, com isso, enaltecer a pessoa de Jesus?

RAMATÍS: — Essa concepção é ainda um reflexo dos efeitos seculares adstritos aos dogmas, milagres, mitos e tabus copiados da vida de diversos precursores de Jesus. E então, os exegetas do passado atribuíram a Jesus também uma existência mitológica. São de igual teor a ressurreição e a ascensão do Mestre aos céus em corpo e alma.

A Bíblia, apesar da valiosa revelação que encerra do poder e da glória de Deus, registra acontecimentos do mesmo caráter. Algumas concepções capazes de espantar um ginasiano do século atual, ainda continuam a nutrir polêmicas religiosas entre os homens. Aqui, devotos singelos aceitam a subida de Elias ao Céu, no seu carro de fogo. Caim e Abel são os únicos filhos de Adão e Eva. Caim mata Abel e foge para uma região ignorada; porém, a prole humana de raças diferentes surge em todos os recantos da Terra, como se brotasse do próprio solo. A humanidade terrena ainda continua responsável pelo Pecado Original, devido à imprudência de Adão e Eva, no Éden, em que o caso particular, de comerem um "fruto proibido", passou a complicar a vida de todas as gerações futuras.

Mesmo entre os espíritas essa disposição para o dogmatismo religioso ainda não foi eliminada completamente, porque a libertação religiosa pregada por Kardec data apenas de um século. Muitas almas, ingressando no espiritismo, ainda sentem certa dificuldade para se ajustarem completamente aos novos ditames espirituais da nova doutrina, pois a influência de quinze séculos de submissão dogmática à teologia sacerdotal de todos os povos, não pode ser dissipada em algumas dezenas de anos. Allan Kardec, o cérebro libertador da escravidão religiosa, ainda não foi integralmente compreendido em sua ousadia espiritual, quando enfrentou os dogmas seculares que ainda hipnotizam muitas almas temerosas da Verdade.

PERGUNTA: — Mas conhecemos espíritas cultos e sinceros, muito estimados pelo seu labor incessante em favor da doutrina, que ainda defendem, com intransigência, a tese do Jesus fluídico. Acaso essa convicção os prejudica espiritualmente?

RAMATÍS: — Não há mérito nem demérito em admitir ou recusar tal concepção, pois ante o tribunal da Justiça divina, "a cada um será dado conforme suas obras", e não segundo a sua crença. A crença sem obras de benefício ao próximo ou renovação íntima espiritual é como a árvore estéril; desvaloriza-se porque não dá frutos. No entanto, muitas criaturas que não admitem os atributos messiânicos de Jesus e o consideram apenas um homem incomum, vivem de maneira tão dignificante a sua existência terrena, que podem ser consideradas à conta dos seus verdadeiros discípulos.

No Espaço não existem agrupamentos partidários de um Jesus físico ou fluídico, mas apenas consciências felizes ou infelizes consoante o seu padrão moral. Se Jesus exigisse um corpo fluídico, semelhante privilégio implicaria a condenação do mecanismo da procriação, mediante a qual Deus proporciona o benefício da vida humana no vosso orbe.

A lei divina da preservação da espécie é um fenômeno tão sublime e digno de respeito como os demais fenômenos ou maravilhas do Universo. O seu aspecto deprimente em face do conceito humano é produto exclusivamente da mentalidade animalesca do próprio homem, que subverte a ordem natural de uma técnica criadora em atos condenáveis de lubricidade.

PERGUNTA: — Reza a tradição evangélica que o corpo de Jesus desapareceu do túmulo e, conforme a lenda, ascendeu ao Céu depois de ressurgido. Porventura essa ascensão do Mestre Jesus em corpo e alma ao Céu não é suficiente para provar a tese do corpo fluídico?

RAMATÍS: — Jesus-Espírito, encerrada a sua tarefa sacrificial ante a humanidade, guardou o seu corpo no túmulo, assim como o artista genial, após terminar a execução primorosa da sua obra, recolhe o seu instrumento na "caixa". Seria o caso de Mozart, Bach ou Chopin, que não mais existem como figuras humanas; no entanto, suas melodias admiráveis ainda falam ao sentimento dos que as escutam com devoção. Que importa, pois, o corpo físico ou "fluídico" de tais gênios da música, se o que está vivo e impressiona é exclusivamente o "espírito" das suas composições? Que importa, também, o acontecido com o corpo de Jesus, quando, afinal, a sua Divina Melodia Evangélica de "Amar a Deus sobre todas as coisas e ao próximo como a si mesmo", é o cântico miraculoso que permanece e transforma muitos Herodes em Vicentes de Paula e Saulos em Paulos? Ante as filigranas musicais de uma sinfonia deslumbrante de emoções superiores, seria bastante irrisório nos ocuparmos em discutir a "qualidade" da madeira do violino ou do piano utilizados pelos concertistas. Em face da Mensagem ou Sinfonia de Amor Cósmico executada pelo sublime Artista Divino, Jesus, também é importuno e até ridículo nos preocuparmos com a natureza do seu corpo.

Depois do sacrifício na cruz, o corpo de Jesus foi transferido, altas horas da noite, por Pedro e José de Arimatéia, para um jazigo de propriedade deste último, devotadíssimo ao Mestre. E assim, evitavam que os sacerdotes instigassem os fanáticos a depredarem o túmulo do Messias para desprestigiá-lo como Líder Espiritual.

PERGUNTA: — Muitos espiritualistas aceitam a tese do "corpo fluídico" por considerarem este tipo de organismo mais compatível com o grau espiritual do Mestre. E conforme preceitua a Lei, "a cada um será dado segundo as suas obras", acham que Jesus, sendo um espírito angélico, deve ser merecedor de um corpo mais refinado, ou seja, menos "pesado".

RAMATÍS: — Sem dúvida, isso é uma reverência louvável; porém, a utilização de um corpo físico era um imperativo fundamental para que Jesus desempenhasse satisfatoriamente a sua missão no ambiente moral e social do vosso mundo, sem discrepar das injunções humanas. Assim como não é possível erguermos pedras com alavancas de papelão, Jesus não poderia agir normalmente no mundo físico, caso dispusesse somente de um corpo fluídico. Aliás, ele mesmo afirmou que "não viera destruir a Lei, porém cumpri-la".

Além de sua atribuição de Legislador Evangélico, Jesus estava incumbido de outras tarefas determinadas pela Ciência Cósmica, algo conhecidas dos Devas, no Oriente. Assim como o espiritismo é a síntese iniciática mais acessível à mente do homem comum, o Evangelho estruturado por Jesus constitui também a súmula mais compreensível da Ciência Cósmica, para a mente do homem terrícola. Quando os adeptos do espiritismo penetram cada vez mais no seu âmago, surpreendem-se com as revelações que descobrem, identificadas com todas as ciências ocultas e os ensinos iniciáticos. Na intimidade do Evangelho, as singelas máximas pregadas por Jesus identificam-se com todas as leis que regem o próprio Cosmo.[38]

O Messias, além de Legislador Espiritual, foi o mais avançado cientista encarnado na Terra. Rompendo a fronteira cósmica para a salvação do Homem, proporcionou-lhe a aquisição de luz planetária, no sentido da libertação definitiva da vossa humanidade. Essa é a razão por que o Velho e o Novo Testamento afirmam: "O Messias é o Salvador dos Homens."

PERGUNTA: — Alguns espíritas admitem que o nascimento de Jesus deve ter sido diferente do processo comum da genética humana ou sobrenatural, baseados na seguinte passagem consignada no Evangelho de São Mateus (Mateus; 11:11), quando ele declara: "Em verdade vos digo que, entre os nascidos de mulher, não apareceu alguém maior do que João Batista." Em virtude de Jesus ser "maior" do que João e, no entanto, apontar seu precursor como o maior dos nascidos de mulher, isso induz-nos à dúvida quanto à natureza do seu corpo.

RAMATÍS: — Embora tenha dito que, entre os nascidos de mulher, não apareceu alguém maior do que João Batista, Jesus também era um "nascido de mulher", pois se a lenda o assegurou "concebido por obra e graça do Espírito Santo", Maria, sua mãe, era mulher e teve de gerá-lo. A dúvida, portanto, não é quanto a Jesus ter "nascido de mulher", pois isso realmente se verificou, mas apenas quanto à sua origem paterna. O Mestre Galileu considerou-se abaixo de João Batista e o exaltou, dizendo que "entre os nascidos de mulher, não aparecera outro maior", porque, além de o considerar um líder superior, jamais se vangloriou em sua humildade espiritual. Em consequência, Jesus somente explicou que "entre os nascidos de mulher", João Batista era o maior, porque assim ele considerava o seu precursor, embora também fosse um outro nascido de mulher. A humildade é uma característica das almas iluminadas por virtudes superiores, e, Jesus, espírito excelso e humilde, preferiu situar-se abaixo de João Batista e considerar-se apenas um discípulo movido pelo mesmo ideal.

Sem dúvida, a posteridade reconheceu que Jesus era superior a João Batista, seu precursor; mas essa conclusão proveio de um conceito alheio e não julgamento em causa própria pelo Mestre Cristão. A sua categoria espiritual jamais o faria vangloriar-se sobre alguém, ou mesmo dar a entender que o seu nascimento

[38] Nota do médium: - Esse assunto Ramatís o explana satisfatoriamente em sua obra *O Evangelho à Luz do Cosmo.*

Ramatís / Hercílio Maes

diferia dos demais homens. Isso seria humilhar propositadamente o gênero humano e desmentir a natureza sublime do anjo, o qual, na sua ternura e piedade, ante o pecador, para não diminuí--lo, chega a ocultar sua própria luz.

PERGUNTA: — Diz o Evangelho (Lucas; 24:39-43) que Jesus, logo após sua morte, apareceu a dois discípulos na estrada de Emaús e falou com eles, surgindo, também, entre os apóstolos, quando Tomé lhe tocou as chagas das mãos para eliminar sua dúvida. Semelhantes aparições do Mestre foram fenômenos de materialização ou apenas vidência desses discípulos?

RAMATÍS: — Jesus não viera destruir a Lei; por consequência, todos os acontecimentos ocorridos em sua vida são frutos de condições lógicas e naturais. Quando ele apareceu aos discípulos, na estrada de Emaús, ou na reunião dos apóstolos, em que Tomé exigiu-lhe a prova do "toque físico", isso foi possível graças à presença de médiuns poderosos entre eles, os quais lhe proporcionaram o ectoplasma necessário para a sua materialização. Em ambos os casos, Jesus materializou-se, porque "todos o viram e lhe falaram". E se assim não fora, só os videntes o teriam identificado e então a dúvida permaneceria entre os apóstolos destituídos da faculdade mediúnica da vidência. Idêntico fato ocorreu no monte do Tabor, quando Elias e Moisés se materializaram em torno do Mestre Jesus, graças à presença desses discípulos e anciãos essênios, que podiam doar ectoplasma da melhor qualidade para o êxito do fenômeno.

8. Maria e sua missão na Terra

PERGUNTA: — Por que motivos os Mestres Siderais escolheram o espírito de Maria para ser mãe de Jesus?

RAMATÍS: — O Alto escolheu Maria para essa missão porque se tratava de um espírito de absoluta humildade, terno e resignado, que não iria interferir na missão de Jesus. Ela seria a mãe ideal para ele, amorosa e paciente, sem as exigências despóticas dos caprichos pessoais; deixando-o enfim, manifestar seus pensamentos em toda sua espontaneidade original. Aliás, ainda no Espaço, antes de Maria baixar à Terra, fora combinado que as inspirações e orientações na infância de Jesus seriam exercitadas diretamente do mundo invisível pelos seus próprios Anjos Tutelares.

Embora Jesus fosse um espírito sideralmente emancipado e impermeável a qualquer sugestão alheia capaz de desviá-lo do seu compromisso messiânico, é evidente que ele poderia ser afetado, em sua infância, por uma influência materna demasiadamente viril, dominadora, egocêntrica, com sérios prejuízos para sua obra.

Muitos escritores, cientistas, líderes religiosos, poetas, pintores, músicos ou filósofos célebres tiveram sua vida bastante influenciada pelo domínio tirânico dos seus genitores, prejudicando de certo modo as qualidades extraordinárias de seus filhos.

Jesus teria de desempenhar um trabalho de sentido específico e de interesse comum a toda a humanidade; seu tempo precioso não poderia ser desperdiçado no cultivo de qualidades artísticas, científicas ou em abstrações filosóficas do mundo profano. A sua obra seria prejudicada, caso seus pais tentassem impor-lhe rumos profissionais que alterassem os objetivos fundamentais da sua missão. Jesus precisaria crescer completamente livre e desenvolver suas forças espirituais de modo espontâneo, a fim de estruturar o seu ideal messiânico sem quaisquer deformações, desvios ou caprichos do mundo.

Jesus era um espírito de graduação angélica, distinto de todos os seus contemporâneos; e sua autoridade espiritual dava-lhe o direito de contrapor-se à própria família, desde que ela teimasse em afastá-lo do seu empreendimento messiânico. Eis, portanto, o motivo por que o Alto preferiu o espírito dócil e passivo de Maria para a missão sublime de ser mãe do Messias, protegê-lo em sua infância e não turbar-lhe a missão de amplitude coletiva.

PERGUNTA: — Como entenderíamos melhor essa condição passiva de Maria em não intervir na formação psicológica de Jesus durante sua infância, sendo ela sua genitora?

RAMATÍS: — Maria era todo coração e pouco intelecto; um ser amorável, cujo sentimento se desenvolvera até à plenitude angélica. No entanto, ainda precisaria aprimorar a mente em encarnações futuras para completar o binômio "Razão-sentimento", que liberta definitivamente a alma do ciclo das encarnações humanas. Ademais, além de participar do programa messiânico de Jesus, ela também resolvera acolher sob o seu amor maternal algumas almas a que se ligara no passado, a fim de ajudá-las a melhorarem o seu padrão espiritual. Embora muito jovem e recém-casada, não se negou a criar os filhos do primeiro casamento de José, viúvo de Débora, e que trouxera para o novo lar cinco filhos menores: Matias, Cléofas, Eleazar, Jacó e Judas, estes dois últimos falecidos bem cedo. À exceção de Jesus, que era um missionário eleito, os demais filhos de José e Maria eram espíritos comprometidos por mútuas responsabilidades cármicas do passado, cuja existência em comum serviu para amenizar-lhes as obrigações espirituais recíprocas.

Maria era um espírito amoroso, terno e paciente, completamente liberta do personalismo tão próprio das almas primárias e sem se escravizar à ancestralidade da carne. Possuía virtudes excelsas oriundas do seu elevado grau espiritual. Cumpria seus deveres domésticos e se devotava heroicamente à criação da prole numerosa, tão despreocupada de sua própria ventura como o bom aluno que aceita as lições de alfabetização, mas não se escraviza à materialidade da escola. Oferecia de si toda ternura, paciência, resignação e humildade, sem quaisquer exigências pessoais. Na época de Jesus, as escolas se multiplicavam em Jerusalém e mesmo pelas cidades adjacentes, pois ensinava-se em casa, nas ruas e nas sinagogas. No entanto, o ensino se particularizava por uma imposição religiosa, pois tanto as crianças como os adultos assim que aprendiam a ler devotavam-se a interpretar tudo o que se reportava à religião judaica. Eram estudos do culto, das concepções religiosas quanto às profecias e aos salmos, que transformavam cada alfabetizado em um novo cooperador intelectual e pessoal para o Templo. Sem dúvida, existiam estabelecimentos superiores, tais como as escolas rabínicas, na maioria filiadas à Escola de Hilel e preferida pelos fariseus, que ensinavam botânica, medicina, agricultura, higiene, direito, arquitetura etc. Mas as mulheres, afora o conhecimento primário para um entendimento razoável, eram destituídas de cultura geral. Maria, no entanto, era muitíssimo considerada em Nazaré, por ser exímia em bordados, costuras, tecelagem de tapetes de lã e cordas, ofício que aprendera durante a sua estada entre as virgens de Sião, no Templo de Jerusalém. Ela aproveitava todos os instantes disponíveis para contribuir com suas prendas e confecções no orçamento da família, que era precário em face do trabalho modesto de José, na oficina de carpintaria.

Embora mulher meiga e amorosa, anjo exilado na Terra, em face de sua modesta cultura e falta de conhecimentos profundos da psicologia humana, Maria vivia o imediatismo das reações emotivas e sem as complexidades do intelecto. Mas era tão dadivosa ao próximo, assim como a fonte de água pura renova-se à medida que a esgotam; como a rosa que doa incondicionalmente o seu perfume, ela jamais se preocupava em saber qual o mecanismo que transforma o adubo do solo em fragrância tão odorante.

PERGUNTA: — Quereis dizer que devido ao seu temperamento meigo e generoso, Maria pôde viver longe dos conflitos tão comuns entre a vizinhança, mantendo-se imune aos problemas sentimentais da família? Não é assim?

RAMATÍS: — Se o amor doado por uma só criatura fosse suficiente para eliminar as manifestações agressivas e desagradáveis do mundo tão primário, como é a Terra, é evidente que Jesus não seria crucificado, mas entusiasticamente consagrado pelos seus contemporâneos. Assim também acontecia com Maria, pois embora o seu amor intenso, incondicional e puro pudesse abrigar toda a família, os amigos, a vizinhança e até os estranhos, nem por isso pôde livrar-se de certa inveja, intriga, mesquinharia e ciúme de algumas almas de quilate inferior, que também viviam naquele mundículo de Nazaré.

É certo que nas imediações do seu lar vivia o povo nazareno, tradicionalmente hospitaleiro, religioso e serviçal; mas esse ouro da alma ainda se achava impregnado da ganga inferior das paixões e dos interesses mesquinhos do mundo. A cupidez, inveja, falsidade e avareza e as murmurações malévolas às vezes também estendiam seus tentáculos, procurando turbar a paz do lar tranquilo de Maria e José. Isso os obrigava a estoicas renúncias e abdicação do amor próprio, amenizando os mexericos da vizinhança, inquieta e rixenta. Só a ternura, a humildade, o amor e a paciência de Maria puderam transformar a intriga e o falatório tempestuoso de alguns, na brisa inofensiva da cordialidade. O seu sorriso angélico desfazia o ressentimento mais duro e abrandava o coração mais tirânico. Ela contornava com tal doçura os enredos de inveja e de ciúmes a lhe rondarem o aconchego do lar amigo, que conseguia desarmar os intrigantes mais capciosos e renitentes.

A Galileia não era um mundo de criaturas santificadas só porque ali vivia Jesus, o Messias, pois não é o tipo de raça, a latitude geográfica ou a tradição histórica de um povo o que imprime na alma humana o selo da espiritualidade. Isso é obra da transformação, do apuro de sentimentos e da maturidade espiritual, efetuado no seio da alma, e não de acordo com a mudança do ambiente. A alma vil e inferior tanto é própria do povo chinês, polaco ou judeu, como do egípcio ou hindu. E o povo judeu, na época, a par de suas virtudes tradicionais e fé religiosa, era cúpido, fanático, avaro e rixento. Às vezes, o animal ou a ave inocente pagava com a vida o fim da discussão violenta que os seus donos empreendiam por "cima da cerca". Doutra feita, a rixa entre as crianças assumia tal dramaticidade, que mobilizava os pais para a troca de imprecações e insultos na defesa das tradições e dos preconceitos da família. E à semelhança do que ainda hoje acontece nos cortiços, às vezes, motivos sem importância terminavam em violento pugilato.

Felizmente, José, embora homem severo e intransigente,

sabia amainar essas tempestades emotivas, aliando-se à meiguice de Maria para sobrepairar acima dos mexericos perigosos. Malgrado tratar-se de uma família numerosa, aquele lar pobre, mas honesto, sustentou o clima psíquico adequado à eclosão das forças espirituais do Menino-Luz. Isto evitou desperdício de tempo e qualquer desvio na marcha messiânica do Mestre Amado. Enquanto José se assemelhava ao carvalho vigoroso, sob cuja sombra protetora Jesus pôde crescer tranquilo, Maria era como o sândalo a perfumar o machado da maledicência, intriga e mesquinharia humana, que às vezes tentava ferir-lhe o lar.

PERGUNTA: — Naturalmente, a passividade materna de Maria não só ajudou Jesus a crescer emancipado pelas suas próprias ideias, como também a desvencilhar-se mais cedo dos laços afetivos e sentimentalismos da parentela do mundo. Não é assim?

RAMATÍS: — Realmente, havia sido combinado no Espaço, entre os participantes mais íntimos da missão de Jesus, que ele teria de despertar suas próprias forças espirituais e sentimentos angélicos na carne, livre de quaisquer influências educativas alheias. Todavia, ser-lhe-ia proporcionado um ambiente familiar pacífico, compreensivo e seguro, para não lhe perturbar a infância. Em face da contextura espiritual superior de Jesus, os apóstolos e cooperadores de sua obra messiânica ainda eram incapacitados para traçar-lhe diretrizes melhores das que ele já planejara no imo de sua alma. Por isso, dispensou qualquer método disciplinador ou guia humano, que devesse orientá-lo no mundo durante os 33 anos de sua vida física. Os seus Anjos Tutelares sempre o desviaram de quaisquer empreendimentos ou gloríolas profanas, embora dignas e meritórias, mas capazes de algemá-lo às preocupações escravizantes da vida humana.

PERGUNTA: — Embora considerando-se a modéstia intelectual de Maria e o senso prático de José, não lhes teria sido possível perceberem a diferença da natureza espiritual incomum de Jesus sobre os demais filhos? E isso não os faria se considerar mais venturosos?

RAMATÍS: — Nem sempre os rasgos de genialidade e os arroubos extraordinários dos filhos incomuns são motivos de ventura para os pais. Às vezes confundem arrebatamentos de sabedoria com excentricidades inexplicáveis. O certo é que Jesus, embora fosse um menino dócil, respeitoso e algo tímido, era um Espírito de estirpe sideral muito acima do mais alto índice de inteligência e capacidade do homem terreno. Por isso, mesmo no período de sua infância, ele não se submetia aos padrões e preconceitos comuns da época, porque suas reações mentais e emotivas ultrapassavam as convenções comuns e o provincianismo do povo judeu. Ele não só causava espanto, mas até constrangimento entre os próprios companheiros de folguedos e as pessoas adultas, pois expunha ideias e conceitos bem mais avançados que o comum em seu tempo.

Em sua maneira pessoal de interpretar ou julgar as coisas de sua terra e de seu povo, o menino Jesus tinha respostas agudas e inteligentes, porém, honesto no seu falar e jamais contemporizando com a malícia, capciosidade, hipocrisia ou perversidade. Não era ofensivo, nem petulante; respondia a todos com singeleza, respeito e até com timidez; mas ninguém conseguia modificar-lhe o modo franco e sincero de dizer as coisas, pois era inimigo de evasivas, rodeios ou acomodações interesseiras. Obediente ao seu inconfundível espírito de justiça, ele até seria contra a família e em favor do adversário, caso este tivesse razão. Afeiçoava-se facilmente a todos os seres e criaturas e os servia com o mesmo espírito de fraternidade e amor, pouco lhe importando a situação social ou humana. No entanto, suas atitudes francas e corajosas punham em choque até o espírito compreensivo de seus pais e semeavam indecisões entre os rabinos da Sinagoga. Muitas vezes, os adultos ficavam confusos ante a solução inesperada, de um nível de justiça acima do entendimento comum, que o menino Jesus expunha em suas dissertações vivas e eloquentes.

Semelhante situação confundia os seus familiares mais íntimos, ainda imaturos e incapazes de entenderem a fala do anjo e do sábio sideral, que não se disfarça sob as sutilezas capciosas e próprias dos homens empenhados na luta pelos interesses humanos. O menino Jesus, genial e franco, jamais podia enquadrar-se no esquema prosaico da criança comum, cujas emoções e pensamentos são um reflexo dos costumes e preconceitos da sua época. Evidentemente, Maria e José não podiam entrever naquele filho singular o fulgor e a têmpera do Messias, quando ele causava críticas e despertava censuras alheias pelos seus modos excêntricos ou estranhos. Ambos ainda não estavam capacitados para compreenderem uma conceituação moral tão pura e tão impessoal do ser humano, contrária às tradições seculares da vida do povo judeu.

PERGUNTA: — Maria jamais acreditou na missão de seu filho Jesus, ou chegou a pressenti-la próximo de sua morte?

RAMATÍS: — Graças à sua natureza mediúnica, Maria recebeu inúmeros avisos e advertências do seu guia espiritual, o qual insistia em informá-la da estirpe angélica de seu filho. Mas em face de suas obrigações cotidianas junto à família numerosa, ela esqueceu, pouco a pouco, as mensagens mediúnicas que lhe foram transmitidas nas vésperas de casar e antes de nascer Jesus. Mais tarde, em alguns raros momentos, sentia-se dominada por essa reminiscência, quando uma voz oculta lhe parecia confabular quanto à natureza incomum de seu filho.

Quando Jesus deixou a família, decidindo-se pelas suas peregrinações através das estradas da Judeia e de outros lugares próximos, Maria esqueceu os últimos resquícios de lembranças que ainda pudessem avivar-lhe a crença de ele ser um missionário. Após a morte de José, quando Jesus havia completado vinte e três anos, agravou-se o orçamento do lar e ela viu-se obrigada a mobilizar todos os esforços para superintender os gastos da família. Felizmente, meses depois, soube que Jesus chefiava um grupo de discípulos constituído por pescadores, camponeses, homens do povo e algumas mulheres devotas que o seguiam incendidas por um entusiasmo religioso contagiante. Maria não se surpreendeu com tais notícias e sentiu-se tranquila por ver seu filho devotado à tarefa pacífica de rabi itinerante e participando da inspiração religiosa do seu povo. Isso o ajudaria a suavizar aquela inquietação estranha, o misticismo exagerado e a rebeldia aos costumes e tradições comuns.

Maria sentiu-se grata ao Senhor pelo ensejo de seu filho preferir a profissão liberal e religiosa de interpretar entre os seus conterrâneos as regras e o repositório da sabedoria de Moisés. Mas os irmãos de Jesus, afora Eleazar, filho de José e Débora, e mais tarde Tiago, o menor, não lhe apreciaram devidamente a tarefa de rabi das estradas, pois isso não contribuía de modo algum para o orçamento precário da família. Acoimavam-no de chefe de uma corte de malandros e curiosos, que sonhavam entusiasticamente com um reino cômodo e próspero sem ficar devendo obrigações. Matias, Cléofas, conhecido por Simão, Eleazar e Elisabete já haviam casado e cooperavam na receita financeira e ajudavam Maria, já com 47 anos de idade mas ainda se mostrando sadia e moça. No entanto, ela não escondia a sua afeição incondicional por Jesus, Espírito a que se sentia afeiçoada no imo da alma há muitos milênios. Por isso, o desculpava e o defendia, malgrado as intrigas e a maledicência geradas pelos despeitados, a seu respeito.

Mas, à medida que se aproximava o término da missão de Jesus, embora ela ignorasse isso em vigília, uma estranha melancolia e esquisito sofrimento lhe invadia a alma. Súbito, sua alegria se transformava em temor; uma incontida dor lhe tomava o peito e desejaria espantar de si uma visão oculta que receava enfrentar na realidade. Inconscientemente, Maria se preparava para testemunhar os quadros mais dolorosos de sua vida, que seriam o martírio e a crucificação do seu querido filho, isento de culpa e de maldade. Alguns o chamavam de profeta de Israel, outros de Libertador do povo judeu; porém, havia os que o diziam um louco ou imbecil, enquanto o Sinédrio espionava, tentando conhecer-lhe os projetos aparentemente sediciosos. Era, pois, um santo para uns ou perigoso anarquista para outros.

Obviamente, não havia razões plausíveis e justificações capazes de convencer Maria quanto à gloriosa missão espiritual de seu extremado filho, assim como a família do príncipe Sáquia-Múni jamais previu que o seu descendente seria Buda, o Iluminado Instrutor moral da Ásia. Enfim, Jesus talvez não passasse de um modesto Rabi da Galileia, entusiasmado pela obstinação de salvar os homens e redimir os pecados do mundo, conduzindo-os para um fantasioso reino semelhante à pátria de Israel. No entanto, quando ele, humilde e dócil como um cordeiro, aceitou o seu destino cruento sem mover os lábios na mais silenciosa queixa, Maria, então, pôde reconhecer ali no sacrifício da cruz o Messias — o Salvador dos homens!

9. Maria e o período gestativo de Jesus

PERGUNTA: — Maria viveu o período gestativo de Jesus à semelhança das outras mulheres?

RAMATÍS: — Sem dúvida, pois não houve nada de anormal quanto aos aspectos comuns do fenômeno da gestação humana. Aliás, comparada à maioria das gestantes terrenas, em geral assediadas por certas reações psíquicas um tanto agitadas, Maria foi uma parturiente feliz, vivendo esse período imersa num mar de sonhos e de emoções celestiais provindas tanto do espírito de Jesus, como da presença dos anjos que o assistiam.

PERGUNTA: — As emoções psíquicas de Maria, devido à presença de Jesus em sua ligação carnal, não se refletiam também em José, o qual, como pai, era um escolhido pelo Alto para desempenhar tal missão?

RAMATÍS: — José, às vezes, temia certo desequilíbrio psíquico de Maria, procurando mesmo dissuadi-la de suas ideias sublimes, mas fantasiosas, considerando-as resultantes da fase delicada da gestação. Homem prático, realista e pouco dado a reflexões transcendentes, jamais admitiria ser merecedor de uma graça tão elevada, quanto à convicção de sua esposa, de gerar um filho genial ou iluminado Espírito missionário destinado a salvar o povo de Israel ou a redimir a humanidade.[39] Sendo bem grande a diferença existente entre o "reino de Deus" e o

[39] "E conceberás em teu ventre e darás à luz um filho a quem chamarás Jesus. Este será grande e será chamado o Filho do Altíssimo, e o Senhor Deus lhe dará o trono de seu pai Davi, e ele reinará no futuro sobre a casa de Jacó e seu reino não terá fim." (Lucas, 1:31-33).

reino dos homens, José já se sentiria bastante venturoso caso o Senhor lhe enviasse um filho de bons costumes, laborioso, obediente às leis do Torá e capaz de, mais tarde, ajudá-lo na oficina de carpintaria. Talvez se tornasse um rabi e intérprete dos ensinamentos de Moisés; quiçá, um modesto terapeuta ou discípulo externo da congregação silenciosa dos Essênios, que se disseminavam pacificamente pelos montes da Judeia, da Arábia, da Pérsia e da Índia.

José era um homem de costumes regrados, frugal à mesa e avesso aos vícios e às paixões inferiores. Alimentava-se comumente de frutas, vegetais, cereais, e disciplinava a família sob as normas da educação essênia, que aprendera com os anciães do Monte Moab. Não descria da reencarnação e conhecia a Lei de Causa e Efeito quanto à sua responsabilidade moral; mas ignorava os elos intermediários da verdadeira hierarquia espiritual, considerando Jeová e seus anjos uma classe de seres à parte, que deveriam morar distante das torpezas humanas e sem descer à humilhação de habitar um lar tão modesto quanto o seu. José ainda se considerava grande pecador, por isso, a visita assídua de um anjo, em sua casa, conforme lhe assegurava Maria, deveria ser fruto de sua imaginação e sensibilidade espiritual. Ouvia as estranhas revelações de sua esposa, mas disfarçava, tanto quanto possível, a sua incredulidade quando ela lhe falava do seu anjo de guarda resplandecente e do destino glorioso de seu futuro filho. Deliciava-se com a alegria da maternidade da companheira feliz, ouvia-lhe as cogitações sublimes, as quais atribuía à esperança de toda mãe jovem em sempre gerar um filho talentoso, destinado às glórias e aos louvores. José ignorava, no entanto, que Maria ficava semimediunizada pela presença excelsa de Jesus em ligação ao seu regaço materno, o qual lhe transmitia emoções angélicas, fazendo-a um prolongamento vivo do seu glorioso Espírito.

PERGUNTA: — Apreciaríamos saber se, além da elevada emotividade espiritual despertada pela presença do Espírito de Jesus e seus anjos, Maria também revelou alguns dos fenômenos peculiares às gestantes terrenas?

RAMATÍS: — Cumprindo o ciclo fisiológico da gestação do corpo de Jesus, Maria também viveu os fenômenos próprios de certas parturientes, tais como a depressão sanguínea, o incômodo respiratório e a fadiga devido à nutrição de mais uma vida em seu seio. Até os "desejos excêntricos", manifestos comumente nas gestantes, ela os revelou algumas vezes. No entanto, a presença do sublime Jesus sensibilizou de tal modo o seu sistema endócrino, que Maria passou a sentir profunda repugnância por qualquer alimento carnívoro e seus derivados. O paladar apurou-se e a sua preferência era por alimentos delicados, como os pãezinhos de centeio com mel de figo, sucos de frutas e de cerejas, que coincidiu do Mestre Jesus também preferir em sua vida terrena.

As suas amigas e vizinhas esmeravam-se em atender-lhe o gosto nutritivo, procurando até frutas "fora do tempo", para fazerem os gostosos xaropes e caldos das polpas frutíferas.

PERGUNTA: — Estranhamos que o Espírito de Jesus, antes de encarnar-se, já despertasse em sua genitora essa tendência particular por uma alimentação à base de pães de mel, sucos de frutas ou caldo de cerejas, e a repugnância pela carne. Desde que ele ainda não despertara na carne, como poderia sugerir a Maria o desejo por iguarias de sua futura preferência?

RAMATÍS: — Entrando em contato novamente com a carne, Jesus passou a evocar psiquicamente as reminiscências de suas existências já vividas no orbe. Como se tratava de espírito de alta estirpe sideral, ele sempre viveu na Terra de modo simples, frugal, avesso à carne e nutrindo-se com as mais delicadas dádivas da Natureza, incutindo bons estímulos sobre o psiquismo de Maria e sugerindo-lhe alimentos sadios e delicados, como ele realmente os preferia toda vez que se manifestava na matéria, pois condiziam eletivamente com sua natureza superior.

Os gostos e as preferências que haviam sido habituais a Jesus nas últimas existências terrenas, transformaram-se em evocações a convergir para o psiquismo de Maria, sua futura mãe, despertando-lhe reações químicas no sistema endócrino e sugerindo "desejos" por alimentos sadios, como vegetais, frutos, sucos e pãezinhos com mel de figo.[40]

---

[40] Em nossa família ocorreu um caso que justifica as asserções de Ramatís. S. L. F., nossa parenta, quando grávida de seu segundo filho, passou a detestar a carne que tanto apreciava, manifestando repugnância instintiva e violenta ao simples olfato de alimentos carnívoros. Passou a nutrir-se quase que exclusivamente de arroz e saladas, deixando os seus familiares receosos de uma anemia em fase tão delicada, os quais não puderam demovê-la dessa alimentação. Finalmente, nasceu-lhe o filho, o qual, apesar de descender de pais brasileiros, tem a fisionomia exata de um indochinês, avesso a qualquer tipo de carnes ou derivados e se alimentando com arroz e ovos. Hoje, moço de 22 anos, é admirador das músicas do Oriente, principalmente a ópera "Turandot", de Puccini, cujo enredo e musi-

Sob a lei de correspondência vibratória espiritual, o corpo carnal de Maria tornou-se a tela ou o revelador do psiquismo delicado de Jesus; e as impressões psíquicas dele ativaram-lhe os estímulos físicos, despertando-lhe o gosto por alimentos de natureza superior; e a sua condição de espírito angélico provocou seu repúdio à carne. As recordações associam ideias e despertam desejos conforme sejam as evocações feitas pela mente humana. As crianças, por exemplo, aceleram o seu metabolismo endócrino e produzem sucos digestivos adequados ao consumo de chocolate à simples aproximação ou mesmo lembrança das festas de Páscoa. Tratando-se da tradicional festa dos "ovos de coelhinho" feitos de chocolate, eles associam na sua mente as imagens dos bombons, que estimulam o organismo na produção de sucos e hormônios próprios para digerirem essa substância, tal qual acontece à perspectiva de algum aniversário na família, na antevisão das prováveis gulodices "pensadas" pelos seus participantes e convidados.

Os "sujets" que são hipnotizados e regridem até à infância por força sugestiva dos hipnotizadores, costumam recusar alimentos ou iguarias que também não apreciavam e não suportavam no período infantil. Esse regresso do "sujet" hipnotizado, às vezes, até à condição de lactente, torna-se algo divertido, porque ele recusa alimentos próprios dos adultos, mas se satisfaz com o leite e seus derivados. Em verdade, as sugestões impostas ao "sujet" pela vontade do hipnotizador, convence-o de ser criança tenra; e então a mente instintiva frena o trabalho do sistema endócrino e reduz a produção dos sucos gástricos e digestivos, que não sejam adequados à alimentação à base de leite.

Eis por que durante a composição do seu organismo etéreo--físico, Jesus também associou os elementos e as substâncias do mundo material de que já se havia servido no pretérito, projetando, então, na mente de sua futura mãe as imagens nutritivas simpáticas e familiares à sua preferência. Aliás, eram alimentos que condiziam também com a contextura espiritual de Maria, embora ela estivesse familiarizada com uma nutrição mais pesada.

PERGUNTA: — Poderíeis dizer-nos se todos os desejos extravagantes tão comuns a certas gestantes são provocados exclusivamente pelos espíritos em processo encarnatório?

calidade se passam na Indochina, terra de Ramatís. Aliás, mais tarde, soubemos que ele fora realmente dançarino de cerimonial religioso num pagode da China, na divisa com a Índia.

RAMATÍS: — Repetimos: em qualquer manifestação da Vida não há regra sem exceção. Em consequência, nem todas as mães revelam desejos insólitos ou excêntricos durante a fase de gestação de seus filhos; nem todos os desejos manifestos nessa fase tão delicada provêm do espírito em encarnação. A gravidez acentua a sensibilidade da mulher e ela também pode evocar no subconsciente os próprios gostos nutritivos e desejos da infância esquecida, ou mesmo preferências por certas guloseimas e frutos raros, que estimulam "desejos excêntricos" e manifestos fora da época. Porém, a maioria dos desejos extemporâneos da mulher no período gestativo são realmente provocados pelos espíritos que se ligam ao ventre materno durante a sua encarnação. No entanto, as almas sublimes elevam e apuram a sensibilidade psíquica de sua futura genitora ao transmitirem-lhe impressões sadias e reflexões nobres. Certos espíritos, como os iogues ou líderes espiritualistas do Oriente, que foram no pretérito absolutamente vegetarianos, quando se reencarnam novamente na Terra, despertam em suas mães desejos por certas frutas como tâmaras, azeitonas, figos, vegetais e sucos delicados que eram de sua preferência no passado. Mas as almas torpes e infelizes, além de semearem ideias lúbricas e conturbadas em suas genitoras, também lhes fazem preferir alimentos incompatíveis com sua índole habitual.

Jesus, espírito angélico, influenciava sua mãe para uma alimentação sadia, frugal e à base de frutas e sucos de vegetais; no entanto, Nero, Tamerlão, Rasputin ou Heliogábalo, ao renascerem na carne estimularam suas genitoras para a alimentação carnívora repulsiva, impregnada de álcool ou fortes condimentos. Enquanto o espírito formoso de Maria deu vida a Jesus, Cordeiro de Deus, Agripina gerou Nero, alma cruel e degradada em sua época; fato que nos comprova a perfeita sintonia da lei de afinidade espiritual.

PERGUNTA: — Poderíeis exemplificar-nos esses casos de modo mais objetivo?

RAMATÍS: — Suponde que certo espírito oriundo da Índia e em processo de encarnação no Ocidente, vegetariano absoluto em vidas pretéritas, transmite suas impressões psíquicas sobre a mente de sua futura mãe, despertando-lhe desejos por algo que ele apreciava, mas que não existe onde irá se encarnar. Então, neste caso certas parturientes manifestam desejos por guloseimas, frutas ou alimentos que elas mesmas não sabem explicar-lhes a forma, o sabor e a qualidade, porque apenas refletem os estímulos só conhecidos do espírito encarnante.

Há frutas, no Ocidente e no Oriente, que apesar da semelhança na forma são diferentes no seu sabor; outras, no entanto, igualam-se no sabor, mas diferem profundamente no caldo, na polpa ou na configuração vegetal. Quem poderá transmitir a outra criatura o gosto exato do morango ou da jabuticaba, caso ela nunca os tenha visto ou experimentado?[41]

Eis por que a mãe que é vegetariana sente-se aflita se durante a gestação do seu futuro filho se lhe despertam desejos carnívoros; ou então outra surpreende-se ao verificar que passa a detestar a carne e a preferir a nutrição de frutas e vegetais. A verdade é que o corpo carnal da mulher na fase gestativa se transforma em convergência e na revelação dos desejos e das preferências da alma encarnante, que se esforça para impor o seu comando instintivo desde o primeiro contato com a matéria.

---

[41] Nota do Médium: O caso de nossa parenta S. L. F., citado há pouco em rodapé, ajuda a clarear mais esses dizeres de Ramatís, pois durante a gestação do seu filho que descrevemos e hoje tem 22 anos, ela desejou a todo transe comer uvas, em época quase imprópria. Com muito custo seu esposo conseguiu-lhe algumas espécies de uvas obtidas nos frigoríficos de Curitiba; mas, para seu espanto, nenhum tipo de uva a deixava satisfeita. E o caso parecia insolúvel, quando um nosso amigo estudioso do Oriente, teve excelente intuição, certo de que S. L. F. tinha desejos de comer "uvas japonesas", isto é, frutas miúdas, que dão em cachos pequenos, mas nos arvoredos e cujo sabor lembra algo da ameixa amarela. Realmente, nossa cunhada deu-se por satisfeita com as uvas japonesas e conforme já dissemos anteriormente, embora o seu filho descenda de brasileiros e europeus, ele é o tipo exato de um indochinês, devoto das músicas japonesas, hindus e chinesas, além de ser absolutamente vegetariano.

10. Maria e o nascimento de Jesus

PERGUNTA: — Reza a tradição bíblica que um anjo visitou Maria e anunciou-lhe que ela casaria com um homem da linhagem de Davi; e conceberia um filho varão destinado a salvar o mundo. Que dizeis sobre essa tradição religiosa?

RAMATÍS: — Maria contava 15 anos de idade quando seus pais, Joaquim e Ana, faleceram, com alguns meses de diferença entre os óbitos. Foi então acolhida por Simão e Eleazar, parentes de seu pai, que a encaminharam para o grupo das Virgens de Sião, no templo de Jerusalém. Ali permaneceu cerca de dois anos, onde se dedicava a trabalhos tais como a confecção de túnicas de seda para as moças, mantos para os sacerdotes, ornamentos, enxovais e pequenos tapetes de veludo e de lã para as cerimônias religiosas. Além disso, tocava cítara e cantava os salmos de Davi, em coro com as demais jovens.

Era uma jovem de raríssima beleza e avançada sensibilidade psíquica na época. Espírito dócil, todo ternura e benevolência, fortaleceu a sua juventude no ambiente monástico do templo, sem rebeldia ou problemas emotivos, no qual ainda mais aprimorou o seu alto dom mediúnico. Desde menina tinha visões espirituais, reconhecendo velhos parentes desencarnados e depois os seus próprios pais, que lhe apareciam de modo surpreendente. Em sonhos eles diziam-lhe que ela ainda seria rainha do mundo, como a mediadora consagrada para um elevado anjo em missão junto aos homens.

Em sua consciência física, Maria desconhecia que também era entidade de condição angélica; e quando identificava pela sua vidência uma belíssima criatura, ela supunha tratar-se do "anjo de guarda", porque ele se assemelhava, fisionomicamente, às velhas oleografias dos anjos da tradição hebraica.

Não conseguia explicar satisfatoriamente aos seus familiares e amigos os fenômenos incomuns que se davam consigo, mas afirmava sempre que o seu anjo de guarda não só a visitava em sonhos, mas também em estado de vigília, ministrando-lhe conselhos e orientações para o futuro. Quando José, viúvo, embora mais velho e pai de cinco filhos, a pediu para esposa, ela aceitou-o imediatamente, sem mesmo refletir, explicando que há muito tempo o seu anjo tutelar lhe havia aconselhado tal esponsalício com um homem bem mais idoso e viúvo. É óbvio que se tratava de visões reais, conforme a fenomenologia espírita hoje as explica satisfatoriamente mediante as faculdades mediúnicas.[42]

Embora Maria ignorasse a que estranhos caminhos o destino a levaria, as entidades que a assistiam aconselhavam-na a aceitar o viúvo José como esposo e companheiro, pois havia sido escolhido no Espaço para a elevada missão de pai do Messias, na Terra. A tarefa desses espíritos não era isenta de decepções e obstáculos, porquanto enfrentavam a mais acirrada e furiosa investida das Sombras, na tentativa de impedir o advento de Jesus na face do orbe terráqueo. José e Maria, além de suas próprias virtudes espirituais defensivas, gozavam do prestígio e apoio de algumas falanges de menor graduação espiritual, porém, vigorosas e decididas, que também se propuseram a cooperar na proteção do Salvador dos homens. E então, saneavam as imediações de Belém, desintegrando fluidos mórbidos e eliminando cargas magnéticas maléficas, a fim de proteger o nascimento de Jesus sob circunstâncias satisfatórias.

Depois de casada, certa vez, achando-se em profundo recolhimento, sob o doce enlevo de uma prece, Maria, dominada por estranha força espiritual, sentiu-se fora do organismo carnal e situada num ambiente de luzes azuis e róseas rendilhadas por uma encantadora refulgência de raios safirinos e reflexos opalinos; e então, com grande júbilo, ela reconheceu, de súbito, o seu devotado anjo de guarda, que a felicitou, dizendo que o Senhor a escolhera para ser mãe de iluminado Espírito, o qual aceitaria o sacrifício da vida humana para redimir os pecados dos homens. Envolvida por um halo de perfumes, misto de doçura do lírio e

[42] Dom Bosco, Antônio de Pádua, Teresinha de Jesus, Francisco de Assis, e outros luminares da Igreja Católica, inclusive alguns papas, também tiveram visões mediúnicas inconfundíveis.

da fragrância do jasmim, sentindo-se balsamizada por suave magnetismo, viu seu guia apontar-lhe alguém, a seu lado, dizendo-lhe que se tratava do Espírito do seu futuro filho. Maria vibrou de júbilo e quis postar-se de joelhos, quando percebeu a sublime entidade recortada num halo de luz esmeraldina, claríssima, cuja aura se franjava de tons róseos e safirinos respingados de prata, a sorrir-lhe docemente. Então a entidade que seria Jesus, o Enviado do Cristo à Terra, chamou-a sob inconfundível ternura e pelo seu "nome sideral", recordando a Maria o compromisso de fidelidade espiritual assumido antes de ela encarnar-se. No recesso de sua alma, ela evocou o passado, sentindo-se ligada ao magnífico Espírito ali presente, e clareou-se-lhe a mente ante a promessa que também fizera de recebê-lo no seu seio como filho carnal.

O maravilhoso contato espiritual com Jesus fez Maria reavivar todas as recordações do pretérito e recrudescer-lhe a saudade do seu mundo paradisíaco. Enquanto uma sombra de angústia lhe invadia a alma, ao assumir novamente o comando do corpo carnal, ela sentiu prolongar-se na sua consciência física aquele êxtase de Paz e Amor, que a envolvera ante a presença do ente sublime e amoroso a encarnar-se como o seu primeiro filho. Embora sem poder definir claramente o acontecimento tão singular, Maria narrou a José o impressionante quadro que lhe despertara a mais sublime emoção espiritual, e a certeza de vir a ser mãe de um formoso anjo descido dos céus. José, homem de senso prático e prudente, avesso a sonhos e a fantasias improváveis em sua vida tão pobre, fitou a jovem esposa e apenas sorriu, certo de que todas as mães só esperam príncipes, como filhos, e não homens comuns.

PERGUNTA: — Maria, quando em vigília, não guardava certeza de que seria realmente a mãe do Messias?

RAMATÍS: — A elevada estirpe espiritual de Maria era suficiente para convencê-la intimamente da possibilidade de vir a ser mãe de algum elevado espírito, pois isso seria o corolário de sua própria graduação angélica. Na Terra, os pais talentosos ou bem apessoados jamais admitem a possibilidade de gerarem descendentes feios, imbecis ou atormentados. E Maria não era criatura rude, presunçosa ou vaidosa, mas sim mulher terna, humilde, carinhosa e jovial, apesar de sua falta de cultura e dificuldade de raciocínios incomuns. Avessa à crítica, à maldade e à ironia, era modesta no seu viver. A sua meiguice e o seu sorriso angélico tornavam-na capaz de atrair as mais puras amizades.

Quando solteira fora o centro de convergência da confabulação e dos segredos das jovens companheiras; casada com José, todos os seus vizinhos, amigos e parentes a conheciam pela suave denominação de "Doce Maria".

Jamais alguém a viu altercar com os seus filhos ou com os de José, pois estes também a chamavam mãe e lhe tributavam todo o carinho filial. Espírito angélico, pertencia à mesma hierarquia dos Amadores, embora sem poder igualar Jesus em sabedoria sideral. Assim, quis o destino, portanto, que ela habitasse a Judeia e do seu esponsalício com José, viúvo de Débora, devesse gerar o corpo físico do sublime Espírito de Jesus e atender à vontade do Senhor, em benefício da humanidade terrena.

PERGUNTA: — Porventura o fato bíblico de Jesus ter nascido da "linhagem" de Davi não teria sido arranjo dos evangelistas, para justificarem a profecia de Isaías? (Isaías, 9:6,7).

RAMATÍS: — Em face do avançado metabolismo espiritual de Jesus e pelo fato de ser um missionário, em vez de alma sob retificação cármica de existências passadas, ele merecia o comando de um organismo da melhor linhagem biológica carnal, proveniente de ancestrais zelosos de sua espécie. Esse organismo carnal, além de tudo, deveria possuir um cérebro físico capaz de resistir sem se desintegrar, quando atuado pelo fabuloso potencial do Espírito de Jesus até o prazo messiânico cronometrado pelo Alto. A sua sensibilidade incomum e a capacidade de visão panorâmica sobre a via cósmica faziam-no merecedor de um equipo carnal da mais apurada genealogia entre as melhores estirpes humanas da Terra.

Há muitos séculos os psicólogos siderais já investigavam as linhagens e as gerações judaicas, quanto à sua resistência biológica ancestral, a fim de garantir o êxito do Messias na Terra e proporcionar-lhe um instrumento carnal à altura do seu merecimento e natureza de sua missão. Em consequência, foram selecionadas diversas famílias hebréias e feita a apuração do seu coeficiente de higidez no exame de suas gerações. Disso resultou que, tanto a descendência de Hilel quanto a de Davi apresentavam os gens mais saudáveis e de melhor vitalidade. Em seguida, os Mestres Siderais optaram pela estirpe hereditária de Davi como fundamento ancestral do organismo de Jesus, embora ele tenha sido um famigerado devastador de povos e desencarnado seriamente comprometido em espírito. O certo é que os seus descendentes, por orgulho de raça ou por inspiração superior, há muitos séculos vinham preservando a sua linhagem carnal, mantendo-a sadia e com um equipo nervoso de alta sensibilidade, adequado para as atividades do Messias, na Terra. Os últimos remanescentes de Davi não só eram vegetarianos, como avessos às especiarias, tóxicos, condimentos, álcool e vícios que afetam o perfeito equilíbrio da saúde.

PERGUNTA: — A natureza espiritual angélica de Jesus não era suficiente para dispensar tais preocupações seletivas da genética para a composição do seu corpo? É o espírito que se impõe à matéria ou esta é que algema o espírito?

RAMATÍS: — Quando é enxertada a muda frutífera de qualidade superior no chamado "cavalo selvagem", ou tronco da planta agreste, ela termina sucumbindo sob as vergônteas nutridas pela seiva demasiadamente vigorosa e primitiva. O mais exímio motorista não consegue sobrepujar a insuficiência mecânica e a má qualidade do veículo inferior que dirige, embora ele seja um ás do volante.

Sem dúvida, o Espírito de Jesus poderia influir e desenvolver seu corpo carnal sadio e equilibrado por força de sua graduação superior, sem necessidade de seleções genéticas. Mas o fato é que ele mesmo teria dito: "Eu não vim destruir a Lei, mas cumpri-la." Em consequência, não viera à Terra produzir milagres e praticar distorções ou exercer privilégios, mas apenas cumprir a vontade do Pai que está nos céus. O principal fundamento de sua missão junto à humanidade terrena era o de servir-se das mesmas oportunidades e submeter-se às mesmas leis a que se cingiam os demais homens, a fim de não semear desconfianças capazes de o tornarem um ídolo e não um guia.

Seria algo cruel que Jesus, depois da sua descida tão sacrificial, como o príncipe que abandona o seu palácio feérico e sua paz venturosa para servir os homens pecadores, ainda tivesse de mobilizar todos os seus recursos angélicos para superar os gens inferiores de um organismo proveniente de alcoólatras, epilépticos ou sifilíticos.

Jesus não era um malfeitor ou um estigmatizado por crimes pretéritos; mas sim, um espírito em missão sacrificial, que abdicava de sua mansão celestial para orientar a criatura humana, ainda escrava dos grilhões da animalidade. Por consequência, ele merecia o "melhor", no sentido de ser-lhe facultado um corpo biologicamente equilibrado.

PERGUNTA: — Qual o fundamento da tradição religiosa, que serviu para o Catolicismo assegurar o dogma de que Jesus foi concebido por "obra e graça do Espírito Santo e nascido de uma virgem"?

RAMATÍS: — Essa concepção deve-se à própria Bíblia no Velho Testamento, quando os profetas prediziam que o Messias deveria nascer de uma virgem, e conforme o evangelista Mateus também o confirma, no Novo Testamento, dizendo: "Maria, sua mãe, desposada com José, sem que tivessem antes coabitado, achou-se grávida pelo Espírito Santo" (Mateus, 1:18).

Os antigos profetas procuraram deixar aos pósteros algumas indicações que, no futuro, os fizessem reconhecer o Messias; mas a insuficiência humana não pôde entender os sinais exatos e prematuros da realidade do seu nascimento. As sucessivas e deficientes traduções dos livros sagrados também contribuíram para obscurecer o sentido concreto dessas alegorias proféticas, e mais tarde interpretadas de um modo fantasioso. A Bíblia predisse que o Messias teria de "nascer de uma virgem e ser concebido por obra e graça do Espírito Santo", mas com isso não desmentiu o processo natural da gestação humana; apenas indicou o sinal mais importante do advento e da identificação do Messias, ao vir à Terra.

Jesus, portanto, como o primeiro filho gerado por Maria, nasceu realmente de uma virgem, pois virgem era sua jovem genitora quando deixou o templo de Jerusalém para se casar com José. Assim, cumprira-se a profecia e fora identificado o primeiro indício da presença do Messias na Terra, para que a humanidade então o conhecesse no futuro e aceitasse os seus ensinamentos libertadores do espírito humano. O primeiro filho nascido da primeira concepção conjugal, como no caso de Maria, era realmente de uma origem imaculada.

Maria, pela sua estirpe elevada, era um anjo descido dos céus e, portanto, um "espírito santo", corroborando mais uma vez a predição da Bíblia. No seu corpo virginal e por obra do seu "espírito santo", gerou-se nela o corpo do Messias em cumprimento à profecia do Velho Testamento. A velha lenda dos nascimentos sagrados e miraculosos, das mães virgens e dos espíritos santos, como Hermes, Orfeu, Zoroastro, Krishna e Buda, também foi atribuída literalmente ao nascimento de Jesus, na ingênua suposição do sacerdócio organizado, em valorizá-lo acima do mecanismo da concepção carnal humana. A vida monástica das criaturas que fugiram dos pecados do mundo profano e se retiraram para os conventos, quase sempre lhes produz na mente uma exagerada desconfiança e prevenção contra o sexo humano, ao qual então atribuem a culpa de quase todas as mazelas do mundo. Assim, as organizações religiosas terrenas tudo têm feito para situar os seus Messias, Avatares ou Instrutores espirituais acima do processo das relações sexuais, pois o consideram um ato pecaminoso ou impuro. Obviamente eles então devem nascer de virgens em divino esponsalício com espíritos santos, ou então de raios fulgurantes ou gênios fabulosos, que os cercam de esplendores e glórias, independente da genética sexual do mundo físico.

PERGUNTA: — Mas a natureza excepcional do Espírito de Jesus, porventura não exigiria, realmente, um processo genético mais elevado para a sua manifestação na Terra, independente do mecanismo sexual?

RAMATÍS: — Se o mecanismo sexual da concepção da vida humana é considerado um processo inferior, isso não é culpa de Deus, que o criou para a manifestação do ser, na matéria. A responsabilidade é do homem que o transforma num processo para satisfação de suas paixões aviltantes. Embora se considere a supremacia espiritual incomum de Jesus, nem por isso ele precisaria derrogar as leis imutáveis da Vida e alterar o processo da genética humana, para encarnar-se no seio da humanidade. Tanto o anjo quanto o espírito inferior, só podem ingressar na carne terrícola através da porta do ato sexual, que não é nada aviltante, mas apenas um processo estabelecido por Deus para o advento do homem. Qualquer outra explicação ou escusa não passa de fantasia ou arranjo subjetivo, incapaz de encobrir a verdade. Conforme já dissemos anteriormente, enquanto o espírito primitivo se encarna instintivamente arrastado para o ventre materno, Jesus, devido à sua natureza excepcional, despendeu um milênio do calendário humano, na sua descida espiritual, a fim de acasalar-se à carne. Obviamente, não seria o modo de ele nascer na carne o que, realmente, lhe comprovaria a supremacia espiritual, mas, acima de tudo, o imenso sacrifício para ele atingir a matéria e a sua morte heroica e serena, em holocausto à humanidade pecadora.

Ainda hoje existem, no vosso mundo, famílias de zonas rurais cuja higidez de raça e de metabolismo orgânico é isenta de enfermidades luéticas, vícios ou paixões aviltantes da vossa civilização, que também poderiam fornecer um corpo sadio a Jesus sem desmerecê-lo na sua elevada natureza espiritual. Se, através de maravilhoso quimismo, Deus transforma monturos de estrume em rosas e cravos perfumados, por que Jesus, tão Sábio e Excelso, não poderia manifestar, por um corpo de carne, gerado pelo processo comum, a mensagem do Amor e da Paz entre os homens?

Quando os evangelistas se referem a Jesus, nos seus Evangelhos, eles deixam patenteada a sua condição de filho de Maria e de José, como um fato concreto e indiscutível na época, e sem qualquer alusão ao Espírito Santo. O evangelista Marcos é muito claro, quando diz: "Olha, tua mãe, teus irmãos e irmãs estão lá fora à tua procura" (Marcos, 3:32). O evangelista João também o confirma no seguinte: "Depois disto, vieram para Cafarnaum; ele e sua mãe e seus irmãos e seus discípulos" (João, 2:12). Mateus, apesar de responsável pela ideia de Jesus descender do Espírito Santo, também alude à exata filiação de Jesus no seu evangelho, explicando: "Porventura não é este o filho do oficial (carpinteiro), não se chama sua mãe Maria e seus irmãos Tiago, José, Simão e Judas?" (Mateus, 13:55). E acrescenta, no versículo 56: "E suas irmãs, não vivem entre nós?"

Em suma, todos os evangelistas são acordes em confirmar que Jesus era irmão de Tiago, José, Simão e Judas, Ana e Elisabete, mas filho de José, o carpinteiro; de onde se deduz que não era conhecido como gerado pelo Espírito Santo.

PERGUNTA: — Por que motivo então se forjou o dogma da Imaculada Conceição e de um Jesus concebido por obra e graça do Espírito Santo?

RAMATÍS: — É o sentimentalismo exagerado e o temor religioso, o motivo das criaturas suporem que os seus guias ou líderes são fruto de nascimentos miraculosos. À medida que se distancia a época em que atuaram tais homens excepcionais, a posteridade esquece, pouco a pouco, a vida natural ocorrida sob a disciplina das leis que regem o mundo, passando a cercá-los de uma auréola fantasiosa, de um mistério e divinização que satisfazem a exaltação do fanatismo religioso.

O sacerdócio organizado, cuja vida e sustento depende da especulação religiosa, explora a faceta humana negativa dos seus fiéis e crentes, em vez de esclarecê-los à luz da ciência e da razão. Assim, em breve, os líderes e instrutores espirituais perdem suas características humanas sensatas e atribuem-lhes poderes, milagres e lendas, que passam a alimentar o "combustível" da fé, da idolatria dos templos e o comércio de suas organizações. Com o decorrer do tempo e a proverbial fragilidade da memória humana, até os tiranos, criminosos, bárbaros e bandoleiros sanguinários, cujas vidas foram indignas ou perversas, chegam a ser redimidos pela literatura sentimentalista e pelos melodramas compungidos e lacrimosos do rádio, teatro e cinema.[43]

Em consequência dessa candidez de espírito, o que não farão os discípulos, os historiadores, quando resolverem biografar os seus ídolos religiosos? De acordo com a história sagrada do vosso orbe, a maioria dos legisladores religiosos sempre nasceu de virgens e por obra de forças extraterrenas, ou de misteriosos esponsalícios independente do mecanismo natural do sexo e da gestação. Os livros dos assírios, dos hindus, dos caldeus, dos chineses e dos árabes são unânimes em assinalar nascimentos provindos de virgens e sob condições miraculosas. A tradição masdeísta conta que um raio da glória divina penetrou na mãe de Zoroastro, o notável legislador persa. Krishna nasceu de uma virgem e também Lao-Tse; a mãe de Buda teve um sonho em que o elefante branco (símbolo do espírito puro) entrou em seu seio e ela concebeu o Salvador da Ásia; Salivahana, da escolástica hindu, também foi concebido por uma virgem, que o recebeu em seu seio como a encarnação divina. O próprio Gengis-Khan, turbulento invasor da China, também era tido por filho de um raio solar descido sobre uma virgem eleita pelo Senhor dos Mundos. Dentro de alguns anos é possível que Mahatma Gandhi, assassinado a tiros, na Índia, também termine glorificado por um nascimento misterioso, em que um raio do céu o tenha gerado no ventre imaculado de uma virgem.

[43] Nota do Médium: No Brasil, isso acontece com o culto censurável a Lampião e seu bando de cangaceiros cruéis, cada vez mais "redimidos" pela cinematografia brasileira, que o transforma num herói cuja vida sangrenta e pródiga de vinganças bárbaras é romanceada sob o objetivo de obter o maior êxito de bilheteria! Em Portugal, o facínora José do Telhado tornou-se figura simpática e injustiçada; nos Estados Unidos, os bandidos Jesse James e Dick Turpin são aplaudidos pela juventude moderna, graças à propaganda do cinema interesseiro. Gengis-Khan, Átila, Cortez e Tamerlão, em vez de serem apontados como flagelos sanguinários que trucidavam mulheres, velhos e crianças como se tritura o trigo nos moinhos, são vividos atualmente pelos galãs cinematográficos como heróis fabulosos.

PERGUNTA: — Certos religiosos e até alguns espíritas acham que seria desdouro para um espírito tão elevado, quanto Jesus, encarnar-se através do mecanismo sexual da procriação comum no mundo carnal.

RAMATÍS: — Repetimos: O sexo não é mecanismo aviltante, porém, a porta abençoada da vida carnal e de acesso para as almas sofredoras poderem ressarcir-se dos seus pecados e remorsos de vidas anteriores. O corpo humano é o vaso ou o alambique onde se filtra todo resíduo menos digno aderido à contextura delicada do perispírito. Em suma: é o "fio-terra" que depois transfere para o solo o magnetismo deletério e os fluidos tóxicos do ser. O ato de procriar é importantíssimo para a felicidade das almas, pois em tal momento as forças angélicas descem do céu e se acasalam às energias vigorosas e agrestes da matéria, para então se gerar um corpo carnal. O fenômeno do nascimento, portanto, é um acontecimento divino e de valiosa significação para a vida do espírito e sua ascese angélica.

Por isso, Deus valoriza tanto as mães, sejam quais forem as suas condições sociais ou morais. Elas são sempre dignas do amor divino e do alto respeito espiritual, desde que não destruam nem abandonem o fruto dos seus amores lícitos ou pecaminosos. Só isto é bastante para redimi-las e levá-las acima de qualquer outra mulher, embora virtuosíssima, mas que foge ao sagrado compromisso maternal. As infelizes criaturas devotadas à profissão do aborto, ou as mães que preferem a destruição do seu rebento prematuro, jamais podem avaliar, na Terra, o inferno pavoroso à sua espera após a desencarnação. Não existem vocábulos humanos, na linguagem do mundo, que possam dar uma ideia dos tormentos e do desespero dessas mães desnaturadas,[44] presas dos charcos repugnantes do astral inferior.

Cada corpo que se gera na Terra e desperta no berço físico, é um valioso instrumento de redenção espiritual para a alma aflita, enferma ou crestada pelo remorso, amenizar sua pavorosa dor e sofrimento espiritual. O espírito de passado delituoso refugia-se no biombo protetor da carne e ali se esconde, expurgando suas mazelas através de lutas, sofrimentos e lágrimas redentoras. Por isso, jamais o sexo avilta o processo criador, embora o homem, na sua febre de prazeres doentios, deponha ou inverta

---

[44] Vide no capítulo "Os Charcos de Fluidos Nocivos do Astral Inferior", p. 309 da 1ª edição, ou 202 da 2ª edição, em que o espírito de Atanagildo descreve, com minúcias, o sofrimento das "fazedoras de anjos" no mundo astral, na obra *A Vida Além da Sepultura*, em co-participação com Ramatís.

o seu sentido criador.

Eis por que Jesus não iria subestimar o processo gestativo tão comum no mundo terreno, nem aviltar Maria, sua própria genitora, expondo-a à crítica ferina da vizinhança e de sua época. Jamais se felicitaria pelo seu nascimento aberrativo e de um esponsalício duvidoso por parte do Espírito Santo, humilhando a dignidade de seu pai José, criatura enérgica e severa, porém, justa e honesta.

A redenção do homem principiou justamente pelo fato de o Messias não ter fugido ao processo comum da gestação, mas ainda valorizá-lo com a sua presença e acatamento, malgrado a corrupção dos homens. O acontecimento de gerar-se, nascer, crescer e morrer no mundo terreno, Jesus o sintetizou num poema de respeito e consagração, sem recorrer a processos miraculosos que viessem a menosprezar a sinalética sexual. Após o seu advento, o nascimento do homem glorificou-se pela marca angélica recebida de tão alta entidade, e ainda se tornou mais digno de toda devoção, uma vez que não foi desprezado nem pelo Messias, o Salvador dos homens!

PERGUNTA: — O nascimento de Jesus foi um acontecimento cercado por fenômenos incomuns e surpreendentes para sua cidade, ou só os perceberam Maria, José e os demais familiares?

RAMATÍS: — O nascimento de Jesus aconteceu sem quaisquer anomalias ou milagres de natureza ostensiva, tudo ocorrendo num ambiente de pobreza franciscana, assim como era o lar de Sara, velha tia de Maria, para o qual José levara a esposa a fim de ser assistida e protegida na hora do nascimento. Conforme já dissemos, Maria era uma jovem delicada, envolta por estranhas ansiedades e exaurindo-se facilmente durante o período gestativo; e isto requeria cuidados e atenções por parte do seu esposo.

A casa onde se haviam hospedado era paupérrima e dividida em dois aposentos; num deles amontoavam-se os móveis e os objetos de uso da família; no outro, além de servir de depósito, misturavam-se cabras, aves e carneiros. Das vigas pendiam ganchos com cereais, arreios, peles de animais e o peixe secava à altura do forro, onde a luz do sol penetrava por um retângulo. Sara e Elcana, tios de Maria, durante a noite estendiam um cobertor sobre a esteira e ali dormiam tranquilamente, sob o clima saudável e seco, pois nada lhes pesava na consciência de criaturas simples e honestas.

Ramatís / Hercílio Maes

No momento do nascimento, Maria teve que ser acomodada às pressas, num recanto do aposento, sobre o leito improvisado com a esteira, cobertores e peles de cabra; e deste acontecimento a fantasia humana pintou a cena da manjedoura. Em verdade, Jesus nasceu num ambiente de pobreza e próximo dos animais que pertenciam aos seus parentes de Belém, cujo lar cederam prontamente para o seu nascimento, indo dormir as primeiras noites na casa vizinha. Porém, jamais José e Maria dirigiram-se a Jerusalém, para atender ao hipotético recenseamento, que não ocorreu naquela época, mas transladavam-se, deliberadamente, para Belém, em busca de auxílio para o acontecimento tão delicado.

O acontecimento, em verdade, foi de suma importância e bastante jubiloso para os familiares de Maria, quando verificaram que o seu primeiro filho era um querubim descido dos céus. Nisso, realmente, o fato fora excepcional, pois em Belém ou Nazaré ninguém se lembrava de ter nascido criança tão formosa, cuja fisionomia se mostrava envolta por estranhos fulgores. Sob o espanto de todos, o menino Jesus não apresentava as rugas características dos recém-nascidos, mas as faces rosadas, o semblante sereno e a quietude dos lábios traçados a buril, compunham a plástica de encantadora boneca viva, na qual, às vezes, transparecia um ar de gravidade ou divino poder.

PERGUNTA: — Por que as facções religiosas transformaram o nascimento de Jesus num acontecimento incomum e lendário, como nô-lo relata a história sagrada?
RAMATÍS: — Embora Jesus tenha nascido sem produzir milagres que deveriam abalar seus familiares e a vizinhança, tal fato revestiu-se de suma importância no Espaço, em torno da Terra, onde os anjos que o acompanhavam em sua descida para a carne vibraram de intenso júbilo pelo êxito do mundo espiritual no advento do Messias. Era o mais esplendoroso acontecimento verificado até aquela época, pois através do sacrifício de alta Entidade Espiritual, as trevas terrenas, dali por diante, receberiam mais forte Luz Crística, em comunhão mais íntima com o seu Cristo Planetário. Jesus, o Messias, instrumento vivo hipersensível e descido dos céus, derramaria através de sua carne a Luz do Espírito do Senhor, ensejando a mais breve libertação do "homem velho", ainda algemado à força coerciva dos instintos animais.

Embora os homens ignorassem, em sua consciência física, a

natureza excepcional do advento do Messias à face da Terra, e mesmo no seu nascimento não se verificassem fenômenos miraculosos, o certo é que todos os moradores na adjacência do lar de Maria e José sentiam um júbilo estranho e deliciosa esperança que lhes tomavam a alma num sentimento indefinível. Pairava no ar algo de excelso e de terno, flutuando numa ansiedade espiritual; e um suave magnetismo penetrava no espírito dos seus moradores. Os seres, nesses dias, passaram a entender-se pacificamente; ninguém reclamava em juízo quaisquer direitos, mostrando-se indiferentes aos litígios. A avareza e a ganância humana se enfraqueciam sob a força dessa influência desconhecida e salutar, que punha todos os interesses humanos em situação secundária.

Eis o motivo por que os religiosos criaram lendas e milagres em torno do nascimento do menino Jesus, na Terra, associando-lhe as mesmas fantasias atribuídas a outros instrutores espirituais da humanidade. Nenhuma estrela se moveu no céu, guiando reis magos até Nazaré, embora Melchior, Baltazar e Gaspar tivessem realmente procurado identificar o local onde se encarnara o Avatar prometido para aquela época. Eram velhos magos e experimentados astrólogos, que pela disposição extraordinária dos astros no signo de Pisces e além de sua profunda sensibilidade mediúnica, certificaram-se de que uma Entidade de alta estirpe espiritual teria nascido na Terra, naqueles dias proféticos para os conhecedores da Astrologia. Em consequência, devido aos seus cálculos astrológicos e à sua habilidade esotérica, puderam identificar que a posição conjuncional de Saturno, Marte e Júpiter marcava uma data sideral de suma importância para as atividades espirituais. Era um indício perfeito do clima vibratório favorável aos acontecimentos espirituais mais excelsos, pois o magnetismo suave e inspirativo do signo de Pisces, balsamizando o campo astrológico sobre a Judeia, e a presença simbólica da estrela assinalada há milênios, como o sinal incomum do Messias, compreendido na conjunção de Saturno, Júpiter e Marte, deram aos tradicionais magos a certeza do nascimento de Alta Entidade na superfície da Terra.

A natureza sublime de Jesus e suas hostes amigas irradiando a luz angélica sobre a atmosfera terrena, bafejava os corações dos homens e das mulheres mais sensíveis, despertando-lhes um sentimento de confraternização e convergência mental para os ideais superiores. Na verdade, consumado o nascimento do excelso menino no plano físico, os anjos, os mestres e os auxiliares espirituais do Senhor, então se prosternaram, felizes, embora exaustos da inconcebível tarefa de ajustar o poderoso Espírito de Jesus no corpo vibrátil do "beija-flor" humano, que surpreendia as criaturas mais pacatas e comovia as mais endurecidas. Em seguida, todos ergueram seus cânticos ao Magnânimo Autor da Vida e Lhe renderam graças pelo sucesso feliz do Messias despertar na carne humana, livre de defeitos ou lesões orgânicas, superando os objetivos malignos do comando das Trevas.

Mas a delicadeza orgânica do menino Jesus, dali por diante ainda passou a exigir rigorosa vigilância e proteção do Alto, pois os espíritos trevosos continuavam a investir tenaz e obstinadamente no sentido de abalar o seu corpo carnal. Eles haviam mobilizado os recursos mais astuciosos e ofensivos para impedir o advento de Jesus na Terra, uma vez que a mensagem crística do Evangelho terminaria roubando-lhes inúmeras criaturas ainda escravas dos vícios e das paixões terrenas, e vítimas para saciar-lhes os desejos mórbidos e atender-lhes os eventos pecaminosos do astral inferior. Com sua sanha diabólica, os inimigos da luz tentaram perturbar os próprios ascendentes biológicos de José e Maria, decididos a enfraquecer o organismo carnal planejado pelos Biólogos Siderais, e que deveria servir como instrumento messiânico na jornada redentora de Jesus.

PERGUNTA: — Gostaríamos de conhecer outros detalhes do júbilo dos anjos e de sua influência sobre a Terra, quando do nascimento de Jesus. É possível?

RAMATÍS: — É óbvio que essa influência sublime sobre os homens de bons sentimentos atuou pela via espiritual e não se fez ostensiva aos sentidos físicos. No entanto, alguns iniciados de Alexandria, Índia, Arábia e dos santuários essênios situados nos montes Moab, no Carmelo e Monte Hermon, na Judeia, também conseguiram identificar que um acontecimento de alta significação espiritual se dera na face do orbe, marcando, talvez, a descida de um Avatar. Isaías e Miquéias, os profetas que previram a vinda do Messias, no Velho Testamento, foram então lembrados, enquanto os astrólogos, iniciados e magos, consultando as cartas astrológicas e as posições raras dos astros, confirmaram, realmente, que se iniciava nova era de transformação moral e espiritual da humanidade, graças à presença de um Espírito poderoso no seio da carne humana.

Já dissemos, alhures, que uma estranha alegria e emoção paradisíaca envolveram as criaturas de bons sentimentos ante a presença de Jesus e dos seus anjos junto à Terra, tal qual na primavera as macieiras, as cerejeiras e os pessegueiros floridos, iluminados à luz do Sol e sob o azul sidérico do céu, também despertam em nossas almas emoções mais ternas e as sentidas saudades de um mundo desconhecido, mas vivo no imo de nossa alma. A Terra ficou impregnada de fluidos sedativos e esperançosos, que amainavam as tempestades e as aflições humanas, enquanto se purificava o cenário triste do mundo material. Sob essa influência amorosa e pacífica, consolidaram-se fórmulas de paz e de construtividade entre os governantes e floresceram as artes; concretizaram-se projetos benfeitores e se multiplicaram iniciativas de amparo aos deserdados. Reis e chefes de tribos belicosas, movidos por um sentimento de magnanimidade, indultavam seus prisioneiros, alforriavam escravos e cessavam empreendimentos belicosos. Enfraqueciam-se as demandas violentas, multiplicavam-se a tolerância e a ternura nos corações dos homens, superando facilmente os impulsos destrutivos e violentos do instinto inferior.

Embora Jesus sempre tivesse permanecido em Espírito junto dos homens, durante a sua encarnação terrena ele manifestou-se pessoalmente no seio da comunidade humana e envolveu-a diretamente com sua excelsa vibração sideral e vivência mais íntima com o Cristo Planetário. Em verdade, as potências angélicas haviam derrotado fragorosamente as legiões satânicas e Jesus atingira a carne terrícola, protegido e recebendo um organismo físico de genética sadia e de ótima contextura cerebral. Malgrado as investidas diabólicas do Comando das Trevas, ele pudera configurar-se num menino formoso e lúcido, que iniciaria a sua peregrinação física para entregar à humanidade terrena a mensagem de sua libertação espiritual.

Em torno do seu berço as potestades angélicas haviam colocado poderosas barreiras de luz, a fim de dissociarem qualquer carga de magnetismo nefasto ali projetado, com intenção de impedir-lhe a sublime missão crística. Jesus, realmente, vencera Satanás; e a Luz sublime do Anjo triunfara sobre o reino das Trevas!

PERGUNTA: — José, pai de Jesus, nunca percebeu algo de extraordinário em seu filho Jesus que o convencesse de tratar-se de uma entidade messiânica?

Ramatís / Hercílio Maes

RAMATÍS: — Conforme já dissemos, José era um homem prudente e sisudo, e até incrédulo às visões mediúnicas frequentes de Maria, pois sua vida decorria num ritmo prosaico, de intenso trabalho e abnegação incessantes para com a família. No entanto, ele mesmo não pôde furtar-se aos fenômenos que lhe atingiram o espírito durante o nascimento de Jesus, quando, apesar de sua severidade e prudência espiritual, lhe pareceu distinguir sons e melodias indefiníveis, enquanto sua alma pressentia uma luz safirina e prateada. Temeroso da zombaria dos demais e não podendo identificar tais fenômenos pela sensibilidade física, então preferiu silenciar quanto a essa sensação estranha e aceitando-a mesmo à guisa de alucinação. No entanto, Maria, sua esposa, adormecida num transe feliz, viveu a plenitude dessas ocorrências venturosas, pois só teve conhecimento do despertar do seu filho excelso no mundo, quando ele já se achava tranquilo, deitado a seu lado, no singelo berço de palha.

Alguns rabis puros de coração, mais tarde, confirmaram que haviam pressentido ondas de luz e de perfumes durante o ofício na sinagoga, no momento presumível do nascimento do menino Jesus. Enquanto isso, pastores e camponeses, simples e bons, juraram ter visto sobre a casa de Sara, onde Jesus nascera, súbitas refulgências que pareciam cintilações da luz do Sol surgindo detrás das nuvens. Em verdade, as hostes angélicas projetavam suas luzes profiláticas e desintegradoras no ambiente onde Jesus deveria nascer, a fim de eliminarem as substâncias pestilentas, os detritos e petardos magnéticos, que eram projetados pelos espíritos das Trevas desejosos de impedirem o sucesso do advento do Messias.

PERGUNTA: — As pessoas que visitavam o menino Jesus chegaram a notar-lhe alguma coisa de extraordinário, além de sua beleza propriamente humana?

RAMATÍS: — Além da excelsa beleza e do encanto do menino Jesus, os que o visitavam também sentiam uma doce sensação de paz e de júbilo irradiada daquele berço pobre, comovendo-os até às lágrimas. Sem dúvida, não eram emoções facilmente identificadas pelos sentidos físicos, mas percepções que tocavam a alma e ali deixavam sua marca espiritual. As criaturas simples, ingênuas e bondosas, corações famintos de amor e repletos de fé, sentiram mais nitidamente a presença real do Messias. No entanto, como o cérebro físico não possui capacidade para atender duas vidas simultâneas, a física e a espiritual, o certo é que mais tarde os participantes de tais fenômenos insólitos terminaram por esquecê-los no prosaísmo da vida humana. Algumas mulheres muito sensíveis e com faculdade de vidência, descreviam a aura fulgente que se irradiava do berço do menino Jesus e iluminava os aposentos, móveis, objetos, aves e pessoas, tingindo-os de um rosa formoso e com reflexos dourados cintilando sobre um fundo de lilás claríssimo. Elas então se ajoelhavam enternecidas, beijando as mãos do excelso querubim e o olhavam encantadas, como se ele fosse um príncipe recém--chegado de um país de sonhos. Algumas pessoas asseguravam sentir perfumes sutilíssimos, de terna suavidade; outras auscultavam o ar à procura de melodias, cânticos e preces comoventes, que as emocionavam até às lágrimas e não sabiam explicar. Sob tais circunstâncias, não tardou a se divulgar na cidade a notícia de que Maria, esposa de José, o carpinteiro, tinha sido visitada pelos deuses e dado à luz um filho formoso, tudo indicando tratar-se de um enviado de Israel.

Mas, com o decorrer do tempo, a própria Maria esqueceu as suas divinas emoções vividas durante o nascimento de Jesus, ante as responsabilidades de uma vida ativa e onerada junto à família, cuja descendência numerosa provinha de dois casamentos. Assim, enquanto tudo voltou ao normal, na Terra, foram sendo esquecidas as lembranças daqueles dias, encaixando-se a sua existência na moldura dos acontecimentos comuns da vida humana. No entanto, as entidades que protegiam Jesus jamais se descuraram em torno dele, mantendo-se atentas e neutralizando todas as investidas e tramas que eram mobilizadas pelos espíritos diabólicos.

A família se mostrava feliz e tranquila e José se envaidecia ante a figura tão encantadora de Jesus, seu primeiro filho com Maria. O menino se acomodava num humilde berço de palha e algodão, mas parecia surpreender até os animais que o espiavam pelos recortes e buracos da parede divisória do aposento. Ante a notícia de que o filho de Maria e José era de uma beleza incomum, sem os traços comuns nos recém-nascidos, fez-se grande romaria ao lar de Sara. Aliás, seguindo a tradição vigente entre os hebreus, tanto a vizinhança de Belém, a parentela de Nazaré, como as amigas de Maria, em Jerusalém, enviavam presentes ao menino Jesus e felicitavam a mãe venturosa. Algumas criaturas apenas desejavam conhecer o menino angélico, outras traziam seus préstimos e solidariedade ao feliz casal agraciado com o advento de um novo ser em seu lar. Eram pastores, camponeses, rabis, vendeiros, escribas, amigos de José e as jovens do templo de Jerusalém, enternecendo-se diante do menino-luz, que lhes atraía as emoções mais ternas numa convergência adorativa. Alguns o presenteavam com cordeirinhos, cabras, aves; outros traziam sacos de trigo e cereais, bilhas com xaropes de frutas, pães de centeio ou bolos de aveia, mel de figo ou de abelha, para os pais. Os vendedores ambulantes, velhos fornecedores da casa e da carpintaria de José, deixavam fraldas, lençóis, cobertores e diminutas sandálias para o formoso menino.

Malgrado a tradição bíblica fantasiosa, não se registraram junto ao berço de Jesus quaisquer fenômenos insólitos que pudessem derrogar as leis da física humana, pois o seu nascimento processou-se conforme o de outros meninos israelitas ou árabes, de sua época. Na hora delicada do nascimento, Maria também ficou a cargo da "mulher competente", ou da parteira tradicional entre os hebreus, momento em que as apreensões dos familiares foram amenizadas por meio de preces e rogativas ao Senhor. Embora em humilde berço de palha estivesse repousando o corpo tenro do glorioso Messias, Salvador dos homens, a família já se mostrava felicíssima só pelo êxito tão comum de nascer um filho em seu lar.

Mas era no Espaço que se manifestavam os júbilos venturosos e as emoções arrebatadoras, onde os mensageiros espirituais se sentiam aliviados do pesado encargo de amparar o Espírito de Jesus até a carne e ajudá-lo a nascer na face do planeta sombrio da Terra. O certo é que o coração de Maria transbordava de um intenso amor por tudo que a cercava, pois o seu carinho se estendia incondicionalmente a todos os seres, e aos próprios insetos venenosos, batráquios repulsivos ou víboras perigosas. Às vezes, ela se quedava, comovida, diante das flores que pendiam das hastes e formavam verdadeiros bordados coloridos; doutra feita, umedeciam-lhe as faces pelas lágrimas saudosas que derramava ante a figura da ave que sulcava o céu azul e límpido, e que lhe parecia um voo feliz, em busca de um mundo feliz. Em certos momentos ela se erguia, embaraçada e surpresa, convicta de ouvir vozes angélicas, melodias estranhas e cânticos festivos parecidos com os salmos de Davi.

11. Maria e os aspectos do seu lar

PERGUNTA: — *Ser-vos-ia possível dar-nos alguns relatos da vida cotidiana de Maria, no seu lar, na época da meninice de Jesus?*

RAMATÍS: — Quando o menino Jesus atingiu os dez anos, Maria já era responsável por uma prole numerosa, pois, além dos filhos sobreviventes do primeiro casamento de José com Débora, já haviam nascido Efrain, José, Elisabete e Andréia, enquanto Ana e Tiago são posteriores. A sua vida doméstica entre os filhos assemelhava-se à existência das demais mulheres hebréias da época, pertencentes a família de parcos recursos. Era costume as mulheres secarem o trigo e o centeio em esteiras expostas ao sol e depois os levarem aos moinhos da redondeza, onde os vendiam em quartas e assim aumentavam a receita do lar. Algumas famílias pobres dos subúrbios de Nazaré plantavam legumes e hortaliças, ou destilavam sucos de frutas em pequenos alambiques; outras conseguiam mesmo extrair o azeite das oliveiras e com isso obtinham um pecúlio mais sólido para os gastos habituais. Eram mobilizados todos os recursos possíveis para a sobrevivência, porquanto além da pesca, dos serviços modestos da carpintaria, do ofício de tecelão, oleiro, ferraria e seleiro, não existia em Nazaré qualquer indústria de alto calado, capaz de desafogar a despesa dos seus moradores. As mulheres hebréias, laboriosas, decididas e engenhosas, faziam pães de trigo e de centeio misturados ao mel, farinha cheirosa de tubérculos da terra e depois torrada, ou de peixe; preparavam deliciosos frutos em calda e os vendiam em potes de barro vitrificado; coziam frutos como o pêssego, a pera e o damasco em açúcar cristalizado, que acomodavam em caixas de madeira de cedro fino e forradas com folhas de parreira. Algumas casas eram tradicionalmente procuradas pelos interessados e compradores, a ponto de os seus moradores serem incapazes de atender aos pedidos de doces, farinhas de cereais e de peixes, frutos em calda, sucos, conservas de hortaliças e legumes em potinhos de barro, em que muitas mulheres eram exímias e experientes.

Assim era também a vida de Maria, mãe de Jesus, que se desdobrava com os filhos tanto quanto possível para a sustentação do lar, pois todos cooperavam na fabricação de doces, plantação modesta de legumes e hortaliças, na secagem de trigo, do centeio e do peixe, de modo a viverem existência modesta, porém razoável. Era uma vida árida e laboriosa, de poucas compensações divertidas ou de descanso. Quase que o maior entretenimento era cultivado num desafogo delicioso, junto ao poço comum, que abastecia o lugarejo da água necessária. Depois da tarefa exaustiva do lar, o intercâmbio jovial e ruidoso em torno da fonte de água de Nazaré significava um descanso para o espírito atribulado. A hora de buscar água constituía um encontro festivo entre o mulheril para a troca de notícias em comum, que iam desde as preocupações da criação da prole até aos percalços da vida alheia. Vizinhos, amigos, forasteiros, mercadores e rabis reuniam-se em torno do poço tradicional, o qual se tornava o denominador comum de todas as ansiedades e emoções dos nazarenos. As jovens, as anciãs e os meninos formavam filas compridas carregando bilhas, vasilhames de cobre, potes, jarras vidradas e moringas, que brilhavam ao sol, numa cena pitoresca e tentadora ao pincel do mais rude artista. Ao redor dessa fonte floresciam amizades e nasciam amores; acertavam-se noivados e se pensava em casamento; mais de um gesto cortês do jovem ao carregar a bilha d'água da moça encabulada resultou, mais tarde, num esponsalício feliz.

E o menino Jesus, sempre serviçal e atencioso, principalmente com os velhos e doentes, prestava toda sorte de favorecimentos ali junto ao poço, movendo-se alegre e jubiloso entre bilhas, jarras e vasilhames de todos os tipos e moldes. Ele se regozijava de encher o cântaro dos mais velhos, lavava as jarras, ajudava os cães a mitigar a sede. Às vezes, tudo terminava em inesperados banhos de água, em consequência das travessuras de outros meninos seus conterrâneos. Retornava alegre e brincalhão depois de ajudar junto à fonte; e jamais desmentia o seu espírito de justiça e respeito ao próximo, pois jamais carregava a jarra de água da moça, antes de servir a mulher idosa.

Quando José faleceu, vítima de um insulto cardíaco e Jesus alcançava os vinte e três anos, Maria assumiu definitivamente a direção do lar e manteve junto de si, como a ave ciosa da prole, os menores, enquanto José, que atingia vinte anos, ajudado por Tiago, com onze anos, se devotavam aos serviços de carpintaria herdada do pai. Efrain, com vinte e dois anos, demonstrando desde cedo um espírito especulador, pertinaz e ambicioso, já se fazia intermediário em alguns negócios de fornecimento de víveres e suprimentos para os grandes negociantes hebreus e fornecedores dos romanos. Alguns anos depois, a sua situação financeira era bastante desafogada e respeitada. Enquanto Andréia prestava alguns serviços aos vizinhos e caravaneiros nos entrepostos, Ana e Elisabete ajudavam nos bordados que Maria lhes ensinava como frutos de seu aprendizado entre as jovens de Sião, de Jerusalém. Os enteados, Eleazar, Matias e Cléofas, também conhecido por Simão, filho de José, jamais mostraram qualquer ressentimento ou queixas contra aquela mulher heroica, que os amparara desde a meninice sob o afeto puro de mãe adotiva.

Assim transcorreu-lhe a vida até que João, o Evangelista, levou-a para Éfeso, já bastante idosa, onde mais tarde desencarnou, depois de ter atendido a todas as criaturas, transmitindo-lhes os mais puros sentimentos de ternura e amor em homenagem ao filho querido sucumbido na cruz para redimir o homem. Em torno dela reuniram-se os tristes, os desamparados e doentes, ainda esperançosos da presença espiritual do Amado Mestre e da cura dos seus males. Maria, boníssima e leal no seu amor a Jesus, lamentava-se por vezes, pelo fato de não ter compreendido há mais tempo a sublime e heroica missão de seu filho. Entre os discípulos e seguidores do Cristo-Jesus, velhinha e exausta, certo dia descansou, libertando-se da matéria opressiva.

PERGUNTA: — Qual era o aspecto do lar de Jesus, durante a sua infância?

RAMATÍS: — Era uma casa simples num subúrbio de Nazaré, semelhante às residências árabes, construída de blocos encorpados de argamassa e liga de cal, parecida ao giz branco, com as suturas feitas de barro amassado. A porta de entrada era baixa e sem segurança, dando acesso a dois aposentos espaçosos, que não possuíam paredes divisórias, mas apenas duas cortinas feitas dos próprios cobertores presos por ganchos numa corda rústica. Ambos se comunicavam com a oficina de carpintaria de José, e esta, por sua vez, permitia ingresso no estábulo por uma portinhola de meia altura. Em lugar de janela, havia uma grande rótula no teto, por onde entrava bastante claridade sobre o chão de terra batida, semicoberto com peles de cabras, de camelos e de carneiros, além de cobertores leves e esteiras de palha trançada. Era uma casa térrea, cujo aposento central e espaçoso servia, ao mesmo tempo, de cozinha, de sala-de-estar e até de quarto de dormir para os hóspedes retardatários.

Embora pobre, era confortável para os costumes daquela gente tão protegida pelo clima saudável e a prodigalidade de peixes e de frutas para o sustento fácil. Eram reduzidos os problemas da manutenção da família no tocante ao alimento; e mesmo quanto às vestes, bastavam-lhes poucas roupas e agasalhos. A sua índole inata de hospedeiros fazia-os merecedores de presentes e auxílios dos forasteiros que eram benquistos e preferiam o aconchego de uma família pobre, mas sadia e honrada, do que as hospedarias dos entrepostos de estradas, onde se fazia a mais censurável mistura de homens de todas as raças, condutas, enfermidades e todos os vícios.

Durante os dias secos e ensolarados, quando o céu era límpido, cozinhava-se fora, pois o combustível para o fogão consistia em galhos secos de ciprestes e cedros, cujo calor era habilmente conservado com estrume de camelo, ressequido e misturado com serragem produzida no serviço da carpintaria. O fogão, grande e bojudo, descansava num tripé de ferro, sendo recolhido, nos dias chuvosos, para dentro de casa, e sua fumaça enegrecia as paredes por falta de ventilação apropriada.

Em torno da casa havia uma cerca de tapumes feita de retalhos de tábuas e ripas, na qual se entrelaçavam cipós florescidos com florinhas miúdas. Aqui e ali repontavam alguns tufos de margaridas transplantados das margens do Jordão e que exigiam muita umidade. Pequenos canteiros circundados de pedras, obra indefectível do menino Jesus, protegiam algumas roseiras que emergiam do punho vermelho vivo e afogueado das papoulas. José e Maria possuíam alguns cabritos, galinhas e marrecos, que lhes forneciam o leite e ovos, além do tradicional burrico dócil e pacífico, que servia para as andanças do ofício de carpinteiro e a entrega dos serviços de menor porte.

O observador arguto reconheceria naquele cenário pobre, simples mas emotivo, o toque mágico das mãos do menino Jesus; aqui, as pedras arrumadas com um agradável senso estético, delineavam os contornos do jardim modesto; ali, ripinhas de todos os tipos e tamanhos firmavam papoulas chamejantes, íris e narcisos, e tirinhas de couro guiavam os cipós floridos e as trepadeiras para o trânsito na ponta das cercas; acolá, a areia fina e dourada da beira das encostas das pedreiras cobria os caminhos por onde Maria deveria estender as roupas ou atender as aves. E ali se via ainda o arremate do menino artista pelos pincéis e os vasilhames de cobre sujos de tinta, que haviam servido para a pintura nova dos alicerces da casa, das guarnições da porta, dos cochos de alimento dos animais e das aves. A sua iniciativa benfeitora tornara a casa de Maria e José a mais simpática e admirada do subúrbio pobre, pois se ele era incapaz de ficar agrilhoado ao horário draconiano de obrigações inadiáveis, jamais se cansava quando o seu espírito criador e construtivo se decidia a produzir algo de agradável aos outros. Rebelde à imposição alheia, era um escravo dócil e desinteressado sob a força do seu próprio impulso criador.

12. Jesus e sua infância

PERGUNTA: — Por que motivo as diversas obras sobre a vida de Jesus silenciam quanto à sua existência entre os doze e os trinta anos de idade?

RAMATÍS: — Realmente, os historiadores profanos, até os mais imaginativos, não puderam preencher essa lacuna na vida de Jesus; e também as próprias escolas ocultistas e principalmente a Rosa-cruz, por vezes, divergem até quanto à data da morte e à idade com que o Mestre desencarnou na cruz. Inúmeras conjeturas têm sido feitas para explicá-la, uma vez que os próprios discípulos, nos seus relatos evangélicos, também parecem ignorar o assunto. E assim, a pena dos escritores mais exaltados e místicos descreve Jesus como um ser mitológico, cuja vida fantasiosa discrepou completamente dos acontecimentos e das necessidades da vida humana. Noutro extremo, os inimigos figadais da fantasia e apegados fanaticamente aos postulados "positivos" da ciência terrena, biografaram Jesus à conta de um homem comum e sedicioso, espécie de líder de pescadores e campônios, que fracassou na sua tentativa de rebelião contra os poderes públicos da época. Os mais irreverentes chegam mesmo a considerar que na atualidade o caso de Jesus seria apenas um problema de ordem policial.

É muito difícil, para tais escritores extremistas, compreenderem a situação exata de um anjo descido das esferas paradisíacas até situar-se em missão redentora no vale de sombras terrenas. Jesus não foi o homem miraculoso ou santo imaterial, cujos gestos, palavras e atos só obedeciam ao figurino celestial decretado por Deus; mas, também, não era um homem vulgar tomado de ambições políticas e desejoso das falsas gloríolas do mundo material. Nem criatura diáfana acima das necessidades humanas, nem arruaceiro buscando o triunfo nos bens terrenos. Em verdade, onde terminava o anjo começava o homem, sem romper o equilíbrio psicológico ou discrepar dos seus contemporâneos.

PERGUNTA: — E que nos dizeis sobre a infância de Jesus?

RAMATÍS: — A infância do menino Jesus, aparentemente, transcorreu de modo tão comum quanto a dos demais meninos hebreus, seus conterrâneos. Conforme já dissemos, ele discrepava dos demais meninos devido à sinceridade e franqueza com que julgava as coisas do mundo, sem sofismas ou hipocrisia. Algumas vezes causava aflições aos próprios pais, provocando comentários contraditórios entre aquela gente conservadora, que jamais poderia compreender o temperamento de um anjo exilado na carne e incapaz de se acomodar aos interesses prosaicos do ambiente humano.

A vida de Jesus transcorreu adstrita aos costumes das famílias judaicas pobres e de descendência fértil, o que ainda é muito comum na Judeia atual. Os escritores que biografaram sua vida, quase sempre teceram comentários ao sabor de sua imaginação e absolutamente crentes de que ele foi uma criança submissa aos preconceitos e sofismas da época. Assim, a lenda e o absurdo transformaram a vida do ser incomum que foi Jesus, num Deus vivo imolado na cruz de redenção, depois de ter vivido existência incompatível com a realidade humana.

PERGUNTA: — Qual era o aspecto físico do menino Jesus?

RAMATÍS: — Era um menino encantador, de olhos claros, doces e aveludados, como duas joias preciosas e de um azul-esverdeado encastoadas na fisionomia adornada pela beleza de Maria e cunhada pela energia de José. Vestia-se pobremente, como os demais meninos dos subúrbios de Nazaré, onde proliferavam as tendas de trabalho dos homens de ofício e as lavanderias do mulheril assalariado.

O menino Jesus tinha os cabelos de um louro-ruivo, quase fogo, que emitiam fulgores e chispas à luz do Sol; eram soltos, com leves cachos nas pontas e flutuavam ao vento. Quando ele corria ladeira abaixo perseguido pelos cabritos, cães e aves, seus cabelos então pareciam chamas vivas esvoaçando em torno de sua cabeça angélica. A roupa íntima era de pano inferior, que depois ele cobria com uma camisola de algodão, de cor sépia ou salmão. Só nos dias festivos ou de culto religioso ele envergava a veste domingueira de um branco imaculado, sendo-lhe permitido usar o cordão de neófito da Sinagoga. Sobre os ombros, nas manhãs mais frias, Maria punha-lhe o manto azul-marinho, de lã pura, tecida em Jerusalém, que fora delicado presente de Lia, uma de suas mais queridas amigas de infância.

Aos doze anos de idade o porte do menino era ereto e altaneiro, pois as roupas caíam-lhe majestosas sobre o corpo impecável, de anatomia tão admirável que causava inveja às mães dos meninos trôpegos ou defeituosos. Nele se justificava o provérbio de que o "belo e o bom não são imitados, mas apenas invejados", pois tanto o invejaram pela fartura do seu encanto, pela prodigalidade de sua doçura e cortesia, como devido à sua dignidade e conduta moral mais própria de um sábio e de um santo. Embora fosse criatura merecedora de todos os mimos do mundo, nem por isso a maldade humana deixava de atingir o menino Jesus, em cuja fisionomia, esplêndida e leal, às vezes pairavam algumas sombras provocadas pela maledicência, injustiça e despeito. Aliás, o que é delicado é mais fácil de ser maltratado, pois enquanto o condor esfacela um novilho, o beija-flor sucumbe sob o afago do menino bruto. Assim também acontecia com Jesus. Seu porte atraente, a sua beleza angélica, a sabedoria prematura e a meiguice invulgar, tornavam-no um alvo para a concentração de fluidos de ciúme, de inveja e sarcasmo. Enfrentou, desde cedo, a maldade, a má-fé, a malícia e a hipocrisia humanas, o que é natural às almas sublimes exiladas no plano retemperador e educativo dos mundos materiais.

PERGUNTA: — Jesus permanecia entre os meninos nazarenos, participando dos seus brinquedos e divertimentos comuns?
RAMATÍS: — Nada ele tinha de vaidade ou orgulho que o distanciasse dos demais companheiros de infância, pois era cordial e afetuoso, amigo e leal. No entanto, inúmeras vezes, no auge do brinquedo divertido, o menino Jesus anuviava o seu semblante, pois seus sentidos espirituais aguçados pressentiam a efervescência das ciladas ou das cargas fluídicas agressivas que se moviam procurando atingi-lo em sua aura defensiva. Era o anjo ameaçado pelos seus adversários sombrios, que não

podiam afetar-lhe a divina contextura espiritual, mas tentavam ferir-lhe o corpo transitório, precioso instrumento do seu trabalho messiânico na Terra. Esses espíritos diabólicos, que a própria Bíblia sintetizou tão bem na "tentação de Satanás", recorriam às próprias cargas de inveja e de ciúmes que se formavam em torno de Jesus, por força do despeito dos próprios conterrâneos. Assim, manipulavam o material hostil produzido pelas mentes insatisfeitas diante da gloriosa figura daquele ser, com a intenção de turbar-lhe os sentidos nervosos e o comando cerebral.

Então, a sua respiração tornava-se aflitiva e o seu coração se afogueava; o sistema hepatorrenal apressava-se a eliminar qualquer tóxico que se materializasse decorrente de condensação de fluidos ferinos. O menino Jesus, num impulso instintivo, corria, célere, para longe do bulício dos seus companheiros e se deitava, exausto, sobre a relva macia, ou à beira do regato, debaixo das figueiras, ou ainda entre os arbustos umedecidos, como se o orvalho e o perfume das florinhas silvestres pudessem lhe refrigerar a mente incandescida.

Mas em tais momentos ele era alvo dos cuidados e atenções do anjo Gabriel e de suas falanges, que então o aconselhavam a buscar o refúgio no seio da Natureza amiga durante suas crises emotivas ou opressões astralinas. Ali, esses sublimes amigos podiam manipular extratos vitalizantes e fluidos protetores apanhados dos duplos etéricos do regato, das flores e dos arvoredos benfeitores, que se transformavam em energias terapêuticas, imunizando-o contra os dardos ofensivos dos espíritos trevosos.[45] Em breve se fazia o desejado desafogo espiritual e o menino voltava tranquilo a retomar os brinquedos, sem poder explicar aos companheiros o motivo de suas fugas intempestivas.

PERGUNTA: — De acordo com as vossas próprias mensagens, em que o espírito sublime só atrai bons fluidos, como se explica a necessidade de tantos cuidados e proteções ao menino Jesus, quando ele era um anjo exilado na Terra?

RAMATÍS: — Dissestes muito bem: "Jesus era um anjo exilado na Terra", isto é, um anjo fora dos seus domínios e submerso num escafandro de carne, que o reduzia em seu potencial angélico. Já citamos, alhures, o conceito popular de que "entre espinhos, o traje de seda do príncipe rasga-se mais facilmente

---

[45] Vide cap. L, "Cidadão de Nosso Lar", da obra *Nosso Lar*, em que o espírito de Narcisa manipula extratos fluídicos do eucalipto e da mangueira em favor de um enfermo. Idem cap. XLI, "Entre as Árvores", *Os Mensageiros*, de André Luiz

do que a roupa de couro do aldeão". Isso implica considerarmos que tanto quanto mais delicado é o ser, mais ele também é afetado pelas hostilidades próprias do meio onde vive. O beija-flor sucumbe asfixiado quando é atirado no charco de lama, enquanto, a seu lado, o sapo canta de júbilo.

A criança lactente ainda nada pensa de mal, no entanto, é sensível aos maus fluidos da inveja ou do ciúme projetados sobre sua organização tenra, os quais mais tarde são eliminados graças ao socorro dos benzimentos da velhinha experimentada. Aliás, ninguém se basta por si mesmo, nem o próprio Jesus, pois se a Vida é fruto da troca incessante do choque de energias criadoras atuando em seu plano correspondente, quando hostis elas ferem a qualquer espírito mergulhado na carne. A si mesmo só se basta Deus, que é o Pai, o Senhor da Vida! As relações entre todas as criaturas e seres, sejam virtuosos ou pecadores, significam ensejos de experimentação da própria Vida, que tanto educa os ignorantes como redime os pecadores.

Quando a Pedagogia Sideral adverte que o espírito sublime só atrai bons fluidos, e a alma delinquente é a culpada pela carga nefasta que recepcionar sobre si mesma, nem por isso, os bons deixam de ser alvo dos malefícios da inveja, do ciúme ou da má-fé humana. Que é o anjo de guarda do agiológico católico, senão o símbolo da proteção espiritual superior e necessária a todas as criaturas benfeitoras? O pseudo-Diabo da Mitologia, que compreende simbolicamente as falanges dos espíritos malignos, não se contenta em arrebanhar para o seu reino trevoso somente as almas pecaminosas; porém, conforme assegura a própria Bíblia, ele tudo faz para poluir os bons e chegou mesmo a tentar o próprio Jesus.[46] O anjo, pois, é justamente o ser mais alvejado pela malícia, crueldade, inveja, ciúme e despeito daqueles que ainda são escravos da vida animalizada do mundo profano.

O menino Jesus era um ser angélico, uma flor radiosa dos céus a vicejar na água poluída do mundo humano, sofrendo a opressão da carne que lhe servia de instrumento imprescindível para cumprir sua missão heroica, em favor do próprio homem que o hostilizava. As trevas vigiavam-no incessantemente para desfechar o ataque perigoso à sua delicadíssima rede neurocerebral, a fim de lesá-lo no contato sadio com a matéria, e isto só era impedido graças aos seus fiéis amigos desencarnados. Jamais alguém, no Espaço ou na Terra, poderia ofender ou lesar a con-

[46] Mateus, 4:1-11.

textura espiritual de Jesus, tal a sua integridade sideral, mas não seria impossível atingir o seu equipo carnal.

Não há dúvida de que os bons só atraem os bons fluidos e acima de tudo ainda merecem a companhia e a proteção dos bons espíritos, mas é conveniente meditarmos em que, nem por isso, estamos livres da agressividade dos espíritos maléficos, que não se conformam em sofrer qualquer derrota espiritual.

PERGUNTA: — Não se poderia deduzir que essa proteção extraordinária e poderosa sobre Jesus também deveria estender-se a todas as criaturas benfeitoras e assim livrá-las definitivamente das investidas maléficas do mundo oculto?

RAMATÍS: — Sem dúvida; isso é racional e justo; porém, é essencial que tais criaturas façam por merecer essa proteção superior, assim como a merecia Jesus.

PERGUNTA: — Quais foram as emoções ou as reações mais comuns de Jesus, na sua meninice?

RAMATÍS: — Até os sete anos, como acontece a quase todos os meninos na vida material, predominavam em Jesus os ascendentes biológicos herdados dos seus genitores. Em tal época, ele ainda agia impelido pelo instinto hereditário de ancestralidade carnal, enquanto o seu espírito despertava, pouco a pouco, na carne, para então comandar o corpo emocional ou astralino, revelador oculto das emoções humanas. Fisicamente, Jesus era um menino corado, ágil e flexível, tal qual o junco verde que se agita sob a mais terna brisa; ele corria pelos campos, rolava pelas colinas misturando-se às cabriolas dos cordeiros e dos cabritos, que pareciam entendê-lo e gostar do seu riso farto e da sua índole meiga. Havia um halo de pureza e lealdade em tudo o que ele fazia; e muitas vezes, as criaturas envelhecidas no mundo, observando-lhe a agudeza mental, o sentimento superior e a simplicidade fraterna no brincar e viver, meneavam a cabeça agourando a má sorte para sua mãe apreensiva, quando diziam: "Menino assim não se cria; este nasceu antes da época!"

Jesus era divertido e espontâneo em suas travessuras; porém, sem humilhar nem maltratar os companheiros ou animais. Jamais urdia qualquer brincadeira maliciosa que pusesse alguém em confusão ou prejudicasse outros meninos. Sincero, franco e justo, revelava-se inteiriço na sua estatura de alma benfeitora e amiga da humanidade. Educado com severidade por José, era tímido e temeroso diante dos pais, obediência que o tornava um bom menino. No entanto, desde muito cedo lavrava em sua alma a chama do mais puro amor e devoção ao Senhor. Inúmeras vezes era apanhado em atitudes extáticas numa adoração invisível, que deixava seus íntimos algo surpresos e até preocupados pois era muito cedo para haver tamanha demonstração de fé e ardor religioso por Jeová. Essas atitudes que seriam louváveis nos adultos, então se tornavam motivos de censuras e até de ironias por parte dos seus familiares e amigos.

Ao completar sete anos, os seus familiares ficaram apreensivos com ele, em face da estranha melancolia que o acometera, pois algo se revelara dentro dele e lhe roubava a plenitude comum de alegria. No entanto, era o período em que o corpo astralino se ajustava ao organismo físico e se consolidava junto do duplo etérico constituído pelo éter físico da Terra.

Dali por diante, como acontece com todas as crianças depois dos sete anos, Jesus passava a contar com o seu "veículo emocional", e que o faria vibrar com mais intensidade no cenário do mundo e na responsabilidade na carne. Aliás, é de senso comum que as crianças são "inocentes" até os sete anos, porque a voz popular pressente que o espírito encarnado ainda não conta com o veículo emocional para expressar suas emoções sob o controle espiritual. Até essa idade domina apenas o instinto puro e os ancestrais hereditários, sem obedecer ao comando do Espírito.

Assim, conforme a própria lei do cientificismo cósmico, daquela idade em diante Jesus começava a consolidar mais fortemente a sua consciência humana, enquanto o seu Ego Sideral se punha em maiores relações com os fenômenos da matéria. O seu raciocínio desenvolvia-se rápido, mas as preocupações prematuras substituíam-lhe, pouco a pouco, a alegria espontânea por um halo de melancolia e tristeza. Embora menino, já se achava imbuído das inquietações e dos problemas próprios dos adultos, algo preocupado em solucionar as vicissitudes da humanidade tão confusa. A ideia mais prosaica sofria dele vigorosa análise e lhe provocava reflexões sérias, se nisso estava envolvida a ventura alheia. E os velhos rabis da Sinagoga então se punham a dizer, meneando a cabeça com ar censurável: "São ideias impróprias para um menino de sua idade!"

PERGUNTA: — Jesus cursou alguma escola comum ou fez estudos particulares?

RAMATÍS: — As possibilidades da família só permitiram a

Jesus fazer singelo curso de alfabetização para adquirir o conhecimento primário sobre as coisas elementares. Deixou de estudar assim que aprendeu a ler e a cantar os salmos e os longos recitativos no ambiente severo da Sinagoga de Nazaré, o que era mesmo comum aos meninos mais favorecidos pela oportunidade educativa. Indubitavelmente, Jesus era uma criança de inteligência incomum para a época, pois os seus conceitos e aforismos de elevada ética espiritual, não só surpreendiam como até escandalizavam muitos adultos, que jamais podiam aquilatar a realidade do padrão de vida angélica aplicado entre os homens cobiçosos. O seu caráter impoluto fazia-o transbordar além dos limites traçados pelo senso dos judeus da época, quando defendia conceitos de justiça, de desprendimento e dignidade, que chegavam a torná-lo estranho e confuso entre o seio do seu próprio povo. Ele despertava censuras aos próprios familiares, ou então sofria severas advertências dos mais velhos ou conselhos temerosos dos mais púdicos.

A sua força de libertação era assombrosa, pois sua alma não resistia muito tempo no trato demorado com as coisas prosaicas do mundo, malgrado ele dar subido valor a tudo o que era manifestação de vida; esse gosto e interesse lhe delinearam o roteiro futuro das maravilhosas parábolas hauridas na Natureza. Mas era incapaz de revelar a índole do relojoeiro, que pode operar horas e horas preso ao maquinismo de um relógio, ou então entregar-se à pertinácia do laboratorista, que extingue sua vida escravizado ao mundo invisível dos micróbios. Embora criança de 10 anos, Jesus visualizava todos os acontecimentos, as coisas e os ideais humanos de um modo panorâmico, pois o seu espírito recuava facilmente ao passado e projetava-se rapidamente no futuro. Surpreendia aquela gente pacata, simples e iletrada, que vivia presa num círculo de preconceitos escravizantes e fanatizados à religião tradicional.

O menino Jesus sentia dificuldades para estudar à maneira dos alunos comuns, que aceitam e decoram, sem protestos, tudo o que lhes diz o mestre-escola. Custava-lhe absorver-se na nomenclatura convencional do mundo, quanto ao sistema primitivo de memorização maquinal. Assim, ele mal tomava contato com as lições áridas da escola hebraica, quase desatento aos símbolos das ciências terrenas, nos quais seu espírito ilimitado sentia-se embaraçado, como pequeninas teias que lhe cerceavam o voo pelo Cosmo. No entanto, à simples observação de uma bolota, ele concebia o carvalho florescente e ante o fiapo de nuvem que passava célere pelo céu, não lhe era difícil antever o fragor da tempestade.

Com o tempo, o próprio mestre-escola habituou-se com as fugas mentais do filho de José e Maria, cujo temperamento meigo, por vezes inquieto, casava perfeitamente com o seu perfil angélico e prodigamente amoroso para com todos. Algumas vezes ele despertava, surpreso, como se fosse arrebatado das nuvens, sob a voz imperiosa do professor pedindo-lhe a lição do dia. No entanto, nenhum homem no mundo assimilou tão rapidamente tantos conceitos de filosofia, lendas, narrativas, parábolas e conhecimentos do mundo, através da escola viva das relações humanas como o fez Jesus. Sua alma, de transparente sensibilidade, era um cadinho efervescente, em que de um punhado de vocábulos, sob a "química" do seu espírito, formava a síntese de lições eternas.

PERGUNTA: — Mediante vossas considerações sobre a infância de Jesus, pressupomos que em face do seu temperamento incomum aos demais meninos, ele significava um sério problema para José e Maria?

RAMATÍS: — Realmente, José e Maria eram paupérrimos e responsáveis por uma prole numerosa e estranhavam que Jeová, em vez de lhes enviar um filho de bom-senso, prático e semelhante aos demais meninos, onerara-os com um belo garoto, de um fascínio e encanto especial, de uma agudeza e sinceridade chocantes, mas impróprio para a época e vivendo na infância a responsabilidade e os pensamentos de um adulto. Malgrado sua doçura, sentimento amoroso, pensamentos limpos e certa timidez, Jesus era uma "criança-problema", quando incandescia na sua alma aquele estranho fulgor que o tornava severo, desembaraçado e irredutível no seu senso de justiça tão incomum.

Os seus arrebatamentos e entusiasmos, que o levavam a beneficiar os outros com sérios prejuízos para si mesmo, a sua falta de utilitarismo e a inesgotável capacidade de trabalhar gratuitamente para qualquer pessoa, deixavam José e Maria confusos, pois só eram habituados à vida rotineira e sem contrastes importantes. Afora isso, o menino Jesus era frugal, simples e sempre esquecido do seu próprio bem.

PERGUNTA: — Afirmam alguns escritores que Jesus era

doentio desde a infância, e se fosse hoje examinado pela ciên-
cia médica seria considerado um neurótico ou esquizotímico.

RAMATÍS: — Convém saber, antes de tudo, qual é a natureza do padrão científico preferido pela ciência médica do mundo
para aferir qualquer enfermidade atribuída ao menino Jesus. A
verdade é que nas tabelas da patogenia sideral, as enfermidades
mais graves são justamente a vaidade, avareza, ira, crueldade,
luxúria, hipocrisia, o orgulho, ciúme e os vícios que aniquilam o
corpo carnal como o fumo, o álcool, os entorpecentes ou a gluto-
nice carnívora. Desde que os sábios terrenos passem a considerar a hipersensibilidade, o amor, a renúncia espiritual próprias do
menino Jesus como incursos nas tabelas patológicas do mundo,
é evidente que também terão de classificar o seu oposto, isto é, a
"consciência satanizada" como um padrão da verdadeira saúde
do homem. A melancolia, a tristeza, o desassossego e aparentes
contradições do menino Jesus não eram efeitos próprios de um
caráter mórbido ou censurável, mas uma consequência natural
do desajuste do seu espírito angélico, cuja vida era profundamente mental e o fazia sentir-se exilado no ambiente rude da
matéria. As suas esquisitices e excentricidades eram provenien-
tes da sua impossibilidade de acomodar-se ao meio terráqueo,
como o faziam os seus contemporâneos adstritos aos problemas
simplíssimos de digerir, procriar e cumprir as exigências fisiológicas do organismo humano. Não é demonstração de enfermidade a aflição das pombas debatendo-se no pântano viscoso, só
porque ali os crocodilos se mostram eufóricos e tranquilos.

Jesus não era enfermo psíquico, embora tivesse de refugiar-se amiúde no seio da mata ou das clareiras silenciosas,
quando se sentia afogueado pela tensão do seu próprio espírito
ou alvejado pelos fluidos perniciosos. Em verdade, havia profundo contraste entre o seu temperamento angélico de avançado
entendimento moral, ao pôr-se em choque com os interesses
mesquinhos, a vulgaridade, má-fé e ignorância dos homens que
lhe cumpria esclarecer e salvar.

PERGUNTA: — Conforme vossos dizeres, o menino Jesus
também exigia uma vigilância constante dos seus anjos tutela-
res, em face de sua despreocupação pela vida humana. Quer
isso dizer que ele dava sério trabalho aos seus protetores?

RAMATÍS: — Sem dúvida, a preciosidade de sua vida
endereçada à mais importante missão de um anjo sobre a Terra,

abrindo clareiras de luz no seio das sombras terráqueas para a redenção do homem, movimentava todas as forças benfeitoras, a fim de livrá-lo de uma desencarnação prematura ou acidente lesivo. A índole excessivamente contemplativa de Jesus induzia-o a procurar empreendimentos e atividades insólitas, que pudessem ajudá-lo a compensar as angústias e as emoções de que sofria o seu espírito superativo, pois, de conformidade com o velho aforismo iniciático, "o anjo não dorme"! Nos seus impulsos de libertação, ele penetrava a fundo nos bosques e nas furnas, surpreendendo até as feras nômades que o fitavam inquietas e sem coragem de agredi-lo, ante a refulgência da luz sideral que os seus guias projetavam no sentido de protegê-lo. Malgrado a advertência prudente do Alto, o menino Jesus expunha demasiadamente o seu corpo aos perigos do meio agressivo do mundo, enquanto se deixava ficar absorto, em sua meditação espiritual, horas dentro da noite.

Por diversas vezes, Maria o encontrou curvado sobre a serpente enrodilhada na moita de capim, ou então afagando o filhote da fera, a qual, em vez de ameaçadora, mostrava-se eufórica sob tal carinho. A serpente, cuja crendice diz que não morde a mulher gestante nem agride a mãe de bons propósitos, ou mesmo a leoa ciumenta dos filhos, não se mostravam agressivas ante a presença daquele garoto transbordante de ternura por todos os seres. Assim como o lobo selvagem também se transforma em um cão dócil e inofensivo, quando o tratam com meiguice e desvelo, Jesus envolvia os animais ferozes e os répteis venenosos em sua aura de tanta meiguice e amor, que eles se quedavam tranquilos.

Evidentemente, isso exigia a atenção constante dos seus amigos siderais e não poucas vezes a "voz oculta" de Gabriel advertiu-o para que não se expusesse tanto no cenário perigoso do mundo físico. Mas, quem poderia modificar a índole de um anjo que jamais temia a morte?

PERGUNTA: — Quais outros detalhes que ainda nos podeis oferecer sobre a vida do menino Jesus, pois tem sido tão contraditória a narrativa de sua infância?

RAMATÍS: — A fim de poderdes avaliar o verdadeiro temperamento, as virtudes e os contrastes do menino Jesus com os demais garotos de sua época, dar-vos-emos um quadro de algumas minúcias de sua vida, e que servirá para o mais claro entendimento de vossa pergunta. Em resumo: era um menino que jamais guardava ressentimento de alguém, mostrando-se absolutamente imune às ofensas e aos insultos alheios. Imparcial e sincero em suas amizades, ele não diferenciava nenhum companheiro, por mais deserdado ou subversivo; não traía, não intrigava, não zombava nem humilhava. Ninguém o viu usar qualquer meio para ferir um pássaro, destruir um réptil, inseto ou batráquio. Curvava-se para o solo e colhia o verme repelente na folha do vegetal, pondo-o fora do alcance das pisaduras humanas. Sob o espanto dos próprios adultos, ele deliciava-se com as carreiras de formigas supercarregadas de partículas de alimentos ou folhas tenras; com os retalhos de madeira da carpintaria de José, construía túneis para livrá-las de serem esmagadas pelas criaturas que ali cruzassem os caminhos. Muitas vezes, perdia longo tempo tentando repor no lombo das formigas a carga que lhe fora desalojada ou lhes trazia restos de cereais só para vê-las carregarem. Os meninos da vizinhança, rudes e daninhos, então contavam a seus pais as esquisitices do filho de Maria, provocando deles o conceito de que "esse menino não é bem certo da cabeça".

Certas vezes, Maria e José mortificavam-se dolorosamente, ao encontrar Jesus conversando animadamente com as aves e os animais, que, em verdade, pareciam entendê-lo. Advertia, censurava e aconselhava patos, cães, marrecos, galinhas, cordeiros e cabritos, apontando-lhes as imprudências e os perigos do mundo. Enxotava-os para longe nos dias de matança, pois jamais alguém pôde matar qualquer ave ou animal na sua presença, espetáculo doloroso que o deixava febril e o fazia fugir do lugar. Qualquer ave ferida ou cão maltratado recebia dele o máximo carinho e tratamento; e um júbilo intenso, uma alegria sem limite tomava-lhe o rosto radioso, quando os seus "doentes" se punham a voar ou a caminhar. Batia palmas, satisfeito, de euforia espiritual, enquanto, às vezes, o sarcasmo dos perversos lhe feria os ouvidos desapiedadamente. Curtiu noites de insônia, depois que viu, estarrecido, os bois tombarem um atrás do outro com a goela vomitando sangue e feridos mortalmente pela lança dos magarefes. Mesmo depois de adulto, ele custava a se dominar diante dos quadros lúgubres do Templo de Jerusalém, onde os sacerdotes oficiavam a Jeová respingados pelo sangue dos animais e das aves inocentes.

Jamais podia compreender sua culpa, quando ouvia severas

admoestações de José e os apelos insistentes de Maria, para que não arriscasse sua vida preciosa nos arvoredos envelhecidos, onde subia, afoito, para proteger os ninhos perigosamente pensos dos galhos rotos. Mas eram inúteis tais censuras ou conselhos; em breve, tornavam a encontrá-lo novamente trepado nos galhos das árvores e entre os pássaros, que em voos efusivos pareciam aliar-se ao seu riso cristalino, gratos pelo carinho dispensado aos filhotes implumes. Durante os brinquedos e folguedos cotidianos, qualquer perversidade cometida contra os seres inferiores deixava-o silencioso e severo. A censura no olhar era tão veemente que os meninos mais culpados se afastavam temerosos.

Em consequência, Jesus não era um menino mórbido, excêntrico ou propriamente rebelde; porém, manifestava uma linha de conduta angélica prematura entre os demais seres; e por isso semeava constrangimentos nos hipócritas, atemorizava os cruéis, que o censuravam, zombando das suas comiserações pelos insetos, vermes ou répteis.

PERGUNTA: — Em face dessa ternura e natureza superior, Maria e José não se sentiram felizes de possuir tal filho agraciado por Deus?

RAMATÍS: — Que poderíeis esperar do entendimento de um povo de pescadores e de campônios, cujo índice mais alto de cultura findava na obstinação, fanatismo e severidade dos rabis anacrônicos de Nazaré? Para José e sua família, o menino Jesus enchia-os de constantes preocupações.

PERGUNTA: — Porventura Maria não guardava no imo de sua alma as revelações de ter sido predestinada para dar à luz o Salvador dos homens? Ela não fora visitada algumas vezes por um Espírito radioso que lhe previu a sublime maternidade de seu filho Jesus?

RAMATÍS: — O Alto já havia suspendido a frequência das visões mediúnicas de Maria e dos seus familiares, a fim de evitar neles qualquer superexcitação transcendental e inoportuna, que os viesse perturbar em sua vida cotidiana e até dificultar a vida do próprio menino Jesus. Aliás, diz velho provérbio oriental, que "na casa onde nasce um santo, toda a família só vive do seu encanto!" Era conveniente, então, a parentela de Jesus não se convencer prematuramente de que ele era realmente o Messias tão esperado.

Aliás, a memória humana é fraca e esquece facilmente

aquilo que o homem só percebe em profundidade no mundo espiritual. Maria, pouco a pouco, deixou-se convencer de que as revelações recebidas do seu anjo de guarda, em vésperas de esposar José e de nascer Jesus, talvez não passassem de visões próprias da sua imaginação exaltada da juventude. Ademais, seu filho desabrochava no mundo sem provocar qualquer fenômeno mais insólito além do seu caráter, que trazia muita gente em "suspense". E também nada lhe fazia comprovar sua natureza altiva e própria de um profeta ou salvador de homens, um líder ou comandante capaz de derrotar os romanos e libertar o povo judeu. Embora severo contra a maldade, a tirania e o farisaísmo, noutro extremo era excessivamente místico, avesso à violência e fujão. E conforme a Lei Sideral, que disciplina o equilíbrio emotivo dos seres, justamente Maria, tão sensível e mística, privou-se de um contato transcendental para não exorbitar das obrigações fatigantes de seu lar, enquanto outras criaturas mais rudes do que ela se sentiam sacudidas pelo chamamento do mundo oculto.

Depois de cessadas as suas visões mediúnicas, a vida de Maria e José ingressou no ritmo da existência prosaica das demais famílias judaicas, nada transparecendo de que eram realmente responsáveis pelo sublime esponsalício de um anjo com a carne humana. De modo algum podiam suspeitar que o menino Jesus, tão difícil de enquadrar-se nos costumes da época e sem qualquer senso de propriedade pelos bens do mundo, poderia desempenhar missão tão elevada e difícil, como o Velho Testamento atribuía ao Messias, o Salvador dos homens.

PERGUNTA: — Que podeis dizer mais claramente sobre esse "senso de propriedade" que não era próprio de Jesus?

RAMATÍS: — Jesus aproximava-se da juventude com a mente experimentada de um adulto; e, o que era mais surpreendente: de um adulto sábio e santo. Em vez de criatura prática, metódica, formulando projetos para "vencer na vida"; um provável servidor na Sinagoga local; negociante nos entrepostos da Judeia ou mesmo herdeiro do ofício de José, ele se obstinava, dia e noite, por um mundo fantasioso e consumia-se preocupado com a sorte alheia. Eram especulações transcendentais, sem sentido utilitarista. Sonhava com um reino utópico onde até as feras vivessem em paz com os homens. Muitas vezes, José e Maria confabulavam, já no leito de repouso, sobre aquele filho que, altas horas da noite, se mexia, inquieto e suspiroso, no seu beliche de palha trançada. E quando assim não acontecia, ei-lo, de olhos abertos, noite adentro, sentado na soleira da porta, fitando tristemente a lua farta de luz e elevando-se docemente atrás das nuvens. A brisa refrescante então bulia-lhe nos cabelos soltos e mexia-lhe, de leve, com a camisola de menino pobre.

Era um menino destituído de qualquer senso de propriedade dos bens do mundo; pois se verberava o companheiro que feria o pássaro com o bodoque de couro cru, ou se afligia seriamente diante do cordeiro pisoteado pelo moleque enraivecido, deixava seus brinquedos pelos caminhos, abandonava os apetrechos escolares aos demais meninos, e sem protesto ou desculpa doava suas sandálias e as porções de alimento a quem primeiro os solicitasse. Saltitava pelos campos, rolando encostas e, só mais tarde, quando chamado ao acerto de contas com Maria, surpreendia-se das moedas que havia lançado de bolsa ajustada à camisola.

Um velho mago da Fenícia e amigo de José, e que lhe devia relativo favor, mandara, de presente, ao menino Jesus valiosa ave-rei coroada de magnífico penacho cor de ouro e munificente plumagem purpurina, rendilhada de um azul sedoso e manchas opalinas, aprisionada em bela gaiola de grades banhadas a prata. José e Maria e os demais irmãos de Jesus deliciavam-se antecipadamente com a alegria e a surpresa que deveria dominá-lo ao retornar da escola e receber o régio presente. Porém, para surpresa dolorosa de todos e o confrangimento de verem a perda de coisa tão valiosa, eis que o menino Jesus, em sua falta de senso dos bens do mundo, soltou a ave num gesto feliz e exclamação jubilosa. E riu, tomado da mais ampla satisfação, ao vê-la mover-se entontecida e alçar um voo majestoso sob o fundo azulíneo do céu ensolarado.

Qual seria o futuro que a família de José poderia augurar para aquele menino tolo e desprendido, embora correto, bom e obediente, mas julgando a vida um espetáculo tão natural, como devem julgá-la os pássaros, os peixes e os animais? Evidentemente os seus contemporâneos também não podiam prever oculto ali naquele ser de maravilhosa espontaneidade e absoluta confiança na contextura da vida criada por Deus, o mestre que, mais tarde, assim recomendaria: "Olhai para as aves do céu, que não semeiam, nem segam, nem fazem provimentos dos celeiros; e contudo vosso Pai celestial as sustenta. Porventura não sois vós muito mais que elas?" (Mateus, 6:26-34).

PERGUNTA: — Em face da tradição religiosa ter-nos trans-
mitido até nossos dias a imagem de Jesus como um menino
diligente, irrepreensível e obediente, é-nos um pouco difícil con-
cebermos suas atrapalhações e os constrangimentos semeados
por ele no seio da família. Que dizeis?

RAMATÍS: — Os historiadores da vida do menino Jesus viram-se forçados a socorrerem-se da própria imaginação, a fim de suprirem as lacunas encontradas na sua existência em época tão recuada. A prova disso é que se consultardes as obras biográficas de homens de vulto, desaparecidos há apenas um ou dois séculos, encontrareis tantas dessemelhanças no relato de suas vidas, a ponto de deixar-vos em dúvida quanto à sua verdadeira realidade. Imaginai, portanto, a dificuldade de serem ajustados todos os pormenores e as minúcias da vida do Amado Mestre Jesus, que além de ter vivido há dois mil anos, em época de poucos registros biográficos, os arquivos que poderiam conter algo a seu respeito ainda foram destruídos e incendiados, quando da invasão de Tito em Jerusalém.

Tratando-se de uma entidade que depois se glorificou pela sua própria morte sacrificial na cruz, cuja vida foi um hino de beleza e ternura em favor do gênero humano, é óbvio que os seus biógrafos também pressuponham uma infância cordata, uma doçura e obediência perenes, em perfeita concordância com a fase adulta irrepreensível. Naturalmente esqueceram a sua luta interior entre o espírito avesso às convenções e aos precon-ceitos tolos do mundo, e a sua indiferença à própria vida carnal, por se tratar de um anjo acima do temor da morte.

Nazaré, como a miniatura da própria humanidade, era uma fonte de preconceitos próprios de seus camponeses e pescadores incultos, que viviam entre sofismas, intrigas e mistificações decor-rentes de sua graduação espiritual rudimentar. Por isso, o menino Jesus, espírito completamente liberto do farisaísmo da época, incapaz de pactuar com a malícia, capciosidade ou mentira, reve-lava um padrão de vida que fatalmente punha em choque até os seus familiares, vizinhos e amigos. As suas perguntas e respostas, inspiradas pela luz cristalina de sua alma angélica pairando acima das hipocrisias e convenções do mundo, rompiam as convenções tradicionais do homem comum. Qualquer artificialismo ou burla de última hora fazia-o desatar um rosário de indagações nevrálgi-cas que, às vezes, punham em pânico os adultos.

Quando atingiu os doze anos tornou-se incômodo entre os

rabis conservadores e apoucados da Sinagoga, pois insistia nas premissas inoportunas, que descobriam à luz do mundo a insânia e o absurdo dos dogmas religiosos da Lei de Moisés e das práticas devocionais excêntricas. Seria mais fácil congelar a luz do Sol do que acomodar o menino Jesus às iniquidades do mundo, pois a sua natureza superior espiritual e intuição incomum opunham-se veementemente a qualquer contrafação da Verdade. À noite, junto da família, choviam-lhe conselhos incessantes, de seus pais e irmãos, que procuravam ensiná-lo a viver de modo a não turbar as relações humanas. Advertiam-no da imprudência de sua indagação, muito antecipada, sobre coisas que não eram práticas e só causavam confusão ou diminuíam os outros pela impossibilidade de uma solução satisfatória. Que precisava adaptar-se às circunstâncias do meio, agir cautelosamente com habilidade e diplomacia entre os homens. Então o menino Jesus arregalava os olhos, surpreso, e na sua pureza cristalina indagava, altivo: "Por que devo agir assim? Por que devo esconder a minha sinceridade e alimentar a hipocrisia?"

José e Maria, espíritos benfeitores, mas emoldurados no cenário convencional de sua raça e seu povo, pressentindo, por vezes, a justeza do modo de agir de seu filho Jesus, que era certo no falar e digno no agir, mas impossibilitados de convencê-lo com os argumentos do próprio mundo onde viviam, então se contentavam em dizer-lhe, à guisa de solução: "Meu filho! Assim é o mundo, e nós não podemos reformá-lo!" E o menino Jesus, um palminho de gente, retirava-se para um canto silencioso e ali ficava a meditar nos seus equívocos cotidianos, confuso pelos motivos que lhe pareciam tão justos e nobres, mas lançavam a desconfiança no próximo.

Porém, vencida a etapa mais instintiva ou impulsiva da puberdade, ele mesmo reconheceu que eram prematuras as suas indagações ou soluções incomuns diante do seu povo. Recolheu-se mais fortemente ao âmago de sua própria alma e buscou ali os recursos de que precisava para reformar os homens, antes de verberar-lhes os pecados. No entanto, apesar de amainar a tempestade emotiva que o lançava corajosamente no oceano das indagações intermináveis; de guardar silêncio onde poderia agastar; de aceitar as imposições do meio onde nascera, como a cota de sacrifício para o êxito de sua obra messiânica, ele jamais pôde fundir-se descoloridamente no rebanho da humanidade cobiçosa e insaciável. E por isso o mataram na cruz.

PERGUNTA: — E que poderíamos saber do tipo de alimentação costumeira do menino Jesus e de sua família?

RAMATÍS: — Conforme já temos noticiado, Jesus desde pequenino revelou profunda repugnância pela carne, e as vezes que o fizeram ingeri-la, ele sofreu violentos surtos de urticária e choques anafiláticos que produziram preocupações sérias. A família foi obrigada a evitar carne em sua alimentação, pois isso produzia impactos mórbidos na tessitura delicadíssima do seu perispírito e desarmonizava-lhe o sistema endócrino pela perturbação química inesperada, resultando febre e a fadiga hepática.[47] Felizmente, José e Maria seguiam os costumes dos terapeutas essênios, em cuja alimentação predominavam vegetais, frutas, cereais e o peixe, que era abundante. Só nas épocas de crises graves, na lavoura ou na pesca, é que eles então recorriam à carne, mas assim mesmo o faziam de modo parcimonioso.

Como bebida acessória os galileus usavam água pura; por vezes, leite de cabra, de camela, ou então o vinho campestre, porém muito ácido. Eram exímios na produção de mel de figo, xaropes, caldos e sucos de frutas e vegetais escolhidos, que depois costumavam guardar em vasos de barro vitrificado, no seio da terra, e revestidos de areia porosa, que sugava a umidade do subsolo e assim proporcionava uma refrigeração natural. Eram refrescos deliciosos, tradicionalmente servidos com pãezinhos de centeio, de trigo ou bolinhos de polvilho refinado e cozidos das sobras dos moinhos.

A agricultura ou a lavoura, apesar de fornecer o essencial para o consumo das famílias, era precária, pois a abundância de peixes, que infestavam os lagos e os rios da Galileia, tornava desinteressante qualquer mobilização de outros recursos diferentes da alimentação pródiga das pescarias. Os pescadores só procuravam a caça nos bosques e nas montanhas, quando já se achavam fartos do mar e do peixe. Assim mesmo, não hesitavam em substituir o alimento predileto por frutas e vegetais, que sabiam preparar sem lhes destruir o sabor natural e as propriedades nutritivas peculiares. Mas o peixe era o alimento principal e o preparavam de mil modos; fritavam-no principalmente no óleo de oliva e depois juntavam-no à sopa de cereais; ou então serviam-no com pães frescos de trigo, ao natural ou cobertos com farinha dos

---

[47] Nota do médium: Aliás, temos um membro de nossa família, hoje moço e absolutamente vegetariano, cujos ataques circulatórios que se manifestavam nele, quando criança, desapareceram assim que seus pais eliminaram a carne de sua alimentação, conforme conselho recebido de espíritos desencarnados.

moinhos depois de grelhados. Secavam-no sob o calor do fogo ou do sol e sabiam transformá-lo em farinha para a reserva prudente ou fabrico de deliciosos e odorantes bolinhos no azeite, que rescendiam a distância sob os temperos fortes da pimenta esmagada e algumas pitadas de ervas odorantes, como o louro cheiroso. A alimentação dos nazarenos se completava com figos cozidos ou crus, tâmaras do Líbano, uvas secas, azeitonas em azeite, pão de trigo ou preto com mel de figo ou de abelha. Em determinados dias da semana fazia-se uma espécie de manteiga com leite de cabra, que depois era servida com os tradicionais pães miúdos, mistos de polvilho e trigo.

O menino Jesus preferia os pãezinhos com mel de figo e de abelha, ou então os bolinhos de polvilho que ele gostava de misturar ao sumo da cereja, um refresco difícil e muito apreciado pelos hebreus, de uma fruta de polpa reduzida que requeria a mistura do suco de frutas. Mas Jesus foi sempre frontalmente avesso aos alimentos carnívoros, embora recomendasse o uso do peixe; e mesmo na última ceia com os seus discípulos, ele expõe um dos mais significativos símbolos educativos da vida espiritual, quando, em vez de partir um naco de carne, apanha uma porção de pão e o vinho, e os oferece exclamando: "Eis a minha carne; eis o meu sangue!"

PERGUNTA: — Embora já tenhamos sido notificados de algumas distrações do menino Jesus, gostaríamos de saber quais foram os brinquedos e os folguedos que ele mais preferiu durante sua infância.

RAMATÍS: — O menino Jesus, como espírito de elevada estirpe sideral, aprendia com extrema facilidade qualquer iniciativa do seu povo, enquanto era o mais exímio oleiro da redondeza, conhecido entre as crianças do seu tempo. Destro no fabricar animais e aves de barro, às vezes devotava-se com tal ânimo e perícia criadora a essa arte infantil, que os produtos saídos de suas mãos arrancavam exclamações de espanto e admiração dos próprios adultos.

— Parecem vivos! — Diziam os mais entusiastas, tomados de profundo assombro.

Sob seus dedos ágeis e delicados, o barro amorfo despertava como se lhe fora dado um sopro de vida. Jamais os seus contemporâneos percebiam que ali se achava o anjo exilado na carne sublimando as substâncias do mundo material em figuras de contornos poéticos e atraentes. Os pequeninos comparsas rodeavam Jesus, atentos e espantadiços da rapidez com que ele transformava um punhado de barro argiloso na figura esbelta de uma ave ou animal, que só faltavam falar num movimento impulsivo de vida. Depois, eles corriam céleres para casa, agitando em suas mãos as figuras confeccionadas por Jesus, que então ria feliz, como um príncipe dadivoso.

Naquela época a escultura de barro era inferior, feita às pressas e de caráter exclusivamente comercial, somente de enfeite nos lares mais pobres, porquanto as obras de arte de natureza mais fina provinham do Egito, da Índia e de Tiro, a pedido de romanos e hebreus ricos. As mãos do menino Jesus davam um toque de tal beleza e meiguice nos seus produtos esculturais, o que era fruto de sua inspiração angélica ainda incompreensível, que os artesãos mais primorosos não temiam de colocá-los a par das ourivesarias mais finas e de bom gosto. Durante o seu trabalho de arte na argila, Jesus mostrava-se sério e compenetrado, os lábios contraídos e um vinco de alta inspiração cruzava-lhe a fronte angélica até o término do seu trabalho. Quando se dava por satisfeito e finalizava sua obra, a sua fisionomia se desafogava e seu rosto abria-se numa expressão da mais infantil alegria.

No entanto, depois desse labor, jamais ele se ligava à sua obra, nem se preocupava com o seu valor ou posse. O que saía de suas mãos já não lhe pertencia e o dava facilmente ao primeiro que o pedisse. Menino ainda, já revelava a contextura do Mestre, que mais tarde recomendaria: "Não queirais entesourar para vós tesouros na terra, onde a ferrugem e a traça os consome e onde os ladrões os desenterram e roubam. Mas entesourai para vós tesouros no céu, onde não os consome a ferrugem nem a traça e onde os ladrões não os desenterram nem roubam. Porque onde está o teu tesouro, aí está também o teu coração".[48]

Mas ele também se entregava às brincadeiras comuns da época, como o jogo de bolas de pano e de barro, que eram atiradas sobre obstáculos de madeira, derrubando-os; às travessuras com cães, cabritos e cordeiros ou à construção de diques e lagos artificiais, cujas barcas de pesca ele construía de gravetos e restos de madeira sobejados da carpintaria de José e os guarnecia de remos feitos de palitos de cedro. As velas dos barquinhos, enfunadas, traíam a contribuição de Maria com retalhos de linho e algodão de suas costuras. As frotas de galeras romanas então

---

[48] Mateus, 6:19,20,21.

navegavam nas enseadas de água suja para gáudio da gurizada sempre atenta às iniciativas e surpresas do menino Jesus, cujo espírito enciclopédico jamais encontrava dificuldades para sair-se bem de suas empreitadas infantis. Eram estradas, pontes, rios, lagos e cascatas ou portos de carga e descarga, barracas coloridas para caravaneiros, cujos camelos e elefantes de barro descansavam à sombra de palmeiras improvisadas e sob os bosques feitos de barbas de arvoredos. Ainda havia jardins suspensos como os da Babilônia, faróis queimando torcidos de cordas untadas de azeite, à noite, para guiar as galeras retardadas que eram puxadas a barbante pelos fiéis peritos sob as ordens de Jesus menino. Enfim, era um mundículo feérico, divertido e contagioso, que reunia a gurizada da redondeza. Os próprios adultos davam uma espiada à furtadela, quando precisavam arrastar os filhos para o repouso noturno. Muitas vezes, Maria sentia-se dominada por estranhas emoções e as lágrimas escorriam-lhe pelas faces, vendo aquele menino como um reizinho venturoso, um deusinho criador dirigindo o seu mundo rico de novidades e surpresas. Ele era o centro de atrações da criançada buliçosa, que entre gritos de alegria e de espanto movia-se obediente às diretrizes por ele traçadas e no intuito de preservar os brinquedos até o término dos divertimentos. Eram pequenos vassalos, louros como a espiga do milho novo, ruivos e a cabeça metida num fogaréu ou escuros como ébano, filhos de etíopes emigrados, sardentos, pálidos e corados, sujos e limpos, confortavelmente vestidos ou esfarrapados; ali se confundiam nos limites do mundo elaborado e movimentado pelo genial menino Jesus. Era um clã de meninos que, pouco a pouco, se integrava nas disposições temperamentais emotivas dele, pois exigia bom comportamento para o ingresso na sua "maçonaria" infantil. Então, reduzia-se a maldade para com os pássaros e os animais e diminuía-se também a traquinagem maliciosa e destruidora. Jesus inventava sempre coisas novas — do barro argiloso e da areia umedecida compunha castelos e reis, príncipes e fortalezas, que reproduziam as histórias ouvidas de Maria, à noite, do folclore hebraico. Por isso, os próprios meninos ressentidos retornavam breve e submetiam-se à férrea disciplina de dominar o instinto daninho e os impulsos cruéis para não perderem dádivas tão atraentes.

PERGUNTA: — Quais eram as disposições emotivas ou o entendimento religioso do menino Jesus para com a Divindade?

RAMATÍS: — Em geral, todas as crianças hebréias temiam Jeová e bem cedo aprendiam a respeitá-lo e à sua Lei, certos de que ele espiava-lhes as traquinagens, habilmente escondido atrás das nuvens. Nos dias tempestuosos, em que as torrentes de água se despejavam dos céus, as mães então predicavam aos filhos que Jeová estava zangado com os meninos desobedientes e, por isso, atirava setas de fogo e raios incandescentes, partindo árvores e abrasando a Terra. Mas o menino Jesus arregalava os olhos sem qualquer temor, pois não podia admitir qualquer noção de castigo ou de ira por parte do Pai que estava no céu. Desprovido de má intenção e íntegro espiritualmente, sem ter jamais movido uma funda para ferir um animal feroz ou inseto venenoso, no seu cérebro pequenino não havia guarida para a ideia severa que os rabis e profetas faziam de Jeová e seus anjos.

José e Maria então desanimavam ante a infinidade de indagações que surgiam da parte de Jesus, ao tentarem convencê-lo das disposições belicosas de Jeová. Ele não temia o fragor dos trovões nem se assustava com a queda próxima do raio, porque reconhecia em tudo a obra do Senhor, que amava os seus filhos e jamais criara coisas para o sofrimento dos homens. Não podia conceber quaisquer perigos no seio da Vida, porque seu espírito sentia-se eterno e considerava a morte corporal um acontecimento de menor importância. Sob o espanto dos companheiros e dos próprios adultos, quando a natureza se movia inquieta, o céu se escurecia com as nuvens pesadas de água e eletricidade, Jesus se rejubilava e batia palmas de contente. Inquieto, porém satisfeito, esperava a tempestade arrasadora. Mas, quando os raios fulminavam arvoredos e desenhavam na tela do céu serpentes de luz ameaçadoras e a chuva caía forte, rompendo diques e inundando estradas, ninguém conseguia segurar o menino Jesus mais tempo sob o abrigo do lar. Rápido, ele escapulia e se punha longe, fora do alcance dos seus, a pular debaixo da chuva copiosa, cabelos escorridos e grudados nas faces, enquanto, como quem recebe um presente, aparava a linfa do céu na concha das mãos. Saltava dentro das poças de lama e chapinhava na água, conseguindo, por vezes, atrair algum companheiro mais corajoso, que o acompanhava na sua festa aquática. Outros meninos, detrás das janelas rústicas, olhavam-no rindo do imprevisto do brinquedo, até que os irmãos mais velhos vinham buscá-lo de qualquer modo, mas não resistindo ao contágio das suas risadas gostosas.

Às vezes, sua silhueta recortava-se nítida sob a luz incandescente dos relâmpados. Então, erguia os braços e cantarolava alegre, como se quisesse abraçar os relâmpagos e trazê-los em feixe para casa. Os coriscos caíam sobre o topo das colinas e lascavam a copa dos arvoredos. Às vezes, desciam pela encosta empedrada e desapareciam perfurando o solo. Os gritos jubilosos de Jesus confundiam-se com os brados de Tiago e Eleazar, seu tio e irmão, que o chamavam desesperadamente. Embora fosse motivo de crítica por parte dos vizinhos despeitados, era impagável aquele aspecto inusitado do menino Jesus, tão eufórico debaixo da água torrencial, assim como a ave feliz entreabre suas asas gozando a linfa criadora descida dos céus.

Era um anjo destemeroso, certo de que a Natureza, mesmo enraivecida, não poderia fazer-lhe qualquer mal. Sabia que mediante aquela tempestade ruidosa de trovões e raios ameaçadores, o Espírito Arcangélico da Vida processava a limpeza da atmosfera, recompunha o plasma criador, carbonizava detritos perigosos, sensibilizava o campo magnético do duplo etérico da própria Terra e procedia à higiene fluídica no perispírito dos homens.

Os seus contemporâneos não podiam compreender o desafogo espiritual do menino Jesus diante da violência da Natureza pejada de água, raios e trovões, que amainava-lhe o potencial sidéreo atuante no seu cérebro tão frágil. Eram reações emotivas brotadas de uma alegria sã e inofensiva; um estado de espírito de absoluta confiança nos fenômenos grandiosos da própria Vida. Entregava-se à força desabrida da tormenta, buscando a compensação terapêutica psíquica, em que, sob a lei de que os "semelhantes curam os semelhantes", o magnetismo eletrificado da atmosfera ajustava-lhe a mente superexcitada. O seu riso explodia cristalino na atmosfera densa e lavada pela chuva. Até o coro dos batráquios e o pio triste das aves encharcadas pareciam participar do quadro surpreendente, em que ele era o tema fundamental. Indubitavelmente, todas as crianças sentem-se alegres e buscam a água como um imperativo gostoso à sua própria natureza humana. No entanto, o menino Jesus exorbitava de toda e qualquer contemporização no caso, pois se entregava incondicionalmente à hostilidade da Natureza endurecida, vendo nela uma vibrante manifestação da própria vida em sublime oferenda à Divindade.

No entanto, essa extroversão da infância de Jesus transformou-se, pouco a pouco, naquela silenciosa dor que o absorveu quando ele, na maturidade, se viu diante da maldade, da hipocrisia e do egoísmo humanos. Os pecados e os sofrimentos da humanidade pesavam-lhe no ombro e roubavam-lhe a alegria, porque sendo Jesus o mais sensível e amoroso dos homens, era quem mais sofria diante dos seus irmãos desgraçados e sem esperanças.

13. Considerações sobre Jesus e a família humana

PERGUNTA: — Alguns escritores afirmam que Jesus, embora fosse de admirável composição moral, também não conseguiu furtar-se ao amor do sexo no mundo onde viera habitar. Que dizeis?

RAMATÍS: — Se Jesus houvesse casado e constituído um lar, a humanidade só teria lucrado com isso, pois ele então deixaria mais uma lição imorredoura da verdadeira compostura de um chefe de família. E mesmo que também houvesse alimentado um amor menos platônico, nem por isso menosprezaria a sua vida devotada exclusivamente aos outros. Muitas criaturas solteiras e castas vivem tão repletas de inveja, egoísmo, ciúmes e concentradas exclusivamente em si mesmas, que se tornam inúteis e até indesejáveis ao próximo.

Que desdouro seria para Jesus, se ele se tivesse devotado ao amor que une o homem e a mulher, quando deu toda sua vida em holocausto à redenção espiritual da humanidade? Sem dúvida, a sua rara beleza acendeu violentas paixões nos corações de muitas jovens casadoiras ou mulheres à cata de sensações novas, o que exigiu dele enérgica autovigilância para não sucumbir às tentações da carne e nem constituir o lar terreno do homem comum.

Aliás, diversas vezes Jesus foi caluniado em suas abençoadas peregrinações, por detratores que o acusavam de fascinar as viúvas ricas para herdar-lhes os bens materiais e atrair as jovens incautas para fins inconfessáveis. Sob o domínio despótico de Roma, algumas hebréias falseavam os seus deveres conjugais, pois preferiam a fartura do conquistador do que a pobreza honesta de seus conterrâneos. E os espíritos das trevas, que vigiavam Jesus em todos os seus passos, armaram-lhe ciladas as mais sedutoras até entre as patrícias romanas. Mas embora ele tenha evitado formar um lar, jamais condenou ou menosprezou o agrupamento da família, porquanto sempre advertiu quanto à legalidade e ao fundamento da Lei do Senhor, que assim recomendava: "Crescei e multiplicai-vos!" O sangue humano como vínculo transitório da família terrena, tanto algema as almas que se odeiam, como une as que amam no processo cármico de redenção espiritual. Por isso, Jesus aconselhou o homem a libertar-se da escravidão da carne e estender o seu amor fraterno a todos os seres, além das obrigações inadiáveis no seio do lar. Tendo superado as seduções da vida material e sentindo-se um realizado no recesso da humanidade terrena, chegou a advertir o seguinte: "aqueles que quisessem segui-lo em busca do reino de Deus, teriam de renunciar aos desejos da vida humana e, se preciso fosse, até abandonar pai e mãe! " E por isso, acentuou textualmente: "Quem ama o pai e a mãe mais do que a mim, não é digno de mim!"

Jesus recomendava amor e espírito de justiça, induzindo à libertação da família no mundo material acima do egocentrismo de casta, em favor de toda a humanidade. Ele procurou demonstrar que, apesar do vínculo sanguíneo e egoísta da parentela humana, o homem não deve limitar o seu afeto somente às criaturas viventes no ambiente de sua família ou simpatia. Muitas vezes, detrás da figura antipática do vizinho ou de algum estranho desagradável, pode se encontrar justamente um espírito nosso amigo de vidas passadas. No entanto, entre os nossos mais íntimos familiares, às vezes, estão encarnados espíritos algozes, que nos torturaram outrora e a Lei Cármica os reuniu para a necessária liberação dos laços de culpa ou do perdão recíproco.[49]

---

[49] Nota do Médium: - Em nosso bairro da Água Verde, em Curitiba, conhecemos uma senhora que implicava odiosamente com um menino da vizinhança, e não lhe dava razão, mesmo quando seu filho agia com flagrante injustiça e desonestidade nas arruaças de infância. Já se previa uma tragédia entre os adultos quando, frequentando o nosso trabalho mediúnico, essa mesma senhora, após sentidos queixumes de verberações contra o referido menino detestado, ouviu do guia a severa advertência: 'O seu amor materno egoísta está lhe fazendo praticar as maiores injustiças, pois na existência passada o seu atual filho foi um homem

Ramatís / Hercílio Maes

O imenso amor de Jesus pela humanidade é que o afastou do compromisso de constituir um lar. Não foi somente sua elevada qualidade espiritual, o motivo dele conservar-se ligado a todos os homens e desprendido de um afeto exclusivo à família humana; mas sim, a piedade, a ternura e a compreensão do sofrimento de todas as criaturas. Em verdade, ele não condenou os direitos da família consanguínea, mas apenas advertiu quanto aos perigos do afeto egocêntrico, que se gera no meio do lar, embotando o sentimento do amor às demais criaturas. Por isso, ao recomendar a terapêutica do "Amai-vos uns aos outros como eu vos amei", ele mesmo já havia demonstrado esse amor incondicional, que abrange a Família-humanidade.

Isso era um cunho intrínseco de sua alma, pois aos doze anos de idade já respondia dentro do conceito da família universal. Interrompido no seio de uma reunião por alguém que lhe diz: "Eis que estão lá fora a tua mãe e teus irmãos que te querem falar", o menino Jesus surpreende a todos, quando assim responde: — "Quem é minha mãe? E quem são meus irmãos?" Em seguida, ergue-se e movendo a mão num gesto acariciante, que abrange amigos, estranhos, mulheres, velhos, crianças e jovens, concluiu a sua própria indagação: "Eis aqui minha mãe e meus irmãos. Porque qualquer que fizer a vontade de meu Pai que está nos céus, esse é meu irmão, minha irmã e minha mãe!"

PERGUNTA: — Mas, Jesus aconselhando o homem a abandonar a família e devotar-se a amar os outros, ou seja, a humanidade, essa atitude não será uma decorrência justamente do fato de ele não ter amado fisicamente e de não haver constituído um lar?

RAMATÍS: — Jesus não constituiu a clássica família humana nem amou fisicamente, porque já era um Espírito liberto dos recalques do sexo. Ele não abjurou nem repudiou a parentela humana apenas evitou os laços de sangue capazes de lhe oprimirem ou limitarem as expansões do seu amor tributado à humanidade inteira.

Assim, as criaturas que o seguissem sob o impulso generoso desse amor incondicional a todos os seres, evidentemente

---

leviano, rico e despudorado, que levou a irmã ao prostíbulo e ao desespero. No entanto, surgiu outro homem digno, bom e piedoso, que não só a retirou do lodo como ainda lhe deu a segurança desejada do casamento e da paz de espírito. Esse outro homem, a quem minha irmã deve a sua salvação e redenção no passado, é justamente o atual filho do vizinho, tão odiado por você e ali situado por efeito da Lei do Carma.

seriam hostilizadas pelos seus próprios familiares, incapacitados para compreenderem tal efusão despida de interesses egoístas.

Ante o Mestre Jesus, o casamento não deveria impedir a floração dos sentimentos naturais de cada cônjuge, quanto ao seu proverbial espírito de justiça, tolerância, amor e devotamento ao próximo. O simples fato de duas criaturas unirem seus destinos na formação de um novo lar, não deve ser impedimento destinado a reduzir o amor espiritual ou substituí-lo pelo sentimentalismo egocêntrico do amor consanguíneo. Quando, no futuro, as virtudes superiores da alma dominarem os interesses e o egoísmo humanos, então existirá uma só família, a da humanidade terrena. Os homens terão abandonado o amor egoísta e consanguíneo, produto da família transitória para se devotarem definitivamente ao amor de amplitude universal, que consiste em "amar a Deus sobre todas as coisas e ao próximo como a si mesmo".

Independente da recomendação de Jesus, quando aconselha o "abandono" de pai, mãe, irmão e irmã para o seguirem, a verdade é que os membros de cada família humana também não permanecem em definitivo no conjunto doméstico, pois à medida que se desfolha o calendário terrícola, processam-se as separações obrigatórias entre os componentes do mesmo lar.

As crianças já em tenra idade precisam ausentar-se para frequentar a escola e isso as separa da família durante muitas horas. Depois de jovens permanecem longo tempo fora de casa, a fim de obterem o sustento ou conseguirem o diploma acadêmico. Em breve, surge o namoro, o noivado e então ligam-se a outras criaturas estranhas ao conjunto da sua família para seguirem novos destinos e consequente "abandono" natural entre os dos mesmos laços consanguíneos. Doutra feita, a irascibilidade, avareza, hostilidade e ciúme, ódio ou egoísmo, chegaram a separar os membros da mesma família e a afastá-los em caminhos ou destinos opostos. Filhos, pais, sogros, genros, irmãos e demais parentes, por vezes, se incompatibilizam e cortam relações devido a interesses materiais adstritos a heranças, provando a fragilidade do amor de sangue. Paradoxalmente, a família mais unida é justamente aquela cujos membros são tolerantes e amorosos para com todos os seres, pois a bondade e a paciência constituem um traço de união e boa convivência em todos os ambientes. Por conseguinte, os parentes separados por discórdias domésticas mais se uniriam se atendessem ao apelo de

Jesus, pois abandonando o amor exclusivamente ao sangue da família também desapareceria o amor-próprio na fusão de um sentimento universalista.

Jesus não recomendou ao homem o abandono impiedoso de seus familiares, fazendo-os sofrer dificuldades pela sobrevivência cotidiana. Porém, advertiu "que não seria digno dele quem amasse mais o pai, a mãe, o irmão e a irmã, do que ao próximo". Deste modo, o homem precisa renunciar à sua personalidade, ao sentimentalismo, ao amor-próprio, à opinião patética da família de sangue e mesmo opor-se a ela, quando os seus membros o repudiem por esposar ideias e sentimentos crísticos. Foi no campo das ideias e dos sentimentos universalistas que Jesus concentrou sua advertência, ao dizer que "quem amar a mim mais do que à família receberá o cêntuplo e possuirá a vida eterna", ou seja, amando toda a humanidade, a criatura livra-se das purgações próprias dos contínuos renascimentos das vidas físicas. Então passa a viver apenas nos mundos espirituais superiores, entre as almas afetivas e libertas do conjunto egoísta da família carnal, onde o verdadeiro amor estiola oprimido pelas afeições transitórias do mundo reduzido do lar. Quem ama o próximo como a si mesmo, ama o Cristo e assim desaparece o amor egoísta de casta, raça e de simpatia ancestral da matéria. Em troca surge o "amor espiritual", que beneficia todos os membros da mesma parentela e se exerce acima de quaisquer interesses da vida humana isolada, pois diz respeito à vida integral do Espírito Eterno.

14. Jesus e seus aspectos humanos

PERGUNTA: — Em vista de existirem tantas efígies de Jesus, em pinturas e esculturas, segundo a inspiração de cada artista, isto nos impede de conhecermos as características exatas ou a expressão da fisionomia do Mestre e do seu porte físico. E visto que o conhecestes pessoalmente, podeis informar-nos a tal respeito?

RAMATÍS: — Jesus era um homem de estatura alta, porte majestoso, de um perfil clássico, hebraico, mas singularmente também possuía alguns traços imponentes de um fidalgo romano. Delicado nas formas físicas, porém, exsudava extraordinária energia à flor da pele, pois naquele organismo vibrátil as forças vivas da Natureza, aliadas a um potencial energético incomum do mundo etéreo-astral, denunciavam profunda atividade mental. A testa era ampla, suavemente alongada e seu rosto triangular, mas cheio de carne, sem rugas ou manchas até os dias da crucificação. Os lábios, bem feitos, com suave predominância do inferior, nem eram excessivamente carnudos, próprios dos homens sensuais, nem finíssimos e laminados, que lembram a avareza e a dissimulação. O nariz era reto e delicado, sem qualquer curvatura inferior que trai o homem de mau instinto; a barba espessa, um pouco mais escura do que os cabelos, caprichosamente separada ao meio e curta, tornando Jesus o perfil de um dos mais belos homens do mundo.

O psicanalista moderno teria identificado em Jesus a figura do homem ideal, de fisionomia atraente e de uma expressão ao mesmo tempo meiga e enérgica, suave e séria, cujos lábios angélicos bem recortados, mal escondiam o potencial de um Gênio.

Seus olhos eram claros, afetuosos e sumamente ternos, mas sempre dominados por uma expressão grave e melancólica; emitiam fulgores, às vezes inesperados, quando Ele parecia ligar-se subitamente às potências superiores. Então tornavam-se quase febris, de um brilho estuante de energia moral. Sem dúvida, era o olhar do anjo verberando a maldade e o cinismo dos espíritos satânicos, que tentavam subverter a vida humana, atuando do mundo oculto. No entanto, malgrado esse tom energético de admoestação espiritual severa, jamais desaparecia do seu semblante a expressão de mansuetude e de imensa piedade pelos homens.

A sabedoria e o amor refletiam-se nele na mais pura harmonia. Diante do insulto, do sarcasmo ou da crueldade, seus olhos revelavam uma divina paciência e serenidade. O sábio cedia seu lugar ao anjo apiedado da ignorância humana. Quantas vezes o motejador, que ironizava a aparente ingenuidade da filosofia de Jesus, não conseguia suportar-lhe o olhar de compaixão, repleto de ternura e piedade para com aquele que não podia compreendê-lo. Era uma doçura queimante na consciência dos sarcásticos, pois sentiam a descoberto, no recôndito da sua alma, todos os seus pecados.

As criaturas curadas por Jesus diziam que o fulgor de seus olhos penetrava-lhes a medula, qual energia crepitante, transmitindo-lhes misterioso potencial de forças desconhecidas e fazendo eclodir em seus corpos a vitalidade adormecida. Os malfeitores e delinquentes não escondiam o seu terror diante desses mesmos fulgores veementes, que lhes punham a descoberto na alma o cortejo de vícios, pecados e hipocrisias. Raros homens não se prostravam de joelhos, diante de Jesus, clamando perdão para os seus erros, quando esmagados pelos pecados erguiam-se aterrorizados ante a voz imperiosa que lhes dizia: — "Vai e não peques mais."

No seio da massa heterogênea diante do Mestre, o curioso estava junto ao discípulo atento e o cínico ensaiava os seus motejos para perturbar o discurso.

Mas o olhar de Jesus, quanto aos que ali estavam com más intenções, penetrava-lhes a alma, devassando-lhes os turvos pensamentos à luz de sua divina compaixão. Então, os perturbadores assalariados pelo Sinédrio retiravam-se apreensivos ou mantinham-se em silêncio, baixando a cabeça ao defrontarem o fulgor daquele olhar tão sereno, mas severamente interrogativo e flamejante quando atingia uma consciência subvertida.

PERGUNTA: — Os nossos pintores geralmente apresentam Jesus com uma fisionomia essencialmente feminina olhos grandes e rosto redondo, que nada se parece com o tipo semítico de que ele descendia. Porventura seria a predominância dos traços herdados de Maria, que a tradição diz ter sido uma mulher de rara formosura?

RAMATÍS: — Imaginai um edifício moderno, com o seu arcabouço esguio mas sólido, porque as suas veias são o aço incurvável, suas linhas são severas e nítidas, os contornos singelos, mas impressionantes. No entanto, nesse todo de simplicidade, a decoração e a iluminação revelam aspectos delicadíssimos, em que as cores translúcidas e os suaves matizes completam a beleza do conjunto. À noite, todo iluminado, a sua figura recortada no espaço faz realçar a sua beleza poética por entre as luzes refulgentes e policrômicas.

Jesus herdara do pai as linhas firmes e energéticas, que lhe davam o aspecto viril. No entanto, através daquela energia e masculinidade transparecia a beleza radiosa de Maria, cujas feições delicadas, semblante sereno e profundamente místico justificavam a fama de ser a mais linda esposa da Galileia. A sabedoria do Alto aliara a energia e a sensatez de José à bondade e à beleza de Maria, cujo fascínio radioso de encantadora boneca de porcelana viva, transparecia na figura atraente do Mestre, acendendo a chama do amor nos corações de muitas mulheres desavisadas da missão grandiosa do sublime nazareno.

O Mestre Jesus, portanto, além da simpatia que irradiava, era um moço extremamente belo, cujo andar denunciava a sua majestade angélica, pois havia em seu todo uma faceirice dos céus. Tudo nele enternecia. A sua palavra era uma esperança para quem o ouvia, pois a graça e a ternura feminina tinham-se conjugado à virilidade masculina. A beleza do anjo confundia-se com a grandeza do sábio.

PERGUNTA: — Os cabelos de Jesus eram louros ou escuros?
RAMATÍS: — Ele possuía cabelos de um louro amendoado, formando as tradicionais volutas ou cachos que lhe caíam pelos ombros à moda nazareno. Nas tardes de céu límpido, em que o vento deslizava suavemente encrespando o dorso dos lagos da Galileia, Jesus costumava sentar-se nos barcos ali ancorados, a fim de descansar. Quando o poente se tingia de púrpura e de lilás e os tons esmeraldinos se confundiam com os raios dourados do

sol, então seus cabelos fulgiam nesse fundo paradisíaco, e sua cor de amêndoa parecia chamejante, emitindo reflexos fulvos e punha em destaque a beleza angélica de seus traços fisionômicos.

Após a exaustão da puxada das redes e da colheita do peixe, os rudes pescadores exultavam esperançosos de um mundo feliz e acercavam-se de Jesus para ouvirem-no em suas prédicas consoladoras. Quem era aquele homem tão formoso e de sabedoria tão incomum, cuja eloquência hipnotizava os seus ouvintes e os fazia sentirem-se num reino de Bondade e de Amor, onde os pobres e os sofredores viveriam eternamente felizes adorando o seu Criador?

PERGUNTA: — Em face da tradição religiosa, fica-se com a impressão de que o Mestre Jesus tinha uma vida excêntrica, absolutamente introspectiva, sendo avesso a qualquer emotividade do mundo. Estaremos equivocados a esse respeito?

RAMATÍS: — Jesus era dotado de um temperamento sereno e equilibrado no contato com as criaturas humanas, pois embora vivesse sobre profunda tensão espiritual interior, em face do potencial angélico que lhe oprimia a carne, sabia contentar-se e ninguém pôde-lhe apontar gestos e atitudes de cólera por sentir--se ofendido ou desatendido. Era um homem excepcional, porém sujeito a todas as necessidades fisiológicas do corpo físico, mas de uma vida regrada inconfundível.

Ele não se negava às relações sociais e comuns com o mundo exterior, nem verberava a alegria e o divertimento humanos. Participava gentilmente das festividades e tradições religiosas do seu povo, mas o fazia sem os exageros entusiásticos das almas infantis. Expressava o suave sorriso de Maria nos júbilos domésticos ou nos reencontros afetivos, mas jamais se excedia na gargalhada descontrolada ou no choro compungido do sentimentalismo humano. Ante as cenas humorísticas, mas cheias de simplicidade das festas regionais de sua terra natal, sua fisionomia era tomada de um sorriso tolerante e, por vezes, travesso. Mas diante das cenas cruéis, como as das crianças escravizadas, cegas e vítimas de queimaduras nos trabalhos escravos das fundições de Tiro, a piedade fazia-lhe estremecer o corpo delicado ou então se angustiava, batido pelo vendaval agressivo da maldade humana. O suor umedecia-lhe a fronte e a palidez tomava-lhe as faces ao contemplar o panorama aflitivo das misérias e das atrocidades do mundo.

PERGUNTA: — Alguns investigadores da vida de Jesus dizem que ele era algo enfermo, mesmo sujeito a alucinações. E que adotava rigorosa dieta alimentar. Há fundamento nessa afirmativa?

RAMATÍS: — Embora não tenham fundamento os exagerados jejuns de quarenta dias no deserto que também lhe foram atribuídos, ele realmente socorreu-se, algumas vezes, do jejum absoluto, como delicadíssima terapêutica para conservar seu espírito no comando da carne. Não se tratava de nenhuma prática iniciática ou obrigação religiosa, era apenas um recurso sublimado e admissível em entidade tão excelsa como Jesus, cuja consciência angélica ultrapassava os limites da suportação comum de um organismo humano. O jejum desafoga a circulação sanguínea dos tóxicos produzidos nas trocas químico-físicas da nutrição e assimilação, debilita as forças agressivas do instinto inferior, aquieta a natureza animal, clareia a mente e o sistema cérebro-espinhal passa a ser regado por um sangue mais límpido.

Durante o repouso digestivo, a natureza renova suas energias, restaura os órgãos enfraquecidos, ativa o processo drenativo das vias emunctórias, por onde se expulsam todos os tóxicos e substâncias prejudiciais ao organismo. É óbvio que o jejum enfraquece devido à desnutrição, mas compensa porque reduz o jugo da carne e desafoga o espírito, permitindo-lhe reflexões mais lúcidas e intuições mais certas.

Durante o enfraquecimento orgânico pelo sofrimento, ou jejum, as faculdades psíquicas se aceleram e a lucidez espiritual se torna mais nítida, conforme se verifica em muitas criaturas prestes a desencarnar, pois recuperam sua clareza mental e rememoram os mais longínquos fatos de sua existência humana, desde a infância. A queda das energias físicas costuma proporcionar maior liberdade à consciência do espírito. Há uma tendência inata de fuga da alma para fugir do seu corpo físico, assim que ele se enfraquece. Diz o vulgo que as criaturas, no auge da febre, costumam "variar", isto é, são tomadas de alucinações, chegando mesmo a identificar conhecidos que já desencarnaram, assim como veem figuras grotescas, insetos ou coisas estranhas, que não são do mundo material.

Assim, o jejum também era para Jesus o recurso benéfico com que contemporizava a excessiva tensão do seu próprio Espírito na carne. Sua fabulosa atividade mental provocava excessivas saturações magnéticas na área cerebral. Seu corpo, embora sensibilíssimo e hígido em todo o seu sistema orgânico, era acanhadíssimo veículo para atender às exigências de sua extensa consciência sideral. Os neurônios e centros sensoriais permaneciam continuamente num estado de alta tensão, assim como a lâmpada modesta ameaça romper-se pela energia demasiadamente vigorosa que lhe vem da usina.

O Anjo é a entidade mais aproximada dos atributos de Deus, como sejam a Sabedoria, o Poder, a Vontade e o Amor. Em consequência, possui qualidades superiores às do tipo espiritual ainda reencarnável na Terra. O organismo físico não lhe oferecia os recursos necessários para permitir-lhe uma relação perfeita entre o mundo angélico e o material. Mesmo que ele não houvesse sido crucificado aos 33 anos, não teria sobrevivido por muito tempo, pois o seu corpo carnal já se mostrava exaurido e incapacitado para atender-lhe o alto grau de suas exigências mentais.

O Mestre Jesus foi, indiscutivelmente, a entidade de mais alta estirpe sideral que já desceu ao vosso orbe. A sua consciência ampla e poderosa lutava assombrosamente para firmar-se no comando de um cérebro humano. Era um divino balão cativo preso por delicadíssimos fios de seda. Seu Espírito, superativo e em permanente vigília, envidava heroicos esforços para abafar as energias estuantes de vida animal, que se multiplicam na esfera instintiva e tentavam dominá-lo tanto quanto ele as repelia. Inegavelmente, tratava-se de uma consciência angélica de sereno conteúdo espiritual, que deveria proporcionar euforia à carne, mas a sua força, sabedoria e poder extravasavam pelas fronteiras da consciência humana.

Aliás, a tradição religiosa terrena sempre pintou o anjo como a entidade resplandecente, de fulgores ofuscantes. Satanás, como símbolo do instinto animal, dobra os joelhos diante de Miguel Arcanjo, quando é chicoteado pelo excesso de luz que o enfrenta. Embora o Sol seja um potencial criador e benéfico, debaixo dos seus raios ardentes até o "iceberg" se aniquila. Muitos homens célebres do vosso mundo, como poetas, escritores, músicos, escultores e filósofos, têm apresentado fases anormais, mostrando-se perturbados ante a tensão muito acentuada do seu espírito sobre o sistema neuro cerebral.[50] Aliás, tanto a notícia

---

[50] Vide a obra *Doentes Célebres*, de Gastão Pereira da Silva, da coleção do livro de bolso, etiqueta "Estrela de Ouro", em que o autor faz um estudo minucioso sobre diversos homens famosos, anotando-lhes os estados de espírito perturbadores, como no caso de Allan Poe, Hoffmann, Dostoievski, Nijinski, Paganini, Van Gogh, Tchaikovski, Nietzsche e outros.

trágica, como a surpresa e o júbilo da fortuna inesperada podem afetar o cérebro humano ante a carga sem controle que o espírito lança sobre a massa cinzenta.

O dinamismo espiritual fabuloso do Espírito de Jesus, atuando incessantemente sobre a fragilidade do seu cérebro físico, quase o levava à clássica "surmenage", além de exigir--lhe os mais dificultosos e vigilantes esforços para manter-se no mecanismo vivo da carne. O homem moderno hoje reconquista ou compensa as suas funções mentais e o gasto excessivo de energias no processo fatigante das elucubrações cerebrais, socorrendo-se das medicações energéticas e vitaminadas, principalmente à base de fósforo ou ácido glutâmico. Porém, Jesus, após a exaustão cerebral, sob a tensão mental incomum do seu Espírito só obtinha equilíbrio e socorro orgânico através da prece e dos fluidos energéticos, que lhe eram ministrados do mundo oculto pelos seus fiéis e devotados amigos espirituais.

A fadiga transparecia-lhe cada vez mais funda no semblante angélico, à medida que se sucediam os anos de sua vida física. Por vezes, descoloriam-se as faces e o suor aljofrava-lhe à fronte, enquanto sob intensa sensibilidade o corpo perdia temperatura e parecia açoitado por um vento gélido. Inúmeras vezes os seus discípulos temeram vê-lo cair sem vida, pois o seu generoso coração arfava perigosamente e o corpo estremecia sob o alto potencial angélico.

No entanto, espírito corajoso e vivendo exclusivamente para o Ideal redentorista do terrícola, Jesus tudo fazia para suportar o fardo da carne e continuar em atividade no cenário da Terra, rogando ao Pai que o mantivesse em condições de ultimar sua obra abençoada. O seu espírito, preso por um fio de linha ao diminuto mundo da carne, parecia mil raios de sol convergindo sobre a lente do cérebro precário e atuando sob vigorosa voltagem. Que seria do frágil motor elétrico, construído para suportar a carga máxima de 120 volts, caso de súbito recebesse o potencial de 13.000 volts, diretamente da usina elétrica?

Anjo exilado na matéria, o Alto então lhe oferecera a encantadora moldura feita de luz, cor e poesia de Nazaré para amenizar-lhe um pouco a condição aflitiva de permanecer algum tempo segregado na carne, no desempenho generoso e sacrificial a serviço da criatura humana.

PERGUNTA: — Através da leitura de certa biografia de Jesus, tivemos conhecimento de que ele era realmente um enfer-

mo, porque suava sangue pelos poros. Que dizeis?

RAMATÍS: — Não ignoramos os sentenciosos diagnósticos de alguns médicos terrenos, envaidecidos pela ciência acadêmica e que procuram situar Jesus na terminologia patogênica de "hematidrose", porque ele exsudava suores impregnados de sangue.[51] Escritores e médicos presunçosos procuram explicar a hiperfunção das glândulas sudoríparas de Jesus num esquema patológico, porque ignoram, em absoluto, que o organismo carnal do Mestre é que lançava mão de recursos de emergência para subsistir ante a carga espiritual poderosa que lhe atuava além da resistência biológica humana. Ele vivia sob estados febris e excitações incomuns em dramática luta para manter-se sob o excesso do potencial que lhe descia do céu, procurando a matéria e fluindo pelo seu corpo, como se este fora realmente um poderoso fio-terra vivo.

A sua natureza carnal processava verdadeira descarga fluido-magnética através do sistema glandular, cuja exsudação sanguínea jamais poderá ser considerada um ataque específico e mórbido de "hematidrose". Após esse fenômeno, tal qual aconteceu no Horto das Oliveiras, às vésperas do sacrifício no Calvário, o Espírito do Mestre desafogava-se adquirindo certa liberdade sobre o corpo desfalecido, exausto e febril. O Divino Mestre era um cadinho de química transcendental fabulosa, no qual se processavam as mais avançadas reações dos problemas espirituais. O passado e o futuro não tinham limites de graduação na sua mente poderosa e genial. Os conceitos mais insignificantes poderiam se tornar sentenças milenárias sob o toque mágico de sua alma.

Desde moço ele misturava-se com os forasteiros e mercadores provindos do Egito, da Índia, Caldéia, Grécia, África e outros extremos do orbe. Fazia questão de prestar-lhes pequenos favores nos entrepostos das estradas só para ouvi-los falar de outros povos e outras terras. O jovem nazareno, admirado e querido por todos, graças ao seu aspecto atraente e sua fisionomia sempre serena, como pela sua atenção e cortesia, deliciava-se, fascinado, ouvindo as minúcias dos costumes, do folclore, dos sonhos, dos ideais e das realizações de outros povos que viviam além das fronteiras da Judeia. Ágil de memória, tenaz indagador e

[51] "E veio-lhe um suor, como de gotas de sangue, que corria sobre a terra" (Lucas, 22:44). Aliás, a própria medicina, até certo tempo, considerava a sangria excelente terapêutica para os casos de síncope e apoplexia.

jamais satisfeito em sua curiosidade sadia e construtiva, Jesus hauria, emocionado, o conteúdo das histórias de outros homens e formava o amálgama do conhecimento psicológico e filosófico do mundo, que mais tarde tanto surpreendeu e ainda surpreende os seus biógrafos.

Quem poderia supor que Jesus, o jovem filho de José, o carpinteiro, um moço de olhos esplendorosos, insaciável nas suas indagações de "sabe tudo", carregava nos ombros frágeis a cruz das dores e do sofrimento de todos os homens? Quem poderia prever a sua renúncia, o seu sacrifício e heroísmo diante da morte carnal, para transfundir a luz do Cristo Planetário às sombras do orbe terráqueo? Entre todas as mensagens trazidas dos mais longínquos lugares da Terra, era ele o portador, o genial compilador do mais elevado Código Moral de ajuda à humanidade.

Essa assimilação rápida de verdadeira catadupa de conhecimentos os mais exóticos, difíceis e impossíveis ao homem comum, causava espanto aos próprios rabis e intelectuais da época. Em breve, Jesus era conhecido como "um homem de letras e de ciências, que tudo sabia, sem ter sido visto a estudar". A sua mente, como poderoso catalisador, num ápice de segundo solucionava as equações mais complexas e concluía sensatamente sobre as premissas mais difíceis da psicologia e filosofia humanas. De um punhado de ideias, era como um jardineiro genial, que de um buquê de flores conseguisse descrever o aspecto formoso e o perfume encantador de todo o jardim policrômico.

Jamais Jesus precisou seguir os mesmos métodos didáticos dos homens terrenos, pois sua alma, como divina esponja sidérea, abrangia a síntese da vida terrena em toda sua força e manifestação educativa. Sabendo e podendo acumular em si mesmo o "quantum" da vida "psicofísica" que o cercava nos dois planos, o oculto e o material, logo desenvolveu-se nele a força e a capacidade para ser o guia inconfundível dos homens ainda cegos pela sede de ouro, violência e ardor das paixões. Por isso, logo afirmou com segurança e o fez com êxito: "Eu sou o Caminho, a Verdade e a Vida" e "Quem não for por mim, não irá ao Pai que está nos céus".

Jesus, em verdade, anjo e sábio, formava o mais avançado binômio sidéreo no mundo material. Não existe, jamais existiu filósofo, líder religioso ou Instrutor Espiritual sobre a Terra, que tenha vivido em si mesmo uma realização tão integral como ele a viveu. Ninguém poderá igualá-lo em fé, coragem, renúncia e amor, pois além do seu desprendimento aos bens do mundo, dominou completamente as paixões humanas.

O Cristo-Jesus, portanto, ontem, hoje e amanhã, será sempre o Mestre insuperável, porém, o homem sadio e perfeito, não o enfermo classificado pela patologia médica ou o espírito sob o rigor da retificação cármica.

PERGUNTA: — Certos estudiosos da vida de Jesus chegam a afirmar que ele era analfabeto, motivo por que nada deixou escrito nem se sabe se ele escreveu algo. Há qualquer fundamento nessa afirmação?

RAMATÍS: — Se até Pedro, que era um rude pescador, sabia ler e escrever, como não o saberia Jesus? O Mestre era escorreito na linguagem e, quando escrevia, estereotipava na precisão dos caracteres gráficos a exatidão do seu pensamento e a poesia do seu sentimento. Exato, lógico e parcimonioso na sua grafia, não empregava uma vírgula além do necessário. Se um grafólogo moderno examinasse os seus escritos, teria descoberto o homem perfeito, em que a retidão, a sinceridade, o espírito de justiça e o amor absoluto se mostrariam harmonizados na tessitura das frases límpidas de atavismos ou artifícios supérfluos.

A grafia de Jesus era um tanto nervosa, mas revelando altíssima sensibilidade e sem perda do domínio mental os caracteres claríssimos, distintos e alinhavados em perfeito equilíbrio. Tanto no falar como no escrever, Jesus era avesso à verborragia, à logomaquia peculiar dos pseudossábios ou políticos terrícolas, que tecem exaustivos circunlóquios para expor, mas se perdem pela dramaticidade das ideias mais prosaicas. Jesus escrevia pouquíssimo, e por uma razão simples: sabia dizer em meia dúzia de vocábulos aquilo que a complicação do pensamento humano só o pode fazer esgotando páginas extensas. Reto no pensar, no falar e no escrever, um ponto tirado à sua escrita lembrava uma parede afastada do seu prumo. Basta observarmos a precisão do Sermão da Montanha, a composição do "Ama o próximo como a ti mesmo" ou "Buscai e achareis", para se verificar que tais conceitos evangélicos dispensam qualquer novo acréscimo de adjetivos ou ornamento para sua maior valiosidade, assim como jamais podem dispensar uma letra de sua estrutura vocabular.

PERGUNTA: — Há alguma prova de que Jesus soubesse escrever?

RAMATÍS: — É justamente num dos momentos mais importantes, lembrados em sua mensagem evangélica, que se observa Jesus a escrever. Diante da mulher adúltera, sua divina mão traçou na areia as palavras de censura, reveladora das mazelas daqueles escribas e fariseus que queriam apedrejá-la (João, 8:3-11): "O que de vós outros está sem pecado, seja o primeiro que a apedreje." Silenciosamente, enquanto alguns dos mais ousados perseguidores da adúltera fizeram mensão de atirar-lhe pedras, o Mestre apanhou uma vara frágil e traçou no solo as palavras "trapaceiro", "hipócrita" e "perjuro", o que fez recuar a turba dos julgadores.

Jesus vivia o que pensava e pensava o que vivia, por isso não precisou deixar compêndios doutrinários. Antevendo o sofisma e a astúcia do homem — inescrupuloso quando procura garantir os seus exclusivos interesses — o Mestre preferiu deixar que outros escrevessem para a posteridade.

Antes a confusão sobre o que ele possivelmente teria dito, em vez da confusão sobre o que teria escrito. Qualquer testemunho escrito que tivesse deixado serviria de pretexto para justificar a paternidade de outras milhares de mistificações espalhadas sob o seu augusto nome.

PERGUNTA: — No encerramento deste capítulo sobre os aspectos humanos de Jesus, poderíeis dar-nos uma imagem mais nítida de sua juventude?

RAMATÍS: — Embora jovem, Jesus já tinha o aspecto grave e austero próprio do homem idoso. Mas era de porte imponente e seus olhos serenos, penetrantes e profundos, malgrado refletissem a melancolia que o dominava desde a infância, eram plenos de uma ternura quase feminina. Atingira os dezenove anos e já sofria imensamente ao verificar que entre os seus próprios familiares e conterrâneos, não era compreendido no seu Ideal messiânico, comprovando-se, mais uma vez, o velho ditado de que "ninguém é profeta nem faz milagres em sua terra." Tomado por incessante ebulição interior e devotado somente às coisas definitivas como os bens do espírito, era um moço indiferente aos anseios das hebreias formosas que desejavam desposá-lo.

Tentara diversos empregos, os mais variados, tanto em Nazaré como em Jerusalém, no intento de cooperar com o orçamento de sua modesta família. Porém, não conseguia ajustar o seu espírito cósmico nas tricas do trabalho humano, nem supor-

Ramatís / Hercílio Maes

tava a imobilidade de concentrar-se exclusivamente num objeto que, de início, já reconhecia fugaz e transitório. Não era defeito de um jovem ocioso e avesso ao labor comum e às obrigações de todo ser humano, mas a impossibilidade de controlar e enfeixar a força fabulosa que lhe descia sobre o cérebro, exigindo-lhe a expansividade das ideias e o desafogo da alma.

Embora não estivesse plenamente convicto de ser o "Salvador" apregoado pelos profetas e esperado pelo povo de Israel, nem se supondo o Messias esperado, estava certo de que sua vida seria consumida no fogo do sacrifício e acima das ilusões do mundo terreno. Não se considerava o missionário descido dos céus para redimir os homens, mas desde jovem vivia de tal modo que os homens poderiam supô-lo perfeitamente o tão desejado Messias em desenvolvimento na face da Terra, para glória e libertação do povo de Deus.

A família consanguínea era para Jesus apenas um ensejo disciplinar, pois o seu amor ultrapassava qualquer limite egocêntrico e afetivo da parentela humana para se derramar incondicionalmente por todas as demais criaturas. O lar fora-lhe dádiva generosa de Jeová, o repouso e o oásis benfeitor no deserto da vida física. Mas não poderia cingir-se a um amor exclusivo e aos interesses pessoais da família. Seu pai, seus irmãos eram um reduto simpático e afetivo; amava-os sinceramente, mas em sua lealdade espiritual e sem poder trair sua índole angélica, a humanidade era o seu único amor.

PERGUNTA: — Finalmente, qual era a disposição emotiva do jovem Jesus para com os demais moços de sua época?

RAMATÍS: — Jesus quedava-se, por vezes, recostado na coluna do pórtico da Sinagoga e punha-se a examinar as fisionomias, os gestos e as expansividades ou faceirices dos seus conterrâneos metidos nos trajes domingueiros, como um bando álacre de criaturas felizes. Mas, senhor de maravilhoso dom de empatia,[52] ele então avaliava os sonhos, as angústias, as esperanças e os ideais dos seus contemporâneos. Via nos jovens despreocupados a figura batida e cansada do futuro velho, cujas rugas, como linhas gráficas, marcariam a estatística do sofrimento da vida material. Era a tortura e o desengano dos sonhos desfeitos da mocidade; a exaustão da existência física, na qual o espírito abate-se do seu voo feliz, para situar-se nos grilhões

[52] Empatia, capacidade de o indivíduo colocar-se no lugar dos outros e sentir-lhes as emoções, os gostos e tendências.

superexcitantes da carne. A chama ardente que via nos olhos dos moços, mais tarde se apagaria, soprada pelos ventos das desilusões, infidelidade e dores, que formavam o cortejo e a cota de sacrifício onerosa para o espírito habitar o mundo carnal.

Quando os olhares cobiçosos femininos lhe caíam sobre o rosto sereno e de encanto ascético, ele os devassava a fundo, descobrindo-lhes as ansiedades, mas identificando-lhes também os desígnios e as desilusões no futuro, quando dos pesados encargos de família. Jesus, o "belo nazareno", como o conheciam, vivia cercado de jovens casadoiras, mas em face de sua impossibilidade de devotar-se efetivamente a um só ente e da lealdade fraterna para com todos os seres, não podia alimentar qualquer responsabilidade conjugal. Os desenganos sucediam-se amiúde nos corações femininos e as jovens hebreias não podiam compreender por que o jovem filho de José, o carpinteiro, não acendia no seu coração o desejo ou a paixão humana de escravizar-se a uma só criatura ou mesmo a uma só família.

15. O aspecto bíblico do povo eleito para a vinda do Messias

PERGUNTA: — Não opomos dúvida quanto à eleição do povo judeu para ser o fermento vivo na missão de Jesus. No entanto, estranhamos a sua formação moral e social quando compulsamos a sua Bíblia tão contraditória. Que dizeis?

RAMATÍS: — A Bíblia é um conjunto de antigos livros, que descreviam a vida e os costumes de vários povos. Mais tarde foram agrupados e atribuídos a uma só raça, conhecida por hebréia. Em verdade, é uma revelação religiosa. E os espiritualistas não podem nem devem desprezar a Bíblia, porquanto, apesar de apresentar incongruências e contradições com a moral do vosso século, representa um esforço máximo feito pelos Espíritos no passado, no sentido de se comprovar a glória, o poder e as intenções de Deus.

É óbvio que não se pode atribuir ao seu texto o caráter vertical de "Palavra de Deus", porquanto as entidades espirituais que naquela época produziram as mensagens bíblicas tiveram que apresentar a revelação como provinda diretamente da "Voz de Jeová". Mas isto não quer dizer que proviesse realmente da mente de Deus. A mentalidade dos povos daquela época e o seu modo de vida exigiram que as revelações não ultrapassassem a sua capacidade de entendimento.

A Bíblia é ainda de grande proveito, sob todos os pontos de vista, porque, escoimada de suas figuras alegóricas e das incongruências naturais da moral daquela época, ser-vos-á possível distinguir, no seu todo, as duas ordens distintas que disciplinam as revelações posteriores. A Bíblia, como repositório que é das comunicações espirituais mescladas com acontecimentos da vida profana dos judeus, torna-se obra muito incoerente quando examinada por outras raças como a vossa. O Velho Testamento, entretanto, desvencilhado do simbolismo exigível para a época em que foi escrito, é ainda a matriz tradicional da revelação divina. Em seu fundamento assentam-se todos os esforços posteriores e o êxito no sentido de haver sido compreendida a unidade de Deus, que Moisés consolidou no Monte Sinai.

PERGUNTA: — Sem fugir a certo constrangimento, devemos dizer que há na Bíblia relatos escabrosos, que pecam contra a boa leitura e até contra a ética judaica de ser o povo escolhido para o advento de Jesus. Que nos dizeis?

RAMATÍS: — Devemos compreender que a Moral tem aspectos relativos e, por isso, o que era moral no pretérito pode ser imoral no presente. Por esse motivo, não podeis ajuizar a vida de um povo de mais de dois mil anos, aferindo-lhe os valores morais mediante o critério do vosso século. Explicamos que, entre os antropófagos, é de boa moral devorar o guerreiro valente, enquanto que para vós isso é imoral e repugnante. No entanto, a moral moderna, que vos permite devorar o suíno, o boi ou o carneiro, é profundamente imoral para a humanidade superior, dos marcianos, que ficaria escandalizada se lhe oferecessem um rim no espeto ou uma costela de porco assada. Em certos povos do Oriente, a poligamia é de boa moral. Entretanto, no vosso país tal prática seria punida com prisão. Algumas tribos asiáticas, menos evoluídas do que vós, tachariam de imoralidade o fato de os ocidentais, após o falecimento de um dos cônjuges, permitirem que o sobrevivente se case outra vez. A moral cristã que Jesus pregou há dois mil anos, e que hoje considerais de ordem superior, foi o que o levou a ser crucificado, porque essa moral era considerada subversiva e contrária à moral da época, que era a de abocanhar tudo e não renunciar a coisa alguma.

A Bíblia historia a vida do povo judeu, com seus costumes e sistemas, que diferem profundamente da ótica ocidental moderna. No entanto, nenhuma outra nação do mundo foi tão pura em sua fé para com Deus e tão preocupada com o reinado espiritual da alma. Conforme já lembramos, Abraão, quando decide matar seu próprio filho, apenas porque Deus assim ordenara, representa, alegoricamente, a submissão incondicional que a raça hebréia manifestava ao seu Criador. Embora vos pareçam submissões absurdas e até condenáveis pelo espírito liberal e científico da vossa época, atestam elas a inigualável fidelidade e o sentimento daquela gente para com os poderes superiores. Nenhum povo poderia reproduzir aqueles pescadores iletrados e camponeses rudes que saíram pelo mundo a pregar uma nova ética contrária à sua própria moral racista e tradicional quando, paradoxalmente, a vossa humanidade, tão evoluída, não conseguiu ainda assimilar tão alto padrão nem o Evangelho que eles pregavam. A raça que apresentou um Isaías, um Jesus de Nazaré, um Pedro, um Paulo de Tarso, um Timóteo ou Maria de Magdala, e a plêiade de mártires trucidados depois nos circos romanos, embora tenha misturado a sua vida profana com a divina e atribuído suas insanidades à própria "palavra de Deus", pode ter pregado estranha moral e até aberrativa, na Bíblia, mas doou a maior contribuição à humanidade, pois foi o berço do Salvador do Mundo.

PERGUNTA: — Então, devemos ignorar propositadamente esses aspectos bíblicos, que para nós são moralmente deformantes?

RAMATÍS: — Não endossamos textos bíblicos que possam deformar a "melhor" moral do vosso tempo, mas lembramos que os aspectos imorais da Bíblia, atribuídos às presunções divinas, ficaram revelados à luz do dia; e assim foi conhecida a vulnerabilidade moral do próprio povo israelita. É óbvio que a sua imprudência infantil em expor, em público, as suas mazelas íntimas e detalhar a violência fanática dos seus líderes religiosos, à conta de vontade imperiosa de Deus, estigmatizou-lhe a tradição. No entanto, a diferença entre a imoralidade judaica, exposta na Bíblia, e a do vosso século, é bem pequena. O judeu a expôs em público, ao passo que a humanidade atual a esconde habilmente. A civilização moderna pratica as mais abjetas e vis torpezas e, apesar disso, continua dentro dos templos religiosos, embevecida com a vontade de Deus. A corrupção crescente, o luxo nababesco, as uniões conjugais modernas, que disfarçam cálculos astuciosos, o desregramento precoce e as intrigas internacionais para o comércio diabólico da morte, sob a pseudo-inspiração de Deus, não deveriam merecer também a urgente atenção de todos os moralistas modernos?

Jeová protegia as tribos de Israel contra outros povos e se

deliciava com o "cheiro de sangue dos holocaustos", mas hoje a religião abençoa canhões, cruzadores e aeronaves de guerra, misturando o Deus de Amor, de Jesus, com carnificinas piores que as descritas na Bíblia. Há dois ou três milênios, era razoável que um povo desprovido de cultura científica do vosso século, desconhecendo a eletricidade, o rádio, a televisão, a cinematografia e o intercâmbio aéreo a jato, ainda confundisse o seu instinto belicoso e a sua moral censurável com os preceitos divinos, mas atualmente é demasiada cegueira matar-se invocando o nome de Deus para proteger exércitos simpáticos ou para abençoar armas criminosas, destinadas às guerras fratricidas. O povo judeu, quando compôs o seu livro sagrado — O Velho Testamento — como fundamento religioso de sua vida, mesclou-o de fatos condenáveis, mas assim o fez por excesso de fé e de submissão ao Criador. No entanto, o homem do século XX pratica os mesmos desatinos e alardeia emancipação espiritual, com a agravante de já ter conhecido Jesus.

Apesar da promiscuidade de Deus, na Bíblia, com a censurável moral judaica, tudo foi uma revelação honesta, sincera e até ingênua, sem os artifícios comuns dos povos astutos, modernos, que costumam cultuar duas morais maquiavélicas — uma para uso interno e outra para o público. Se a vossa civilização pretendesse escrever a sua Bíblia, adotando a mesma franqueza e simplicidade com que o povo judeu escreveu a sua, redigiria o mais imoral e bárbaro tratado de história humana, pois relataria mazelas bem piores e ignomínias praticadas em nome de Deus, de fazerem arrepiar os cabelos.

A Bíblia, repleta de incongruências atribuídas a desígnios de Deus, mas sincera, estóica e ingênua, é o livro que revela as condições espirituais de um povo profético e tenaz em sua fé. Entretanto, maior pânico vos causaria se fosse escrita por qualquer povo da época, que não fosse o judeu, cuja moral mais comum se alicerçava na rapinagem, na escravidão e nas orgias sem limites. Eram nações onde os deuses pululavam para todos os gostos, mesmo para as práticas fesceninas e que sancionavam todas as bestialidades humanas, inclusive a queima de tenras crianças para o sacrifício pagão.[53] A simples descida de Jesus ao povo israelita para servir de sede à sua missão, indi-

---

[53] Nota do Revisor: Os amonitas, moabitas, fenícios e hititas e os habitantes de Canaã veneravam a divindade Moloc, cujo culto consistia, em geral, no sacrifício do primogênito a ser lançado vivo no braseiro que ardia nas entranhas da estátua de bronze incandescente.

ca-o como o mais credenciado espiritualmente para a glória do Messias. E a sua própria Bíblia merece, portanto, um pouco de afeição dos outros povos, porque é o rude alicerce do edifício eterno do Cristianismo.

16. A influência benéfica do povo galileu na obra de Jesus

PERGUNTA: — *Gostaríamos de conhecer maiores particularidades quanto à contribuição do povo galileu na tarefa messiânica de Jesus. É possível?*

RAMATÍS: — O povo galileu era habituado à simplicidade; não gozava da abastança que choca os necessitados, mas também não sofria a miséria que confrange os mais ricos. Era realmente um povo amável, respeitador e profundamente hospedeiro, facilmente compreensivo para com as necessidades do próximo e sentia-se mesmo eufórico em servir. Esse temperamento e modo peculiar do galileu, que o fazia feliz com o hóspede na cabeceira de sua mesa, certo de que isso era muitíssimo agradável a Jeová, deu margem para que Jesus firmasse inúmeras lições que louvavam a caridade e insistiam no espírito de hospedagem. Mas o seu temperamento era algo rixoso, pois discutiam facilmente por qualquer assunto religioso, embora sem as capciosidades dos fariseus ou a obstinação dos saduceus. Os homens eram bulhentos em suas pescas, negócios, festas e peregrinações; as mulheres, tímidas, serviçais, humildes e algo supersticiosas.

Desde a mais tenra infância, os galileus acostumavam-se à incondicional obediência aos preceitos religiosos e à vontade de Jeová. Eram essencialmente comunicativos com seu Deus e faziam pouca diferença entre a vida carnal e a vida espiritual, quase despercebidos da divisa que os separava do Além. Isso era uma peculiaridade comum de todo o povo judeu, que mal poderia apontar onde começava a vida objetiva e terminava a subjetiva, desde que se tratasse de assuntos religiosos. Jeová fazia parte tão integrante de suas vidas, de suas devoções, dos seus prazeres e negócios, que jamais eles poderiam manifestar qualquer dúvida na sua crença religiosa.

Antes de exigirem favores de Jeová, eles o adoravam através de oferendas diárias da obediência absoluta, dos louvores e hosanas que tributavam sob qualquer pretexto da sua vida em comum. Quando o Senhor não lhes correspondia nas lutas, nos negócios, na libertação contra o inimigo, os judeus não se rebelavam nem descriam, mas apenas se entristeciam, tal qual os filhos obedientes e afetuosos se conformam com as negativas dos pais. No entanto, qualquer favor mais insignificante atribuído a Jeová era motivo sagrado para eles oferecerem em seu louvor o melhor casal de pombos, o carneiro mais gordo, o vaso de óleo mais cheiroso, o incenso mais fragrante trazido da Índia, o presente mais terno buscado em Alexandria. Não era um tributo convencional e interesseiro, mas uma oferenda cheia de mimos e de cuidados.

PERGUNTA: — Alhures, dissestes que os galileus eram menos apegados aos ritos e às obrigações religiosas. Não é assim?

RAMATÍS: — Realmente, isso era verdade. Aliás, a Galileia ficava ao norte de Jerusalém e por isso os seus habitantes não podiam frequentar tão assiduamente o Templo, como os judeus que ali moravam. Essa dificuldade enfraquecia-lhes o gosto ou o dever das oferendas constantes, relaxando-lhes o compromisso religioso tão arraigado entre os jerusalemitas. Pouco a pouco, descuravam de suas obrigações para com o Templo e à medida que Jesus lhes incutia no espírito a natureza espiritual do "reino de Deus", afastavam-se das observâncias exteriores das leis e das prescrições mosaicas, apegando-se cada vez mais aos rabis itinerantes.

Os galileus jamais poderiam assistir a qualquer cerimônia privada no Templo. Eram condenados pelos fariseus, porque lhes faltava o espírito de nacionalidade judaica e ainda admitiam dúvidas ou novas interpretações sobre os ensinos de Moisés, considerados imutáveis. De outro lado, sofriam os apodos e as críticas dos saduceus porque, além de lhes faltar a aristocracia judaica, enfraquecia-lhes a confiança nos sacerdotes e se apegavam mais propriamente aos seus rabis empoeirados. Os galileus, na realidade, consideravam sua religião como pura emotividade de espírito e não como ferrenho código moral.

Eis aí alguns rápidos traços do povo galileu que, em sua peculiaridade afetiva, sua crença religiosa de amor a Jeová, seu temperamento amoroso e hospedeiro, o fizeram a moldura viva da obra messiânica de Jesus. Assim como o fermento leveda a massa de farinha e lhe favorece o crescimento, o povo galileu também foi o fermento humano que deu força iniciática e divulgou o Evangelho do Mestre Jesus, o qual jamais encontraria tanta afetividade, compreensão e amor para o sucesso dos seus ensinamentos. Ele não teria nenhum êxito se os pregasse, de início, entre os saduceus orgulhosos e os fariseus intrigantes, que se apegavam à letra da Lei como o carrapato ao couro do animal. O povo galileu, alegre, ativo, buliçoso, rixento, sincero na sua fé e puro na sua amizade, foi realmente o verdadeiro ensaio para o advento do Cristianismo.

PERGUNTA: — Reconhecendo que a paisagem da Galileia e a hospitalidade dos galileus foram de influência benéfica, catalisando as atividades de Jesus, gostaríamos de saber como ele assentou as bases doutrinárias do Cristianismo entre raças tão diferentes.

RAMATÍS: — Aquilo que vos pode parecer deficiente ou dificultoso, no início da obra de Jesus, foi-lhe de excelente proveito em face de sua agudeza espiritual e conhecimento profundo dos sentimentos humanos. As divergências próprias de indivíduos originários de raças antagônicas, assim como as discórdias comuns entre os galileus, serviam a Jesus como um verdadeiro ensaio para o seu treino espiritual na confecção do Evangelho destinado à humanidade. O ambiente em que vivia também lhe permitia proveitosa auscultação sobre a natureza dos homens, sem necessidade de percorrer o mundo e então conhecer os variados caracteres da humanidade.

O Mestre não fugia do contato diário com todos os habitantes do lugar, embora preferisse ficar à tona das cizânias, rixas e contendas de todas as espécies. Em vez de atear fogo aos conflitos e embates religiosos, ele sempre interferia com a palavra amorosa e sincera, acima dos preconceitos, costumes e das tradições de raças e de religião. Graças ao seu sublime entendimento espiritual, conseguia harmonizar o entendimento sobre os temas expostos e contentava ambos os adversários, quer amainando as tempestades do personalismo humano, como amenizando as paixões dos contendores. Os conflitos mais violentos logo perdiam o seu ardor e enfraquecia-se o ânimo dos rixentos, assim que percebiam a aproximação de Jesus.

Os idiomas ou dialetos, as devoções e os costumes diferentes dos seus conterrâneos faziam considerá-los como a miniatura da própria humanidade terrena, a qual também subdividia-se em matéria de fé, sentimento, religião e política.

Jesus meditava sobre a natureza humana ainda tão animalizada e ignorante na sua insatisfação, avareza, crueldade, cupidez, no seu amor-próprio e orgulho de raça. Essas paixões e os desejos incontrolados eram realmente os motivos responsáveis pelos desentendimentos entre os homens, os quais, assim como os animais, só se mostravam inofensivos quando bem alimentados, fartos, gozando saúde e satisfação no seu instinto sexual.

E o Mestre entristecia-se verificando que o homem precisava tão pouco para ser feliz, bastando-lhe somente amenizar o desejo cúpido e domesticar as paixões violentas para ele ser mais venturoso e substituir os prazeres transitórios da carne pelos prazeres duradouros do espírito. Então se propunha ensinar a criatura humana, transmitindo-lhe um pouco da ventura espiritual, que era o seu estado normal de alma. Ali, na Galileia, ele vislumbrava representantes das principais raças do mundo, cujos homens eram portadores de todas as paixões, vícios e ardis. Juntamente com algumas virtudes benfazejas, também se manifestavam neles todos os tipos de pecados humanos, motivo por que a Galileia então lhe parecia um mostruário vivo dos espécimes representativos de toda a humanidade.

Jesus bem sabia da inutilidade e inoperância dos tratados civis, das leis e dos códigos penais, das doutrinas e das seitas religiosas do mundo que tentassem disciplinar a conduta humana, porquanto a repressão moral não educa o coração do homem. Nem o culto religioso, a disciplina filosófica, nem os conceitos avançados de ética poderiam extirpar do coração dos homens as paixões e os vícios, se atuassem do "exterior" para o "interior". O êxito só poderá ser do centro para a periferia, do mundo oculto para o visível, do espírito para a mente, e na forma de um sentimento tão amoroso que consiga purificar os pecados da própria alma.

Então Jesus compreendeu que para o homem tornar-se altruísta, teria de ser explorado no próprio egoísmo. Visando ao seu maior bem também poderia visar ao bem do próximo. Jamais alguém poderia dar aquilo que ainda não possuísse realizado e satisfeito em si mesmo. O homem primeiramente teria de ser egoísta, isto é, "acumular" até sua plena satisfação, para depois sentir o prazer de doar e repartir. Por isso, seria preciso transbordar os homens de Amor, a fim de que eles passassem a amar-se uns aos outros. Partindo do próprio egoísmo da criatura preferir o máximo bem para si, Jesus lançou então a sua máxima ou princípio surpreendente e de maior sublimidade no ser: — "Ama o próximo como a si mesmo". O egoísmo, tão gélido e separatista, principal sustentáculo ou cogitação da personalidade humana, então serviria para cimentar o fundamento do próprio Amor, em relação ao próximo.

Jesus não visava aniquilar a "força" do egoísmo, mas apenas inculcar-lhe um sentido proveitoso em benefício do próximo. O amor a si mesmo seria, pois, a ação dinâmica do amor a outrem. Utilizando o seu admirável dom de percepção espiritual, Jesus procurava identificar em si mesmo, quais seriam as reações morais do espírito diante da injustiça, da ingratidão, da perversidade ou do egoísmo humanos. Ele não acusava mágoas ou ressentimentos, nem sofria intimamente a agressão ou o insulto alheio, mas buscava conhecer as torturas a que se submetem as criaturas terrenas, mortificadas pelos seus próprios pecados e vícios. No entanto, reconhecia que os homens eram perversos, orgulhosos ou avaros, porque também eram ignorantes e imaturos de espírito. Indubitavelmente, em vez de serem condenados ou mesmo censurados, eles precisavam ser esclarecidos ou ensinados, quanto ao verdadeiro motivo da vida e à responsabilidade do espírito eterno.

Assim como os animais selvagens se tornam pacíficos e serviçais depois de domesticados, os homens, ainda que extremamente imperfeitos, também podem ser bons e ternos, domesticando suas paixões, em vez de atacá-las de modo agressivo. Jesus, alma sublime e generosa, propôs-se então ensinar os homens e torná-los dignos da ventura do "reino de Deus", onde a paz de espírito é o fundamento principal da existência paradisíaca. Mas também reconhecia a necessidade de viver as lições a serem ministradas à humanidade se quisesse, realmente, conquistar a confiança dos terrícolas. Só através do seu exemplo pessoal, da completa renúncia a todos os bens e prazeres do mundo, sofrendo estoicamente na própria carne as dores das ingratidões e agressividades alheias, ele então poderia demonstrar a sua fé incondicional e submissão absoluta à vontade de Deus, atraindo assim a confiança dos homens.

Jesus, dali por diante, fixou-se definitivamente no tema, que além de lhe assegurar a glória entre os anjos, ainda o consagrou entre os homens — o Amor! Só pelo Amor valia a Vida; só pelo Amor o homem se salvaria. Nenhum outro sentimento, fora do Amor, poderia irmanar o lobo e o cordeiro, o amigo e o inimigo, o publicano e o santo, o crente e o ateu, o mal e o bem, o rico e o pobre. O Amor, portanto, seria o lema definitivo de todas as suas pregações, conforme ele comprovou em todos os momentos de sua vida, de sua paixão e morte. Até o derradeiro apelo quando, do cimo da cruz e diante das multidões alvoroçadas e sarcásticas, dirigiu ao Criador aquela rogativa patética, de misericórdia infinita, dizendo: — "Pai! Perdoai-lhes, pois eles não sabem o que fazem!"

17. Por que Jesus teria de nascer na Judeia?

PERGUNTA: — Jesus teria que nascer fatalmente na Judeia para ter bom êxito na sua missão redentora? Porventura não existia, na mesma época, algum outro povo que, espiritual e psicologicamente, pudesse servir para o mesmo objetivo?

RAMATÍS: — Desde que a Administração Sideral reconhecesse, em qualquer outro povo, qualidade e até os defeitos peculiares do judeu, é óbvio que Jesus não precisaria se encarnar em Israel. Mas a Judeia e os hebreus, embora considerados na época "uma coleção desprezível de escravos",[54] por seus costumes, por sua fé religiosa e capacidade de adaptação a todos os misteres da vida, é que realmente ofereciam as condições psicofísicas eletivas para o melhor sucesso da missão salvacionista do Messias. Aliás, o Velho Testamento sempre o considerou o povo eleito para o advento do Messias e o próprio Moisés, no Monte Sinai, ao unificar a revelação espiritual para um só Deus — Jeová — lançou as bases preliminares do Cristianismo. Isso aplainou o caminho para o Mestre Jesus consolidar sua obra, dispensando-o do espinhoso trabalho de fundir diversos deuses pagãos numa só unidade, como ele depois pregaria através do seu sublime Evangelho.

É óbvio, portanto, que só uma raça estóica, ardente e fanática em sua crença religiosa monoteísta seria capaz de corresponder ao convite espiritual de Jesus, sem qualquer resistência ou

[54] Opinião de Tácito.

sarcasmo à encantadora mensagem da "Boa Nova" e do "Reino de Deus". O judeu traz o seu sentimento à flor da pele e vive mais pela fé do que pelo raciocínio, embora seja instintivamente muito sagaz para negócios e especulações da vida humana. Mas, em questão de crença e de devoção, ele pouco indagava os motivos que o mandavam proceder deste ou daquele modo com o seu Deus. A sua fé inata não pedia explicações intelectivas; ele cria e obedecia cegamente naquilo que transcendesse o seu mundículo de atividades humanas. Por isso, Jesus encontrou o caminho aberto para a sua prédica evangélica entre os judeus, sem precisar destruir o antropomorfismo de Jeová, sem alterar as legiões angélicas, sem desmentir os velhos patriarcas e profetas do Antigo Testamento. Ele viera iluminar ou ampliar os próprios ensinamentos de Moisés e torná-los mais amenos quanto à sua responsabilidade moral. Substituía o conceito pessoal e punitivo de "olho por olho e dente por dente", pela condição cármica de "quem com ferro fere com ferro será ferido", na qual Deus não castiga, mas é a própria criatura que se pune dos seus pecados, aceitando espontaneamente os mesmos efeitos das causas perniciosas movimentadas no passado.

Jeová, sob o toque sublime dos ensinamentos de Jesus, tornava-se mais tolerante, terno e compassivo, diminuindo suas exigências demasiadamente humanas. Isso atendia às simpatias dos galileus, que eram considerados gentios ignorantes dos formalismos religiosos e que aceitavam, sem protestos, a nova versão de Jeová, distanciando-se cada vez mais das seitas religiosas e dos bens do mundo. Mas os fariseus, embora sem qualquer temor dos ensinamentos daquele rabi da Galileia, perceberam que se enfraquecia a virilidade doutrinária de Moisés. E a perigosa desumanização de Jeová poderia trazer sérios prejuízos aos cofres do Templo. Daí por diante, eles passaram a vigiar Jesus e recear os efeitos de suas ideias desagregadoras na comunidade dos galileus.

PERGUNTA: — Jesus também não poderia comprovar sua missão, encarnando-se entre outras raças que, igualmente, adoravam a Divindade e rendiam-lhe cultos religiosos? Que vos parece?

RAMATÍS: — Não é somente o culto religioso, a devoção pobre ou fidalga, mas acima de tudo importa distinguir num povo ou raça, qual o sentimento que o anima nessa crença religiosa. Há cultos religiosos de natureza profundamente racionalista ou excessivamente interesseiros, que se devotam a diversos deuses. A missão de Jesus, em seu início e acima de tudo, pedia "sentimento puro", fé inabalável, humildade absoluta e certa ingenuidade dos seus simpatizantes, a fim de cimentar-se rapidamente, sem discussões estéreis, especulações fatigantes ou dúvidas mortificantes. Tendo seu início nas raízes mais profundas do coração humano, só a valorização imediata de sentimentos e de emoções quase infantis poderia sustentar o Cristianismo no seu berço, até aliciar mais tarde os testemunhos próprios dos intelectos mais desenvolvidos. Hoje, o Evangelho é, sem qualquer hesitação, uma doutrina respeitada pelos cérebros de maior cultura filosófica e científica do mundo, considerado um poema de beleza e um tratado de libertação do espírito aguilhoado à animalidade biológica. Raros homens puderam entender quantas dificuldades Jesus encontrou nos primeiros dias de sua pregação doutrinária, quanto ao seu cuidado para que fosse afastada e superada qualquer excrescência do mundo. Os próprios espíritas de hoje podem avaliar esse zelo de Jesus para manter a pureza iniciática do cristianismo pelo esforço que também fazem para evitar que o espiritismo codificado sofra as deformações, os ridículos das práticas supersticiosas impróprias à sua mensagem de libertação espiritual.

Por isso, Jesus teve de recorrer exclusivamente aos homens brutos, ignorantes e intempestivos, porém simples, francos, humildes e sinceros em suas emoções, como foram os apóstolos. Eles jamais contestavam os ensinos do Mestre, nem lhe opunham as conclusões próprias dos malabarismos do intelecto. Bebiam as palavras que lhes eram transmitidas noticiando o "Reino de Deus" e criam cegamente naquela mensagem de ternura e esperança infinitas. Assim, foram eles o cimento vivo que solidificou os fundamentos do Cristianismo, até se tornar resistente e imune às influências dos credos pagãos da época e às distorções religiosas, próprias das falsas interpretações pessoais.

Devido ao seu fabuloso conhecimento sobre a psicologia da alma humana, Jesus sabia dos prejuízos que sua obra sofreria, caso recorresse de início ao intelecto dos homens em vez de falar-lhes ao coração. Os seus primeiros discípulos teriam de ser criaturas descomplexadas, com emoções à flor da pele, tal qual as criancinhas, "porque delas é o reino dos céus". Artista Divino, trabalhando há dois mil anos com material tão deficiente como o pescador, o camponês, o publicano e a prostituta, Jesus esculpiu na carne humana as figuras monumentais de um Pedro, João, Mateus, Tiago, Timóteo, Madalena e outros. Só depois que o coração dos simples consolidou a base do cristianismo é que o Alto então recorreu mais propriamente ao intelecto, chamando ao movimento libertador cristão a figura de Paulo de Tarso. Mesmo José de Arimatéia, Nicodemos e Gamaliel, homens de cultura e de relevo na época, gozaram de certas credenciais junto ao Mestre, porque, simpáticos à doutrina dos essênios,[55] já eram humildes de espírito.

Sem dúvida, empolga-nos reconhecer que a mesma doutrina, cujas bases Jesus assentou na rudeza e simplicidade de um Pedro, na sublimação de Madalena e na sinceridade do publicano Mateus, mais tarde, gerou um Agostinho, discípulo apaixonado de Platão e cuja eloquência, ao expor a Teologia Cristã, abalou Roma e Cartago; ou ainda, o maior filósofo da Igreja, como é Tomás de Aquino, um dos maiores gênios da Idade Média na propaganda do catolicismo. Mas prevendo também o perigo do intelecto desgarrar-se em demasia e depois formalizar o Evangelho acima do coração humano, aristocratizando em excesso o clero responsável pela ideia cristã, o Alto recorre então ao mesmo espírito que fora o apóstolo João e o faz renascer, na Terra, para viver a figura admirável de pobreza e renúncia de Francisco de Assis. Assim, o calor cordial do sentimento purificado e a abdicação aos bens transitórios do mundo, vividos pelo frade Francisco de Assis, reativaram novamente a força coesiva e poderosa que cimentou as bases do cristianismo nas atividades singelas de pescadores, camponeses, publicanos e gente de mau viver. Na comunidade da própria Igreja Católica, transformada em museu de granito e mármore, cultuando as quinquilharias de ouro e prata entre a púrpura e o veludo dos sacerdotes, o Alto situou Francisco de Assis, convidando todos os eclesiásticos à volta do Cristo-Jesus da simplicidade, da renúncia e do amor. Infelizmente, só alguns raros espíritos que mourejavam no seio do catolicismo entenderam o divino chamamento e, realmente, passaram a viver os preceitos puros do cristianismo nascido à beira do mar da Galileia.

No entanto, imaginai Jesus tentando alicerçar sua mensa-

---

[55] Nota do Revisor: - Essênios ou Terapeutas, cuja fraternidade perde suas raízes além das civilizações já conhecidas. Em remota antiguidade, foram conhecidos como os profetas brancos, para os quais a reencarnação e a Lei do Carma eram assuntos familiares.

gem deísta entre a versatilidade dos deuses pagãos da Grécia, dos povos bárbaros da Germânia, dos fanáticos da Gália, dos espanhóis agressivos, dos selvagens da África, dos feiticeiros da Caldéia ou das castas orgulhosas da Índia massacrando o pária infeliz! Sem dúvida, o Mestre fracassaria atuando no seio dessas multidões rústicas, fanáticas, irascíveis e politeístas, que se dividiam em castas de sacerdotes e párias, escravos e senhores, além do seu culto aos deuses protetores das mais variadas paixões do mundo.

Aliás, convém não esquecer que Paulo de Tarso, depois que Jesus já tinha sido crucificado, foi alvo de risotas e zombarias, quando tentou pregar entre os gregos altamente intelectualizados alguma coisa do Evangelho.

PERGUNTA: — Mas não seria Roma, justamente da época brilhante de Augusto, a mais indicada para a missão de Jesus?

RAMATÍS: — Jamais o Mestre Cristo conseguiria em Roma aqueles discípulos fiéis, que foram coletados à margem do Mar de Genesaré e nas planícies da Galileia, pois nenhum romano ambicioso abandonaria as redes de pesca e os seus interesses comuns para aceitar o convite de um homem empolgado por um reino hipotético de amor e bondade. Como atrair a atenção dos sanguinários gladiadores dos erros romanos, para fazê-los compreender a lição singela do "grão da mostarda"? Qual a maneira capaz de situar, a contento, entre as matronas de costumes dissolutos, a recomendação do "vai e não peques mais", como advertência à mulher adúltera? Jesus não teria êxito pregando o amor, a paz, a tolerância, o perdão e a renúncia entre as ferozes legiões de César e seria motivo das chacotas mais ferinas, caso tentasse o "sede puros e perfeitos, como puro e perfeito é o vosso Pai", entre os glutônicos romanos amigos de banquetes pantagruélicos regados a tonéis de vinho.

Já de início, ele se sentiria impotente para converter os romanos ao culto de um só Deus, pois isso implicaria despojá-los de sua fé interesseira e dos deuses que lhes atendiam todos os desejos, caprichos e lhes presidiam os amores, negócios, divertimentos, jogos ou circo, as conquistas guerreiras como a fertilidade genésica. Viris e ambiciosos, personalistas e insensíveis, cúpidos e dissolutos, raríssimos cidadãos romanos poderiam impressionar-se com os apelos para a humildade, renúncia, pureza e frugalidade. Em Roma, o povo rendia tributo religioso quase como quem acerta seus negócios e liquida débitos numa conta corrente. E o que era mais importante: os deuses também lhes deviam a obrigação e a glória de serem divulgados e cultuados nas longínquas províncias da Gália, Palestina, Germânia, Síria ou Egito, onde tremulavam as águias de Roma. Só o povo de Israel realmente seria capaz de realçar a figura angélica de Jesus, no cenário do Mundo.

PERGUNTA: — Mas a força espiritual de Jesus não seria suficiente para ele vencer todos os óbices encontrados no ambiente físico em que devesse encarnar-se?

RAMATÍS: — Se bastasse somente a força espiritual de Jesus para afastar todas as dificuldades naturais do mundo físico, é evidente que ele também não precisaria encarnar-se na Terra para esclarecer "pessoalmente" o homem, pois isso poderia ser feito do próprio mundo invisível e só em Espírito. Para servir à humanidade encarnada Jesus necessitou mobilizar os mesmos recursos dos demais homens e honestamente enfrentar as mesmas dificuldades. Embora se compreenda que o gênio já existe na intimidade do pintor excelso ou do compositor incomum, o certo é que o primeiro precisa de pincéis e tintas e o segundo, de instrumentação musical para, então, darem forma concreta às suas criações mentais.

Jesus também era um gênio, um sábio e um anjo em espírito, mas precisou exilar-se na matéria para entregar pessoalmente a sua mensagem de salvação do homem. Em consequência, serviu-se de instrumentação carnal apropriada e enfrentou os óbices naturais do mundo físico para realizar sua tarefa de esclarecimento espiritual. Ele só dispunha do curto prazo de 33 anos para cumprir sua tarefa messiânica, como o sintetizador de todos os instrumentos espirituais que o haviam antecedido. Sua obra exigia uma conformação absoluta ao gênero humano e um exemplo pessoal incomum, sem gozar de privilégios extemporâneos do mundo invisível, que depois enfraquecessem as convicções dos seus discípulos ou produzissem o milagre que gera a superstição.

PERGUNTA: — Podemos crer que o advento de Jesus à Terra deveria ser efetuado rigorosamente há dois milênios? Ou esse fato tanto poderia ocorrer alguns séculos antes ou depois?

RAMATÍS: — O "acaso" é coisa desconhecida no Cosmo, pois tudo obedece a um plano inteligente; e os mínimos acontecimentos da vida humana interligam-se às causas e efeitos em correspondência com o esquema do Universo Moral. Sem dúvida, há um fatalismo irrevogável no destino do homem: a sua eterna felicidade. Ninguém jamais poderá furtar-se de ser imortal e venturoso, pois, se isso fosse possível, Deus também desapareceria, porque o espírito humano é da mesma substância do Criador. Dentro do plano inteligente de aperfeiçoamento dos homens e dos mundos, o Alto atende aos períodos de necessidades espirituais das humanidades encarnadas, assim que elas se manifestam mais sensíveis para as novas revelações e evolução dos seus códigos morais.

Na época exata dessa necessidade ou imperativo de progresso espiritual, manifesta-se na Terra um tipo de instrumento eletivo a cada raça ou povo, a fim de apurar-lhe as idiossincrasias, ajustar o temperamento e eliminar a superstição. É uma vida messiânica de esclarecimento sobre o fanatismo religioso e o preparo de um melhor esquema espiritual para o futuro. Antúlio, o filósofo da Paz, pregou aos atlantes as relações pacíficas entre os homens; Orfeu deixou seu rasto poético e saudosa melodia de confraternização entre os gregos; Hermes ensinou no Egito a imortalidade da alma e as obrigações do espírito após a morte do corpo físico; Lao-Tse e Confúcio atenderam ao povo chinês, semeando a paciência e a amizade sob as características regionais; Moisés, quase à força, impôs a ideia e o culto de Jeová, um único Deus; Zoroastro instruiu os persas na sua obrigação espiritual; Krishna despertou os hindus para o amor a Brahma, e Buda, peregrinando pela Ásia, aconselhou a purificação da mente pela luz do coração.

Todas as encarnações desses instrutores espirituais precederam Jesus no tempo certo e obedecendo a um programa evolutivo delineado pelo Alto. Eles amenizaram paixões, fundiram crenças, fortaleceram a mente terrena, aposentaram deuses epicuristas, propuseram deveres e prepararam a humanidade para fazer jus à crença em um só Deus e a disciplinar-se por um só Código Moral do mundo, o qual seria o Evangelho. Malgrado cada povo interprete a ideia da Divindade conforme o seu critério e a tradição de sua raça, o certo é que todos os missionários do Espírito descido à Terra só tinham um objetivo: pregar a compreensão de um só Deus. A humanidade pouco a pouco apercebe-se de que na essência dos vocábulos de cada raça a ideia unitária de Deus é sempre a mesma, quer o chamem de

Ramatís / Hercílio Maes

Alá, Tupã, Jeová, Zâmbi, Rá, Foco Criador, Absoluto, Parabrahm, Senhor dos Mundos, Energia Universal, Grande Espírito ou Motor Imóvel.

Consequentemente, Jesus também baixou à Terra no tempo exato para sintetizar os ensinamentos dos seus predecessores e a época dessa necessidade espiritual foi exatamente há dois mil anos.

PERGUNTA: — Embora considerando que a Palestina foi, na realidade, o ambiente mais apropriado para Jesus realizar sua missão redentora, por que ele nasceu na Galileia tão rústica e estigmatizada pelos contemporâneos, se podia fazê-lo melhor, nascendo em Jerusalém?

RAMATÍS: — Repetimos que Jesus foi um espírito eleito para sacudir o pó das superstições religiosas e esclarecer doutrinas que ainda sacrificavam animais e até seres humanos a um Deus cruel. Ele carecia de um cenário estimulante e inspirativo, que lhe avivasse incessantemente a memória espiritual do mundo angélico. Embora fosse um espírito excelso e sábio, era-lhe conveniente um incentivo e encanto proporcionados pela beleza e pela poesia terrena, que assim a ajudaria a sustentar sua mente em um nível de maior rendimento messiânico.

A vida singela e encantadora da Galileia, que já descrevemos, com seu clima ameno, não exigia resguardo severo para proteger a saúde; dava conforto e tranquilidade ao seu povo sem exigir os requintes complicados do luxo oneroso. E servia a Jesus de contínua inspiração, amenizando-lhe o exílio sacrificial da carne, mediante a beleza, a ternura e o fascínio de sua paisagem. O povo galileu, feliz e satisfeito, habituado a alimentação leve e fácil, que não afogueava o sistema neurodigestivo, era um público assíduo e ideal para ouvir as prédicas de Jesus e que se comovia ante as boas novas do Paraíso e as deliciosas parábolas sobre os deveres do espírito imortal.

Jerusalém, no entanto, era um ambiente oposto à emotividade de Jesus, pois a cidade era foco constante de conflitos, sedições religiosas e fanatismos supersticiosos, através de um povo avaro, cúpido, intriguento, inescrupuloso e ainda explorado por um sacerdócio cuja cultura religiosa era apenas canônica ou teológica. O estudo da Lei Mosaica, ou do Torá, não ia além de fatigantes discussões muito parecidas com as que ainda hoje ocorrem entre as seitas protestantes, às vezes, por causa da troca de uma vírgula ou de um erro tipográfico na Bíblia.

Jerusalém era pedregosa e antipática, sua paisagem monótona e melancólica, os seus vales produzidos pelos desmoronamentos, sempre atulhados de lixo, serviam de moradia aos vagabundos ou infelizes leprosos. Não havia água em abundância, os córregos eram sujos e os pastos secos. Os animais dos caravaneiros retardados pousavam fora dos muros da cidade. Nos dias quentes, o mau odor do capim apodrecido, do suor e do mau cheiro dos animais espalhava-se pelos subúrbios da cidade. No verão, as lajes batidas pelo sol ardente aqueciam os pés e os calçados dos transeuntes, os quais suavam envoltos nos seus trajes pitorescos.

Em Jerusalém crescia a azáfama das cidades asiáticas; ali misturavam-se a sujeira das ruas, os excrementos dos animais e a exalação do péssimo esgoto mal distribuído. Os mercados estabelecidos pela prefeitura faziam rebuliço e entravam em rixa com os vendeiros ambulantes, disputando fregueses para a compra de peixe, de cerâmica, de tecido, hortaliças ou quinquilharias. A confusão e os gritos recrudesciam ante as súplicas obstinadas dos mendigos e enfermos, próprios dos grandes ajuntamentos de criaturas. A cidade oferecia um aspecto árido e desagradável para um espírito do quilate de Jesus; e jamais ele poderia aquecer ali os sonhos e os ideais acalentados desde a infância em Nazaré.

Embora o Alto tenha escolhido a Palestina como o local adequado para a missão de Jesus, a beleza da Galileia e a ternura de Nazaré serviram para alimentar-lhe a chama sublime do seu Amor inesgotável a favor da humanidade.

PERGUNTA: — Naturalmente, Jesus se deixou influenciar fortemente pela raça judaica em que viera encarnar, embora fosse um espírito universalista. Não é assim?

RAMATÍS: — As raças, os povos e os homens são apenas ensejos educativos e transitórios, que revelam à luz do mundo material as aquisições feitas pelo espírito imortal. Poder-se-ia dizer que a face dos planetas serve para o espírito verificar e comprovar a sua consciência, o que ele já realizou em si mesmo. Deste modo, ele extrai ilações pessoais de sua capacidade, resistência, renúncia, individualidade e do seu talento espiritual. Apura o espírito e passa a cultuar as manifestações que mais se enquadram nos códigos morais dos mundos superiores. Esforça-

-se depois para anular ou mesmo evitar os ascendentes que lhe retardam a paz e a ventura definitivas.

Eis por que, reportando-nos ao passado, verificamos que inúmeras raças, depois de se imporem na face do orbe pelo fausto, cultura, comércio, descobertas ou conquistas belicosas desapareceram completamente, deixando raros vestígios. Assim é que Babilônia, Fenícia, Sodoma, Gomorra, Herculanum, Pompéia, Hititia, Caldéia, Cartago e as civilizações atlantes sumiram do mapa terráqueo. E a Pérsia, Etiópia, Hebreia, Egito e outras velhas nações também começam a oscilar nos seus alicerces, mal sustentando sua glória e poderes tradicionais do passado.

Mas é evidente que o amor manifesto por um chinês, árabe, russo, italiano ou groenlandês é sempre o mesmo em sua essência, embora varie o tipo do instrumento físico de que o espírito se utiliza para isso. Jesus, portanto, quer fosse judeu ou inglês, revelaria sempre o seu intenso e incondicional amor pela humanidade, malgrado tivesse de manifestá-lo pelas características próprias da raça que lhe fornecesse o equipo carnal. A prova mais concreta de que ele não foi um judeu no sentido racista da palavra, mas um homem cuja doutrina moral e religiosa se destina a toda humanidade, é que os próprios judeus "ainda não o reconheceram", conforme prediziam os velhos profetas do Antigo Testamento.

Em sua época, civilizações como a Grécia, Pérsia e o Egito já haviam dado ao mundo inúmeros sacerdotes, filósofos, cientistas, sábios, escritores e poetas. Mas eles ainda se prendiam à avidez da especulação metafísica, sem apresentar soluções prosaicas que, pelo menos, ajudassem o homem comum a melhorar sua existência e treinar praticamente a sua consciência moral. Platão discursara o advento de uma humanidade só integrada por artistas, filósofos, poetas e cientistas; Sócrates pregara uma conduta moral avançada, mas dependendo de certos grupos eletivos para cultuá-la; Epicuro ensinara a substituição das dores corporais pelos prazeres do espírito e Zenon explicava o estoicismo na crueza dos sofrimentos; doutrinas, embora louváveis, exigiam, no entanto, muita força de vontade, pertinácia e boa dose de otimismo para sublimar o sofrimento humano e especular sobre a metafísica.

Jesus não trazia mensagem complexa, nem pedia investigação técnica e teórica para enriquecer o intelecto, pois apregoava uma auto-realização singela e à luz do dia, através de um trabalho lento, mas eficiente, do espírito libertar-se da matéria. A simplicidade, a fé, a devoção, a humildade, a resignação, a pureza, a ternura, o perdão, a renúncia e o serviço ao próximo eram coisas possíveis e realizáveis à face da Terra. E ninguém poderia zombar ou descrer disso, porque o Mestre que ensinava era o exemplo vivo de suas próprias recomendações. Não dizia Jesus comumente aos seus apóstolos: "Se ainda não compreendeis as coisas da Terra, como quereis que vos fale só das coisas do céu?"

Ele era objetivo e suas parábolas versavam sobre coisas tangíveis e assuntos de bom-senso, tais como a "semente da mostarda, os talentos enterrados, o fermento que leveda, o joio e o trigo, o lobo e o cabrito, o bom samaritano, o filho pródigo, o tesouro escondido, o mordomo infiel, o semeador ou o rico insensato".

Não era um judeu predicando para judeus, mas um representante da humanidade dos céus, falando para todas as criaturas, porque sua linguagem até hoje é perfeitamente entendível por todos os povos e raças. Não foi o vaso carnal da raça israelita que condicionou o espírito de Jesus a uma ética ou temperamento peculiar ou lhe modelou a maneira de ensinar, incentivado por características específicas de um povo. O seu Espírito sublime é que iluminou a linhagem biológica do judeu.

18. Aspectos da Judeia, Galileia e Nazaré no tempo de Jesus

PERGUNTA: — Qual a ideia que poderíamos fazer da Judeia na época de Jesus?

RAMATÍS: — A Judeia, no tempo de Jesus, era habitada por diversas raças que viviam se digladiando em rixas e conflitos incessantes, que por vezes terminavam em lutas sangrentas. Estava sob o jugo de Roma e era governada por procuradores da confiança de Tibério, os quais, após certo tempo de permanência no território conquistado, em que agiam de maneira inescrupulosa, pois exploravam até os ódios e os desentendimentos entre os judeus, então retornavam a Roma com as suas arcas pejadas de ouro.

Anualmente fazia-se a eleição para o cargo de Sumo Sacerdote do Sinédrio, privilégio que era disputadíssimo entre as quatro principais famílias mais bem aquinhoadas de Jerusalém, pois além do poder temporal sobre os judeus, isso ainda permitia rendimentos fabulosos e fortuna certa. Feita a vaga, o procurador de Roma punha a mesma sob verdadeiro "leilão" falacioso, no qual ele explorava todas as negaças e ofertas mercenárias, que surgiam na trama feroz entre as próprias famílias sedentas do cargo de Sumo Sacerdote. A luta era cruenta para essa eleição, pois originavam-se discórdias, intrigas, traições, conluios e manhas ardilosas pela posse tão cobiçada. Irmãos, sogros, genros, pais e filhos não hesitavam em cometer as maiores baixezas e perfídias, tentando a política rasteira de comprar o beneplácito do Procurador Romano que, à guisa de uma ave de rapina, conseguia fortuna fácil nessas províncias tão longínquas de Roma.

A classe sacerdotal vivia nababescamente graças às taxas e impostos lançados sobre um povo já onerado pelos diversos tributos devidos a Roma. As oferendas e obrigações religiosas para com o Templo de Jeová proporcionavam o excelente negócio de animais e aves sacrificados, que depois se transformavam em rendosa especulação, vendidas a retalho e a bom preço. As moedas e os metais preciosos enchiam as arcas sagradas. Os cobradores de taxas e os coletores de dízimos grandes e pequenos faziam a cobrança do povo já exaurido pela sangria de Roma. Os judeus infelizes pagavam taxas desde o uso da água, do pão, da carne e das estradas. O tributo variava conforme a área do terreno ocupado, a situação e importância do lugarejo ou o perímetro mais progressista da cidade. Todos os produtos levados ao mercado sofriam taxações elevadíssimas. Os vinhateiros, cerealistas, lavradores e artífices de todos os tipos e regiões eram obrigados a pagar em cada encruzilhada ou passagem de rio, na guarita dos arrecadadores, a moeda para o César de Roma.

Mas o povo não se obrigava a essa carga onerosa somente para com o Império Romano, pois ainda lhe cumpria arcar com os impostos de natureza religiosa, cujas taxas devidas ao Templo incidiam desde a redenção do pecador, à santificação do virtuoso, ao advento do recém-nascido, à maturidade dos primeiros frutos, das hortaliças e ainda outras obrigações sobre as coisas mais fúteis escorchavam o povo escravizado. Tanto o tributo romano como o religioso para o Templo eram obrigatórios, sendo severamente punidos aqueles que o sonegassem. Ai de quem não pudesse cumprir sua dívida para com o fisco no prazo compulsório! Ele perdia o seu burrico, sua vaca, seu carneiro, seu galináceo, seu vinhedo, seu campo, sua palhoça ou sua lavoura. E quando nada mais possuía para cobrir o imposto escorchante e impiedoso do fisco romano e do Sinédrio, então só lhe restava a prisão E, em certos casos, o trabalho escravo até liquidação da dívida, e que não devia exceder de sete anos.

É certo que cabia ao povo alguma culpa de tal situação, porquanto em face do seu fanatismo e velha superstição religiosa, deixara-se explorar até ao ponto de se transformar em matéria-prima de fácil especulação para os sacerdotes cúpidos que eram amparados pelos romanos manhosos. O Procurador de Roma lograva as boas graças junto ao Sinédrio, porque sempre lhe garantia a execução das bulas e dos decretos forjados pela avidez de lucros, mas que não passavam de verdadeira pilhagem religiosa habilmente disfarçada como tributos devocionais.

O interessante é que, apesar da evolução da ideia religiosa, do avanço da própria ciência e da melhor compreensão da realidade espiritual, ainda hoje existem inúmeros fiéis que contribuem para essa negociata tradicional do sacerdócio organizado, como seja a que é mantida pelo clero romano moderno. Embora as oferendas religiosas ou taxas para os templos de hoje sejam voluntárias, o negócio progride dia a dia.

Tal qual acontecia na Judeia no tempo de Jesus, hoje cobram-se nas Igrejas as taxas para batismo, casamento, crisma, a missa das almas, do defunto ou da colação de grau. Há um dízimo grande e pequeno dos festeiros, noveneiros ou paroquianos ausentes; o arrendamento do altar ou banco cativo para as famílias afidalgadas. Ao lado do templo, a livraria vende escapulários, santinhos, rosários e relíquias abençoadas pelo sacerdote. A organização progride, efetivando campanhas buliçosas para os novos *vitrais* ou a nova torre da igreja ou para a troca da coroa da santa padroeira do local. Arrecadam-se moedas para ações sociais nos bairros pobres, requer-se ajuda para as procissões dramatizadas ou transladações de imagens e congressos eucarísticos, que oneram os próprios cofres públicos. Raras autoridades públicas deixam de sancionar pesadas subvenções para a construção de luxuoso templo como futuro patrimônio estético da cidade ou, então, para edificarem seminários de sacerdotes ou palácios episcopais.

Por conseguinte, não vos é difícil avaliar o que acontecia na Palestina no tempo de Jesus, quando o clero judaico possuía enorme influência sobre o povo e mesmo sobre a autoridade romana, abastecendo suas arcas mediante pesados impostos e tributos para manter a classe parasitária. Hoje, embora sem a mesma força de outrora e contando apenas com a capacidade de doutrinar e influir sobre os crentes para auferir a renda necessária, o clero católico canaliza para o Vaticano rendas tão fabulosas quando o fazia o Sinédrio, no tempo de Jesus. Não há dúvida de que muitos daqueles sacerdotes cúpidos, hebreus, hoje vivem reencarnados na figura de certos eclesiásticos a serviço do catolicismo romano.

PERGUNTA: — E qual o aspecto da Galileia no tempo do nascimento de Jesus?

RAMATÍS: — A Galileia ficava na região ao norte da Palestina; e no tempo de Jesus estendia-se desde o rio Jordão até o mar Morto. Era virtualmente uma nação independente, constituindo uma tetrarquia sob os Herodes. Também era habitada por diversas raças além dos judeus, tais como árabes, abissínios, gregos, fenícios, sírios, gente de Tiro, de Sidon, de Alexandria e alguns raros africanos. As características religiosas, os costumes e temperamentos tão contraditórios entre esses diversos tipos, tal qual já acontecia em toda a Palestina, também provocavam discórdias, rixas e discussões, próprias da avareza e avidez de lucros nas suas especulações e negociatas. Isso fazia da Galileia um mundículo bulhento, cúpido e inquieto, cujos desentendimentos nasciam das coisas mais fúteis e pelas razões mais tolas.

A frequência de rabis, que peregrinavam comumente pela Judeia e demais províncias da Palestina, em que alguns se obstinavam em interpretar a seu modo as leis e os preceitos do Torá, concorria ainda mais para acirrar os ânimos e agravar as opiniões tão contraditórias sobre a religião. O afluxo contínuo de especuladores, charlatães, mercadores, camelôs e gente sem trabalho, que procuravam fixar-se na Judeia, sempre favorável para os bons negócios e especulações religiosas, também aumentava, dia a dia, as rixas, as discórdias e as injúrias, criando as situações mais incômodas e desagradáveis para as autoridades locais.

Mas, acima desse espírito belicoso da diversidade de raças, os galileus eram hospedeiros, sinceros e bons, pois não guardavam ressentimento algum entre si. Nas suas contendas religiosas, embora ruidosas, jamais eles desciam à baixeza de espírito, ao fanatismo e às asperezas do caráter e das sedições religiosas tão comuns entre os fariseus e saduceus de Jerusalém. O Sinédrio zombava da devoção ingênua do povo da Galileia, ria-se de sua simplicidade e de sua incapacidade para afeiçoar-se às pompas, ao culto ostensivo e às cerimônias religiosas. As virtudes dos galileus, que tanto emolduraram o trabalho de Jesus na fase iniciática de sua pregação da "Boa Nova", eram consideradas peculiaridades próprias de um povo atrasado, tolo e incapaz.

No entanto, já Isaías profetizara no Velho Testamento que a Galileia dos gentios seria bafejada pela luz do Senhor, embora os pósteros depois glosassem o provérbio de que "não podia vir boa coisa e bom profeta da Galileia".

PERGUNTA: — E que podereis dizer-nos sobre a província

de Nazaré, onde Jesus viveu quase toda sua existência?

RAMATÍS: — Nazaré, na época do advento de Jesus, era uma cidade pequena, com pouco mais de 2.000 habitantes, situada entre morros, numa encosta de montanhas que descia para o vale de Jezrael. As estradas que vinham de Séforis e outras partes, além da estrada principal das caravanas que cortava esse vale desde o mar Morto até Damasco, recortavam a província em todos os sentidos. O clima de Nazaré era acentuadamente saudável, embora bastante frio no inverno, descortinando ao viandante uma das mais belas paisagens de toda a Galileia e, quiçá, do resto do mundo. Os campos cultivados com cevada, trigo e aveia, que manchavam a pradaria de um verde-claro, cor de limão novo, cessavam junto à encosta dos montes Tabor e Gilbos, depois de formarem delicado tapete de vegetação recortado pelos fios de água cristalina dos regatos e dos rios. À distância, as colinas banhadas de luz solar limitavam o horizonte num tom azul, lilás e violeta, enfeitadas no cimo pelas coroas de neve do fim de inverno, completando a moldura do quadro vivo e fascinante da paisagem de Nazaré.

As encostas dos morros eram pontilhadas de atalhos e estradas que subiam do vale de Jezrael e serpenteavam entre os tufos de capim, de musgo e de flores silvestres, cintilando sob o orvalho da madrugada. Alguns caminhos convergiam para o coração da cidade de Nazaré, que se aninhava na concavidade das montanhas; outros seguiam rumos diferentes, em direção ao mar Morto ou Damasco, a Séforis ou Cafarnaum. Eles se abriam por entre a fartura de vinhedos e de oliveiras, que forneciam o vinho gostoso e o azeite mais suave da Galileia. As granjas multiplicavam-se pelas planícies, mas sempre rodeadas de bosques e ciprestes alternados com as figueiras pejadas de frutos de caldo doce e os limoeiros de cheiro penetrante. De vez em quando, por entre as árvores frutíferas pintalgavam as pequenas romãzeiras carregadas de romãs de bagos encarnados e sumarentos; ou então, pendiam das cerejeiras os cachos de cerejas carnudas e vermelhas.

Ao redor da cidade de Nazaré, formando caprichoso cinturão, esparramavam-se as casas de madeira de lei, construídas principalmente de cedro de Líbano que se misturavam às cabanas bem feitas e às palhoças de barro batido, cobertas com folhas de palmeiras. À margem das estradas principais, sempre povoadas de caravaneiros, rabis, mercadores, soldados, coletores e povos de todas as raças, os bons galileus haviam construído poços d'água e ranchos com forragem e feno frescos para os animais cansados. As hospedarias, embora remuneradas, eram acessíveis ao bolso de todos os viandantes, pois a qualquer hora os retardatários encontravam bom caldo de peixe, sopa suculenta de hortaliças com muito alho e cebola, carne assada, farinha cheirosa para o pirão de peixe seco ou salgado, pão de trigo ou de centeio, fresco e saboroso, além das travessas com a fartura de saladas de legumes regados com o melhor azeite do lugar. Sobre as mesas, a bilha de vinho exalava o odor da uva madura; à sobremesa, em geral, havia figos melosos e macios, pêssegos aveludados ou tâmaras de Jericó.

Os viajores também encontravam, junto à estrada, o seleiro para ajustar os arreios, o ferreiro para ferrar os animais, o carpinteiro que consertava as charruas e outras viaturas. Havia também pequenas indústrias e artesanatos, que vendiam pás, enxadas, ancinhos, cochos e mós para a moenda de trigo; ripas, sarrafos e tábuas para a construção; bilhas, odres, vasos e apetrechos de cerâmica, feitos com arte e gosto. Era fácil encontrar o tecelão, cuja família inteira o ajudava entre o pó dos teares, fazendo desde o pano simples para o lençol, o de ramagens para a túnica ou a veste, o tapete pequeno para a entrada, ou o toldo berrante para a cobertura de mercadorias ou de proteção contra o sol. Havia ainda chinelas recortadas de veludo, com florinhas de cetim, feitas para uso doméstico; outras eram de cordas, trançadas de cerda ou de couro, com sola de madeira muito própria para o serviço externo. Nas proximidades das cidades crescia o mercado de flores de papel e de cetim, de panos bordados com fios de Sidon. Havia ainda colares trazidos do Egito e da Etiópia, bolsas de veludo e de seda; tecido de púrpura, tachos e panelas de cobre das fundições de Tiro, onde os escravos se consumiam na tortura do trabalho impiedoso. Os óleos aromáticos, as ervas cheirosas, a mirra, o incenso e os filtros amorosos da Índia eram apregoados pelos camelôs bulhentos.

Assim era a província de Nazaré, com o seu cenário encantador e buliçoso, que depois serviria para hospedar o mais excelso dos hóspedes — Jesus, o Sublime Peregrino.

PERGUNTA: — E qual o aspecto da própria cidade de Nazaré, na época de Jesus? Apreciamos conhecer melhores informes sobre o lugar onde ele mais viveu.

RAMATÍS: — Somente as construções romanas apresentavam um estilo incomum e arrojado em toda a Palestina. As residências dos romanos mais prósperos ornamentavam-se com arabescos e miniaturas de capitéis. Servidas por janelas de vidros coloridos, degraus de mármore branco e preto, em geral possuíam colunas esguias, que assentavam nos assoalhos de mosaicos das mais variadas cores. Eram vivendas amplas e confortáveis, que se abriam para os jardins floridos, ornamentados por arbustos pequenos e decorativos, que ofereciam frutos parecidos com o vosso maracujá e a jabuticaba.

As casas de Nazaré, em sua maioria, eram de estilo primário, feitas de blocos semelhantes às que ainda hoje se encontram nos países habitados por judeus. Lembravam enormes caixões de giz branco, destituídas de qualquer ornamento. Em alguns casos raros, símbolos de Salomão emolduravam as portas e janelas, ou vasos de barro encimavam as fachadas. Os toldos berrantes protegiam a entrada do sol e pela porta sempre entreaberta, via-se a enxerga do descanso noturno ou a indefectível esteira enrolada, junto à parede, à espera do hóspede retardatário.

Aliás, o clima ameno e estável da Galileia dispensava a necessidade de se construir casas complicadas ou dispor-se de recursos protetores mais adequados às regiões tristes e chuvosas. Em Nazaré havia um sossego perpétuo e próprio de uma natureza encantadora e favorável à colheita, à floração primaveril e à própria vida humana. As tardes ensolaradas, sob o bafejo da aragem fragrante que subia das encostas pejadas de frutos perfumados, eram um doce convite ao descanso eufórico e à contemplatividade, virtudes que Jesus sempre revelou na sua peregrinação messiânica. O sol festivo, a paisagem formosa e o vento perfumado, cheio de afagos e blandícias, predispunham as criaturas para um desprendimento espiritual. Sob tal sugestão poética, os bons sentimentos emergiam da alma, fazendo as criaturas esquecerem-se das mágoas cotidianas e das vicissitudes comuns.

Nazaré, como um pedaço do céu entrevisto pela ponta levantada de uma cortina sideral, não acicatava a ira, a decepção, a avidez, o egoísmo e a vaidade dos homens; deixava-os satisfeitos e serenos, ante essa dádiva tão generosa da Natureza. Era uma sugestão edênica incessante, que despertava nos galileus o espírito de hospedagem, a afabilidade, a franqueza, a sinceridade, o serviço fraterno e o interesse para atender às dores e às preocupações do próximo.

O céu claríssimo, com reflexos esmeraldinos sobre o azul celeste banhado pelo sol rutilante, manchava de róseo-lilás e ouro luzente a crista dos montes rendilhados de neve. Nazaré, sob essa fartura de luz e cores, parecia encantadora pomba pousada entre a vegetação e as flores fascinantes, cujo ninho era formado pela concavidade das montanhas serenas da Galileia. No fundo dos quintais das residências judaicas, as palmeiras agitavam os ramos verdes, fazendo acenos de amizade aos viandantes recém-chegados. As palmeiras eram as árvores que faziam parte integrante da vida dos judeus, sob cuja sombra eles consumiam a maior parte de sua existência. Ali trabalhavam, bordavam, estudavam e faziam suas refeições, inclusive suas orações em dias de festas e de graças.

Os judeus mais prósperos tinham bom gosto; apreciavam os jardins bem cultivados e faziam disso um motivo de espairecimento espiritual. Em geral, os caminhos ajardinados abriam-se entre os canteiros de papoulas sanguíneas, semelhantes a braseiros de fogo vivo. Em seguida, vinham os tabuleiros de flores de todas as espécies. Havia narcisos, jacintos azuis, íris roxos, cravos brancos, róseos e vermelhos. As rosas, de todas as cores e formas, desabrochavam majestosas, vivendo muito tempo sob um clima tão generoso. As trepadeiras, em cordões floridos, subiam pelos muros e delas pendiam minúsculas campânulas de cor lilás, safirina e de um branco níveo e veludoso, todo tarjado de azul-violáceo ou, então, balouçavam cachos de flores semelhantes a brincos cor de rubi, delicados sinos miúdos, botões opalinos ou florinhas brancas como chávenas de chá, que se agitavam sob a brisa refrescante, espargiam o seu pólen dourado. Nazaré era um verdadeiro festival de cores, emoldurando o casario branco, tecendo mantilhas rendilhadas sobre o fundo verde dos arbustos.

Já dissemos que os moradores de Nazaré não se preocupavam com os enfeites artificiais e ornamentações exteriores nas casas e ruas. No entanto, isso não era propriamente fruto de um descaso ou mau gosto, mas a culpa se devia à própria paisagem local, cuja beleza natural substituía qualquer empreendimento humano. Os galileus, enfim, desistiam de competir com essa natureza tão esplêndida e formosa, certos de que não poderiam retratar, pelos enfeites rígidos da pedra impassível, o encanto do cenário embebido de luz, a cor misteriosa das papoulas, dos cravos, jacintos, narcisos e a brancura imaculada dos lírios, nem o odor fragrante dos pessegueiros, das cerejeiras, dos limoeiros em flor. Jamais algum homem poderia copiar o azul-violeta das colinas, o verde macio e doce das planícies e a fascinante serpente prateada do Jordão bordejando tranquilo entre musgos e arbustos. A poesia atingia ali o seu mais alto nível de estesia espiritual. As planícies que se estendiam depois da cidade beirando as encostas dos morros, animavam-se com o mover das ovelhas pontilhando de manchas brancas o tapete verdejante. As lavadeiras faziam bulício às margens dos regatos cristalinos e das fontes adormecidas sob as árvores; a rouparia colorida dançava nos arames lembrando cortejos multicores. O riso cristalino das crianças rolando, encosta abaixo, entre divertidos brinquedos com os cabritos saltitantes, misturava-se ao cântico dos jovens colhendo o mel ou moendo a uva. Mesmo o cinturão de pó cor de tijolo das estradas parecia um colchão macio onde os burricos metiam os cascos. As abelhas e borboletas voavam em enxames rutilantes sobre o fogaréu das papoulas vermelhas. Bandos de pássaros de todos os tipos faziam revoadas rasteiras sobre os cinturões de margaridas que emergiam à beira dos lagos e das fontes de água, onde os animais se dessedentavam. À sombra das árvores copadas, os animais de pequeno porte descansavam num repouso feliz e os frutos miúdos, como as amoras roxas e vermelhas, caíam-lhes no dorso, dando ensejo a que algum pássaro mais ousado viesse buscá-los, quebrando-lhe a sonolência.

Do alto dos montes de toda a Galileia, o viandante sentia-se comovido em face do cenário espetacular que se descortinava até as fímbrias do horizonte. O céu derramava suas luzes sobre as estradas, lagos, rios, casas, choupanas e bosques, onde a gente, as aves, as crianças, os animais e os insetos se moviam em todas as direções, num pacto amigo, jubiloso, de alegria buliçosa e contagiante.

19. Jesus e Maria de Magdala

PERGUNTA: — *Qual foi a natureza da afeição entre Maria Madalena e Jesus?*

RAMATÍS: — Maria de Magdala, natural de Galileia, era jovem e muitíssimo formosa, além de famosa cortesã, que acendia o fogo das paixões em muitos homens da mais alta categoria administrativa e social de Jerusalém. Movida por um sentimento de curiosidade e, ao mesmo tempo, de ansiedade espiritual, ela procurou conhecer o rabi de sua terra, cuja fama de redentor de almas já atingia as cidades mais populosas. De princípio, ela dirigiu ao Mestre olhares insistentes, irônicos e quase desafiadores. Conhecedora profunda dos sofismas e das capciosidades dos homens, que eram capazes de tripudiar sobre as coisas mais puras para satisfazerem suas paixões animais, gostaria de conhecer a fundo a natureza passional daquele homem belo, sereno, mas humano. Ante seus olhares provocadores, Jesus não trepidou em sua habitual serenidade; mas devolveu-lhe um olhar de censura espiritual tão profunda, que ela vacilou, confusa, quase que envergonhada. Dali por diante passou a segui-lo, acompanhada de sua mãe e dissimulando, pouco a pouco, a sua exuberante beleza de formas, na auforia dos seus 24 anos de idade. Acompanhou o Mestre em sua última visita a Nazaré e esteve presente na casa de Simão, em Betânia, conquistando, pouco a pouco, as amizades dos familiares como Eleazar, Alfeu, Marta e Salomé. No entanto, era a Maria, a mãe do amorável rabi, que ela mais se afeiçoara, pois sentia necessidade de um afeto puro. Sua alma prendia-se cada vez mais àquele pregador que todos apontavam casto, sem mácula e de coração tomado pelo mais puro e grandioso amor ao gênero humano. Então, tratou a "doce" Maria com toda ternura e sob os mais delicados sentimentos de lealdade e homenagem espiritual. Mas ainda não conseguira esconder o remorso da primeira vez em que se defrontava com Jesus e lhe endereçou um olhar provocante, algo malicioso, como a duvidar de sua pureza de homem íntegro e desapegado dos bens do mundo. Devotou-se com o máximo de solicitude para apagar aquela primeira impressão desairosa semeada na alma do Mestre, e não se encorajava de enfrentar-lhe novamente o olhar sereno, afetuoso e despido de qualquer desejo menos digno.

Finalmente, um dia sua alma inundou-se de júbilo e encanto, pois ela cruzou o olhar de Jesus e teve a coragem de fitá-lo com suave insistência; mas o fez tomada por profunda timidez, sem a ostensividade da mulher que se sabe formosa e atrativa. Desaparecera a mulher envaidecida de seus próprios encantos, habituada a divertir-se com a avidez dos olhares cobiçosos dos homens. Ante o olhar franco e puro do Mestre Cristão, ela foi apenas uma tímida criança, que só ousou encará-lo quase assustada.

Mas Jesus sorriu-lhe e o seu olhar angélico derramou-se sobre ela como a linfa pura caída dos céus sobre a terra ardente e ressequida. Maria de Magdala levou a mão ao peito e quase sucumbiu ao solo sob a emoção de tanta alegria.

PERGUNTA: — Mas conhecemos obras que apontavam Maria Madalena como a paixão humana de Jesus, e que ela também o amou fisicamente.

RAMATÍS: — Como vo-lo dissemos, Maria de Magdala, tendo ouvido falar dos atributos santificados de Jesus, quis divertir-se e desafiá-lo com sua beleza provocante, certa de comprometer com a paixão física o rabi famoso por suas virtudes. Tendo encontrado o Mestre numa das tradicionais assembleias públicas, ou também conhecidas por sinagogas, perto do lago Tiberíades, em que os presentes podiam consultar ou interrogar os rabinos que as dirigiam, chamou-lhe a atenção com perguntas insistentes, enquanto o fitava provocantemente, tentando confundi-lo na sua prédica. É verdade que Maria de Magdala chegou mesmo a despertar uma afeição extrema em Jesus, e se percebia nele um prazer muito humano ao tornar a vê-la.

No entanto, jamais Jesus amou fisicamente Maria de Magdala, pois o seu porte moral e sua fidelidade à obra cristã, que era o seu sonho dourado no mundo, afastavam-no de qualquer objetivo vulgar do mundo. Não há dúvida de que ele não tardou a perceber que ela fora vítima de sua própria imprudência, pois passara a amá-lo desesperada e ardentemente. Mas Jesus decidiu-se a vencer aquele amor tão tentador e salvá-la de sua vida impura e delituosa, passando a tributar-lhe um afeto terno e paternal, que pouco a pouco deu-lhe força espiritual, ajudando-a a vencer a paixão abrasadora em troca da ternura fraterna. Exausta da falsidade dos seus mais ardentes admiradores, que apenas lhe cobiçavam os encantos femininos e jamais lhe seriam tão nobres e desprendidos como Jesus, ela não podia suster o seu recalque abrasador de criatura humana, ainda incapaz de sentir as emoções superiores do reino imponderável do espírito. Mas essa paixão menos digna, dos primeiros dias, não tardou a transformar-se no mais puro sentimento de idolatria espiritual, convertendo-a, incondicionalmente, ao messianismo redentor da obra cristã.

Jesus, entidade que já havia superado a ilusão da forma humana, cuja descida à Terra lhe custara imenso sacrifício espiritual, jamais poderia se comover ou se fascinar pela beleza e pelos encantos físicos de qualquer mulher, que ele não considerava além de uma irmã digna de ser venturosa. A vida material não lhe despertava qualquer impressão ou desejo anormal porque, através das coisas do mundo físico, ele só vislumbrava o espírito eterno que a sustinha. A criatura mais bela, diante dele era apenas um maquinário vivo, cujas peças constituídas de átomos, moléculas e células, só eram dignas de um exame técnico e não cobiçoso. Cada homem e cada mulher não passavam de instrumentação provisória atuando momentaneamente no mundo material, a fim de o espírito apurar a sua sensibilidade psíquica e desenvolver a consciência eterna. Espírito "auto-realizado", senhor de toda a trama da existência física e do planejamento espiritual do Espaço, jamais o seu coração sacudiu-se sob a intempestividade da paixão humana, pois, como disse Buda, "a paixão é como a flor que se entreabre pela manhã e murcha à tarde".

Maria de Magdala não poderia induzir Jesus a uma paixão transitória da carne, pois em sua inconfundível honestidade, jamais ele cederia em doar o seu amor puro e piedoso para uns e menos para outros. A sua família e seus amigos, discípulos, adversários, pecadores, algozes e traidores, ele os reuniu, mais tarde, em espírito, no alto da cruz, identificando todos numa só frase, em que resumiu o seu mais veemente sentimento espiritual de ternura para com o gênero humano, assim se expressando: "Pai! Perdoai-lhes, pois eles não sabem o que fazem!"

Maria Madalena, espírito inteligente, culto e sensível, não tardou em perceber que, em face da natureza angélica de Jesus, não havia combustível no seu coração que pudesse alimentar aquela paixão de natureza carnal. Por isso, num esforço heroico de renúncia absoluta, ela sufocou os brados apaixonados do seu coração e sublimou-os, queimando-os no fogo do sacrifício e da abnegação fraterna, passando a devotar-se ao Mestre e esquecendo o homem.

PERGUNTA: — Podereis dar-nos alguns aspectos dos motivos ou sentimentos que atuaram tão veementemente em Maria Madalena, a ponto de ela abandonar tudo o que lhe era simpático e valioso para entregar-se ao comando de Jesus?

RAMATÍS: — Maria de Magdala era um espírito generoso e afidalgado, que há muito tempo se sentia enjoado dos prazeres inferiores da carne, ansiando por encontrar um amor puro, sem paixão egocêntrica, um coração amigo a que pudesse confiar suas amarguras, seus sonhos desfeitos e a sua ansiedade espiritual. Ela sabia que os seus cortejadores mais apaixonados e ciumentos não passavam de homens fesceninos, ególatras e violentos, que depois de fartos em seus desejos, não tripudiariam em deixá-la atirada no monturo dos párias do mundo. Eles guardavam no âmago um desejo de desforra, porque as migalhas que lhes dera do seu amor haviam sido conseguidas a peso de ouro e de servilismo, algo humilhante para o amor-próprio masculino.

Seu corpo formoso, seus encantos e a fidalguia de mulher culta e de bom tratamento pessoal acendiam ciúmes, paixões e cobiça entre os seus conterrâneos e entre os próprios patrícios romanos. As outras mulheres consumiam-se de inveja e despeito, porquanto só ela lograra a fortuna pródiga e o poder avassalante sobre os homens. Seu castelo à beira do formoso lago, seus jardins rutilantes de flores raras, trazidas dos mais longínquos países através da influência de seus adoradores, sua biga faiscante de ouro e prata, puxada pela parelha de zebras da mais pura raça; seu horto de ervas odorantes onde se faziam os mais famosos perfumes da Judeia, eram causa dos mais contraditórios sentimentos dos hebreus. Maria de Magdala sabia quanta inveja e ódio também se disfarçavam no imo dos louvores, das homenagens e dos tributos que lhe dispensavam os mais servis.

Espírito de boa estirpe sideral, não abandonava os deserdados da sorte, mas sentia-se sozinha no seu mundo, como se tudo silenciasse de um momento para outro em seu redor. Embora cercada pelo fausto e pelos admiradores que ela movia depois pelos caprichos da sua vontade, sentia-se completamente desligada de tudo. Maria de Magdala vivia espiritualmente desesperada, reconhecendo a necessidade urgente de trocar aquela vida daninha por um viver simples e limpo, em que um sorriso alheio lhe fosse sincero e amigo, e um gesto de louvor partisse da amizade pura, em vez do interesse vil e inconfessável do prazer carnal. Eis que, então, lhe falam de um rabi amoroso, sábio e puro, que pregava um reino de amor e bondade, no qual até as feras viveriam em paz com os cordeiros e todos os seres entrelaçados no amor mais puro. Diziam-lhe que Jesus era magnânimo, justo, leal e amigo sincero do rico e do pobre, do sábio e do ignorante, do sadio e do enfermo, do santo e do criminoso, do senhor e do escravo, da mulher digna e da prostituta. Assim, quando, após o seu olhar provocante e quase sensual, Jesus a fitou e a envolveu com o magnetismo da mais pura afeição espiritual, Maria de Magdala sentiu-se afogueada e aflita, convicta de que Jesus, realmente, reunia todas as qualidades excepcionais que ela jamais pudera imaginar num só homem.

Inúmeras vezes ela havia tentado libertar-se daquela vida dissoluta, embora lhe proporcionasse fortuna; mas a decisão salutar sempre fracassava, quer por falta de motivo elevado, como devido à capciosidade do homem. No entanto, Jesus lhe significava o milagre desejado há tanto tempo, pois ele se apiedara dos seus pecados, frutos da lascívia dos homens e parecia ignorar sua ignomínia. Embora o corpo carnal de Maria Madalena ainda se prendesse à corrupção do mundo, há muito tempo o seu espírito vinha tecendo sonhos de libertação espiritual, tal qual o pássaro que, embora preso ao lodo, não deixa de envidar os mais heroicos esforços para alçar o seu voo libertador e retornar aos píncaros de sua moradia feliz. Ela sonhava com a chuva espiritual benfeitora, que lhe apagasse o tormento da alma angustiada; seria capaz de doar toda a sua fortuna e aniquilar sua fama deslumbrante, se pudesse alimentar a alma com o afeto puro do amor espiritual.

Ante Jesus, ela sentiu que a escória da animalidade inferior recuava sob o impacto da sua luz angélica, ensejando-lhe o caminho da redenção tão ambicionada. Ele significava-lhe a salvação derradeira; era a esperança de mitigar sua sede na linfa pura do Espírito superior. Reconhecendo no modesto rabi da Galileia um homem perfeitamente realizado em espírito e comprovado por uma vida santificada, Maria de Magdala abriu sua alma feliz e radiosa como a flor sob o sol amigo, pois não era uma impura congênita nem havia nascido para a corrupção humana, mas apenas mulher frustrada pelas circunstâncias adversas.

Sem qualquer hesitação, renunciou à fortuna, fez doação de seus bens aos infelizes, velou o aspecto estonteante de sua plástica tentadora, cobrindo o corpo com as vestes humildes de mulher simples e pobre.

PERGUNTA: — *Podeis descrever-nos o momento em que Maria de Magdala se ajoelha junto a Jesus e lhe enxuga os pés com os cabelos?*

RAMATÍS: — Dominada por intensa emotividade espiritual, ela abriu caminho por entre a multidão que escutava a palavra de Jesus e, trêmula e humildemente, sentindo o coração partir-se e uma dor ardente subir-lhe ao peito, deixou-se vencer por um pranto indominável.

— Jesus! Salva-me! — exclamou, caindo aos pés do Amado Mestre e cobrindo-os com suas lágrimas ardentes. Depois enxugou-os com seus formosos cabelos, e ainda tomada por aterradora timidez desconhecida em sua vida dissoluta, ergue os olhos lentamente para o Mestre, que, mantendo-se silencioso, bebeu-lhe toda a ternura transbordante do olhar triste e sereno. Jesus fez-lhe um gesto afetuoso, depois moveu os lábios angélicos, dizendo:

— Maria de Magdala! Tua fé te salvou!... — Suas palavras foram emolduradas por um suave sorriso.

Ela teve desejos de correr loucamente pelos campos floridos, cantar ao sol, ao vento e às árvores a sua felicidade, pois descobrira o amor que poderia clamar ao mundo inteiro, sem pejo, sem vergonha e isento do desejo e da cobiça humana. Clareiras de luz repontavam radiosas no âmago de sua alma; a linfa da vida eterna tomara conta de seu coração e ela renascia, em espírito e verdade. Maria de Magdala então se entregou de corpo e alma à obra de Jesus e mobilizou todas as suas energias espirituais para elevar-se acima das paixões da carne e transformar-se no mais perfeito símbolo de redenção da mulher pecadora.

PERGUNTA: — *Ainda com respeito a Maria de Magdala, certa vez ouvimos confrades espíritas afirmarem que ela significou perigosa e deliberada cilada dos espíritos das trevas contra a obra de Jesus. Gostaríamos de saber se isso tem fundamento.*

RAMATÍS: — A missão de Jesus, na Terra, foi precedida de atencioso estudo por parte dos Mestres Siderais do vosso orbe; e, embora não predominasse um fatalismo absoluto na sua realização, os principais acontecimentos foram previstos com segurança no gráfico messiânico. Ante o conhecimento perfeito das premissas que iriam compor a obra de Jesus na Terra, o Alto também pôde avaliar-lhe e concluir quanto ao maior ou menor êxito na sua concretização física. Previu-lhe os fatos mais importantes marcando-os no tempo psicológico devido, como o nascimento, a infância, a juventude, a pregação e o sacrifício de Jesus no Calvário. No entanto, assim como o general esquematiza a batalha decisiva e prevê os desvios, recuos ou ofensivas prováveis no avanço de seus exércitos, cujo êxito dependerá do comportamento e habilidade dos seus soldados, no esquema fabuloso da paixão e morte de Jesus no madeiro da cruz, os resultados previstos ou desejados também ficaram subordinados às reações, ao estoicismo e à fidelidade dos cooperadores do cristianismo.

Os apóstolos, discípulos, simpatizantes e amigos da obra de Jesus eram a matéria-prima viva com que ele lidou para edificar o Evangelho na face da Terra. E Maria de Magdala não foi uma cilada forjada pelo Espírito das Trevas, no sentido de truncar a obra de Jesus, porque se tratava de entidade amiga de Jesus, de vidas pretéritas e situada também no esquema do cristianismo. Cumpriu-lhe não só cooperar na obra cristã, como liderar as mulheres que deram o cunho afetivo, a ternura, poesia e renúncia na divulgação dos princípios libertadores do rabi da Galileia. No entanto, os trevosos rejubilaram-se ao confundir o amor espiritual de Madalena por Jesus, com um impacto de paixão ardente da carne, pois ainda ignoravam que o sentimento dela expluía como a seiva da planta agreste alimentando a muda da flor superior. Acreditavam que Jesus se abalaria pela presença fascinante da famosa cortesã junto dele, pois, realmente, Maria de Magdala era irresistível e seu nome vibrava até nos mais longínquos lugares da Judeia. Os agentes das Sombras consideravam que Jesus havia resistido à paixão de mulheres mais dignas, porque eram inexperientes, mas teria de ceder e enfraquecer a obra pelo escândalo de uma paixão ilícita.

Em verdade, eles desconheciam a capacidade de renúncia e a fé do espírito decidido de Maria de Magdala, motivo por que sofreram amarga decepção ante o equívoco de sua sortida. Contrariando os prognósticos dos demolidores do Cristianismo, eis que ela ainda deu mais ênfase à obra cristã, transformando--se num estímulo e na convergência do sentimento de todas as mulheres sequiosas de renovação moral. Inverteram-se os polos da malignidade, porque Madalena ressurgiu do charco para a luminosidade da graça de Jesus.

Jesus, o divino Mestre, não lhe significou somente o oásis amigo em que pôde mitigar a sede de afeto puro e sobreviver ao terrível naufrágio espiritual, porém, algo mais sério e grave lhe acusava no íntimo a necessidade urgente de sua recuperação. Jesus foi o poderoso catalisador que lhe dinamizou as forças superiores e ajudou-a a vencer o jugo perigoso das paixões humanas, mas ela sentiu também que algo naquela obra redentora lhe cabia fazer, ainda que com o sacrifício da própria vida. Saturada do sabor amargo das desilusões mundanas e sentindo o fel trevoso minando-lhe a contextura espiritual, então, entregou-se escrava do amor de Jesus, devotando-se incondicionalmente à obra que ele realizava.

O Mestre Divino, por sua vez, pela sua capacidade retentiva e intuição superior, pressentiu que Maria de Magdala estava intimamente ligada à sua obra messiânica, porque reconheceu tratar-se de um reencontro amigo na face da Terra. Realmente, ele havia trocado ideias com ela ainda no mundo espiritual, antes de ingressar nos fluidos do orbe físico, prometendo convocá-la no momento oportuno e ajudá-la na sua tarefa adstrita ao cristianismo. Em consequência, o comando das Trevas sentiu-se completamente decepcionado e desarmado na sua pertinácia de ferir o evento cristão, após verificar o fracasso do seu programa perturbador e confundir o afeto puro entre Jesus e Madalena, o qual ainda deu mais força espiritual ao fundamento sadio do cristianismo.

20. José, o carpinteiro, e seu filho Jesus

PERGUNTA: — Qual foi a influência exata de José sobre Jesus e a convivência entre ambos?

RAMATÍS: — Jesus, como já dissemos, herdara o porte de José e a beleza de Maria. Quando ele se quedava pensativo, numa atitude grave ou para tomar qualquer decisão importante, ainda mais se acentuava, no seu perfil heráldico, o aspecto grave de seu pai. José era um homem serviçal, reservado e conhecido pela sua retidão, firmeza de caráter e ação moral, além de excessivamente cauteloso nas coisas mais simples. Muito atencioso para com a família, embora severo, jamais aceitava qualquer compromisso profissional, caso ainda tivesse alguma dúvida em poder cumpri-lo. Enérgico, sóbrio, religioso, mas sem o excitamento fanático ou exagero místico, manifestava profundo respeito para com os preceitos e regras sagradas do Torá. Era também um terapeuta externo da coletividade dos Essênios, pois atendia os necessitados através de um curanderismo à base de passes fluídicos e irradiações magnéticas, trabalho desprovido de qualquer interesse mercenário que foi objeto da atenção de Jesus.

Essas virtudes impeliam-no fortemente para as realizações práticas e influíram bastante na educação de Jesus, evitando-lhe os impulsos prematuros de libertação espiritual, antes dele atingir o momento psicológico da sua tarefa messiânica. O ideal sublime que dominou toda a vida de Jesus em favor do próximo, o seu desejo ardente de transformar todas as sombras da Terra em clareiras de luz e todos os infelizes em cidadãos venturosos, graças ao bom-senso e à prudência de José foi sofreado no seu excesso místico, evitando uma atividade espiritual prematura. Embora se tratasse de um anjo, cujas emoções e energias criadoras eram oferendas em favor da felicidade humana, era preciso contê-las prudentemente durante a mocidade, pois o programa messiânico fora cronometrado para se desenvolver durante a maturidade de Jesus.

José ajudou-o a desenvolver suas forças espirituais para saber imunizar-se contra as manhas do mundo material. Nas reflexões e respostas sensatas que Jesus, mais tarde, deu aos fariseus em suas indagações capciosas e malévolas, como no caso da mulher adúltera e da moeda de César, o Mestre devia algo de sua acuidade à prudência do pai, que desde a infância o alertara quanto à malícia dos homens cínicos e mal-intencionados. A influência ancestral biológica e a contemporização psíquica de José protegeram a obra de Jesus desde o seu início, quer cerceando-lhe os voos prematuros do espírito antes da época messiânica, quer ajustando-o, pouco a pouco, no cipoal das contradições próprias do mundo terreno.

Mais tarde, o próprio Jesus percebeu que lhe fora de vital importância o frenamento de suas exaltações místicas, graças às ponderações e aos esclarecimentos sensatos de seu pai. José não opôs qualquer obstáculo ao ministério messiânico de seu filho, nem mesmo ao ideal de qualquer outro filho, embora fosse algo despótico no tocante à disciplina e à moral da família. Em seus últimos dias, graças a incessante inspiração do Alto, ele chegou a compreender que Jesus era realmente criatura de estirpe superior e que ninguém jamais poderia desviá-lo do rumo heroico e redentor. Apercebeu-se, enfim, de que o filho era um jovem diferente dos demais moços de sua época. As excentricidades e a rebeldia de Jesus em sua infância passaram a ser compreendidas como a manifestação singular de um temperamento indomável e severo, porém, terno e tolerante na mocidade.

José não era espírito bronco e insensível à verdadeira natureza de seu filho Jesus, pois sondou-lhe todos os desígnios e procurou conhecer o seu ideal sublime, que o movia no mundo estritamente em favor da ventura espiritual dos homens. Assim, fez-se mais íntimo do filho e tornou-se seu confidente fiel, afeiçoando-se, cada vez mais, aos seus propósitos em redimir a humanidade e oferecer a própria vida na consecução de tal evento.

José também amava o próximo e sentir-se-ia feliz em servir

o Senhor em qualquer empreitada espiritual. No entanto, sob a força emotiva do amor paterno, ele sofria ao verificar que Jesus, um prolongamento do seu sangue e de sua carne, era um moço que abandonava tudo no mundo, inclusive a composição de um lar afetivo e justo a que tinha direito todo o ser humano. Tantas criaturas haviam beneficiado o mundo e não se isolaram da família e dos preceitos da vida em comum.

Inúmeras vezes, José via Jesus silencioso e meditativo, recostado nos moirões da cerca ou apoiado sobre as vigas de madeira da carpintaria. Porém, o suor que se notava em seu rosto, a respiração opressa e o seu olhar febril, traíam os pensamentos inusitados que lhe ardiam na mente. E quando ele cerrava os olhos em atitude de profunda meditação, seu corpo estremecia por efeito de uma angústia íntima, num movimento aflitivo, semelhante ao da ave que está impedida de subir às alturas no seu voo sem limites.

PERGUNTA: — *Ser-vos-á possível dar-nos minúcias de algum diálogo mais íntimo entre José e Jesus?*

RAMATÍS: — Todos os acontecimentos ocorridos com o Mestre Jesus, desde o seu nascimento até a sua crucificação, ficaram vivamente gravados no Éter que impregna o Universo ou "Akasha", como é mais conhecido pelos orientais, no qual se gravam todos os fenômenos do mundo material, graças a um processo de auscultação psicométrica, que ainda escapa à vossa compreensão atual. Portanto, é possível captarmos aqui, no Espaço, as reminiscências e minúcias de todos os acontecimentos já ocorridos na Terra, desde a sua criação até o momento em que ditamos estas mensagens. Assim utilizaremos esse processo sideral para nos sintonizarmos com a frequência vibratória da faixa psíquica da vida de Jesus e de José, focalizando-os na Judeia, há dois mil anos.

José, no final de sua existência, devido à sua avançada sensibilidade espiritual, apercebeu-se de que Jesus era realmente um ser superior e que ele, como pai, também era parte na obra messiânica do seu filho. Aliás, o Alto desejava que ele pressentisse a tarefa de Jesus antes de partir do mundo terráqueo. Certa vez, José sentiu-se confrangido ante aquela aflição incontida que se manifestava, amiúde, em Jesus, pois desconhecia que se tratava de uma ansiedade espiritual incomum e não de qualquer desajuste psíquico. Então, achegou-se a ele e indagou afetuosamente.

— Jesus! Qual é o motivo de tua aflição e desse sofrer constante?

Seu filho demorou-se em responder; porém, seus olhos, doces e serenos, traíam profunda concentração espiritual. Em seguida, exclamou, sem qualquer mágoa ou queixume:

— Tu não podes compreender a minha aflição, porque eu vivo a vontade de meu Pai que está nos céus e só Ele sabe o motivo de minhas preocupações!

Num gesto de ansiedade acrescentou:

— Mas ainda não descobri para onde o Pai me guia os passos! — E num sorriso algo triste, mas resignado, aduziu: — Sofro muito pela espera!...

José mantinha-se silencioso, indeciso, pois receava magoar Jesus.

— Mas, que alimentas em tua alma, que te faz tão diferente dos demais jovens? — indagou corajosamente.

— Nenhuma flor, nem o ouro, nem o calor da paixão humana aceleram o meu coração ou encantam minha alma! — redarguiu Jesus, num gesto eloquente, mas absorto num mundo irreal. E num longo suspiro, entrecerrando os olhos, desabafou com certa veemência:

— Vivo somente o anseio de clarear o caminho dessa pobre humanidade, que está mergulhada num charco de misérias que são a sua própria infelicidade.

— Mas que pode fazer um homem como tu, para transformar os sentimentos dos outros homens e modificar os costumes da humanidade? — insistiu José, inconformado.

Então Jesus foi dominado por algo estranho, sua voz vibrava altiloquente, como se viesse realmente de um ser invisível, porém, mais real do que o próprio mundo das formas.

— Que importância é viver, se, para contentar os desejos insaciáveis do meu corpo, preciso esmagar os anseios da minha alma? Que sentido tem a vida, quando consumida entre os prazeres medíocres e transitórios da carne na implacável caminhada para o túmulo?

José estremeceu, um tanto confuso.

— Meu filho! Essa é a razão da vida humana e deve ser da vontade do próprio Jeová que ela assim seja! — observou-lhe, convincente.

Jesus fitou o pai. Apesar da gravidade espiritual de sua fisionomia, ele não escondeu um sorriso meigo:

— Pai! O boi, o carneiro, o cabrito e o camelo não vivem também a vontade de Jeová? Mas nós raciocinamos, não é assim?

— E acrescentou:

— Que faz o boi, o carneiro, o cabrito e o camelo? Apenas dormem, digerem, procriam, atendendo às suas necessidades físicas! O seu mundo é produto dos instintos que os impelem para a satisfação da sua vida animal. — E pousando, de leve, a mão na testa de José e, em seguida, na sua própria fonte, acrescentou, gravemente: — Tu pensas; eu penso. Existimos além de nossos sentidos físicos. Muito além dos fenômenos transitórios do corpo. Em nossos próprios ombros, Jeová colocou o arbítrio de optarmos pelos ideais superiores da alma ou nos escravizarmos aos tesouros, aos bens que as traças comem, a ferrugem rói e os ladrões roubam. Entendes, pai?

José parecia fatigado ao acompanhar Jesus nos seus altos voos filosóficos. No entanto, era um espírito envelhecido e experimentado no curso doloroso e educativo das vidas planetárias. Por isso, se não o entendia na consciência física, sentia-o no âmago da sua alma, pois a verdade inconfundível que fluía das palavras eloquentes de seu filho eram um fogo perene que lembrava as chamas do sacrifício religioso e possuíam vibrações de alta inspiração. Algo de misterioso havia sido ateado em sua própria alma. Estranha suavidade envolveu-o num instante e parecia ouvir melodias desconhecidas sob um halo de diáfano perfume. Sua mente ficara vitalizada por uma energia deslumbrante e que lhe dava uma percepção mais ampla da vida e das coisas. O coração ficara confortado e doce brisa balsamiza-lhe a alma. Porém, pouco a pouco delineou-se o cenário triste do mundo de formas pesadas e obscuras. Então, à sua frente, descortinou a figura de seu filho Jesus; mas, de súbito, estranha emoção invadiu-lhe o coração e sua alma entreviu, na memória espiritual, o quadro do Calvário, embora sem poder defini-lo em sua consciência física. Foi o terrível pressentimento, a lembrança estigmatizada de antes de encarnar-se na matéria e que agora assumia o vulto de uma tremenda possibilidade. Pesaroso e aflito, exclamou:

— Temo por ti, meu filho!

Jesus sorriu como se o tivesse compreendido em toda sua dor e presságio, mas era um sorriso ascético, sublime e heroico, que encorajava, pois tinha um halo de beleza impressionante.

— Jamais alguém se perde no seio de meu Pai, que está

nos céus! — replicou ele, apontando suavemente para o Alto. — Quem der sua vida pelo amor de Jeová, ganhá-la-á para toda a eternidade!...

E num aceno afetuoso, como a tranquilizar José, concluiu:

— Eu não me pertenço; mas é a vontade de meu Pai que age em mim e me guia! Quem me deu a vida tirá-la-á assim que lhe aprouver.

Silenciosamente, encaminhou-se para a porta e voltando-se num último gesto afável e cortês, exclamou num tom grave, emoldurado por um sorriso angélico:

— Que se cumpra em mim a vontade de meu Pai!

José achegou-se à janela de sua modesta habitação e seguiu com os olhos úmidos o vulto majestoso de Jesus, caminhando lentamente entre os narcisos, íris e anêmonas, que marginavam o caminho da fonte. O silêncio da tarde que se findava e a pureza da atmosfera faziam vibrar os leves estalidos de suas sandálias sobre a areia miúda, que refulgia sob os derradeiros raios do sol deitando-se no poente. O jovem Jesus caminhava sobre a terra, mas a sua alma mergulhava no Infinito. A natureza, em torno dele, silenciosa e quieta, parecia auscultar os seus pensamentos grandiosos ou as aflições crepitantes, que lhe ardiam no coração. Ele subiu num pequeno outeiro, encimado por uma cúpula de pedras e sentou-se ali, entre os tufos esverdeados, pontilhados de florinhas silvestres. Espraiou seu olhar sublime sobre a planície verdejante, os bosques, os caminhos dos pastores e a estrada que margeava o Jordão e depois rodeava o monte Tabor, onde mais tarde ele teria avançada visão mediúnica do mundo espiritual. Ao longe, o mar da Galileia brilhava, ondeando lantejoulas faiscantes, que se fragmentavam ante os reflexos do sol. Os pescadores preparavam as redes para a madrugada e as barcas manchavam a superfície da água com tons coloridos, desde o índigo até ao amarelo-claro. A brisa cariciosa que descia das encostas de Nazaré movia, de leve, os barcos miúdos e também agitava os cabelos sedosos de Jesus.

Jesus cruzou as mãos sobre o peito e cerrou os olhos. Um longo suspiro de infinita saudade fluiu de seu coração. O silêncio da tarde munificente de cores, perfume e poesia, o céu tarjado de luz crepuscular descendo sobre a cabeleira verdejante dos ciprestes e dos cedros esguios, acendia matizes de púrpura, ouro e rosa no formoso cenário da Galileia beijada pelo Sol da tarde. Lembrava talvez a paisagem sonhada por Jesus. Era a moldura atraente e sugestiva amostra do Paraíso, fazendo brotar de sua alma a ternura, o amor e a paz de espírito.

Então, o Divino Amigo da humanidade se deixou deslizar, de leve, os joelhos em terra. E recostado no suave outeiro de pedras e flores, de mãos postas, em atitude de prece, ergueu os olhos para o alto e sua alma entreabriu-se para o Senhor, num angustioso apelo, onde a volúpia do sacrifício confundia-se com o mais puro e exaltado Amor pelo gênero humano.

— Pai! Que a vossa vontade se cumpra em mim até a última gota do meu sangue!

Era o primeiro vislumbre consciente do seu holocausto no Calvário; intuição viva do motivo principal de sua vida na matéria e que o arcanjo Gabriel, seu guia, aproveitou naquele momento tão extasiante e de sintonia espiritual para sussurrar-lhe a proximidade dos passos messiânicos. Daquele instante para a frente, definira-se um propósito e se projetara o ideal que trazia do berço e lhe consumia a vida física. A "agulha" do seu coração apontava para o Norte do Calvário e já não guardava dúvida de que sua obra exigiria o sacrifício de sua vida em troca da salvação do homem.

No dia seguinte, quando ele desceu a encosta até às margens do Tiberíades, Pedro aceitou-lhe o convite e largou as redes de pesca para segui-lo. Eram realmente os primeiros passos da sua Paixão, no cumprimento da vontade do Senhor.

PERGUNTA: — Em face do seu elevado quilate angélico, Jesus não poderia ter prescindido de qualquer sugestão albeia quanto à sua obra, inclusive de seu pai José? Quer-nos parecer que ele sempre modelou os pensamentos e palavras mediante reflexões pessoais. Estamos certos?

RAMATÍS: — A Técnica Sideral protegeu o equipamento carnal de Jesus tanto pela sua ascendência biológica, sadia, como pela cooperação e presença de José, pois até as espécies florais mais delicadas requerem maiores cuidados do jardineiro, a fim de não sofrerem afluxo demasiado da seiva agressiva do caule. José, espírito austero, digno e de sentimentos elevados, graças à sua condição de pai carnal, protegeu e influenciou Jesus, sensatamente, desde sua infância e nos primeiros anos de sua juventude. Mais tarde, o próprio Jesus demonstrou a acuidade e a cautela hauridas de seu pai no intercâmbio entre os dois mundos, quando advertiu aos seus discípulos: "Sede mansos como as pombas, porém prudentes como as serpentes!" Embora o corolário da obra de Jesus previsse o seu sacrifício na cruz, o Alto precisou protegê-lo cuidadosamente para que não houvesse qualquer truncamento na sua missão heroica, em favor da humanidade.

Eis por que o seu corpo carnal devia ser fruto de uma estirpe ancestral selecionada e sadia, assim como o artista sensível e genial necessita de um instrumento superior para executar com perfeição as encantadoras melodias. Seu organismo funcionava sob o mais saudável equilíbrio "psicofísico". As suas angústias, inquietações ou fugas súbitas, que tanto inquietavam Maria e José, eram fruto de uma tensão orgânica que exigia esforços heroicos para o seu corpo acomodar-se ante o fabuloso potencial angélico, que lhe atuava nas mais recônditas órbitas eletrônicas das células e nos interstícios da rede nervosa.

PERGUNTA: — Podeis explicar-nos por que a graduação espiritual de Jesus, sendo tão elevada, exigia que o seu Espírito atuasse por intermédio de um organismo de alta seleção biológica?

RAMATÍS: — Um corpo cego, mudo ou deformado é um instrumento ineficaz para servir mesmo a um anjo descido dos céus, como foi Jesus. Sem dúvida, existem criaturas heroicas e de boa têmpera espiritual, que logram superar os seus defeitos físicos ou deficiências do meio onde se encarnam e que realizam coisas que espantam e desafiam os mais sadios.[56] Mas Jesus se encarnara para cumprir um trabalho de profundidade e de amplitude coletiva, em que a saúde e perfeita resistência orgânica eram fundamentais para o cabal desempenho da tarefa que exigia uma atividade dinâmica, sem o menor desfalecimento. Além disso, não se tratava de espírito em processo de resgate cármico. Por conseguinte, é óbvio que o seu corpo teria de ser um instrumento de ascendência biológica excepcional.

Aliás, o corpo humano é constituído por aglomerados de seres microscópicos, que lhe formam os tecidos vivos da carne,

[56] Nota do Médium: — Beethoven compôs a "Nona Sinfonia" depois de surdo; Milton, autor de "O Paraíso Perdido", era cego; e Dostoievski, epiléptico. Inúmeras criaturas sem braços pintam, bordam e são hábeis musicistas, servindo-se apenas dos pés. Sem dúvida, o exemplo mais surpreendente de alma que superou todos os óbices da matéria e impôs sua força espiritual criadora sobre o corpo físico ainda é Helen Keller, que ficou surda, muda e cega aos dois anos de idade, mas depois aprendeu a falar, diplomou-se com distinção no Cambridge e Radcliffe College, sabendo escrever à máquina. É autora de alguns livros, destacando-se *História de Minha Vida*, autobiografia.

os quais, no entanto, obedecem a certo esquema biológico que também está entrosado no padrão psíquico das espécies ancestrais. O fato de Jesus ser um anjo, nem por isso prescindiu de o Alto determinar providências seletivas e protetoras para lhe proporcionar um corpo bastante sadio e sensível destinado ao êxito de sua missão redentora. Era-lhe de suma importância o equilíbrio integral do sistema neurocerebral. Ele precisava de um instrumento carnal perfeito, a fim de transmitir a divina melodia evangélica para os terrícolas, assim como Paganini jamais comoveria os seus ouvintes se executasse suas famosas composições musicais num violino feito de papelão e com cordas de barbante.

Daí, pois, a escolha de José, da linhagem de Davi, para ser o pai do Messias, porquanto era um dos rebentos mais sadios, herdeiro de uma ancestralidade sem mancha e sem truncamentos biológicos. Além disso, a sua influência espiritual, como dissemos, serviu de frenamento à empreitada prematura de Jesus na composição da mais sublime doutrina de relação entre a criatura e o seu Criador — o cristianismo.

21. Jesus e seus precursores

PERGUNTA: — Tendes afirmado que o cristianismo é a Religião Universal; e Jesus o seu fundador insuperável. No entanto, muitos espiritualistas estudiosos e simpáticos à filosofia oriental afirmam que o budismo é um movimento superior. Que dizeis?

RAMATÍS: — Sabe-se que os homens e suas religiões evoluem de modo paralelo. Conforme o povo se faz cada vez mais civilizado, a sua religião também progride tanto em seus aspectos quanto na sua prática. À medida que a humanidade assimila e cultua ideais mais elevados, esforçando-se para uma realização moral mais sadia, também o seu culto e o seu entendimento da Divindade manifestam-se sob melhor compreensão e bom-senso. Assim, enquanto as religiões primitivas condizem com os povos atrasados, o homem civilizado do século XX requer uma doutrina religiosa compatível com o progresso atual.

Os estudiosos ateístas acham que a religião nunca teve uma origem além do entendimento e dos costumes do próprio homem; mas o homem não é exclusivamente um organismo carnal, porém, um espírito atuando do mundo oculto na composição provisória desse corpo denso. Em consequência, o sentimento religioso é inato no homem e o precede mesmo na sua adaptação ao mundo material, como o provam os selvagens na sua busca de Deus, adorando o vento, o sol e outros fenômenos da natureza. O homem civilizado e inteligente difere nessa mesma procura deísta, porque a sua devoção sublima-se em aspectos mais delicados, como a Luz, Energia, Divindade ou Absoluto.

Eis por que ainda há lugar para qualquer espécie de religião e doutrina religiosa no vosso mundo, uma vez que existem na humanidade tipos adequados aos mais exóticos e excêntricos movimentos de "procura" e "relação" com o mundo oculto. No seio do catolicismo, do protestantismo e mesmo do espiritismo, nascem movimentos doutrinários à parte,[57] como verrugas situadas no corpo da doutrina principal. Ante a psicologia e o temperamento dos crentes primários, ainda incapacitados para se ajustarem à matriz religiosa original, é suficiente um indivíduo fanático, excêntrico ou tomado de arroubos messiânicos, iniciar um movimento religioso, por mais fantasioso ou ridículo, para que, em seguida, não tardem a aparecer adeptos que levarão a sério o empreendimento absurdo, convencidos de que encontraram a única Verdade. Daí a inutilidade das discussões religiosas quanto a fixar-se a religião mais certa, uma vez que essa condição é dependente, primordialmente, da compreensão e do grau de cultura dos próprios adeptos. Porém, a despeito dessa diversidade de credos, o cristianismo é a única Religião Universal prevalecente, no futuro, porque suas bases são absolutamente inconfundíveis e imodificáveis. Mesmo que a humanidade alcance o mais alto índice de cultura e sabedoria, jamais repudiará conceitos cristãos como o "ama ao próximo como a ti mesmo" ou "faze aos outros o que queres que te façam"!

Em qualquer posto de comando ou grau de cultura, os fundamentos do cristianismo continuarão inalteráveis, porquanto aconselham ou determinam um "estado de espírito" superior na criatura humana, qualquer que seja a sua raça, inteligência ou posição social. É uma doutrina que se ajusta ao anjo, ao selvagem, ao senhor, ao escravo, ao rico, ao pobre, ao santo, ao criminoso, ao sábio e ao ignorante.

Há muitos séculos, os precursores de Jesus têm ensinado máximas semelhantes. Porém, nenhum deles conseguiu consolidá-las em bases indestrutíveis no entendimento comum de todos os homens. "Ama ao próximo como a ti mesmo" é sentença de fulgência moral eterna, pois o seu sentido fraterno envolve toda humanidade. Jesus, portanto, fundou a Religião definitiva ou a

---

[57] Da Religião Católica Romana, primitiva, surgiram a Igreja Católica Brasileira, a Ortodoxa e o Protestantismo; deste, surgiram seitas como os Luteranos, os Mormons, Adventistas, Presbiterianos, Batistas, Congregacionistas, Assembléia de Deus, Testemunhas de Jeová, Ciência Cristã, Metodistas e outras. Mesmo na área espiritista há os kardecistas, redentoristas, ecléticos, mediunistas, neo-espíritas; e a própria Teosofia e a Rosa-Cruz cindiram-se em outros movimentos separados.

Ramatís / Hercílio Maes

doutrina imutável da atualidade e do futuro; deu-nos o meio de relações espirituais entre a criatura e o seu Criador, a qualquer momento e em qualquer latitude geográfica. As contradições que ainda existem entre os religiosos que cultuam o cristianismo ou desmentem seus conceitos sublimes são frutos de interpretações pessoais e especulações religiosas, que se distanciam da fonte iniciática por força de convicção fanática ou presunção. Ninguém poderá "fundar" ou "inventar" outro credo mais sábio, justo e sadio do que o cristianismo, cujo alicerce, o Evangelho, é um Código divino que, através de seus conceitos de alta moralidade, é um reflexo vivo das próprias leis do Cosmo.[58]

O cristianismo baseado nas fórmulas do Evangelho, imutável no tempo e no espaço, dispensa que alguém lhe altere uma vírgula ou um til na sua estrutura doutrinária. Jesus, seu fundador, deve ser considerado o mais elevado instrutor espiritual do orbe, acima de seus precursores, embora estes sejam dignos do tributo devocional, visto terem-lhe preparado o caminho messiânico. Embora o budismo seja um movimento ético-religioso de elevado alcance espiritual, falta-lhe aquela tonalidade da amplitude universal do cristianismo. Enquanto, para ser cristão dentro da ética pregada por Jesus, o homem de qualquer raça ou posição social pode aceitar e viver os seus princípios, o budismo está confinado a uma espécie de limitação geográfica, a um temperamento de raça e gosto. Enquanto o oriental pode ser tão cristão quanto o ocidental, o asiático será sempre um "melhor" budista do que o latino, o eslavo ou o germânico.

PERGUNTA: — Mas diversos espiritualistas do Ocidente afirmam que Buda é ainda mais evoluído do que Jesus. Que nos dizeis da doutrina de Buda?

RAMATÍS: — Não há dúvida de que Buda é um Instrutor de alta categoria espiritual, cujos ensinamentos extinguem as ilusões da mente e livram o homem do temor da morte. Ele também procurou confortar os desanimados, erguer os fracos e consolar os aflitos, pois sua mensagem tinha algo da "Boa Nova" pregada por Jesus. Jovem e príncipe, Buda não hesitou em renunciar aos fulgores e prazeres da corte de Kapilavastu, a fim de procurar a verdade redentora da vida humana. Ele advertiu que "a glória do mundo é como uma flor esplêndida pela manhã e murcha à tarde." Sua alma entristeceu-se diante das desilusões e das

[58] A esse respeito, Ramatís está ditando-nos a obra *O Evangelho à Luz do Cosmo*, na qual estuda o cientificismo das máximas e dos conceitos do Evangelho.

dores da existência humana, em que nada é duradouro e tudo termina aparentemente sob a laje fria da tumba. Depois de usufruir dos prazeres e do conforto próprios de sua estirpe real, ao tomar contato com as realidades do mundo além dos muros dourados da sua corte, ele viu em torno de si o nascimento e a morte, o fausto e a decadência, a vida e a dissolução da matéria. Em todas as atividades do mundo, Buda verificou o desejo e a decepção, o medo da dor e o medo da morte, a paixão e a frustração, o poder efêmero, a juventude fugaz, a velhice acumulada de sonhos desfeitos ou remorsos crepitantes. As glórias do mundo encerravam-se no subsolo da sepultura terrena.

Espírito sadio e de alta estirpe sideral, não se consumiu no pessimismo e na descrença, nem se abateu diante do enigma triste da vida humana. Sua alma mereceu os louvores do Senhor, porque pesquisou, descobriu e ensinou que, embora "as coisas mudem sem cessar, há sempre uma verdade oculta e imutável, que dá realidade a essas mesmas coisas". Assim, a verdade estaria em tudo: na pedra, na planta e no animal, embora inconscientes. Porém, quanto ao homem, este já "sente", já "sabe" da verdade, porque ele tem consciência de ser, de existir e de pensar. A razão dá-lhe um sentido nítido da vida; tem a consciência do eu; porém ainda engendra o egoísmo, a injustiça e a iniquidade até descobrir que, acima do "eu inferior", forjado no mundo transitório das formas, existe o Eu Superior, espiritual e eterno, portanto a Verdade. E que, enquanto tudo é miséria no mundo de "Samsara",[59] a Verdade proporciona a paz de espírito depois que ele vence o erro e "mata" o desejo, alcançado o "Nirvana".[60]

PERGUNTA: — Quais as razões que sobrepõem Jesus aos seus precursores?

RAMATÍS: — Embora considerando-se a magnitude filosófica de Buda e a sua passagem messiânica pela Terra, Jesus viveu toda sua existência subordinada ao supremo ideal de servir a humanidade sofredora; afora alguns momentos prazen-

---

[59] Nota de Ramatís: — Samsara, termo sânscrito, significa literalmente "ação de vagar"; é a transição e a mutação contínuas; a passagem pelos mundos transitórios, que é o físico, o astral e o próprio mental, causa fundamental dos renascimentos na matéria e do sofrimento pela ignorância da verdade da vida espiritual.

[60] Nirvana: — É o oposto de Sansara; é um estado perene de consciência desperta, o autoconhecimento que liberta. Não é um estado de aniquilamento do ser, como a gota d'água se funde no oceano; porém, um estado de plena consciência espiritual; é a vida do Espírito liberto das limitações do tempo e do espaço, com o direito de trânsito livre no Infinito.

teiros, que teve em sua infância, passou pela Terra em constante angústia e piedosa aflição por todo o sofrimento alheio.

Enquanto os seus precursores ainda manifestavam "desejos" e se envolviam no "Maya", ou na ilusão de alguns prazeres da vida humana, Jesus foi absolutamente imune a qualquer apelo ou tentação da matéria. Eles só se devotaram ao messianismo da redenção e do esclarecimento do homem terreno, depois de experimentarem as seduções da vida carnal. Porém, o filho de Maria e José, desde o berço até à cruz, viveu na mais completa pobreza e entregue exclusivamente à tarefa de libertar os terrícolas das algemas do pecado. Buda e outros iluminados instrutores espirituais do Oriente saíram em busca da Verdade, depois de algumas desilusões da vida do mundo e quase preocupados com uma solução pessoal.

Jesus, no entanto, desde sua infância viveu indiferente à sua própria felicidade, pois os seus sonhos e ideais só objetivaram a ventura alheia. Jamais ele procurou solver os mistérios da vida humana para contentar sua própria ansiedade. Todas as suas iniciativas visavam ao bem do próximo. Não era um filósofo aconselhando diretrizes extemporâneas, nem legislador enfileirando leis e punições para a atarantada humanidade, mas sim o companheiro, amigo fiel e generoso, que vivia minuto a minuto aquilo que ensinava e oferecia a própria vida em favor dos humildes e desgraçados. Considerava a humanidade a sua própria família.

Moisés desposa a filha de um sacerdote midianita e vive até 120 anos usufruindo os bens da vida humana. Zoroastro alcança honrarias na Terra e casa-se três vezes. Confúcio casa-se aos 19 anos, torna-se Ministro da China e desencarna aos 73 anos de idade, após alternativas de glória e de honras políticas. Finalmente, o próprio Buda, educado entre os prazeres e os fulgores da corte de Kapilavastu, casa-se com a bela prima Yoshodhara. Deixa o lar aos 29 anos e depois de longas meditações encontra a Verdade espiritual aos 35 anos, sob uma árvore de bô. Entretanto, Jesus, nascido em paupérrimo lar operário e participando de árduo serviço doméstico, sem a possibilidade de cultura que muitos precursores haviam recebido nos palácios afortunados, sente essa mesma Verdade Espiritual desde a infância, vive-a integralmente até o sacrifício na cruz.

Embora oriundo de altas esferas angélicas, nem por isso o instinto natural do sexo humano deixou de acicatar o corpo jovem de Jesus, assim como a planta selvagem insiste e tenta dominar, com sua força agressiva, o enxerto da muda superior. No entanto, ele matou o desejo carnal e venceu o próprio "Maya", a Ilusão da vida humana, o que Buda só fez aos vinte e nove anos, depois de desiludido dos prazeres do mundo e impressionado pelas chagas e mazelas do seu povo. Jesus, no entanto, foi casto durante toda sua vida, pois viveu uma só emoção, acalentou um só pensamento e teve um só desejo: a felicidade do próximo! Buda, embora fosse também um excelso e genial instrutor espiritual, primeiramente contentou os desejos do corpo e os bens do mundo. O seu messianismo, na verdade, iniciou-se depois da saturação dos seus sentidos físicos. Jesus, no entanto, subordinou toda sua existência ao ideal incessante de promover a felicidade dos homens. Sem dúvida, não houve desdouro para Buda, pelo fato de ter casado e procriado e só sentir-se desperto pelo fogo sagrado da vida espiritual depois que conheceu as dores e as ilusões da vida humana. No entanto, ninguém jamais foi tão heroico, puro e honesto na doação de sua vida ao próximo, como o fez Jesus.

Os iluminados que antecederam Jesus quase sempre foram de aspectos vigorosos e tipos bem nutridos, que pregaram a sabedoria com certo otimismo espiritual, sem muitas hostilizações do meio e dos homens, ao passo que o Mestre Galileu atravessou sua época qual junco batido pelos ventos gélidos das ingratidões humanas. Ele era um perfil delicado, tipo de anjo semifebril e angustiado no exílio terreno, a refletir em seu olhar as dores do mundo, a ignorância, a hipocrisia e a maldade dos homens. Diz a biografia de Buda que ele caiu em meditação e expirou tranquilamente, depois de ter dito: "A destruição é inerente ao todo composto; porém a Verdade durará sempiternamente. Trabalhai com afinco por vossa libertação!" Jesus, no entanto, expirou na cruz, entre dores e sofrimentos acerbos, mas reunindo suas forças derradeiras e malgrado ser a vítima inocente da maldade humana no arremate de uma existência de incondicional amor aos homens, expressou-se assim: "Pai! Perdoai-lhes, porque eles não sabem o que fazem!"

Em verdade, ele carregou nos ombros o fardo das mazelas humanas, enquanto a maioria dos gênios, sábios e santos tecia suas mensagens libertadoras no silêncio amigo do lar, no refúgio da Natureza ou no ambiente inspirativo dos conventos e das instituições fraternistas. Jesus gravou suas ideias e pensamentos ao vivo, dia a dia, minuto a minuto, sob o sol ardente, sob a chuva copiosa ou na terra escaldante; junto aos mendigos, prostitutas e publicanos; entre leprosos, chagados e loucos. Os pobres, os miseráveis e os desesperançados foram a argamassa de sua edificação espiritual.

Indiscutivelmente, o Mestre Jesus foi o Espírito de maior quilate jamais pousado na Terra, pois desde o seu nascer até morrer, ele viveu exclusivamente a ideia crística, representativa da Verdade e da Vontade do Pai.

Jesus, tendo sido o sintetizador do ensino desses precursores, não veio, pois, criar coisas novas ou destruir coisas velhas, mas simplesmente consolidar o velho e puro ensinamento sempre latente na tradição religiosa dos templos. No próprio Sermão da Montanha ele o confirma, lembrando que não viera destruir os profetas, mas confirmar o que eles haviam dito. Isto quer dizer que seus ensinamentos devem ser aceitos incondicionalmente, despidos de vícios, de distorções, de dogmas, de prescrições ou de liturgias, pois representam uma libertação completa do modo de pensar e de viver.

É óbvio que tudo o que já haviam dito Manu, Antúlio, Numu, Orfeu, Hermes, Rama, Zoroastro, Krishna, Buda, Fo-Hi, Lao-Tse, Confúcio, Moisés, Pitágoras, Platão, Sócrates ou Maomé, ele o fez protestando veementemente contra os aparatos cerimoniais e o exaustivo simbolismo, que sufocam a beleza pura do ensino doado pelo Alto. Seu olhar espraiou-se pelo mundo e mergulhou no passado, verificando, com tristeza, que a sementeira generosa do ensinamento divino era sempre asfixiada pelos homens com o luxo nababesco dos santuários faustosos e dos sacerdotes que viviam da idolatria de todos os tempos. O seu Evangelho está implicitamente exemplificado no seu modo de amar e de viver. Aquele contínuo silêncio e o seu estoicismo ante a inutilidade de reagir contra a estupidez humana falam-nos com mais força do que a multiplicidade de palavras sentenciosas que lhe quiseram atribuir, copiando-as da boca de outros iniciados menores. A força eterna de Jesus — já o dissemos — situa-se fundamentalmente na sua incondicional proteção à pobreza, à desgraça, à infelicidade humana. Basta isso para reavivar-lhe novamente a beleza crística, pois o mundo desgraçado de hoje já compreendeu que só o Amor de Jesus o salvará!

22. As pregações e as parábolas de Jesus

PERGUNTA: — Que nos dizzeis do modo como Jesus fazia suas pregações ao povo?

RAMATÍS: — Jesus fascinava as multidões em suas pregações formosas e fluentes, pois era criatura sem afetações e não usava de quaisquer artificialismos para ressaltar sua oratória. Jamais se preocupava em impressionar o auditório pela eloquência rebuscada, como é muito comum entre os oradores do mundo profano. A essência espiritual de suas palavras provocava uma alegria suave e consoladora em todos os que o ouviam. Não prelecionava em altos brados, nem dramatizava acontecimentos; jamais sacrificava o conteúdo singelo das suas lições para ressaltar-se na figura de um admirável orador. Exato, sem as minúcias que exaurem os ouvintes, num punhado de vocábulos familiares expunha o esquema de uma virtude ou a revelação de um estado de espírito angélico. E Jesus falava com naturalidade, sem a proverbial altiloquência que lhe emprestaram os evangelistas, como se estivesse no seio aconselhador de um lar amigo. Sua voz doce e comunicativa extasiava os ouvintes; penetrava-lhes na alma trazendo-lhes a efervescência espiritual.

PERGUNTA: — Como ele se movimentava entre os diversos lugares em que fazia suas palestras evangélicas?

RAMATÍS: — De princípio, Jesus percorria a Galileia não muito longe de Nazaré, até Cafarnaum, ou descendo até Samaria, sem atravessar o Jordão ou o mar da Galileia. Os seus discípulos cercavam-no de cuidados e a todo momento procuravam preservá-lo do sol, cobrindo-lhe a cabeça formosa com algum xale de seda, como era costume local. Algumas vezes, cavalgava um burro ou mula dócil, assentado sobre macia almofada tecida por alguma mulher carinhosa, fiel e seguidora de suas ideias. Em geral, ele fazia suas pregações ao entardecer, quando o poente se irisava de cores, pois gostava de aliar o efeito policrômico e a fragrância da Natureza à ternura e à poesia de suas palavras afetuosas. Apreciava falar do cimo das pequenas colinas, enquanto seus discípulos, amigos e fiéis se acomodavam a seus pés, embebidos na doce esperança da mensagem que lhes anunciava o tão esperado "reino de Deus". Doutra feita, rumava diretamente para o vilarejo mais próximo, tornando venturoso o lar onde se hospedava, participando da ceia modesta e comovendo os corações dos seus hospedeiros com palavras de ânimo, alegria, consolo e esperança no futuro.

As mulheres e as crianças cercavam-no com particular afeição, pois a ternura emanada de Jesus era um sedativo às almas simples, boas e cândidas. Afagava as crianças sem afetação e com o mais profundo sentimento de amor, despreocupado de causar efeitos favoráveis na mente de seus hospedeiros. Ele via sempre na criança o símbolo do cidadão do "reino de Deus", em que o riso farto, a travessura inocente, as reações espontâneas e sinceras reproduziam as virtudes naturais do homem sublime. Também era de seu costume tratar com carinho as aves e os animais, não se pejando de curvar-se para o solo e socorrer o réptil ou o inseto venenoso, afastando-o do caminho onde seria fatalmente esmagado. Espontâneo e sincero, indiferente à crítica e à opinião pública, os seus gestos, palavras e atos eram sem afetação, refletindo claramente o seu espírito angélico, incapaz de qualquer sofisma ou capciosidade.

As casas que Jesus frequentava eram invadidas pela multidão vizinha. As criaturas aglomeravam-se pelas portas e janelas, ávidas de ouvirem o rabi da Galileia tecer suas formosas parábolas de ensinamentos singelos e compreensíveis às próprias crianças. A Paz do Senhor pousava no teto do lar onde ele pregava a "Boa Nova" de esperança e amor, que comovia os corações mais empedernidos. As mães corriam a buscar seus filhos, pedindo ao profeta de Nazaré que os tocasse, pois se dizia que sua bênção era um lenitivo para as dores e preservação contra as doenças. Alguns curvavam-se à sua frente e rogavam contritos: "Benze-me, Rabi, pois eu sofro!" Inúmeras vezes as suas palavras ou apenas a sua augusta presença eram suficientes para curar os enfermos imbuídos de intensa fé[61] ou provocava explosões de remorsos, lamentos cruciantes e confissões de delitos conservados em sigilo. O Divino Rabi pousava o seu olhar complacente sobre todos; aconselhava ladrões a devolverem suas presas; mulheres duvidosas a se redimirem de seus pecados e criminosos endurecidos a vencerem seus instintos cruéis. Fortalecia as virtudes nos bons e a conduta superior nos regrados; infundia sua força angélica em todos, redimindo e incentivando transformações morais que ateavam chamas de bom viver nas criaturas hesitantes, engrossando assim as fileiras de sua corte messiânica.

PERGUNTA: — Certa vez dissestes que, estando encarnado no tempo de Jesus, tivestes ensejo de conhecê-lo pessoalmente, quando visitastes a Hebreia. Poderíeis dizer-nos algo dessa vossa experiência junto ao Mestre?

RAMATÍS: — Embora a nossa afirmação não vos sirva de prova irrefutável, mas apenas um enunciado de confiança, nós gozamos a felicidade de um encontro pessoal com Jesus, na Palestina, quando nos filiávamos a certa escola filosófica de Alexandria.[62] Assim pudemos conhecer algo dos ensinamentos da "Boa Nova" e do "Reino do Céu" que Ele pregava entre os judeus e pagãos. Quando o encontramos, ele usava uma túnica de esmerada brancura e um manto azul-celeste, cabelos soltos nos ombros; e calçava umas sandálias de cordões amarrados nos tornozelos. Vimo-lo subir a encosta do morro, seguido pelos seus diletos discípulos e caminhando com infinito cuidado, a fim de não pisar sobre as pétalas aveludadas das anêmonas dos prados, que floresciam prodigamente, atapetando o solo com suas flores brancas, lilases e tarjadas de um roxo brilhante. Sob um bosque de ciprestes havia uma pedra avantajada e cômoda, emergindo entre os tufos de capim verde e florinhas silvestres, que estremeciam sob o afago da brisa suave. Voltando-se para a multidão que se formava a seus pés, encosta abaixo, Jesus primeiramente espraiou o seu olhar sereno sobre a paisagem. Sua alma parecia

---

[61] Marcos, 5:24-34.
[62] Nota do Médium: - Ramatís fazia parte de certa escola iniciática de Alexandria, onde se procurava conhecer a contextura do "homem imortal". Eram ensinamentos expostos à luz do ambiente tranquilo da fraternidade oculta, parecidos com as convicções dos essênios e pitagóricos, porém, firmados francamente no conhecimento da Lei do Carma e no processo da Reencarnação. Não estamos autorizados a dizer que filósofo Ramatís foi na época, embora algo conhecido.

deleitar-se com os vinhedos, os ciprestes, os limoeiros, as oliveiras e a brancura dos campos de trigo agitando a sua cabeleira de espigas sobre o verde repousante do vale do Jordão. Tudo estava engalanado na força da estação primaveril; o campo cobria-se de flores e até dos troncos apodrecidos surgiam florinhas encarnadas, roxas, azulíneas e amarelas. A paisagem era empolgante de beleza, de cores e de luzes, pois seria difícil encontrar cenário tão fascinante quanto o da Galileia na sua explosão de flores e perfumes inebriantes no ambiente campestre.

Acomodando-se sobre a rocha atapetada de musgos, Jesus espraiou o seu olhar sereno sobre a multidão, que ardia de ansiedade por ouvi-lo, enquanto João lhe estendia o "xale de rezar", peça tradicional entre os galileus, com o qual ele cobriu sua cabeça. Em seguida, abençoou aquela gente silenciosa e começou a falar pausadamente, porém, dando relevo às frases e imagens que definiam suas ideias, enquanto os seus ouvintes estavam contagiados por sublime emoção. Era imenso o poder verbal de Jesus, pois impressionava profundamente as criaturas que lhe bebiam as palavras como um néctar dos deuses. Sua voz era pausada, repleta de doçura e de uma sonoridade musical cristalina, jamais ouvida por nós. As palavras vibravam no ar como lentejoulas vivas espargindo sons maviosos e tecendo um manto de harmonia a envolver sob o céu dadivoso a turba hipnotizada pelo verbo salvador. Espírito equilibrado e de visão exata, suas palavras ajustavam-se hermeticamente ao pensamento enunciado e conseguiam despertar emoções, cujo eco ficava vibrando para sempre na alma dos seus ouvintes.

As mãos do meigo Rabi eram de molde irrepreensível. Em suas pregações e gestos, elas pareciam mansas pombas configurando-lhe no espaço os contornos do pensamento e avivando as suas palavras amorosas. Naquele dia em que buscáramos conhecê-lo, o Mestre explicava a parábola do "Semeador",[63] pois ele costumava pregar o ensinamento de conformidade com o ambiente e as circunstâncias que o tornassem mais vivo e entendível.[64] Escolhia cada parábola de acordo com o tipo de

---

[63] Mateus, 13:1-23; Marcos,4:1-20; Lucas, 8:4-15.
[64] Nota de Ramatís: - Quando Jesus falava aos campônios expunha a parábola do semeador, do grão de mostarda, do joio e do trigo; aos pescadores referia-se à parábola dos peixes; num banquete ou festividade, falava dos talentos, do tesouro enterrado; entre negociantes e especuladores, da pérola de grande valor, o credor incompassivo, os dois devedores; entre magnatas, servia-se das parábolas do rico insensato, o rico e Lázaro; entre os assalariados explicava-lhes a parábola dos servos inúteis, dos trabalhadores da vinha e do mordomo infiel; entre homens de lei

auditório, pois a sua elevada intenção era oferecer a solução para os problemas de ordem moral e social daqueles que o ouviam.

Rodeado pelos campos floridos, cujo ar doce e perfumado traía o odor dos figos, das uvas, dos limões e dos pêssegos maduros, trazidos nas asas do vento brando e fresco, Jesus comovia até às lágrimas, ao explicar que o semeador lançou suas sementes no solo duro, na rocha, na terra espinhenta, porém, finalmente, obteve êxito no bom terreno. O lugar escolhido para essa prédica era de magnífica inspiração, pois além da florescência dos narcisos do campo, do fogaréu de papoulas vermelhas e das anêmonas safirinas, lilases e ametistas, que coloriam toda a planície de Genesaré, sem deixar um só desvão do solo descoberto, o quadro formoso completava-se pelo dorso esmeraldino levemente crispado do mar da Galileia, a despedir faíscas à luz do sol, que formava dourada cortina translúcida à altura da crista nevada dos montes mais altos.

Jamais poderíamos esquecer a veemência e a fé com que Jesus enunciava os seus ensinamentos, ainda prematuros e arrojados aos judeus subordinados à sua crença dogmática mosaísta. A gente da Galileia, rude e ignorante, mas dotada de sentimentos compassivos, sublimava-se ante a prédica do seu querido Rabi, pois ele realmente vivia em si mesmo aquilo que ensinava. Não era um sistema político, nem filosófico, porém, doutrina moral e religiosa, que tocava o coração e pedia a aprovação do sentimento, muito antes do raciocínio da mente.

Quando retornamos para Alexandria e consultamos os nossos maiorais a respeito das atividades do Rabi Jesus, que tanto nos havia impressionado, todos eles foram unânimes em confirmar que, malgrado a sua aparente insignificância na época, na realidade ele era o maior revolucionário espiritual descido à Terra, a fim de sintetizar os ensinamentos dos seus precursores e redimir a humanidade.

PERGUNTA: — Por que Jesus preferia explicar sua doutrina através de parábolas?

RAMATÍS: — Certas tribos da Judeia e adjacências, com as quais Jesus tivera contato mais assíduo, entendiam-se entre si através do emprego pitoresco de parábolas. O Mestre, inteligente e intuitivo, percebeu que essa expressão verbal era o mais perfeito veículo para ensinar sua doutrina aos homens de sua

mencionava o juiz iníquo, e entre os religiosos a história do publicano e o fariseu.

época e também sintetizá-la de modo a servir para a humanidade futura.

A parábola é o meio apropriado para os fins de comparação e Jesus passou a empregá-la para despertar a mente das criaturas mais simples e sem cultura disciplinada. Ele era um apaixonado pela análise da Natureza e constantemente recorria aos seus fenômenos e objetivos, comparando-os com os acontecimentos da vida humana. Dava-lhes a feição de coisas que pareciam vivas e se mantinham em estreita relação, como se a Terra fosse apenas a ante-sala do céu, onde o homem primeiramente devia limpar suas sandálias. Os seus princípios mais altos, ele os pôde formular através dessa correlação constante das parábolas e das coisas animadas e inanimadas, às quais acrescentava o seu sublime toque de poesia espiritual. Os homens então o entendiam facilmente e se prendiam à suavidade e às ilações filosóficas que Jesus tirava da queda de uma folha, do murmúrio do regato, da mansuetude da pomba, da importância do tesouro enterrado ou da singela semente no solo. Sentiam-lhe o pensamento muito antes dele chegar à conclusão moral ou filosófica do que dizia; embeveciam-se ante a beleza e a força das imagens que sabia compor em simbiose com o encanto da Natureza. Os acontecimentos mais severos e os fatos mais complexos assumiam tons de ternura e feição familiar, que cativavam e penetravam com a força do bom-senso.

Através da parábola, Jesus fazia resumidas narrativas e oferecia admiráveis lições de moral superior, que eram entendíveis em qualquer época e em qualquer latitude da vida humana. Ele sabia modelar as frases e escoimá-las do trivial, do inócuo e do inexpressivo, transformando a mais singela pétala de flor no centro de um acontecimento de relevante fim espiritual. Nas parábolas, ele punha toda sua tática e inteligência, pois o mais insignificante fenômeno da Natureza transfundia-se na força de um símbolo cósmico. Os seus ensinamentos estão repletos de comparações singelas, mas sempre ligadas à vida em comum dos seres, que atravessaram os séculos e se transformaram em conceitos definitivos, constituindo-se num repositório de encantamento para a redenção humana.

Os provérbios, os aforismos e os adágios de senso comum de certos povos e tribos, sob o quimismo espiritual de Jesus valiam por ensinamentos eternos; eram frases que ondulavam sob a brisa cariciosa do seu Amor e penetravam fundo na alma dos homens. Simples conceitos e máximas aldeãs iluminaram-se à guisa de princípios filosóficos inalteráveis. O modo peculiar de uma gente entender-se entre si desdobrou-se num processo de análise e revelação em favor do entendimento da vida eterna. Só mesmo a força criadora de um Anjo e o sentimento excelso de um Santo, conjugados à sabedoria cósmica de um Sábio, seriam capazes de modelar preceitos eternos sob a argila das palavras mais insignificantes. Aqui, a diminuta semente de mostarda serve para explicar a fé que move montanhas e cria os mundos. Ali, a parábola do talento enterrado adverte quanto à responsabilidade do homem no mecanismo da vida e da morte. Acolá, o joio e o trigo simbolizam a seleção e divisão profética dos "bons" e dos "pecadores" no seio da humanidade. Enfim, as parábolas foram o maravilhoso recurso de que Jesus se serviu para ajustar o seu pensamento avançado e transmiti-lo de modo entendível aos conterrâneos. Elas oferecem um tom de respeitabilidade e o seu conteúdo é sempre de nobre significado moral, no sentido de despertar a reflexão sobre a Verdade, que deve ser o fundamento da vida eterna do Espírito.

PERGUNTA: — Jesus sempre recebeu o apoio e a adesão dos seus conterrâneos da Galileia, quando iniciou suas prédicas evangélicas?

RAMATÍS: — Mudam-se as épocas, mas os homens se repetem, porque a Terra ainda é uma escola de educação primária, cuja turma aprovada no aprendizado do ABC é imediatamente substituída por outro contingente de almas analfabetas e, portanto, nas mesmas condições espirituais dos aprovados anteriormente. Aliás, o próprio Jesus queixou-se de que "ele viera para os seus e eles não o conheceram", justificando perfeitamente o aforismo "santo de casa não faz milagres", coisa que tornaria a acontecer hoje, caso ele retornasse à Terra para cumprir tarefas semelhantes.

Iniciando a sua jornada messiânica, o Mestre Jesus foi alvo de entusiasmos e de zombarias, de respeito e sarcasmo, de elogios e censuras, de admiração e hostilidade. Os gozadores, os egoístas, os hipócritas de todos os tempos também estiveram presentes na sua tarefa de libertação espiritual do homem, e sem dúvida ainda hoje estariam novamente na sua "segunda vinda". Os mais irreverentes da época consideravam Jesus um indivíduo hábil, esperto e talentoso, que seduzia as mulheres jovens enquanto usufruía a fortuna das viúvas ricas. Os risos de mofa, os ditos ferinos, o sarcasmo e a censura circulavam em torno dele, desafiando-lhe a tolerância e a resignação. Entre os seus próprios seguidores havia os pusilânimes, traidores e aproveitadores, como só acontece nos movimentos políticos e nas revoluções sociais. Para a maioria dos maledicentes, Jesus não passava de profeta dos vagabundos, pois a perfídia, como a peçonha da serpente, que se renova a cada mordedura, também lograva infiltrar-se entre os seus discípulos e simpatizantes. Os mais débeis afastavam-se temerosos ante a primeira ameaça do Sinédrio e os interesseiros desistiam ante o insucesso financeiro do movimento cristão.

Certas vezes, ao surgir na curva do caminho principal que se estreitava depois na rua pedregosa principal de Nazaré, voltando de suas pregações junto ao Jordão, Tiberíades ou adjacências e cercado pelos pescadores, homens do povo, viúvas, mulheres de todos os tipos e condições sociais, então os velhos rabis tomados de cólera "sagrada", recebiam Jesus com apodos e vitupérios. Batiam-lhe as portas da sinagoga à sua passagem, num protesto vivo contra as suas ideias e a ousadia de contrariar os preceitos de Moisés, em troca de aforismos e ensinamentos subversivos à religião do povo. Eram velhos sacerdotes ainda submetidos às regras dos manuscritos ortodoxos e não se reconciliavam com a pregação livre e talentosa de Jesus. Os seus protestos senis combatiam a ideia imortal que vicejava à luz do dia sob a palavra mágica do jovem pregador de Nazaré. Desesperados, empunhavam no recinto da sinagoga massudos e envelhecidos pergaminhos para justificarem suas prédicas ortodoxas e o dogmatismo de suas palavras vazias. Os fiéis entravam e saíam do santuário local tão ignorantes como viviam todos os dias, à semelhança do que ainda hoje ocorre com os crentes modernos, que fazem dos templos religiosos exposições de modas ou apenas demonstração de fé para efeito de conceito público. O rabi Jesus era portador de ideias revolucionárias, explicando a existência de um Deus incompatível com a obstinação, o fanatismo e as especulações religiosas dos judeus. Isso era a subversão de todos os costumes religiosos e tradicionais do passado até a abdicação da virilidade judaica, pois ele chegava a aconselhar a "não-violência" contra os romanos.

Assim, alguns do seus parentes, vizinhos e amigos, aliando-se aos que possuíam interesses no prolongamento de uma situação de utilitarismo pessoal e acobertada pela falsa religiosidade, também não viam com bons olhos Jesus em suas pregações tão liberais, desprendidas dos preconceitos milenários. Ele contrariava a própria tradição do aconchego íntimo do santuário, uma vez que pregava abertamente em público, junto aos montes, aos lagos, enfraquecendo o poder religioso e a força sacerdotal centralizados nos dogmas religiosos. A natureza era a sua única igreja, pois ele tanto pregava ao povo do cimo de uma colina, sob a fronde de uma árvore, à margem dos rios e dos lagos, como da popa de um barco de pesca. Os seus sermões eram claros, simples e sem mistérios, o que também não agradava aos sacerdotes que se sacudiam nos púlpitos agitando a atmosfera das sinagogas com os berros de uma altiloquência deliberada sobre o público.

Era um contrassenso que um jovem sem aparatos sagrados nos templos e sem os estágios disciplinadores do entendimento mosaísta, em vez de se contentar com a modesta função de rabi itinerante, expondo soluções miúdas entre o povo, se pusesse a minar as bases da Torá substituindo temas, preceitos e regras ditados pelo grande legislador que fora Moisés. O seu papel de rabi seria apenas o de explicar com mais clareza, ou mesmo sob um toque de sua opinião pessoal, os conceitos da religião dominante, mas sem deformá-los ou desmenti-los. Ademais, Jesus enfraquecia o "mistério" da religião que alguns homens, astutos como as raposas, evitavam explicar ao povo ignorante e tolo. Ensinava tudo muito fácil, expunha em público as delicadas facetas da especulação iniciática dos templos e os mais complexos tabus tornavam-se brinquedo de criança. A compreensão da imortalidade tornava-se cada vez mais simples entre o povo rude e inculto, que entendia facilmente o generoso rabi. Ele evitava as argumentações teológicas, as exortações áridas e quilométricas, nem apelava para os quadros estentóricos com o fito de valorizar a sua oração. Descrevia o "reino de Deus" com as palavras e as imagens conhecidas por aquela gente simples; eram símbolos da própria vida humana nas mais claras comparações objetivas. Aqui, aludia ao grão de mostarda, à espiga dourada, ao trigo e ao joio; ali, aos talentos enterrados, ao fermento que leveda a massa, à pérola de grande valor, à rede e à pesca; acolá, suas lições, seus apólogos e aforismos giravam em torno do filho pródigo, das bodas do filho do Rei, do bom samaritano, do rico e de Lázaro, do juiz iníquo, dos servos inúteis ou dos trabalhadores da vinha. Tudo muito claro, incisivo e comovente, fácil de ser divulgado pelos mais hábeis iletrados e compreendido pelos mais obtusos.

Mas, repetimos, nem todos aceitavam Jesus, malgrado sua gentileza, ternura e sublimidade, pois naquela época os interesses humanos, tanto quanto hoje ainda acontece, dividiam as criaturas de conformidade com os seus objetivos egoístas ou paixões. O reino que o Mestre pregava pedia, de início, a abdicação do interesse egoísta e do utilitarismo do mundo; insistia na humildade, na cessão de bens em favor dos mais necessitados, coisa que não podia ser bem aceita pelos ávidos, cúpidos e especuladores, inimigos milenários de quaisquer reformas sociais. Nem mesmo todos os galileus submetiam-se aos ensinos de Jesus, pois não querendo prejudicar os seus interesses, não se integravam no conteúdo evangélico do que ouviam.

PERGUNTA: — Supomos que, se Jesus exercesse qualquer função prosaica no mundo, ele não poderia dedicar-se tão eficientemente à sua doutrina e às peregrinações. Não é verdade?

RAMATÍS: — O povo judeu considerava os seus rabis como uma instituição tradicional e mesmo necessária para a solução dos milhares de problemas e dúvidas que surgiam a cada passo entre os discutidores e aprendizes. Eles atendiam as ansiedades espirituais, em público, semeando conceitos benfeitores, justificando compromissos, regras e submissões religiosas. Por isso, eram benquistos como os preceitos vivos da religião mosaica e não pesavam na economia do povo judeu, que os ajudava e fazia questão de mantê-los em atividade. No caso de Jesus, o seu ministério despertava protestos, ironias, críticas e irascibilidades em certas classes, porque os seus ensinamentos não se ajustavam à tarefa comum do rabinato das estradas, pois transcendiam corajosamente a tradição religiosa, sacudiam a canga bovina do povo e despertavam dúvidas pelo esclarecimento dos dogmas, das especulações e fantasias do sacerdócio astucioso. O rabi Jesus não seguia Moisés na sua linhagem doutrinária. Seus conceitos eram convites excêntricos que quebrantavam o espírito viril e indomável do judeu na sua fé, obstinação e ódio contra o romano.

A Galileia era uma região onde a natureza pródiga oferecia a todos os habitantes o máximo de formosura, encanto e também de sustento fácil. Os golfos e os lagos da Palestina eram extremamente piscosos, sobretudo o lago Tiberíades. O povo vivia principalmente de pesca, e do peixe faziam toda sorte de pratos alimentícios, além de guardarem fartura de farinha e conservas para o inverno, que não era tão rigoroso. Havia frutos em abundância e com facilidade se desenvolvia a apicultura, além da indústria do mel de figo. Pêssegos, cerejas, laranjas, peras e o figo eram coisas comuns nos lares hebraicos. O pão de centeio, de trigo ou de mel nutria as despensas dos mais pobres e o mulherio perseverante e laborioso produzia com facilidade outros meios de alimentação pródiga e nutritiva. Não se verificava essa exigência angustiosa das famílias pobres das cidades modernas, em que a moeda, ganha com imensa dificuldade, mal consegue suprir uma refeição diária. Entre os galileus, a hospitalidade recíproca era um dever proverbial e sagrado. Havia um constante fluxo de visitação entre o povo e quando, porventura, alguém sentia-se em dificuldade recorria aos mais bem providos, que passavam a sustentá-lo até melhores dias e sem quaisquer exigências onerosas. Assim, o beneficiado ficava na obrigação de atender, no futuro, outro semelhante necessitado, compensando os favores recebidos. Os presentes, as trocas e os empréstimos eram acontecimentos comuns, pois naquela gente o sentimento fraterno e a preocupação de servir o próximo estavam na índole quase geral.

Deste modo, Jesus não fazia falta junto à família, nem sua inatividade era motivo de prejuízo ou desdouro para a comunidade de Nazaré. Também não arregimentava acólitos, desviando-os de seus lares para seguirem-no estrada afora, porque estes acompanhavam-no depois de guarnecerem suas famílias de todas as necessidades e seu retorno era breve! Na condição de rabi itinerante, Jesus atendia a uma das tarefas mais imprescindíveis daquela gente, correspondente às ansiedades espirituais de todos, afeitos a uma religiosidade fanática. Tanto o Mestre como os seus seguidores contentavam-se com as migalhas que sobejavam das mesas e vestiam-se com simplicidade, aceitando as sobras dos lares mais fartos sem pesar na economia local. Eram frugais na alimentação, como cultores de uma virtude própria do "reino de Deus", completamente despidos de quaisquer outros objetivos que não fosse sua tarefa messiânica. Prevendo-se os dias em que a caravana do Mestre Jesus se manteria em atividade nas cidades ou lugares adjacentes, quase todos os moradores, num esforço coletivo, providenciavam os meios para que os viajantes não viessem a sofrer qualquer necessidade, no tocante aos alimentos e hospedagem. Hoje também se repete essa disposição emotiva e espiritual entre os espíritas, que se sentem felizes e eufóricos em proporcionar bom acolhimento aos confrades, oradores e doutrinadores que passam por suas cidades, a serviço do Espiritismo.

Quando isso acontecia, então recrudescia-se a pesca, o cozimento de pães, a moagem de trigo, a preparação de conservas, a secagem de peixe, a fabricação de geléias, biscoitos, mel de figo. Aumentava-se a feitura da farinha de centeio e de trigo, a destilação de xaropes e a produção de sucos de laranja, pêssego, maçã e o dificílimo caldo de cerejas. Era uma festa emotiva para aquele povo despido de acontecimentos insólitos. As mulheres trabalhavam alegremente para cooperar no êxito e na divulgação da Boa Nova trazida pelo profeta de Nazaré. Eram confeccionados delicados farnéis para a jornada mais longa do rabi e dos seus fiéis; um ou mais burros seguiam, à retaguarda dos peregrinos, conduzindo as provisões necessárias para o sustento de todos durante as pregações. A ternura e a alegria confraternizavam todos e os deixavam sumamente felizes pela oportunidade de participarem mais ativamente no advento da doutrina cristã.

Em face do espírito de hospedagem e solidariedade que predominava entre a maioria dos judeus da época, Jesus, seus discípulos e seguidores, conduziam reservas abundantes e terminavam por distribuir grande parte de suas provisões e rações aos deserdados que encontravam durante sua peregrinação, comprovando a feição terna e gentil da caridade e do amor ao próximo, ainda patente no seio do Cristianismo. Os leprosos, atirados aos grotões e às furnas que marginavam as estradas, eram constantemente visitados pelos pregadores da nova crença, recebendo deles não somente alimentos e vestes necessários para o corpo físico, como ainda a palavra amiga e confortadora do amoroso rabi. Quando todos retornavam felizes e eufóricos para seus lares com a alma satisfeita pela alimentação espiritual do amor, que é o traço essencial da contextura do anjo, depois de suas incursões pela Judeia, divulgando o reino de Deus a todas as gentes, então eram recebidos amorosamente pelos seus próprios familiares, com festas e demonstrações afetivas do mais puro sentimento. Os que ficavam à retaguarda, cuidando das coisas prosaicas da vida em comum, ainda se davam por felizes ante o ensejo de participarem humildemente da obra do Mestre Jesus.

É por isso que nos relatos evangélicos é possível identificarmos a profunda afabilidade que sempre existia e unia os apóstolos e suas famílias, cada vez mais expansivas pela adesão de outros membros e parentes à missão de Jesus, o qual era o primeiro a não permitir sacrifícios alheios para ele transmitir a palavra do Senhor, pois em sua natureza profundamente honesta, mística e generosa, sentia-se o único responsável pelos óbices e sacrifícios que porventura adviessem na pregação do Cristianismo. Ele administrava tão sabiamente sua tarefa messiânica, que a história religiosa nos fala da ordem, disciplina e obediência que reinavam entre ele e seus discípulos, propondo soluções e sugerindo providências que não exorbitassem do bom-senso.

PERGUNTA: — Considerando-se a Palestina uma terra pródiga de profetas, que pregavam novos credos, trazendo revelações incomuns e até provocando revoluções sediciosas, por que Jesus pairou acima de todos, se ele pregava uma doutrina bastante prematura para a época?

RAMATÍS: — O principal atrativo da pregação de Jesus era a sua explicação sobre um Deus magnânimo, justo, afetivo e quase humano, que amava seus filhos tanto quanto o faria o pai mais amoroso da Terra. O estilo de Jesus era simples, afetivo e convincente, extremamente comunicativo com aqueles que o ouviam. Ele não tentava convencer o seu público através de palavras complexas ou pelos recursos artificiais da eloquência humana. Explicava-lhes as premissas encantadoras de um mundo celestial e as possibilidades de todos serem felizes. Suas palavras eram suaves, doces e recendiam o próprio perfume dos campos e o aroma das florinhas silvestres; suas formas e suas cores ficavam vivamente gravadas e nítidas na mente de seus ouvintes. Em suas prédicas era quase um narrador de histórias, de um brilhante e insinuante colorido, um peregrino que se punha a contar as coisas mais delicadas e atrativas de paragens longínquas. Os minutos e as horas transcorriam celeremente e aquela gente derramada pela encosta florida, recostada nas pedras e nos tufos de capim verdejante, ficava imóvel, sem um gesto, atenta à musicalidade da voz meiga e confortadora do rabi galileu.

Jesus não cansava o povo com as longas perorações e o

palavreado obscuro, pesado ou sibilino. Expunha sentenças curtas, historietas breves e principalmente as formosas parábolas, que tanto fascinavam o auditório. Tudo o que ele mencionava aos encantados ouvintes, que lhe bebiam os ensinos num verdadeiro "suspense", era impregnado de imagens comuns e conhecidas da própria vida. Nas suas narrações vicejavam o mar, as montanhas, as aves, os rios, as flores, as nuvens, o campo e as árvores, gravando-se tudo na forma de imagens claras e objetivas, que não exauriam o cérebro dos ouvintes mais incultos. Nenhum profeta jamais pudera comover e apaixonar tanto o seu público e seus adeptos; ninguém antes dele trouxera tantas esperanças aos homens entristecidos, aos pobres desesperados e aos enfermos abandonados. Até seus dias, o mundo tivera muitos sábios, profetas, instrutores e líderes religiosos, que deixaram sulcos luminosos na estrada empoeirada do mundo físico, mas somente Jesus se fazia tão compreensível nos corações das criaturas. A sua "Boa Nova" era um refrigério, porque descrevia com tal certeza e sinceridade o reino maravilhoso do Senhor, à espera dos infelizes, tristes, pobres e enfermos, que até os afortunados se confrangiam disso, temerosos de ficarem fora dos muros dessa cidade encantada. Assim como o estatuto regula a conduta moral e disciplina os movimentos dos associados de uma instituição recreativa, Jesus também estatui o modo como deveriam se portar os cidadãos do "reino de Deus", especificando-lhes as virtudes que deveriam desenvolver para o êxito dessa sublime realização. Daí a força e o poder renovador do "Sermão da Montanha", quando bendizia os pobres, os infelizes, os misericordiosos, os pacíficos, as vítimas, os perseguidos, conclamando-os como verdadeiros cidadãos daquele reino feliz que ele viera pregar.

Sua voz penetrava como gotas refrescantes nos corações dos sofredores e os seus ouvintes animavam-se, ardendo de entusiasmo e ventura, ante a simples sugestão recebida. Era uma graça, uma dádiva prometida por aquele profeta que não mentia, não enganava e fizera voto de renúncia a todas as coisas valiosas e atrativas do mundo terreno, porque, dizia ele, "o Pai já lhe dera tudo o que desejaria possuir!" Os galileus eram pobres, mas viviam satisfeitos, quer pela beleza do cenário que os rodeava, assim como pela facilidade da pesca que os sustentava sem problemas complexos de alimentação. Eram simples no vestir, pois o clima tão ameno e amigo, fazia-os desejar tão pouco para serem felizes. E por isso, eles confiavam em tudo o que Jesus dizia, porque lhes falava em coisas certas, objetivas e passíveis de se concretizarem com a própria vida de que participavam.

O natural desapego que os dominava pelas circunstâncias favoráveis do próprio meio tão generoso, não os fazia criaturas negligentes, inconformadas ou desconfiadas. Por isso, vibravam intensamente com os quadros belos e poéticos da narrativa do Mestre Jesus. Era um delicioso convite a seguirem em direção ao reino de um Deus excessivamente amoroso, um Senhor que cumulava de alegrias e favores os seus súditos e nada lhes exigia de oferendas, compromissos e taxas religiosas escorchantes, como era próprio de Jeová, cada vez mais insatisfeito. Era muito mais fácil o ingresso nesse reino tão feliz, cujas exigências eram tão poucas, principalmente para os pobres, os doentes, os tristes e os abandonados. Aconselhava-se a libertação das riquezas, do orgulho, da vaidade, da cobiça, da maldade, da ira e da inveja. Antes do esforço hercúleo para adquirir os bens do mundo, o homem encontrava menos dificuldade para abandoná-lo; podia controlar-se mais facilmente dos ataques do orgulho ou da ira, do que mobilizar forças para a auto-exaltação no seio da humanidade. Enfim, o profeta de Nazaré exigia pouquíssimo e eles já viviam quase de conformidade com o que lhes era pedido. Amenizava-lhes a vida ensinando-os a ser venturosos no seio da pobreza e do sofrimento. Oferecia-lhes justas compensações para todas as vicissitudes e transtornos da vida humana. "Procurai primeiro o reino e a justiça de Deus e tudo o mais vos será dado com largueza".[65]

PERGUNTA: — O que nos surpreende é o silêncio dos historiadores profanos a respeito de Jesus, quando o seu movimento abrangia a classe mais numerosa da Judeia, indubitavelmente os pobres.

RAMATÍS: — A Boa Nova pregada por Jesus atraía as multidões, malgrado os pessimistas e os sarcastas o julgassem um tolo e fantasioso pregador a sulcar inutilmente os caminhos da Palestina no desempenho de uma tarefa tantas vezes tentada por outros precursores, mas sem a força de modificar o povo e o clero judeu. Mas ele não precisou do socorro da história profana para chegar até nós, por uma razão muito simples e incontestável, a sua doutrina e pregação não se dirigiam à transitoriedade

---

[65] Esse tema proposto por Jesus está bem esmiuçado pelos seguintes evangelistas: Mateus, 6:19,24-34; Lucas, 12:22,31-34.

do mundo de formas, nem destacavam os valores classificados nas tabelas convencionais da sociedade humana. Era mensagem do mais puro quilate espiritual endereçada ao sentimento do espírito encarnado; reaviva-lhe as virtudes, as qualidades e os poderes ocultos próprios de sua descendência divina. Jesus aquecia no recipiente do coração do homem o sentimento angélico, que lhe provinha da origem celestial, pois "o homem fora feito à imagem de Deus" e "o Criador e a criatura são um".

Mobilizando as forças do espírito eterno e gravando-lhe no imo indestrutível os convites insistentes para a mobilização de suas próprias energias latentes, o Sublime Amigo fixava, em definitivo, o teor de sua mensagem messiânica. Não importa se a criatura humana deixou de assinalar na história terrena a passagem de Jesus de Nazaré, o Messias tão esperado, quando os próprios espíritos dos seus amigos, fiéis, discípulos e apóstolos continuam a cultuá-lo em novas romagens físicas, avivando-lhe a memória e assegurando-lhe a existência através da imorredoura lembrança do espírito imortal. O perfil do Jesus histórico é duvidoso, porque teríamos de nos socorrer dos registros precários dos homens na face de um mundo continuamente submetido às catástrofes, às guerras e às lutas que deformam, truncam e destroem vestígios, relíquias e dados de cada época. Mas isso é absolutamente desnecessário, porque sua vida e sua obra ficaram gravadas na alma da humanidade, revelando-se cada vez mais nítida e exata, graças ao sentimento indestrutível do Amor que lhes deu origem.

PERGUNTA: — Há quem diga que Jesus apenas parafraseou a essência dos velhos ensinamentos já trazidos por Confúcio, Krishna, Zoroastro e Buda. Que dizeis?

RAMATÍS: — Nem Jesus parafraseou esses instrutores religiosos, nem os ensinos deles devem ser considerados originais. O certo é que a humanidade sempre foi visitada por Espíritos orientadores, assim que ela se revelava sensível e capaz de sentir-lhes as mensagens, embora ainda se mostrasse incapacitada para compreendê-los na profundeza espiritual do seu sentido. O Alto sempre transmitiu para a Terra, antes de Jesus, a mesma fórmula de esclarecimentos e de libertação espiritual dos homens. Assim, os conceitos predicados pelo Divino Amigo, recomendando-nos o "amai-vos uns aos outros" e "fazei aos outros o que quereis que vos façam", já haviam sido ensinados anteriormente na Lemúria, na Atlântida, na Caldéia, na Fenícia, no Egito, na Índia e na Grécia, através de missionários como Numu, Antúlio, Anfion, Rama, Hermes, Krishna, Buda, Confúcio, Zoroastro, Orfeu, Sócrates, Pitágoras e outros, enquanto, modernamente, essa mesma mensagem de Amor aos homens foi apregoada por instrutores como Ramakrishna, Maharishi, Gandhi e Kardec!

Por isso, Jesus não pregou doutrina originariamente desconhecida, mas em sua missão redentora devia escoimar as velhas doutrinas de seus vícios e incongruências, avivando-lhes a essência adormecida e o sentido libertador petrificado sob a liturgia pagã, as interpolações propositadas, devido aos interesses religiosos. No entanto, ainda se repetem os mesmos vícios religiosos de antanho, pois a verdade cristalina que foi restabelecida por Jesus mostra-se novamente asfixiada pelos dogmas supostamente infalíveis e pelos melodramas "sagrados" sobre a paixão e a crucificação. A simplicidade e a pureza iniciática do cristianismo petrificaram-se outra vez sob as práticas litúrgicas modernas, que além de exaustivas e infantis, sufocam a figura do Mestre numa fantasia circense. Quando o crente vibra e sente a essência íntima dos ensinamentos libertadores de Jesus, ele já se mostra exausto da longa caminhada entre símbolos, dogmas e mistérios religiosos, assim como o viandante que desmaia diante da fonte de água límpida, exaurido pelo esforço despendido para vencer os obstáculos inúteis que os demais homens lhe puseram no caminho.

PERGUNTA: — Embora considerando-se que foi a própria tradição espiritual e não a história que fez a obra de Jesus chegar até nossos dias, gostaríamos de saber como isso foi possível, apesar de tantos sofismas, interpelações e fantasias com que os homens obstruíram os seus ensinamentos.

RAMATÍS: — Realmente, o sacerdócio organizado tem feito do Homem Luz um personagem irreal, cuja figura vem sendo continuamente retocada em cada concílio sacerdotal, misturando-lhe a realidade com a fantasia e a lógica com a aberração. Mas aproxima-se, entretanto, o momento de reajuste há tempo desejado e, em breve, tereis conhecimento da força original da obra de Jesus, que, embora fosse um anjo descido do Alto, viveu sua existência coerente com a lei do vosso mundo.

O Jesus que ainda é devocionado pelas religiões terrenas

não é o mesmo Jesus que respirou o oxigênio da Terra. É uma fantasia impossível de ser conceituada entre suas próprias contradições. Mesmo o protestantismo, que pretendeu fazer reviver a simplicidade do Mestre, dando-lhe a condição lógica de vivente humano, também se atemorizou diante do medo do sacrilégio e preferiu deixá-lo envolto no véu da fantasia milagreira. A reforma louvável de Lutero, rebelando-se contra os diversos dogmas seculares e o fausto sacerdotal, que ironizavam a pobreza do Mestre Nazareno, elegeu, infelizmente, a Bíblia como um outro senhor absoluto, incondicional, que se transformou em autoridade implacável para se dirimirem quaisquer dúvidas e se alimentarem inovações. O pensamento dinâmico e evolutivo dos protestantes estagnou, então, voltando apressado, através da Bíblia, para outros dogmas infantis. A Bíblia — embora a reconheçamos como livro contendo revelações úteis — não pode substituir a liberdade de pensar. Ela apenas auxilia o modo de raciocinar sobre a Verdade Divina. Apenas uma autoridade envelhecida no tempo foi substituída por outra diferente, mas de modo algum solucionou-se o problema de desvestir Jesus do aparato pagão e de sua aura de mago de feira.

No entanto, os sofismas, os truncamentos, as interpelações e o desnaturamento de certas passagens do Mestre Jesus não conseguiram obscurecer-lhe o trajeto da Palestina até nossos dias, porque além de estar impregnado do seu sangue vertido no sacrifício da cruz, traz a chancela inconfundível de sua alta individualidade espiritual e do seu infinito Amor por toda a humanidade.

23. Jesus, seus milagres e seus feitos

PERGUNTA: — Podeis dizer-nos se Jesus realizou realmente todos os milagres relatados nos Evangelhos?

RAMATÍS: — O Mestre realizou inúmeras curas e renovações espirituais, que não devem ser consideradas milagres, mas resultantes de suas faculdades mediúnicas. Em virtude de sua elevada hierarquia espiritual e da incessante cooperação das entidades angélicas que o assistiam, tudo o que ele realizava nesse sentido, embora tido por miraculoso, era apenas consequência da aplicação inteligente das leis transcendentais. Afora os essênios terapeutas, que sabiam manejar com êxito as forças ocultas e curavam pela imposição das mãos, só alguns outros iniciados ou magos, como Simão, o Mago, os discípulos de Apolônio de Tyana, sacerdotes, budistas, iogues ou adeptos emigrados do Egito, é que sabiam provocar tais fenômenos. Os demais, mesmo cientistas altamente intelectualizados da Judeia e de Roma, ignoravam as leis do mundo invisível. O conhecimento atual da fenomenologia mediúnica e a existência de médiuns de alta capacidade ectoplásmica comprovam os mesmos feitos do Sublime Galileu.

PERGUNTA: — Então, os relatos evangélicos são exatos, quanto aos milagres, embora possam ser explicados pela fenomenologia mediúnica?

RAMATÍS: — Há grande confusão nos relatos evangélicos, pois inúmeros fatos ocorreram de modo diferente do relatado; e também atribuíram-se a Jesus certos milagres absolutamente estranhos à sua vida. Os compiladores do Evangelho valeram-se bastante da tradição. No intuito de engrandecer a pessoa do Mestre Galileu, atribuíram-lhe milagres que são repetições dos já atribuídos a outros antigos missionários, reformadores, magos e videntes consagrados. A ressurreição de Jesus e o desaparecimento de seu corpo lembram a aura lendária de certos acontecimentos miraculosos do passado: Enoch teria sido arrebatado pelos céus, desaparecendo o seu corpo carnal; Elias subiu aos céus em um carro de fogo; o profeta babilônico Habacuc fez sua ascensão aos céus, pelos cabelos; Pedro, em companhia de Jesus, andou sobre as águas do mar, assim como já o haviam feito Rama, Moisés e outros precursores do Mestre.

Em verdade, se Jesus houvesse praticado tantas coisas consideradas sobrenaturais, tornando-se a cópia-carbono de magos e alquimistas famosos, então a sua fama também seria fixada na história profana, como aconteceu a Simão, o Mago, Apolônio de Tyana, Paracelso e outros iniciados. No entanto, somente os quatro Evangelhos, aliás, escritos "segundo" o que os evangelistas disseram, e não o que eles mesmos escreveram, referem-se aos milagres de Jesus. O próprio Flavius Josefus, historiador da época, em suas narrativas não fez a mais leve citação a respeito dos milagres de Jesus.

PERGUNTA: — Que nos dizeis sobre o milagre das Bodas de Caná, na Galileia, em que Jesus transformou a água em vinho?
RAMATÍS: — Semelhante narrativa, de transformação da água em vinho, já fora atribuída a Buda, em destacado esponsal hindu. Os homens interessados em avultar a figura mitológica de Jesus mediante poderes sobrenaturais serviram-se do seu prestígio "divino". É certo que Jesus e Maria estiveram presentes às bodas de Caná, pois o Mestre atendia afetuosamente às obrigações sociais de sua cidade, evitando humilhar ou afastar-se dos seus conterrâneos, mas torna-se evidente que, numa festa onde o vinho já se havia esgotado por ter sido distribuído com fartura, a maioria dos convidados devia se achar num estado de forte embriaguez. Embora Jesus fosse tolerante para com as fraquezas humanas, é evidente que ele não iria produzir mais vinho, porquanto se assim o fizesse, então o ambiente das bodas seria perturbado pelos excessos que ocorrem sempre que o deus "Bacco" é o dominador de uma festa. Por conseguinte, esse suposto milagre em nada realçaria o caráter do Mestre; muito

ao contrário, truncaria a linha reta de sua elevada compostura moral.

PERGUNTA: — E quanto à ressurreição de Lázaro?

RAMATÍS: — Antes de Jesus, o profeta Elias já havia ressuscitado a filha de Sarepta, Apolônio de Tyana ressuscitara uma jovem, e Eliseu, um filho da mulher sulamita. Realmente, Jesus assistiu Lázaro e o salvou de morte certa. Mas os exegetas da Bíblia quiseram levar o caso à conta de uma ressurreição, derrogando assim as próprias leis que o Mestre afirmou não vir destruir, mas sim cumprir. O caso de Lázaro explica-se hoje na esfera da patogenia cataléptica, motivo por que Jesus afirmou que, no futuro, outros fariam muito mais do que ele fizera. O corpo do suposto ressuscitado estava rígido, mas vivo, pois o jovem Lázaro sofria de terríveis ataques catalépticos. Houve, sim, um despertamento salvador, mas não a ressurreição de um corpo já em desintegração. Conforme diz o Novo Testamento, Jesus achegou-se a Lázaro e ordenou-lhe, num tom imperativo, que ele se levantasse. E jorrando-lhe forças magnéticas de alta vitalidade, que o desentorpeceram do choque epiléptico e da rigidez muscular, Lázaro levantou-se. Se o corpo de Lázaro já estava inumado há quatro dias, como diz o evangelho de João, em terreno aquecido e favorável à multiplicação da fauna microbiana desintegradora dos túmulos, Jesus teria encontrado ali apenas um cadáver putrefato, desprovido de fluido vital e em acentuada decomposição. As carnes já estariam se desagregando e sendo devoradas pelos vermes famélicos dos sepulcros. Lázaro, vítima de terrível ataque cataléptico, teria evidentemente sucumbido na sua angustiosa atmosfera aquecida da gruta de pedra, caso Jesus não o tivesse chamado à vida antes do seu sepultamento definitivo.

Mas os autores de tal "milagre" não se contentaram apenas com essa ressureição atribuída a Jesus, pois também fazem Pedro ressuscitar uma jovem, como se verifica no "Livro de Atos dos Apóstolos" (Atos, 9:40).

PERGUNTA: — E que nos dizeis a respeito do milagre da multiplicação de cinco pães e dois peixes, com os quais foram alimentadas cinco mil pessoas?

RAMATÍS: — A tradição milagreira também diz que Moisés multiplicou alimentos no deserto, fazendo cair o maná para alimentar os judeus fugitivos dos egípcios e que Buda fez o mesmo para seus discípulos. Portanto, Jesus, como o Salvador dos homens, não poderia deixar de realizar igual milagre. Mas a verdade é que o Mestre não pretendia multiplicar os bens materiais dos homens, pois, na realidade, "o pão do espírito" era o que mais ele buscava fazer crescer no íntimo das criaturas.

PERGUNTA: — E quanto às curas de paralíticos, cegos, surdos, mudos, que nos podeis esclarecer?

RAMATÍS: — Embora se tratasse de entidade angélica, responsável pela vida espiritual do orbe terráqueo, Jesus também teve que se adaptar sensatamente ao metabolismo complexo da vida humana e de suas relações com o meio. Sob a pedagogia dos essênios, amigos da família, Jesus desenvolveu as forças ocultas sob rigorosa disciplina e aprendizado terapêutico, a ponto de curar pela simples presença aqueles que dinamizavam um intenso estado de fé em sua alma. Mas ele não violentou ou contrariou as leis do mundo físico ou do mundo espiritual. Seguia determinados métodos e regras na distribuição, concentração e doação dos seus fluidos curadores. O Mestre, embora um Sábio e um Justo, submetia-se fielmente ao mecanismo natural da vida humana criada por Deus e exercia o seu ministério sem discrepar dos princípios de controle e organização dos mundos planetários. Não há dúvida de que a capacidade espiritual de Jesus poderia dispensar qualquer técnica ou gestos apropriados para efetuar suas curas. Mas a verdade é que ele mesmo mobilizava, dirigia e aplicava os fluidos terapêuticos conforme as leis que os regiam. No entanto, quando são os espíritos desencarnados que, junto a um médium curandeiro, efetuam o socorro fluídico, estes não precisam fazer nenhum gesto, porque ali apenas funcionam como o catalisador da fé dos doentes, enquanto seus protetores seguem as regras das leis terapêuticas. Assim, Jesus curava pela imposição das mãos, pela concentração e dispersão de fluidos, atuando à guisa de um técnico hábil, movimentando com segurança e precisão as forças vivas criadoras. Qualquer ginasiano sabe que a eletricidade exige determinados recursos e sensatez para ser aplicada com êxito e segurança em favor do gênero humano. Ela não se escoa pelas pontas ou hastes obstruídas por isoladores de louça, por mais vigorosa que seja a capacidade da usina ou o comando do mais avançado eletrotécnico. As leis que regulam o fluxo da energia elétrica exigem caminho livre e sábio controle no seu manuseio para resultarem benefícios como o calor, a luz, o frio e a força geradora. Jesus, portanto, lidando com forças mais sutis, disciplinadas por leis da mais alta fonte criadora do Espírito, um Sábio e não um milagreiro, operava de modo inteligente nas suas curas, submetendo-se à técnica e às regras terapêuticas do magnetismo superior.

Sem dúvida, o ingrediente principal que dinamizava essas forças com êxito e eficiência era a natureza angélica de sua própria alma, doando-se na receptividade confiante e merecedora de seus enfermos. Sadio de organismo, sem qualquer deformidade "psicofísica", com um duplo etérico portador do mais puro ectoplasma, em combinação com o mesmo elemento extraído da contextura do próprio orbe, Jesus era uma antena viva diamantífera, de onde fluíam energias vitais que, operando modificações surpreendentes nos enfermos, eram tidas por milagres. A sua palavra criadora era penetrante e hipnótica. Insuflava a vitalidade, o ânimo, a alegria e a esperança nos que o ouviam. O seu falar se impregnava de tal força, que os paralíticos se moviam, os cegos enxergavam e os leprosos se limpavam das chagas corrosivas. Era um fabuloso potencial de energias criadoras que lhes dava a saúde e restabelecia-lhes o dinamismo orgânico.

Aliás, o conhecimento moderno da própria ciência acadêmica demonstra que o ser humano pode despertar e acumular forças vitais em si mesmo, quando confia e submete-se incondicionalmente a uma vontade insuperável, que o convence de curá-lo de todos os seus males. É o que acontece muito comumente com certos enfermos que procuram a fonte milagrosa de Lourdes, pois incendidos por uma fé que lhes ativa todo o cosmo orgânico-vital logram curas surpreendentes, que são fruto de sua própria mobilização energética. No entanto, outros, menos graves, mas vacilantes e pessimistas, escravos da incerteza espiritual que cerceia o fluxo vital de sua reserva corporal, voltam sem obter resultado algum.

Quando Jesus assinalava a confiança nos olhos súplices dos enfermos, envolvia-os com as ondas do seu mais profundo amor, ativando-lhes a germinação de forças magnéticas através das próprias palavras e gestos com que os atendia e, à semelhança de misterioso turbilhão, fazia eclodir poderosos fluidos no mundo interior dos infelizes enfermos. Sob os gritos de júbilo desatavam-se os músculos rígidos ou se ativavam nervos flácidos; desentorpeciam-se membros enregelados, enquanto as correntes vitais purificadoras regeneravam todo o sistema orgânico, restituindo a vista a cegos, saturando as cordas vocais nos mudos, sensibilizando sistemas auditivos, desatrofiando tímpanos, curando surdos. A influência excitante e criadora que o olhar do faquir exerce sobre a semente enterrada no solo para obrigá-la a dinamizar suas energias ocultas e crescer apressadamente, Jesus também a exercia, através do poder assombroso e dinamizador do seu olhar. Um corpo chagado tornava-se limpo no prazo de alguns minutos, sob o energismo incomum que o Mestre projetava na alma e no organismo dos enfermos.

Mas insistimos: era um processo que não causava espanto nem ultrapassava o entendimento comum de Jesus sobre as leis criadoras e não surpreendia os anjos que o acompanhavam na sua peregrinação sobre a face da Terra. Jesus lidava sensatamente com as forças regidas pela física transcendental, embora fosse a fonte doadora dos fluidos que temperava com seu sublime amor. Por isso, ao terminar as suas curas, ele ficava num estado de visível exaustão, pálido e trêmulo, recompondo-se aos poucos, graças também ao recurso da prece e o auxílio dos seus amigos espirituais.

PERGUNTA: — Que dizeis do milagre em que foi encontrada uma moeda na boca do peixe, após Jesus ter prevenido Pedro de que isso aconteceria ao pescar?[66]

RAMATÍS: — Trata-se de uma linguagem figurada baseada numa anedota de pescadores e que Jesus usou-a para ilustrar um ensinamento a Pedro, o qual vivia sempre se arreliando com os estranhos que lhes faziam perguntas capciosas contra seu Mestre.

PERGUNTA: — E quanto às curas do endemoninhado geraseno e do jovem lunático, que constam dos evangelhos de Mateus, Lucas e Marcos?[67]

RAMATÍS: — Entre os próprios evangelistas existe certa diferença no relato de tais acontecimentos, pois enquanto Mateus resume os fatos desinteressando-se até com o que passa com os curados, refere-se a dois endemoninhados gerasenos, em vez de um, Lucas e Marcos são bastante minuciosos sobre um só possesso. Em verdade, Jesus curou a dois possessos gerasenos,

---

[66] Mateus, 17:24-27.
[67] Mateus, 8:28-34 e 17:14-21; Marcos, 5:1-20 e 9:14-29; Lucas, 4:33,34,35,41 e 9:37-42.

cujos espíritos obsessores, ao serem interpelados, responderam-lhe que eram uma "legião" atuando naquela gente.

No entanto, é absurda e falsa a narrativa em que se atribui a Jesus a estultice de fazer tais espíritos entrarem nos porcos, "cuja manada era cerca de dois mil e se precipitou despenhadeiro abaixo, para dentro do mar, onde se afogaram". O mestre havia ordenado: "Espírito imundo, sai desses homens". E assim que lhe responderam que "eram uma legião" (de obsessores) Jesus acrescentara: "Vai-te destes homens, pois o espírito imundo não mora nos homens, mas nos porcos!" Toda vez que se atribui violência, irascibilidade ou desforra ao excelso e bondoso espírito do Sublime Jesus, embora isso conste nos evangelhos autorizados, não deve ser aceito, pois o seu caráter era generoso e tolerante. Assim, a narrativa dos endemoninhados gerasenos é uma incongruência que desmente a natureza elevada do Mestre. Jamais Jesus concorreria para dar um prejuízo tão vultoso aos porqueiros que conduziam a manada de dois mil porcos em direção à cidade, fazendo-os afogarem-se ao transferir-lhes a legião de obsessores.

PERGUNTA: — *Há fundamento na assertiva de que Jesus caminhava "sobre as águas"?*

RAMATÍS: — Ainda hoje, na Índia, não é muito difícil encontrarem-se indivíduos que conseguem realizar o prodígio de andar sobre as águas, caminhar sobre cacos de vidros acerados e deitar-se em braseiros sem quaisquer danos, pois a matéria não passa de energia condensada do mundo oculto, que pode ser dominada pelo homem, conforme a vossa ciência vos prova dia a dia. Mas é preciso distinguirmos a função de um prestidigitador que surpreende o senso comum das criaturas operando fenômenos exóticos, com a "missão" de um Espírito do quilate de Jesus. O primeiro pode tornar-se um "homem dos milagres" e acompanhar-se de um cortejo de admiradores e fanáticos, que lhe prestarão homenagens até o dia da primeira falha ou incompetência; o segundo é um libertador de almas que dispensa os recursos da matéria para organizar o seu apostolado. Jesus poderia realizar todos os milagres que lhe foram atribuídos, embora operando sabiamente com as energias naturais do próprio mundo físico. No entanto, isso em nada o ajudaria a convencer a criatura humana necessitada de sua própria libertação espiritual. Nenhum missionário, por mais excêntrico e poderoso no manejo das forças ocultas, conseguiria transformar um homem num anjo, somente à custa de fenômenos e milagres.

O espírito do homem não se gradua para a angelitude presenciando milagres ou admirando "magos de feira", mas isso ele só o consegue despertando em si mesmo as forças espirituais que depois o libertam do instinto animal e abrem clareiras mentais para a amplitude de sua consciência.

O "milagre" do Mestre Cristão andar sobre as águas, conforme a narrativa dos evangelistas, prende-se à interpretação errônea de um costume tradicional entre os galileus de sua época. Havia dois caminhos muito conhecidos que convergiam de Cafarnaum e outras localidades para Nazaré. Um deles cortava a planície e o denominavam "caminho do campo"; outro marginava o lago Tiberíades e o chamavam o "caminho das águas". Assim, quando alguém seguia ou retornava beirando o lago Tiberíades, era costume dizer-se que "fulano fora ou viera pelo caminho das águas". Mas decorrido certo tempo, então era mais próprio dizer-se que "fulano fora ou viera pelas águas". Deste modo, quando Jesus retornava com seus discípulos para Nazaré era muito comum anunciarem que o "Mestre vinha pelas águas". Isso fez com que a tradição religiosa trouxesse até vossos dias a lenda de que "Jesus andava sobre as águas".

PERGUNTA: — Considerando que Jesus, há dois mil anos, fez curas de resultados absolutamente positivos, qual o motivo de alguns médiuns atuais fracassarem e não conseguirem iguais efeitos curativos, embora adotando os mesmos processos usados pelo Mestre Cristão?

RAMATÍS: — Nem todos os enfermos elegem-se realmente para serem curados. O doente deve ir ao "encontro" do curador e tornar-se eletivo à cura, quer seja submetido à terapêutica dos encarnados ou dos desencarnados, pois ela depende da maior ou menor eclosão das energias de ambos, enfermo e curador. Quando a fonte que emite os fluidos é bastante energética, como no caso de Jesus, o enfermo cura-se rapidamente, sem convalescença. Porém, quando é de fraco potencial, então é preciso que o próprio doente coopere com a energia da sua fé, centuplicando o energismo indispensável de fluidos curadores. Tal fenômeno se opera mais propriamente no plano espiritual e não carnal, numa espécie de automatismo desconhecido à consciência física; a atitude positiva da fé que "transporta montanhas" é a verdadeira "chave" para se abrirem as comportas das energias latentes na alma humana. Mas a cura rápida e incomum não constitui milagre nem mistério, porém é fruto de uma série de circunstâncias de caráter moral e espiritual, cujo sucesso depende também do amor sincero e desinteressado.

Além disso, o homem moderno está viciado e intoxicado com remédios violentos, que sufocam suas energias magnéticas mediante o bombardeio da química moderna, de muitos produtos dos laboratórios farmacêuticos. O doente atual assemelha-se a um exótico paliteiro humano de seringas hipodérmicas, que lhe despejam continuamente na contextura delicada do sistema orgânico o conteúdo de sais minerais heterogêneos e substâncias agressivas, causando-lhe mais tarde graves consequências e afetando-lhe a saúde. Às vezes, ocorrem casos em que o doente, em vez de morrer por motivo da moléstia, a sua morte é abreviada ou provocada pela própria "cura".

A descrença no mundo espiritual gera o medo da morte e isto induz o homem à fuga angustiosa ante o primeiro sinal da enfermidade. Então se transforma num foco permanente de moléstias, que surgem e desaparecem em contínua substituição, até ver-se atirado num leito vítima da intoxicação medicamentosa. A dor, que é o sinal vermelho de perigo da saúde no corpo, é sempre eliminada à custa de bombardeios de sedativos e anestésicos.

As criaturas parecem ignorar o poder maravilhoso da Natureza, que opera nos desvãos da alma, produzindo verdadeiros milagres. Só pede que lhe dêem tempo para corrigir e restaurar os órgãos ou sistemas lesados. A saúde não é produto de tisanas, de comprimidos e do uso imprudente de injeções; primeiramente, pela higiene da alma deve ser estabelecido o equilíbrio psicofísico, mediante uma vida educada nos princípios espirituais, que melhoram as relações cristãs entre as criaturas, a compreensão dos deveres humanos e a consequente redução das doenças da chamada civilização. Está comprovado que os selvagens adoecem gravemente depois que tomam contato com os civilizados e adotam os seus costumes de vida sem disciplina, inclusive na alimentação e nas bebidas alcoólicas.

A ausência do sentimento puro pela espiritualidade, a negação do jovem moderno em ser religioso, tolerante, obediente, resignado, sincero e pacífico, fazem crescer o índice das enfermidades, pois a hipocrisia, o ódio, a desforra, a violência, a irascibilidade, a cupidez, o orgulho são doenças da alma, que repercutem no corpo, prejudicando a saúde.

PERGUNTA: — Como poderíamos examinar a técnica ou o processo do emprego das forças terapêuticas, nos casos das curas realizadas por Jesus, comparados aos médiuns e curandeiros modernos?

RAMATÍS: — A literatura médica cita o caso de paralíticos que movem seus membros anquilosados ou se curam instantaneamente, em face do impacto de emoções agudas e inesperadas. São recursos estranhos de que a própria alma se serve para operar modificações benfeitoras na intimidade do corpo. Em certa cidade norte-americana, há alguns anos, durante um incêndio num hospital reservado exclusivamente a paralíticos, dezenove desses enfermos recuperaram instantaneamente os movimentos, ante o pavor do fogo e a força mental que mobilizaram para fugirem da tragédia.

Isso prova que existem energias fabulosas no imo de cada ser, que ao serem dinamizadas por um esforço mental incomum ou por um estado de fé e confiança absolutas, enfeixam-se de súbito e provocam o que o vulgo chama de "milagre". São energias que destroem lesões, baixam ou elevam a temperatura atuando nos centros térmicos; purificam a linfa e eletrificam o coração. São forças agregadas há milênios e milênios, como a exsudação do magnetismo telúrico do orbe; agruparam-se na imantação dos minerais, acumularam-se no seio do vegetal e fluíram derramando-se vigorosamente na estruturação da carne do homem. Deram massa e arabescos ao mineral, forma e flexibilidade ao vegetal, movimento e instinto ao homem. Agruparam-se e concentraram-se num dinamismo cada vez mais requintado; na sua progressão energética de forma para forma e de espécie para espécie, foram dotadas de um automatismo criador disciplinado, de um instinto que lhes orienta o ponto em que devem construir ou restaurar. O homem devia disciplinar sua vida e suas paixões, porque essas forças criadoras e poderosas existem em sua organização "etéreo-carnal", moram no seu perispírito e são servidoras sábias, benfeitoras da vida.

PERGUNTA: — Para nossa maior compreensão do assunto, gostaríamos que nos désseis alguma ilustração do emprego de tais forças.

RAMATÍS: — Elas gravitam com relativa liberdade no organismo do homem, submissas à sua vontade criadora ou destruidora, podendo levá-lo ao céu pelo emprego justo de sua contextura, ou conduzí-lo ao inferno na inversão dos seus polos energéticos. Assim, quando um fator inesperado, um acontecimento emotivo gera um estado de fé, concentrado num feixe poderoso, o comando psíquico milenário pode desencadear esse potencial num só ponto, órgão ou sistema do corpo, eliminando lesões e restaurando a vida estagnada. Lembra o recurso do fazendeiro que, ao pretender movimentar pesado bloco de pedra, reúne e ajusta primeiramente todos os cavalos num só diapasão ou ritmo energético de forças vivas. Então, no momento culminante da sincronização dinâmica dos animais, ele os açoita e num só ímpeto logra o êxito que antes parecia impossível. Da mesma forma, o "quantum" de forças reunidas e potencializadas no organismo produz também a cura instantânea sob o impacto dinâmico do espírito, a qual exigiria longo tratamento. Muitas criaturas dificultam o trabalho operoso e inteligente dessas forças, porque as debilitam com o seu desânimo mental e falta de fé na vida criadora. Assim, às vezes é preferível que a criatura ignore a natureza de sua enfermidade, pois isso a livra da descrença, do desespero ou desânimo, que lhe provoca a "queda" energética de forças vitais.

Há tempo, os médicos norte-americanos surpreenderam-se com o resultado de autópsias de grande número de indigentes, deserdados da terapêutica oficial, ao verificarem que os mesmos haviam sido portadores de úlceras gástricas ou duodenais, lesões cardíacas, infecções perigosas, tumores cancerosos, quistos, amebíases e sinais diabéticos. No entanto, o seu estado patogênico apresentava só os vestígios e cicatrizes dessas moléstias curadas pelos recursos espontâneos da própria natureza. Isso prova, mais uma vez, que há no íntimo da alma o trabalho de forças criadoras que, no silêncio misterioso da vida, atuam mesmo quando as criaturas lhe ignoram a ação. O importante é saber reunir essas forças sob uma vontade férrea ou por meio de um estado dinâmico, que é a Fé.

PERGUNTA: — Por que Jesus não conseguiu curar todos os enfermos?

RAMATÍS: — Em relação às multidões que seguiam Jesus em busca de alívio e da cura, pequena foi a quantidade dos que ficaram realmente curados de seus males. Os mais irascíveis e descontentes pelo fracasso de suas pretensões não vacilavam em blasfemar contra o profeta galileu, provando, assim, que a dureza de seus corações era um obstáculo para merecerem a saúde do corpo.

PERGUNTA: — Mas o Mestre Jesus, espírito poderoso e santificado, não desejaria curar a todos? Ou ele já sabia de antemão quais os enfermos que deviam ser libertados de suas dores e enfermidades?

RAMATÍS: — Jesus descera à Terra para salvar toda a humanidade; o seu amor incondicional extravasava continuamente numa doação incondicional. Se ele não curou a todos foi porque os óbices contra a sua ação benfeitora residiam nos próprios infelizes que o procuravam ainda imaturos em espírito. Em verdade, sua missão principal não era curar os corpos, mas acima de tudo salvar a alma. As curas materiais que realizou serviram apenas para comprovar a força do Espírito eterno, mas sem alterar a lei do Carma, a qual determina a "cada um colher conforme tiver semeado". Jesus curou as criaturas que também se libertaram de suas mazelas morais, graças ao estado de fé criadora e pureza de intenções. Enfim, as que foram espiritualmente ao seu encontro, sem quaisquer desconfianças, mas sob propósitos para uma vida digna e amorosa.

PERGUNTA: — Que nos dizeis a respeito das supostas relíquias do Mestre Jesus, às quais o clero católico atribui a virtude de produzirem milagres? Existem?

RAMATÍS: — Em todos os credos e religiões disseminados pelo mundo, como o catolicismo, taoísmo, budismo, islamismo e mesmo o judaísmo, avultam as relíquias de seus líderes, fundadores e missionários mais importantes. Naturalmente, a par dos que acreditam sinceramente no poder misterioso ou na veracidade de tais relíquias, há os charlatães e os especuladores, que se aproveitam da oportunidade para a realização de negócios astutos.

Sucede o mesmo com as pretensas relíquias de Jesus, que o clero católico expõe aos seus fiéis. Mas, na realidade, tais relíquias são falsas e o bom-senso mostra-nos facilmente o ridículo e a impossibilidade de sua existência. Tapetes de bom tecido, compacto e duradouro, não resistem a um século e se transformam em frangalhos nos museus. No entanto, o "santo sudário" resiste há quase dois mil anos, embora tenha sido feito de linho frágil. Um litro de sangue evapora-se e coagula-se em algumas horas, mas as gotas de sangue apanhadas de Jesus, na hora da crucificação, desafiam os séculos, mantendo-se vivíssimas em ânforas de prata. Madeiras rijas e de longa duração, como o carvalho e a imbuia, desintegram-se sob o impacto dos séculos. No entanto, a cruz de Jesus, feita de dois troncos de árvores comuns, leve e de pouca duração, resiste há milênios e seus fragmentos e pó ainda são reverenciados pelos fiéis da Igreja em diversas partes do mundo.

Em seguida à morte de Jesus, os seus discípulos, devido às ameaças de também serem punidos como sediciosos perante o Procurador de Roma, debandaram rapidamente por todos os cantos de Jerusalém e não lhes passou pela mente qualquer iniciativa de apanhar os restos da morte do Mestre e guardá-los como relíquias. A maioria evitou qualquer contato nas proximidades do local do Calvário, sem preocupar-se de colher gotas de sangue, pedaços de espinhos ou fragmentos da cruz. A morte de Jesus provocou forte temor e até descrença na maioria dos seus seguidores, pois em vez de vê-lo empunhando o cetro real ante o povo judeu, terminara sendo crucificado como qualquer malfeitor incurso nas leis romanas. Quem poderia antever que aquele homem executado por uma condenação pública, seria capaz de se projetar pelos séculos afora e redimir a humanidade? Ante a incapacidade de tal previsão, não se justifica que alguém se interessasse, de imediato, em conservar como relíquia alguns cravos ou pedaços da cruz do Sublime Peregrino.

Aliás, Jesus não foi crucificado com a coroa de espinhos, pois esta foi uma encenação cruel da criadagem e servos de Pilatos, feita na sexta-feira, durante a flagelação. Depois dos sarcasmos e da farsa ridícula a que submeteram Jesus, o ramo de vime que fora usado para a confecção da coroa foi jogado fora como qualquer objeto inútil, sem valor.

PERGUNTA: — E que dizeis sobre a ressurreição de Jesus, no terceiro dia de sua crucificação, após sua morte corporal?
RAMATÍS: — Embora Jesus tenha aparecido em espírito a Maria de Magdala, aos apóstolos e outros discípulos na estrada de Emaús, isso foi um fenômeno de ectoplasmia, pois Madalena era poderosa médium, que, algumas vezes, concorrera para certos acontecimentos incomuns na peregrinação do Mestre. Quando surgiu entre os apóstolos e Tomé quis tomar-lhe as mãos, isso foi possível devido justamente à faculdade ectoplásmica dos presentes, que lhe permitiu a materialização em corpo inteiro e o

êxito da "voz direta", sob os fulgores da luz sideral. Nos demais casos, em que outras pessoas viram Jesus, deu-se apenas o fenômeno de vidência, coisa bastante comum entre os médiuns.

Jesus não deixou o túmulo em corpo e alma, pois as suas aparições jamais desmentiram o bom-senso das leis da física transcendental, nem foram consequência de fatos miraculosos, mas apenas manifestação das próprias energias que lhe foram doadas pelos seus discípulos e amigos siderais.

PERGUNTA: — Mas o seu corpo não desapareceu do túmulo?

RAMATÍS: — Quando Maria de Magdala "foi cedo ao túmulo, sendo ainda escuro, viu a pedra removida" (João, 20:1). É evidente que, se Jesus tivesse ressuscitado em corpo e alma e aparecido aos apóstolos atravessando as paredes de tijolos da casa onde eles se encontravam, também teria atravessado o seu túmulo sem precisar remover a pedra de entrada. Após a morte do Mestre, o assessor de Pôncio Pilatos autorizou que o seu corpo fosse entregue à família, conforme pedido feito por José de Arimatéia. Então Maria, sua mãe, Tiago, o maior, juntamente com João, Marcos, Pedro e Tiago, irmão de João, desceram o corpo que estava na cruz e as mulheres se encarregaram de preparar a balsamização de acordo com os costumes da época e da raça judaica. Em seguida, seriam aplicados óleos cheirosos e extratos de plantas aromáticas, pois o enterro seria no dia seguinte. E o túmulo foi fechado com pesada pedra como porta, pois era uma pequena gruta escavada no topo da colina pedregosa. A turba já se aquietara, satisfeita em sua sanha homicida, como a fera que se acomoda depois do estômago farto. Os soldados desciam a encosta gracejando na sua inconsciência infeliz. Alguns discípulos de Jesus, temerosos de vexames ou agressões, iam furtivamente ao monte do Calvário, movidos pela intensa amargura e saudade daquele homem de virtudes tão raras e sublimes.

No entanto, Pedro ficara bastante preocupado, depois que ouvira rumores de vândalos e criaturas embriagadas, a soldo do Sinédrio, que se propunham profanar o túmulo de Jesus e arrastar-lhe o corpo pelas ruas. Era intenção dos sacerdotes extinguir qualquer impressão favorável à doutrina e à pessoa de Jesus, evitando quaisquer demonstrações dramáticas que dessem vida e alento à tragédia da cruz. O rabi da Galileia deveria ser esquecido ou aviltado a todo custo para afastar-se o perigo de se formar uma casta de seguidores, estimulados por qualquer pretenso milagre ou saudosismo religioso. Deste modo, Pedro resolveu procurar José de Arimatéia e expor-lhe as suas desconfianças; e como o seu amigo também alimentava as mesmas preocupações, decidiram transferir o corpo de Jesus para outro local, desconhecido de todos.

Então, após verificarem que a cidade dormia, ambos dirigiram-se ao sepulcro e, munidos de roletes de lenho e alavancas, fizeram deslizar a pedra de entrada mediante esses gonzos improvisados. Em seguida, mudaram as vestes ensanguentadas de Jesus por novos lençóis limpos e incensados. Depois, no silêncio da noite, desceram a encosta do Calvário e sepultaram o corpo num túmulo desconhecido, abandonado no meio do capinzal e de ruínas esquecidas. Deste modo, evitaram a coisa mais atroz para o judeu, na época, e que seria suprema profanação e o próprio abandono de Jeová: um corpo insepulto! E no caso de Jesus, semelhante aviltamento à sua figura missionária daria ensejo a incertezas e dúvidas que truncariam muita fé do ideal cristão. Seu corpo, ficando insepulto, significaria, conforme a tradição hebraica, uma negação aos direitos de liderança e sua memória não deveria ser maculada por acontecimento tão fanático.

No entanto, Pedro e José de Arimatéia captaram as orientações do Alto e num empreendimento elogiável guardaram absoluto segredo até de Maria de Magdala e da mãe do Amado Mestre, apagando todos os vestígios da mudança.

Embora tal fato fosse a causa de Madalena ter encontrado o túmulo vazio, e isto desse lugar à fantasia da ressurreição de Jesus, em "corpo e espírito", Pedro e José de Arimatéia consentiram que esse boato prevalecesse, pois contribuía para que os asseclas do Sinédrio desistissem de profanar o corpo de Jesus, deixando-o insepulto para humilhá-lo. Ademais, isso avivava o ânimo dos seus próprios discípulos, o que era preciso fazer-se no momento em que a maioria começava a debandar. Mas em face da compreensão da humanidade, no vosso século, é preciso reajustar-se todos os fatos ocorridos na vida do Amado Jesus, para que ele reine no coração de todos os homens sem quaisquer dúvidas e desconfianças geradas por acontecimentos fantasiosos.

24. Jesus e os relatos dos quatro evangelhos

PERGUNTA: — Qual a diferença que existe entre as palavras "Evangelho", no singular, e "evangelhos", no plural?

RAMATÍS: — "Evangelho" ou "Boa-Nova"[68] é a súmula da doutrina codificada do cristianismo, enquanto "evangelhos" são os livros que fazem parte da Bíblia, tradicionalmente conhecidos como "evangelhos canônicos" e oficializados pela Igreja Católica Romana.

Os evangelhistas Mateus, Lucas, João e Marcos reuniram as parábolas, sentenças, os ensinamentos e principais fatos da vida do Mestre Jesus, compondo assim a doutrina do Evangelho e a base indestrutível do cristianismo. O Evangelho, portanto, é a Boa-Nova do próprio Amor de Jesus a serviço da Revelação Divina, constituindo-se no roteiro de uma nova forma de vida superior. O Amado Mestre Jesus viveu de modo real e eficaz tudo o que ensinou, colimando a síntese de um programa de vida simples e realizável para o homem terreno, além de valioso evento para a felicidade do espírito imortal.

Assim como o aluno serve-se de sua cartilha escolar para a alfabetização, que depois lhe proporciona o meio de adquirir a cultura e os recursos para o seu êxito pessoal no mundo, o Evangelho significa o compêndio ou o Código Superior do Espírito encarnado na Terra. Mas difere em sua conjugação comparada à cartilha humana, pois inverte-se o tratamento das pessoas pronominais, "eu", "tu" e "ele". Através do Evangelho, o homem deve conjugar em primeiro lugar a terceira pessoa, "Ele" ou

[68] Marcos, 1:1; Mateus, 24:14.

Deus; depois a segunda, "tu" ou o "próximo" e, finalmente, "eu", a primeira pessoa tradicional no mundo. Modificam-se as razões e o tratamento na conjugação habitual, pela abdicação da personalidade humana em favor da individualidade espiritual. Graças ao Evangelho de Jesus, conceituando a existência de um só Deus, Magnânimo e Justo, então proclamou-se a igualdade absoluta entre os homens e a sua confraternização como filhos de um só Pai. Mesmo que o Evangelho fosse apenas um arranjo fantasioso, fruto da imaginação de poetas, filósofos ou religiosos aglutinando conceitos e máximas em torno de um Jesus fictício, jamais alguém descobriria fonte de moral mais pura e reserva de ensinamentos mais elevados para a salvação e ajuste da humanidade. Todos os esforços, atos, sonhos, ideais e intenções que os homens empreenderam para a conquista de virtudes sublimes ou de amorosa confraternização, já se encontravam expressos no Código Superior do Evangelho. Malgrado as interpolações, incoerências, lendas, contradições ou arranjos sobre o que disse e viveu Jesus, jamais alguém poderá minar a contextura sublime do Evangelho, que é fruto inconfundível da Inspiração Divina.

No entanto, o que deveria surpreender os próprios críticos ou desfiguradores da obra de Jesus, é que os evangelhos se originaram de anotações pessoais de sua vida e dos seus ensinos entre um povo cativo e primário. Quem poderia pressupor, naquela época, que um singelo grupo de pescadores, campônios e gente de má fama, ao registrarem os exemplos e os ensinamentos do seu querido rabi e mestre, estavam compondo a obra moral e educativa mais fabulosa para a modificação histórica e redenção espiritual da humanidade?

PERGUNTA: — Como pôde Jesus assimilar tantos conhecimentos sobre o homem, sem um curso acadêmico ou disciplina filosófica do mundo, tão necessária para os mais abalizados pensadores?

RAMATÍS: — A humanidade profana ainda ignora o curso iniciático da vida de Jesus em que José de Arimatéia foi o seu cicerone dedicado e fiel. O jovem Jesus, além das intuições do mundo que a sua própria alma já aprendera, rebuscou todos os movimentos espiritualistas e iniciáticos da época, na Judeia e nações circunvizinhas; motivo porque a sua vida é cheia de hiatos e períodos desconhecidos dos seus mais fiéis biógrafos. Ele investigava e inquiria sobre todas as práticas da velha iniciação habitual na Índia, no Egito e na Grécia, e seu espírito assimilava, com incrível rapidez, todo o conteúdo iniciático de cada escola. Descobria com facilidade as raízes fundamentais do ritualismo simbólico e, embora jovem, os seus conceitos já valiam tanto quanto a palavra de muitos Mestres de sua época. Entre os essênios, ele se distinguia pelo profundo respeito a todos os credos e movimentos espiritualistas; a sua apreciação ao trabalho religioso no mundo era de absoluta universalidade. Os velhos anciãos dos santuários situados nas grutas dos montes Horeb, Carmelo, Moab e Tabor afirmavam que se tratava de um jovem destinado a alguma extraordinária e importante missão entre os homens. E opinavam que ele deveria entregar-se a uma tarefa de esclarecimentos das multidões. No entanto, o jovem Jesus, quer pela sua humildade ou porque achava prematura qualquer decisão em tal sentido, preferia silenciar a respeito. Algumas vezes, quando se fazia maior a insistência dos mestres essênios, então respondia-lhes que "se for da vontade do Pai que está nos céus, Ele me indicará a hora de minha missão!" Não se considerava um ente superior nem o melhor de todos, mas apenas uma criatura incendida por um ideal que era incomum à maioria dos homens.

Aliás, as barreiras fluídicas que separam o mundo espiritual do terráqueo impediam-lhe a posse completa da sua extraordinária consciência, pois ele submetia-se disciplinadamente à Lei que viera cumprir. Sua juventude era povoada de êxtases e visões, embora, por isso, muitas vezes fosse ridicularizado e refutado na sinagoga, pois os velhos rabis, conservadores, protestavam contra suas ideias avançadas. E nesse ambiente hostil aos seus conceitos, já o consideravam um visionário, porque afirmava que o Deus de Israel também abençoava os romanos e os infiéis.

Jesus sentia em si assombrosa e estuante força que o conduzia a um objetivo superior, de implacável renúncia. Por vezes antevia, no imo da alma, a fugaz imagem do seu futuro sacrifício programado pelo Alto. Mas, com o tempo, foi-se habituando a falar com absoluta confiança sob o impulso diretor do Ego Superior e, à medida que o seu espírito emergia cada vez mais lúcido, dominando a potência escravizante da carne, abriam-se-lhe clareiras do entendimento espiritual em favor da humanidade.

PERGUNTA: — Quais foram as fontes humanas que, na Terra, auxiliaram Jesus quanto à cultura e ao desembaraço com que sempre enfrentou a capciosidade dos fariseus e a desconfiança dos ricos e poderosos?

RAMATÍS: — A Grécia, a Índia e o Egito, quando lembrados por Jesus, acendiam-lhe novas luzes e por intuição, sentia que a sua alma já operara espiritualmente na consciência dessas nações. E a sua perspicácia em compreender as multidões, estudando-lhes a psicologia e descobrindo-lhes as vulnerabilidades nos caprichos, no sofrimento, na cupidez, astúcia e ingenuidade, tornava-o um pensador inigualável.

O Mestre submetia tudo a exame meticuloso; as menores coisas eram por ele observadas sob a visão clara do seu espírito universalista. Não situava adversários nem se sentia alvo da perfídia, da ofensa ou das ingratidões para com a sua generosidade mal compreendida; classificava o homem terreno segundo a sua imprudência e ignorância, no tocante a edificar sua ventura espiritual. Em Jerusalém, a sua curiosidade insaciável fê-lo visitar curandeiros, cartomantes, magos e rabis, sacerdotes e discípulos, profetizas e astrólogos, hipnotizadores e profetas, escribas e ilusionistas, filósofos e doutrinadores, escravos e senhores. E de suas observações resultou um conhecimento idôneo de todas as contradições humanas. Então, confrangido, ele estigmatizava a riqueza egoísta e os avarentos endurecidos, que se esqueciam dos pobres e dos infelizes.

PERGUNTA: — Uma vez que os quatro evangelhos são relatos dos evangelistas sobre a vida de Jesus, por que então omitem os aspectos da sua vida durante o longo período que vai dos 12 aos 30 anos?

RAMATÍS: — Na realidade, após os doze anos, Jesus passou a viver quase sob um recolhimento espiritual, sem muitas preocupações públicas. Buscava a natureza para tranquilizar sua alma aflita; vivia mais a vida mental, reflexiva, numa auscultação espiritual profunda. Deixou os ruídos do mundo terreno para refugiar-se nas emoções do mundo espiritual. Deste modo, não se registraram grandes sucessos ou fatos que ficassem na lembrança do povo. Acresce, ainda, que mesmo a história relatada no Novo Testamento não é uma descrição objetiva de sua vida, mas sim noções morais e ensinamentos para os seus seguidores futuros. Não existem dados históricos suficientes para se escrever a biografia autêntica de Jesus, pois o que chegou até hoje é apenas fruto da tradição oral e só mais tarde foi registrado pelos evangelistas. Aliás, a destruição de Jerusalém, por Tito, consumiu quaisquer dados mais objetivos referentes ao Mestre Jesus, e a história teve de socorrer-se da memória dos cristãos para compor, pouco a pouco, um relato, aliás, eivado de fantasias, opiniões e digressões pessoais, embora tudo sob um fundo poético, místico e certa unidade, que lhe exalta a figura messiânica. Quando Jesus completou dezenove anos, José de Arimatéia interessou-se profundamente por aquele jovem místico, inteligente, generoso e cuja vida era diametralmente oposta aos interesses do mundo. Então fê-lo ingressar nos ambientes onde se estudava e se fazia comunicações com os "mortos", fenômenos ocultos que naquela época eram conhecidos por "Cabala". Jesus devotou-se profundamente a essa doutrina que lhe era eletiva, desafogando o seu espírito no intercâmbio espiritual. Durante o dia procurava auscultar todas as criaturas que defrontava na existência e à noite entregava-se aos estudos esotéricos. Mesmo quando, por diversas vezes, tentou emprego em Jerusalém, sem qualquer êxito técnico ou prático, jamais abandonou suas investigações do mundo oculto, nem se afastou do contato de José de Arimatéia.

Em verdade, dos 12 aos 30 anos Jesus pareceu evitar qualquer aparecimento no cenário do mundo profano, como se desejasse mobilizar todas as forças para o desiderato final do Calvário. Por isso, ninguém lhe encontra feitos de realce ou movimentos ostensivos que marcassem sua figura no ambiente comum do povo e se fizesse algo importante para a história situá-lo em destaque. No entanto, se a história profana ignorou a presença do Mestre no cenário do mundo terreno, jamais alguém na tradição histórica assumiu o vulto moral da personalidade de Jesus.

PERGUNTA: — Por que se observam certas diferenças entre os relatos dos evangelhos com relação à vida de Jesus?

RAMATÍS: — João e Mateus falam com mais particularidade do Mestre, porque sempre o acompanharam em suas excursões e pregações além da Galileia. Lucas reuniu notícias colhidas cuidadosamente entre os companheiros de Jesus e de outras pessoas que o teriam conhecido. Marcos compôs sua história com o material que podia recolher entre os frequentadores de sua casa, nas reuniões cristãs. Daí certas contradições ou incoerências que se notam entre as quatro narrativas, pois a descrição ou relato do que "ouviu dizer" é sempre diferente do que se viu pessoalmente.

As dúvidas e contradições dos relatos dos quatro evangelistas são apenas quanto aos detalhes e pormenores da vida do Mestre e seus feitos, mas não alteram a essência de suas ideias e de seus ensinamentos. Pode existir diferença de minúcias nos relatos de suas curas, alteração cronológica em suas peregrinações ou acontecimentos messiânicos, mas sem quebrar o fio de ouro que liga as contas de sua doutrina. Cada um dos relatos dos evangelistas se identifica com os outros três, embora variem quanto à maneira de se expressar. Sem dúvida, entre o que os evangelistas ouviram, disseram ou escreveram, e os relatos que chegaram ao vosso século, há contradições, por vezes, flagrantes e absurdas, devido à intervenção indébita que os quatro evangelhos sofreram posteriormente, para atender a certos interesses religiosos. Não podemos acoimar os evangelistas de capciosos, nem de levianos, se não podemos identificar a realidade exata de suas narrações.

As autoridades religiosas, quando da formação da nova Igreja, ajustaram narrativas particulares à biografia de Jesus, interpondo nos evangelhos originais certos mitos já consagrados por outras crenças. O cristianismo, em sua feição iniciática, era desprovido de ritos, liturgias, oferendas e compromissos religiosos; evidenciava-se pelas reuniões singelas nas casas dos discípulos e de quem se propusesse reunir-se em "nome do Mestre Jesus". A principal autoridade entre os apóstolos, discípulos e fiéis era a compostura moral e a pureza de intenções, pois não havia clima favorável para evidências hierárquicas, nem vaidade para se julgarem novos mestres e líderes. Jesus ainda estava vivíssimo na alma daquela gente simples e pura de coração. A ele, somente a ele, sentiam-se obrigados à devoção e à homenagem. Assim, os primitivos relatos dos evangelistas não autorizam distinções hierárquicas, cerimônias de aparato público, vida conventual ou especulação de oferendas, como se fazia no tempo de Jesus, mas foi censurado por ele.

Surgiram então diversos evangelhos apócrifos. Porém, só foram aceitos como autênticos os evangelhos segundo Lucas, Marcos, João e Mateus. E nestes também introduziram relatos apócrifos, alterando alguns fatos da vida do Mestre. Além disso, as traduções do original grego para o latim e outros idiomas têm, igualmente, sofrido alterações; algumas até ingênuas e ridículas; outras, propositais ou capciosas. A própria linguagem dos apóstolos, em certos aspectos, não corresponde à sua índole psicológica, pois João, filho de humilde pescador, passa a relatar assuntos comuns em linguagem altiloquente; e Lucas preocupa-se mais com o caráter histórico dos fatos, do que mesmo com o conteúdo doutrinário da vida de Jesus. No entanto, aproxima-se a época em que os relatos evangélicos serão escoimados de suas incongruências e interpolações interesseiras, surgindo a limpidez da movimentação e do pensamento exato de Jesus. Os espíritos superiores, desde o início deste século, confiando na sensatez e lógica da doutrina espírita, acertam os valores mediúnicos que, pouco a pouco, revelarão a verdade cristalina da vida do Espírito mais sábio e justo que viveu na Terra, sem derrogar as leis e os costumes normais da vida humana. A colcha de retalhos, mitológica e ilusória, tecida por interesses religiosos para encobrir a verdade, será removida, surgindo o Jesus Angélico, mas despido de lendas, mitos e de crendices dogmáticas do passado.

Esse trabalho de joeiramento do conteúdo dos evangelhos já se iniciou com Kardec, através de suas corajosas interpretações à luz da realidade dos ensinos de Jesus, pois despojou o Mestre de sua aura miraculosa, sem ferir as prerrogativas superiores do admirável Espírito Sábio e Bom, que lançou realmente as bases da libertação definitiva do homem. Com o advento do "Consolador" prometido, através da manifestação espírita, já se inicia, realmente, a "segunda vinda" do Cristo, cuja luz se derrama sobre toda a humanidade. Os Espíritos responsáveis pelo ajuste e fidelidade das narrativas apostólicas já estão procurando localizar médiuns sem partidarismos ou ideias preconcebidas, libertos do velho condicionamento religioso, a fim de fazerem fluir sobre eles a ideia correta e cristalina da atuação de Jesus entre os homens. Ele foi um Deus sem ser o próprio Deus, pois, como embaixador das luzes do plano angélico, viveu exclusivamente para os homens como o Pai viveria para as suas criaturas. O próprio Jesus, já de há muito tempo, opera sobre o orbe terráqueo coordenando instruções que proporcionem o clima acessível à mais breve exatidão de sua passagem pela Terra. É necessário que a humanidade abandone a incerteza, a desconfiança e a descrença na obra do Mestre Jesus, pois em vez de um legislador moral coerente, genial e humano, transformaram-no em um Mito, que não se ajusta ao cenário do mundo material.

PERGUNTA: — Que dizeis de certos autores que focalizaram Jesus apenas como um homem comum, impelido por um complexo messiânico e persistente nos seus objetivos?

RAMATÍS: — Louvamos o trabalho dos iconoclastas em que despojaram Jesus da falsa roupagem de um grande ilusionista religioso, embora neguem o seu messianismo como um programa excepcional traçado pelo Alto. Indiretamente, eles abriram novas clareiras para melhor conhecimento da pessoa de Jesus, quer rompendo os velhos tabus criados pela Igreja Católica, como libertando as mentes hipnotizadas pelos dogmas seculares. Eles facilitaram o trabalho do próprio espiritismo e dos Espíritos, preparando, entre os homens, a disposição mental mais lógica e coerente para se aceitar a figura majestosa de Jesus, sem fantasias e anomalias humanas.

PERGUNTA: — Podereis apontar algumas incoerências dos evangelhos, em relação à pessoa de Jesus, quanto a alguns dos fatos referidos nos mesmos?

RAMATÍS: — O Jesus descrito nos evangelhos às vezes se contradiz quando analisado em sua contextura angélica e condição psicológica humana. E há também contradições entre as quatro narrativas dos apóstolos. Além disso, certas cenas e atitudes desmentem a conduta, o temperamento, a sensatez e os objetivos do Mestre, porquanto, em algumas passagens, ele se mostra irascível, arbitrário e despótico, depois de ter predicado o amor, a bondade, a mansuetude, o perdão e a tolerância, como no caso de sua ira e agressividade contra os vendilhões do templo (Mateus, 21:12,13).

PERGUNTA: — Mas Jesus, ao enxotar os vendilhões do templo, a sua veemente indignação não é uma prova de sua coerência quanto ao respeito devido à Casa de Deus?

RAMATÍS: — Essa narrativa é de origem duvidosa, pois não há prova alguma de que tenha sido escrita por qualquer dos evangelistas. Mesmo porque não se coaduna com os costumes hebraicos da época. Além disso, a violência e agressividade do ato desmentem a índole pacífica e tolerante de Jesus, pois apresentado empunhando um chicote, açoitando os homens, dando pontapés nas mesas, espantando bois e ovelhas, promovendo, enfim, uma grande desordem no recinto de um templo. Os cambistas são escorraçados até à rua, recebendo insultos e sofrendo prejuízos por parte daquele que viera ensinar a perdoar incondicionalmente.

O Cordeiro de Deus era dócil, pacífico e respeitoso em todos os

Ramatís / Hercílio Maes

seus atos e atitudes. Assim o demonstrou diante da mulher adúltera, ante a negação de Pedro e na traição de Judas. Sua missão não era de turbulência, nem de alterar os costumes tradicionais de uma cidade. Jesus descera à Terra para viver, à luz do dia, as lições do Amor e Piedade, em toda sua extensão. Alma cósmica, compreensiva e sábia, não tinha quaisquer recalques de cólera. Enérgico diante das injustiças contra os fracos, jamais se transformaria num agressor vulgar atacando um punhado de homens ignorantes e necessitados de ganhar a vida. Tais vendedores não exerceriam o seu comércio se isso lhes fosse proibido pelo sacerdócio hebreu, que era a forma dominante para dirigir o povo.

PERGUNTA: — Mas não teria ele agido bem se, de fato, tivesse advertido que a Casa de Deus deve ser uma casa de oração e não um "covil de ladrões"?

RAMATÍS: — Chamar o templo de Jerusalém "covil de ladrões" representaria um insulto aos sacerdotes e ao povo de Israel; e Jesus seria incapaz de insultar alguém. Aliás, ele apenas considerava aquele local como um detestável e sangrento matadouro de aves, carneiros e bois. A sua noção de "Casa de Deus" era bem mais extensa, conforme no-lo demonstrou quando o seu pensamento, esvoaçando pelo Cosmo e situando os planetas habitados por outras humanidades em maior ascensão espiritual, disse textualmente: "Na casa de meu Pai há muitas moradas". Ademais, os narradores ainda cometeram o disparate de transplantarem para os lábios de Jesus as mesmas palavras proferidas pelo profeta Isaías, do Velho Testamento, referentes a outros assuntos: "Minha casa (a casa de Deus) será chamada casa de oração". E, quando o fazem terminar a sua indignada expulsão dos vendedores, atribuem-lhe ainda outras palavras que foram exprobações de Jeremias: "Mas vós a tornastes um covil de ladrões"!

Os cambistas que, a distância, faziam seus negócios, eram modestos vendedores ambulantes, cuja féria mal lhes garantia o pão de cada dia. Se ele cogitasse, realmente, de expulsar os "vendilhões do templo", teria que iniciar sua ação corretiva de dentro para fora, ou seja, enxotando primeiramente os próprios sacerdotes e os seus sequazes desonestos. Além disso, seria absurdo que um forasteiro, de visita à cidade santa, provindo da Galileia, que era lugar de gente rude e de pescadores ignorantes, se pusesse a agir daquele modo, sobrepondo-se à lei ou hábito vigente na cidade.

Se Jesus houvesse açoitado o mais insignificante vendedor, os outros o subjugariam imediatamente, impedindo que o galileu recém-chegado do interior os agredisse e lhes causasse prejuízos. E os vendedores eram consentidos e tributados por lei. Por conseguinte, Jesus, como bom hebreu e respeitador das leis do país, não iria protestar, em público, mediante violência agressiva, contra o que sabia ser lícito.

O sublime Jesus do "Sermão da Montanha" que perdoou e consolou a mulher adúltera, que recomendou a caridade do perdão "setenta vezes sete", que aconselhou a entregar a face esquerda a quem nos bate na direita, certamente, jamais, incorreria na violência e desordem agressiva, que lhe é atribuída contra os vendedores que negociavam nos lugares permitidos do templo de Jerusalém. A sua compreensão angélica tornava-o tolerante e piedoso para com todos os pecadores. Era enérgico, decidido e heroico, mas sem a violência da ira ou da paixão agressiva.

Por conseguinte, não é somente o caráter impoluto, a contextura psicológica, a agudeza espiritual e a sabedoria cósmica de Jesus que contestam a possibilidade desse incidente chocante e que imerecidamente lhe atribuem, mas a própria tradição, os costumes e as leis judaicas o desfazem facilmente. Os hebreus eram intransigentes em questão de fé e devoção religiosa e jamais contemporizavam com os seus preconceitos de "puro" ou "impuro" nas mil distinções que faziam em suas vidas e afazeres mais triviais. Os próprios romanos, que eram considerados impuros pelos hebreus, evitavam, a todo transe, atravessar as linhas divisórias do templo, temerosos da fúria do populacho fanático, que daria a própria vida para evitar tão grave profanação e impureza em sua área sagrada.

Jesus advogava a liberdade do ser, mas condenava os impulsos do instinto animal, que é próprio dos brutos. Mesmo quando ele usou de certa severidade sentenciosa, apontando os fariseus de "túmulos caiados por fora e podres por dentro", ainda o fez sem individualizar pessoas. Não feria indivíduos, mas uma classe que se mostrava hipócrita, perversa, propensa às honras mundanas e aos gozos materiais, embora aparentassem uma religiosidade piedosa e fanática.

Jesus tinha um senso crítico elevado; burilava o seu pensamento e o vestia com justeza de palavras; era imune tanto à lisonja como à censura e os seus conceitos sobre aqueles que empanavam a beleza da vida tornavam-se lições inesquecíveis. Diante da mulher adúltera, o seu coração generoso absolveu-a e ordenou-lhe que não pecasse mais. Porém, diante da atitude dos que queriam apedrejá-la, o Mestre, rápido, traçou-lhe na areia a terrível sentença: "Atire a primeira pedra aquele que estiver sem pecado."

Jesus era a imagem autêntica do anjo, derramando-se em amor pelos infelizes e deserdados; mas era também a figura da Justiça, do Direito e da Moral. Muitas vezes o anjo se afastava para surgir o sábio ou o legislador impoluto, que jamais se submetia ao servilismo de pactuar com as explorações dos poderosos e a ganância dos ricos.

PERGUNTA: — Quais são as principais contradições nos relatos dos evangelistas?

RAMATÍS: — De modo geral, notam-se diversas contradições entre os quatro evangelistas: aqui, Mateus desconhece a história dos pastores e Lucas não sabe da visita dos reis magos a Jesus. Ali, Mateus afirma que o pai de José é Jacó, com 28 gerações da linhagem de Davi, mas Lucas o desmente, apontando Heli, com 40 gerações, como ancestral de Jesus. Os dois apóstolos ainda se contradizem quando Mateus afirma que José habitava Belém e apenas visitara Nazaré, enquanto Lucas afirma que José residia verdadeiramente em Nazaré. Marcos (5:2) e Lucas (8:27) dizem que se apresentou um endemoninhado a Jesus, enquanto Mateus (8:28) afirma que foram dois. Marcos (16:7) faz Jesus aparecer na Galileia, porém Lucas (24:36) diz que Jesus apareceu em Jerusalém; Mateus (20:30) narra que o Mestre curou dois cegos, enquanto Lucas (18:35) o contesta, pois diz que foi só um: Marcos (13:32) deixa evidente a afirmativa de Jesus de que só o Pai sabe tudo, mas João (16:30) garante que Jesus sabe tudo. Na questão do bom e do mau ladrão, a contradição é acentuada: Marcos (15:32) diz que dois ladrões, crucificados ao lado de Jesus, o insultaram; João, que estava presente ao ato da crucificação, nada diz; Lucas, que não estava presente ao ato, explica isso com minudências (Lucas, 23:39-42) e diz que apenas um ladrão insultou o Mestre. Na realidade, dois ladrões sofriam ao lado de Jesus, mas não o insultaram, nem chegaram mesmo a se interessar pelo drama de Jesus, pois eles também suportavam suas dores. João (5:31) põe nos lábios de Jesus as seguintes palavras: "Se eu dei testemunho de mim mesmo, não é verdadeiro esse meu testemunho", ao passo que adiante ele as repete assim (João, 8:14): "Ainda que eu mesmo sou o que dou testemunho de mim, meu testemunho é verdadeiro". Lucas (1:3) diz que é o autor dos seus relatos, para desmentir-se logo adiante ao afirmar que tudo colheu da tradição.

PERGUNTA: — Não terá sido possível que os compiladores ou tradutores dos evangelhos hajam feito neles certas interpolações, baseados em elementos de outros credos ou em lendas mitológicas? Que razão haveria para que nos legassem uma obra contraditória em certos pontos e confusa em muitos outros?

RAMATÍS: — O caso é facilmente explicável. Existiam mais de quarenta evangelhos, todos diferentes entre si. Estes evangelhos foram selecionados pela Igreja, ficando reduzidos a quatro, os quais, já eivados de erros, continuaram sendo traduzidos das cópias primitivas; e ainda lhes fizeram outras interpolações, acréscimos e ajustes, no sentido de garantir interesses religiosos em jogo.

Como a mentalidade mais parecida com a de Jesus, na identidade do modo de agir, fora Buda, que pregara seiscentos anos antes, na Índia, os compiladores dos evangelhos usaram e abusaram de velhas lendas ligadas à vida de Buda. Algumas vezes há nos evangelhos certos respingos lendários de Zoroastro, de Confúcio e de Lao-Tse, que também se confundem facilmente com a tradição budista.

PERGUNTA: — Poderemos conhecer algumas passagens trazidas do budismo para os evangelhos e descritas pelos evangelistas como referentes a Jesus?

RAMATÍS: — Há grande semelhança nas seguintes passagens: "Em verdade vos digo que a esta geração não se concederá nenhum prodígio" (Marcos, 8:11,12) teria dito Jesus. No entanto, Buda também assim dissera: "Não deveis manifestar o poder psíquico ou demonstrar milagres àqueles que são leigos, pois quem assim fizer será considerado culpado".

Jesus, em (Mateus 25:45), enuncia, referindo-se aos enfermos: "Na verdade vos digo que quantas vezes o deixastes de fazer a um destes, a mim o deixastes de fazer". E Buda ensina também: "Quem assistir a um enfermo assiste a mim". O evangelista João (6:61-67) relata: "Muitos, pois, de seus discípulos, ouvindo isto, disseram: Duro é este discurso e quem o pode ouvir? Desde então se tornaram atrás muitos de seus discípulos, e já não andavam com ele". Buda diz o mesmo, após veemente preleção: "Duro é o Senhor; muito duro é o Senhor". E seus discípulos se afastaram. "Mateus, no capítulo 27:51, do seu evangelho, aludindo à morte de Jesus, refere: "E tremeu a terra, e partiram-se as pedras". Com referência à morte de Buda: "Quando o Senhor entregou sua vida ao Nirvana, aconteceu um grande terremoto, terrível e fulminante!"

O evangelista Mateus diz no capítulo 17:20 que Jesus proferiu as seguintes palavras: "Porque na verdade vos digo que se tiverdes fé como um grão de mostarda, direis a este monte: Passa daqui para acolá; e ele há de passar: e nada vos será impossível". Buda emprega linguagem idêntica: "Com a fé se move o Himalaia". Segundo diz João (8:12), Jesus assim falou: "Eu sou a Luz do Mundo; o que me ama não anda nas trevas mas terá a luz da vida". Buda teria dito a mesma coisa seis séculos antes (Livro do Grande Morto): "Depressa a Luz do Mundo se extinguirá, pois o Senhor entrará no Nirvana". O evangelista Marcos (4:2,33,34) atribui estas palavras a Jesus: "A vós outros é concedido saber o mistério do reino de Deus, mas aos que são de fora tudo se lhes propõe em parábolas. E não lhes falava sem usar parábolas". Buda diz (Diálogo 143-CT 28): "Ao pai de família nenhum discurso religioso é revelado; só é revelado aos eremitas", isto é, aos adeptos, aos seguidores ou discípulos.

Ao narrar a chamada "Tentação de Jesus", diz o evangelista Marcos (1:35): "E foi Jesus a um lugar deserto, e ali fazia a sua oração", e adiante (6:46): "Retirou-se a um monte, a fazer a oração", e mais adiante (14:37): "Simão, dormes? Não pudeste vigiar uma hora"; e mais (14:40): "E tornando a vir, achou-os outra vez a dormir". Nestes textos evangélicos verifica-se uma analogia profunda com o fato de Buda retirar-se para o deserto, onde também fica isolado, na oração solitária: "Foi para o deserto; vigiou só, durante a primeira hora".

Moisés jejuou quarenta dias no deserto e foi tentado pelo povo, que preferia o bezerro de ouro; Buda jejuou vinte e oito dias e Maya o tentou; Zoroastro, no deserto, foi provocado por Ahrimã; e Jesus foi para o deserto, jejuou, e Satanás ofereceu-lhe reinos e tesouros para o tornar senhor do mundo. Quantas controvérsias religiosas têm provocado esses episódios, consecutivamente atribuídos a todos os missionários? Que vale essa teimosia em fazer o Mestre jejuar no deserto e repelir Satanás, quando a sua força estava presente, minuto a minuto, no seu amor aos desgraçados, no seu perdão aos algozes e na sua renúncia à vida, para vencer a morte?

Ainda hoje se conturbam as religiões católica, protestante, adventista e seus discípulos, por causa da simples cerimônia de Jesus se deixar batizar no rio Jordão, por João Batista, o que, aliás, também acontecera com Buda, em Savathi, na Índia, consagrado por um iogue chamado Sangaravo. No entanto, cessariam todos os conflitos, aprovar-se-iam todos os esforços religiosos e extinguir-se-ia toda crítica desrespeitosa se atendesse, de verdade, a esta simples sentença de Jesus: "Ama a Deus sobre todas as coisas e ao próximo como a ti mesmo!"

Não importa que mil outros profetas tenham dito a mesma coisa, em outras palavras ou dialetos. Ninguém se anima a protestar contra essa força poderosa que sustém todo pensamento crístico, porque o Mestre viveu integralmente todos os seus ensinos. E é nisso que consiste o seu valor e a sua glória, que dispensam milagres, alegorias, mitos, tabus e interpolações feitas nos evangelhos. Mesmo no século **XX**, os missionários modernos, das instituições espiritualistas, fraternidades e movimentos religiosos, continuam a repetir o que já disseram Jesus e seus precursores, pois o seu trabalho é o de renovar o espírito da Verdade que viceja sob tais ensinamentos.

O conteúdo do ensino de Jesus, que constitui o seu Evangelho, fulgura, expande-se e forma a cúpula radiosa da libertação espiritual, porque a sua figura central, o esperado Messias, realmente viveu a vida que aí define o tipo superior do Homem-Luz.

25. Jesus e a Boa Nova do Reino de Deus

PERGUNTA: — Houve algum planejamento do Alto, no sentido de coordenar as diretrizes da orientação de Jesus na sua pregação da Boa-Nova do "Reino de Deus", na face da Terra?

RAMATÍS: — O Universo é regido por leis perfeitas e imutáveis tanto na dinâmica das suas leis físicas como na regência das suas leis morais. Tudo se move num ritmo harmonioso e seguro. Assim, quanto aos Espíritos, na longa caminhada da sua evolução, proporciona-lhes sempre múltiplas oportunidades ou ensejos de desenvolverem e consolidarem a sua consciência individual, pois esta é a matriz que lhes estrutura o caráter.

Em tais condições, todos os acontecimentos de grande projeção moral e social, que se processam na face dos planetas, estão subordinados a um esquema de absoluta segurança previsto pelo Governo Oculto de cada orbe. A conturbação proveniente de surpresas ou imprevistos não existe nas manifestações panorâmicas da Criação cósmica.

Consequentemente, Jesus só desceu à Terra depois do Alto programar e aprovar o fato. Porém, quanto aos aspectos intermediários de suas atitudes, tratando-se de um missionário de elevada hierarquia espiritual, torna-se evidente que ele não seria um autômato acionado por "cordões" manejados do mundo invisível. Era um elevado mensageiro eleito pela Administração Sideral para entregar à Humanidade terrena o Código de sua própria redenção espiritual. Mas dependia, essencialmente, do seu próprio discernimento, o seu triunfo nessa realização messiânica. Em verdade, a sua renúncia e heroísmo absolutos é que cimentaram as bases morais do cristianismo; embora, naturalmente, os seus amigos invisíveis sempre o tenham assistido e confortado nas suas horas de angústia e nas vacilações adstritas ao meio-ambiente. Jesus aceitou o programa sacrificial da sua missão atento às diretrizes fundamentais que ela lhe impunha, as quais examinou antes de encarnar-se. Porém, o êxito do movimento cristão foi produto de seu próprio esforço.

Na Terra, ele teve de submeter-se a todos os imperativos próprios da família carnal, adaptando-se a certas conveniências prosaicas da sociedade terrícola e nivelando-se às raças e aos costumes da época. Embora se tratasse de um anjo, ele também se obrigava a viver e participar dos acontecimentos humanos, próprios dos encarnados. Obviamente, não podia dispensar os apetrechos e as convenções do mundo material, onde tinha de se movimentar contando com os recursos naturais de todos os homens.

Mas a obra de Jesus desenvolveu-se sob os aplausos e o júbilo dos seus mentores siderais, pois ele cumpriu integralmente a sua missão redentora da humanidade. Além disso, livrou-se das incongruências e das deformações muito comuns a certos líderes de povos, que nas suas tarefas deixam-se imbuir pela vaidade, em acirrada defesa da sua personalidade humana e muitíssimo preocupados com o possível julgamento da posteridade. Cuidam principalmente de exaltar a sua figura transitória no cenário do mundo, em detrimento da própria obra de que são responsáveis. Jesus, no entanto, não se preocupou com a opinião histórica do mundo, pois devotou-se exclusivamente à tarefa de esclarecer o homem e ajudá-lo a libertar-se de suas paixões e instintos animais, a fim de despertar-lhes as qualidades íntimas e sublimes do anjo. Num dos momentos mais expressivos de sua vida, quando lhe solicitaram para demonstrar suas credenciais superiores de Mestre, eis que ele curvou-se humilde e lavou os pés dos seus apóstolos.

PERGUNTA: — Desde que Jesus obedeceu a um plano messiânico previamente definido, embora aceito por livre vontade, antes de descer à matéria, orientando-lhe todos os passos e ações para um fim inexorável, houve um certo determinismo quanto à sua crucificação e morte, não é assim?

RAMATÍS: — O determinismo a que Jesus se submeteu

consistiu no fatalismo de ele aceitar incondicionalmente todos os sacrifícios inerentes à sua tarefa messiânica junto aos homens. O holocausto de sua vida física, motivado pelos conflitos morais e reações dos interesses do mundo, era um epílogo tão admissível ou fato inevitável, como o de alguém ao pretender salvar a sua família cercada pelas labaredas de um incêndio e aceitar resignadamente o fatalismo de morrer queimado entre as chamas. Jesus, portanto, decidira-se mergulhar nas chamas das paixões animalizadas desencadeadas na face da Terra para salvar a sua família, representada pela própria humanidade.

É indubitável que, mesmo depois de encarnado e em face de seu livre-arbítrio, Jesus tinha o direito de recusar-se a cumprir a tarefa aceita espontaneamente no reino do Espírito. Mas as virtudes de retidão, abnegação e sacrifício absolutos de seu amor ao próximo, e além de si mesmo, eram atributos morais de tal superioridade em sua consciência espiritual, que jamais o induziam a fugir de sua missão. Os Mestres do orbe tinham certeza de que a sua graduação sideral e dinâmica espiritual eram garantia suficiente para fazê-lo cumprir integralmente a vontade do Senhor na face da Terra.

Jesus, seus discípulos, apóstolos e fiéis amigos atuaram no momento exato e decisivo da necessidade psicológica dos terrícolas, de acordo com a visão dos Mestres siderais e em consonância com o ambiente moral, social e religioso da época. Todos os espíritos ligados ao Mestre Nazareno e participantes do advento do Cristianismo eram peças escolhidas com a devida antecedência visando a mais proveitosa movimentação no plano redentor da humanidade. Mas embora se tratasse de entidades submissas ao compromisso de sacrificarem a própria vida, na carne, em benefício da redenção humana planejada por Jesus, a sua graduação moral e espiritual não os livrava de certas deficiências próprias do espírito humano, e de modo algum podiam igualar-se à fulguração sideral do Espírito de Jesus.

PERGUNTA: — Mas é evidente que se a divulgação do cristianismo na Terra ficou adstrita a um prazo determinado, isso confirma a existência de um plano irrevogável do Alto. Não é assim?

RAMATÍS: — Realmente, o plano da obra liderada por Jesus era "irrevogável" e jamais deveria ser modificado após a convocação antecipada de seus cooperadores e do seu ajuste aos destinos humanos na face do orbe. Era algo parecido com um jogo de xadrez esquematizado com a devida antecedência, onde qualquer movimento precipitado ou diferente das peças marcadas no esquema causaria modificações e novos reajustes.

Mas, apesar do plano do cristianismo ser irrevogável, os seus elementos eram livres e podiam recuar ou alterar suas posições mesmo na hora de sua comprovação espiritual no esquema traçado pelo Alto. Sem dúvida, as suas figuras de maior realce na obra cristã, como Pedro, João, Paulo, Batista, Maria de Magdala, Tomé, Mateus, José, Maria, José de Arimatéia, Tiago Maior e Tiago, filho de Alfeu, deveriam cumprir a promessa feita antes de suas encarnações, a fim de não desorientarem o rumo messiânico de Jesus. A obra cristã não exigia gestos, atitudes estandardizadas ou abdicação das vontades humanas em face do seu rumo fatalista, mas requeria a manifestação das qualidades e dos sentimentos naturais dos seus participantes como um testemunho moral superior e de garantia no futuro.

Também não se tratava de um "enredo teatral" exigindo de cada personagem a sua entrada no momento propício e conforme a "deixa" do diretor, mas, em verdade, Jesus convocara espíritos amigos e heroicos para testemunharem livremente em favor do cristianismo. Mas todos eram livres em suas ações, e a prova disso é que alguns não se mantiveram à altura do seu compromisso espiritual na hora de sua ação; outros recuaram, amedrontados, bem antes do seu testemunho.

O próprio colégio apostólico estremeceu na hora trágica da prisão e da crucificação do Mestre Jesus. Pedro, interrogado pelos esbirros do Sinédrio, negou a sua condição de discípulo; Tiago, filho de Alfeu, precipitou-se para a primeira sinagoga e ali se pôs a orar de janelas abertas, numa demonstração de fé veemente a Moisés. Simão Cananeu e Bartolomeu sumiram de Jerusalém, Tomé, Felipe e Alfeu cautelosamente buscaram abrigo em casa amiga. Judas já havia se comprometido pelos seus ciúmes e imprudências, servindo de cobaia estúpida aos objetivos maquiavélicos do Sinédrio. Mesmo Gamaliel e Nicodemus, que também deviam participar direta e corajosamente do movimento cristão, cumprindo-lhes o dever precípuo de anotarem os acontecimentos da vida de Jesus para a segurança histórica dos vossos dias, mal deram seus testemunhos em rápidos diálogos e contatos com o Mestre. Os próprios irmãos de Jesus, filhos de Débora e de Maria, eram espíritos incluídos solidamente no esquema do Cristianismo, devendo cercá-lo de uma aura fraterna e afetiva, compensadora das dores do mundo profano. No entanto, afora Tiago, irmão de Maria, fervoroso e confiante; suas irmãs Elisabete e Ana, meigas e amorosas; e Eleazar, filho de Débora, sempre contemporizador; e Tiago, o menor, que chegou a acompanhá-lo nos últimos momentos, os demais irmãos lhe foram hostis. Efrain, o mais rico de todos, chegou a insultá-lo em público, alegando que Jesus não passava de um maníaco comprometendo a própria família com suas ideias perturbadas.

Assim, os Mentores do Orbe ainda tiveram de efetuar alguns acertos, reajustes de última hora e afastar elementos estranhos e perigosos à integridade espiritual da obra cristã, pois só cuidavam dos seus interesses pessoais. No entanto, Jesus conseguiu cumprir o empreendimento messiânico a contento do Alto. É certo que ele seria fatalmente sacrificado, independente da atitude vil de um Judas, da conveniência política de Pôncio Pilatos, do ódio de Caifás e da imprudência sediciosa dos seus próprios discípulos em Jerusalém. Sem dúvida, outros homens do mesmo tipo psicológico, poderosos e corruptos, perseguiriam e crucificariam Jesus, logo que ele lhes fosse entregue indefeso. Porém, Jesus não sabia em "consciência física", qual seria o clímax de sua vida na Terra, embora jamais cessasse o chamado oculto e insistente que se fazia em sua alma, superando-lhe os prazeres da carne e extinguindo-lhe o desejo por quaisquer bens do mundo. Era um apelo misterioso e implacável, que lhe despertava um estranho júbilo e o tornava venturoso à perspectiva do martírio em favor do gênero humano. Jamais ele temeu a morte e considerava-se feliz sacrificando-se pela ventura alheia.

Mas depois que se fez discípulo de João Batista e submeteu-se ao batismo no rio Jordão, ele sentiu mais fortemente aquela ansiedade oculta conjugada ao seu ideal. Ante as sentenças e os anátemas severos que João Batista proferia em suas pregações contra os ricos e os poderosos, censurando os pecados, as paixões e os vícios que mortificam a alma e afastam o homem de Deus, Jesus então percebeu as linhas fundamentais do roteiro que sonhava realizar na Terra. Jamais opunha dúvida àquela "voz oculta" que o advertia no âmago do ser, instigando-o a uma campanha superior no mesmo estilo das ideias proclamadas por Batista. E então dissiparam-se todas as suas vacilações e dúvidas.

Porventura ele seria realmente o Cristo[69] tão esperado,

---

[69] Realmente, Cristo era palavra grega que também equivale a Messias, o Espe-

conforme lhe dissera João Batista e ouvia das confabulações misteriosas dos seus apóstolos? Mas Jesus, além de ser um Anjo era um Sábio, cuja humildade jamais o convenceria de ser o Messias esperado, o Cristo ou o Filho de Deus predito pelos profetas do Velho Testamento. Só os homens cabotinos, sem o senso crítico da noção psicológica que esclarece a mente, é que se arvoram ostensivamente em salvadores dos povos, líderes fanáticos ou eleitos divinos, antes de cumprirem qualquer realização sadia e nobre que os exalte de modo excepcional.

Contudo, Jesus ainda ignorava que a poderosa "Voz Oculta" que o impelia estoicamente para a renúncia de sua própria vida em favor do gênero humano, provinha do próprio Cristo Planetário, que a partir da cena do batismo, no rio Jordão, atuava nele cada vez mais intimamente, fortalecendo-lhe a alma para qualquer desiderato trágico no desempenho de sua Missão.[70] Dali por diante o Mestre Nazareno firmou-se na caminhada pelo mundo e se deixou conduzir confiante e jubiloso na consecução da obra cristã, em perfeita sintonia com a sua vocação espiritual. Entregou-se decididamente à pregação da Boa Nova e do "Reino de Deus" e suas palavras e pensamentos saíam-lhe dos lábios num influxo tão intenso e caloroso, que seduziam as criaturas mais ferinas e produziam renovações instantâneas no seus ouvintes. Muitas vezes ele sentiu-se desligado da própria carne, embriagando-se na efusão espiritual venturosa, que lhe envolvia a alma heroica, assim como lhe acontecera durante o "Sermão da Montanha" e na "Transfiguração" do Monte Tabor.

Deste modo, embora Jesus não tivesse certeza absoluta do fim trágico de sua existência, ele pressentia a necessidade de um sacrifício, que seria o corolário sublime de sua vida.

PERGUNTA: — Em face de sua condição humana, porventura Jesus também não se sentia impelido a ajustar-se à vida

rado, o Enviado de Israel. Vide João, 1:34-41: "E eu o vi, e dei testemunho de que ele é o Filho de Deus". "Temos achado o Messias (que quer dizer o Cristo)".

[70] Lucas, 3:21-23: "E aconteceu que, como recebesse o batismo todo o povo, depois de batizado também Jesus e estando em oração, abriu-se o céu. E desceu sobre ele o Espírito Santo em forma corpórea, como uma pomba; e soou do céu uma voz que dizia: "Tu és aquele meu filho especialmente amado; em ti é que tenho posto toda a minha complacência. E o mesmo Jesus começava a ser quase de trinta anos". Sem dúvida, isto foi um fenômeno de alta transcendência mediúnica, em que a pomba refulgente e imaculada era um símbolo evidente da manifestação do Cristo Planetário, atestável pela vidência dos mais sensíveis. Ainda hoje são muito frequentes os símbolos entrevistos pelos médiuns videntes, e que se referem a acontecimentos transcendentais sem analogia com os fenômenos do mundo material.

em comum com os demais homens? Ele vivia completamente imunizado contra os estímulos e as atrações do mundo?

RAMATÍS: — Muitas vezes a razão humana também tentou dominar-lhe os sentimentos divinos, compelindo-o a participar normalmente dos prazeres da carne e atender às exigências naturais de sua ancestralidade biológica. Jesus não podia deixar de reconhecer que isso também era um direito promulgado por Deus a todos os homens, pois, em verdade, a existência humana era um curso educativo para o aperfeiçoamento da alma e de sua consequente ventura. Malgrado a sua estirpe angélica, o Divino Mestre também sentia a necessidade de algum afago compreensivo que o ajudasse a suportar suas horas angustiosas. Era um anjo exilado num mundo agressivo e perturbador, levando desvantagem na competição com os habitantes que nele viviam satisfatoriamente no seu tradicional ramerrão, tal qual o batráquio, que se sente eufórico na mesma lagoa onde o pássaro sentir-se-ia aflito.

A necessidade de bastar-se a si mesmo, porque já era uma consciência angélica e um condutor de almas, não o livrara do isolamento espiritual pela falta de companheiros afins ao seu tipo sidéreo. Nem contava com a companheira afetiva que pudesse ajudá-lo a vencer as horas cruciantes de sua vida excepcional, muito aquém de sua realidade sublime. Sentia o cérebro queimar-se pelo excesso de raciocínios comparativos da vida humana, em confronto com os valores infinitos do Cosmo. Algemado sem culpa à forma limitativa do mundo terráqueo e sem precisar dessa disciplina educativa, Jesus mal podia conter a expansão incessante de sua alma a vibrar além do tempo e do espaço na imensidade do Universo.

No entanto, senhor de sua vontade e do seu livre-arbítrio, ele não olvidou a promessa espiritual assumida antes de sua encarnação na Terra, nem protestou diante do sacrifício do Calvário, aceitando-o como um corolário justo à sua vida amorosa e benfeitora da humanidade.

PERGUNTA: — Quais foram os recursos que o Alto adotou para inspirar e fortalecer Jesus na exposição de sua mensagem messiânica de Amor e Redenção entre os homens?

RAMATÍS: — O Alto não alimentava qualquer dúvida quanto ao heroísmo e à integridade moral de Jesus no desempenho de sua missão sacrificial na Terra. No entanto, como se tratava de um espírito angélico, sem qualquer culpa cármica, era justo que recebesse todos os estímulos e sugestões adequados para o melhor desempenho na exposição dos motivos em torno do "Reino de Deus". Era um mensageiro voluntário, que descia à Terra para convidar os homens a participar definitivamente de um mundo de paz e de harmonia, onde todos seriam limpos de suas mazelas e libertos de seus pecados. Deste modo, Jesus teria de movimentar na face do orbe terreno as mais belas imagens e ideias fascinantes, no sentido de atrair e comover os seus ouvintes para se interessarem pelo amorável "Reino de Deus".

Apesar de sua natureza angélica e do seu otimismo espiritual, Jesus também sofria os efeitos depressivos próprios das regiões tristes e hostis do mundo físico. Malgrado se diga que o ambiente não influi nem modifica o conteúdo espiritual do ser, a emotividade e a disposição mental das almas encarnadas dependem consideravelmente das condições e das circunstâncias do meio onde elas passam a viver. O Espírito angélico, depois de encarnado na Terra, fica limitado em sua natural expansividade e no júbilo espiritual, que são próprios do mundo edênico que lhe é peculiar. Em consequência, Jesus também necessitava de estímulos afins à sua missão e de motivos do próprio mundo onde se manifestava, a fim de delinear com mais vitalidade espiritual os contornos do mundo venturoso que prometia a todos os seus ouvintes. A narrativa bela e atraente de suas parábolas carecia dos recursos estéticos do próprio mundo onde ele vivia, pois seriam motivo de atração, estímulo, fé e confiança para os seus ouvintes.

Não se pode desejar o êxtase do santo, nem exigir do poeta a composição de sublime poema, se os colocamos no ambiente repulsivo de um matadouro. Se o meio influi na educação do homem, é óbvio que também influi no seu estado de espírito e nas suas emoções. As músicas pesarosas são obras de compositores nascidos e vividos em países melancólicos, de atmosfera triste, úmida e nevoenta, que enregela a alma e a algema aos motivos pessimistas. No entanto, a música alegre, buliçosa e contagiante, é originária dos países tropicais, onde as criaturas se fartam de luz, sol, ar e cores festivas.

Eis por que os Mentores do Planeta Terra também resolveram situar o Mestre Jesus num cenário poético, ameno e convidativo, farto de luz, poesia e cores, para servir de sugestão encantadora à sua alma e associar-lhe as lembranças semelhantes dos planos de beleza e encanto do verdadeiro "Reino de Deus" que lhe cumpria pregar aos homens.

PERGUNTA: — Podereis explicar-nos o caso dessa influência poética do cenário terreno sobre Jesus e que deveria ajudá-lo à associação de ideias otimistas em favor das pregações do "Reino de Deus"?

RAMATÍS: — Em face dessa necessidade estética e emotiva, os Mestres Siderais planejaram a encarnação de Jesus na Judeia, nação que, naquela época, possuía a matéria-prima humana mais adequada para efetivar o esquema sacrificial que lhe fora traçado desde o berço até a cruz. Entre as regiões mais belas da Judeia, a Galileia oferecia o cenário prenhe de cores, de luz e poesia mais indicado para ser a moldura ideal ao quadro messiânico da vida de Jesus. Ainda, na própria Galileia de então, destacava-se a cidade de Nazaré, delicada joia engastada no cimo dos montes entre luzes e matizes fascinantes de suas alvoradas e poentes verdadeiramente celestiais. As suas planícies, semelhantes a tapetes de um verde veludoso, partiam dos sopés das montanhas e derramavam docemente nas margens prateadas do Jordão e dos lagos tranquilos. A sua natureza poética e encantadora servia como incessante estímulo de beleza, inspiração e otimismo para o Mestre Jesus delinear suas prédicas e esboçar os quadros maravilhosos de evocação dos mundos paradisíacos.

Eis por que o Mestre Amado tinha verdadeira adoração por Nazaré e seu coração pulsava de júbilo quando, ao retornar de suas peregrinações, ele a descortinava semelhante a uma pomba de suave brancura, pousada num delicioso ninho de verdura cercado de flores. Havia o fascínio dos lagos, em cujo dorso ondulado pelo vento balsâmico descido das colinas formavam-se rendilhados de espumas branquíssimas deslizando sobre a água de um esmeralda translúcido. Os trigais, as margaridas que atapetavam o Jordão, os narcisos dispersos pelos campos e os punhados de papoulas como um fogo vivo, curvavam-se quando a brisa cariciosa os agitava docemente. O perfume balsâmico de toda a vegetação flutuava no ar; ele vinha nas pétalas das flores, nos confetes vivos desfolhados dos pessegueiros, das macieiras e das ameixeiras floridas, que balouçavam suavemente. Ou então evolava-se dos bosques isolados nos vales, carregados do odor agreste e penetrante das parasitas e das frutas silvestres. À noite, a superfície dos lagos tranquilos refletia o manto veludoso e azul-marinho da abóbada celeste pontilhada de estrelas luzindo como lantejoulas vivas.

Então, Jesus entrecerrava os olhos sob a inspiração da paisagem deslumbrante e poética da Galileia. Projetava esse quadro encantador da natureza na sua mente angélica, de imaginação poderosa. Assim, o seu espírito conseguia evocar alguns matizes do seu mundo celestial mediante as imagens sublimes de Nazaré, as quais eram-lhe uma suave compensação no mundo terráqueo.

As montanhas da Galileia recortadas nos horizontes resplandecentes, a policromia mágica das cores vivas do pôr-do-sol, esgarçadas nas fímbrias das nuvens, os trinados eufóricos das aves canoras e o balido das ovelhas nas encostas das campinas, conjugado aos cantares bucólicos de seus pastores, tudo nesse conjunto paradisíaco constituía uma espécie de sinfonia cósmica flutuando, vibrando no ar como um cântico de reverência ou gratidão sonorizada dirigida ao Criador de todas as maravilhas da Natureza.

A tranquilidade da cidade de Nazaré, formando um anfiteatro natural na encosta dos morros; as suas ruas estreitas, de lajes e pedras lascadas, sem a tortura dos veículos modernos; as casas simples e humildes, brancas como as toalhas alvejadas a anil, embora sem os rendilhados da arte helênica e sem a suntuosidade das edificações romanas, eram simpáticas, hospedeiras e graciosas; exalavam um ar amigo no seio dos jardins floridos e eram suave calmante para a visão fatigada. Jamais Jesus quis trocar o casario simples e acolhedor de Nazaré pela ruidosa metrópole de Jerusalém, onde os nervos se esfrangalhavam sob a ofensiva de gritos, brados, rixas, ameaças e pregões de todos os tipos e raças. Nas suas ruas, praças e terrenos baldios, aglomeravam-se as multidões inquietas e turbulentas, exigindo, a todo momento, a intervenção das patrulhas romanas ou a dos esbirros do Sinédrio. Quando o Mestre Jesus esteve em Jerusalém, aos 23 anos de idade, após a morte de José, ele buscou empregar-se nas carpintarias da cidade, a fim de cooperar junto à família. Mas, ao retornar à Galileia, isso foi-lhe um refrigério balsâmico para os nervos e para a alma fatigada do bulício rixento das cidades populosas.

PERGUNTA: — Jesus, antes de encarnar-se procurou

conhecer os lugares, na Terra, em que depois teria de viver por força de sua missão redentora?

RAMATÍS: — Antes de habitar a carne, Jesus percorreu todos os lugares de sua futura atividade messiânica na Palestina, gravando na alma o cenário que, então, serviria de moldura à sua obra cristã. Visitou o Tiberíades, em cuja margem se demorou, consagrando aquele lago de tanta tradição como o centro de suas pregações; assinalou, no Jordão, o local onde mais tarde deveria encontrar João Batista, para a memorável e significativa cena do batismo; seu espírito resplandecente pousou suavemente no cimo dos montes Gilboé, Hermon, Safed, Moab, Elbat e Carmelo, revendo companheiros de outras romagens e que, travestidos de essênios, ali já viviam compondo a abóbada espiritual que mais tarde ser-lhe-ia de afetiva inspiração no desenvolvimento de suas ideias de libertação do homem terreno. Depois, dirigiu-se ao Tabor, onde comovido assinalou o palco de um dos seus momentos mais impressionantes a viver mais tarde, quando do fenômeno da Transfiguração. Numa visão espiritual panorâmica sobre a paisagem amiga da Palestina, ele admirou o dorso aveludado das montanhas da Samaria e do Pereu, os golfos nutridos de água azul-turqueza resplendente, os rios tranquilos, o bulício dos regatos cristalinos entre o musgo esverdeado das pedras e a fragrância balsâmica do ambiente tão generoso. A Galileia era pobre e ingênua, mas Jesus a preferiu, em comparação ao cenário rico e fulgurante da Pérsia, de Alexandria, Atenas ou Roma, nações que ainda se turbavam pelo excesso de orgulho e ambições insatisfeitas.

Preferia os galileus, rudes, mas sinceros; pobres, mas honestos; simples, mas generosos; rixentos, mas hospedeiros; gritalhões, mas emotivos como as crianças. Nazaré era pródiga de frutos, peixes e vegetais e, por isso, ali se podia dispensar a necessidade dos matadouros e charqueadas, que tanto ensanguentavam a face dadivosa da natureza. Em Nazaré, os judeus eram displicentes até com as suas festividades tradicionais da matança do bom carneiro ou da ave consagrada. Ali era o cenário ideal para Jesus pensar e cumprir a sua obra dadivosa de amor e paz.

PERGUNTA: — E que dizeis quanto à cooperação dos discípulos e apóstolos, que Jesus convocou para a divulgação de sua mensagem da Boa-Nova e do "Reino de Deus"?

RAMATÍS: — Alguns séculos antes de Jesus descer à Terra,

o Governador Oculto do Planeta Terra já havia deliberado quanto aos tipos espirituais que deveriam cooperar no advento do Cristianismo junto ao Mestre Jesus. Seriam tipos de homens simples, generosos, ingênuos, fiéis, corajosos, obedientes, com muita capacidade de renúncia e completamente submissos ao seu Líder Espiritual. Teriam de formar uma unidade coesa e disciplinada, sem quaisquer contestações às ideias de Jesus, o qual seria a fonte absoluta e o coordenador definitivo da obra.

Mas, acima de tudo, deveriam pertencer a gente comum do mundo, para que as suas atividades apostólicas e exemplos redentores pudessem ser imitados e de realização possível a quaisquer outros homens. Os ensinamentos do Messias destinavam-se desde a criatura da mais ínfima pobreza e insuficiência intelectual, até a mais rica e sábia. Por isso, ele se viu obrigado a recrutar os seus adeptos entre espíritos de um grau espiritual não muito avançado e, consequentemente, ainda sob a dependência de algumas retificações cármicas. Só assim poderia contar com auxiliares em sintonia com as demais criaturas de nível inferior a exaltar o ânimo dos pobres e deserdados. Assim, cada discípulo, apóstolo ou adepto interveio no momento oportuno e deixou na obra cristã a sua marca pessoal e redentora. Alguns deles, depois do seu testemunho, seguiram o seu destino cármico pessoal. Houve até os que se esqueceram do empreendimento de Jesus e a tradição evangélica nem pôde anotar-lhes a presença.

PERGUNTA — O advento do cristianismo, na Terra, aceito por Jesus e pelos demais espíritos participantes, poderia ser conturbado ante qualquer truncamento de suas principais peças vivas ou mesmo pela inversão da ordem dos acontecimentos prefixados pelo Alto?

RAMATÍS: — Sem dúvida, era preciso que se mantivesse o plano do Alto, pois outro seria o aspecto do cristianismo, caso, por exemplo, um Paulo de Tarso surgisse antes de Pedro, Jesus precedesse a João Batista, ou Maria de Magdala, como símbolo de redenção da mulher pecadora, só tomasse conhecimento de Jesus após sua morte na cruz. A participação de Paulo na obra cristã deveria ser exatamente depois do holocausto do Mestre Galileu e após Pedro firmar o trabalho messiânico do colégio apostólico. O próprio Jesus não poderia exceder suas atividades além dos 33, conforme a previsão de sua resistência biológica feita pelos Técnicos Siderais, pois nessa idade realmente o seu organismo sumamente delicado já se mostrava exaurido ante o potencial de sua própria voltagem angélica. Ele sucumbiria alguns meses depois por síncope. E a prova disso é que o próprio Pôncio Pilatos mandou investigar o motivo de Jesus ter perecido na cruz em tão poucas horas.

O Amado Mestre desencarnou na época psicológica exata e de melhor aproveitamento espiritual para a Humanidade. Antes disso o desencarne seria "prematuro" e depois "tardio". Batista, Pedro, João, Paulo de Tarso, Maria Madalena, José de Arimatéia, os essênios, os cabalistas e alguns outros que ficaram no anonimato, também surgiram e interferiram na hora prevista do seu compromisso espiritual "pré-encarnatório". Embora não houvesse um fatalismo absoluto no advento do cristianismo, cada elemento humano participou de sua realização conforme a sua categoria espiritual e deixou a sua lição útil e inesquecível no mundo terreno. Afora alguns senões humanos e já mencionados, as principais peças vivas convocadas para cooperar na missão evangélica do Sublime Peregrino cumpriram com fidelidade e segurança as suas promessas espirituais. Além disso, alguns puderam retificar o seu passado cármico pela excelente oportunidade concedida pelo Mestre Jesus, quando através do testemunho de suas próprias vidas e da abdicação de bens e venturas no mundo material, selaram sacrificialmente a base dos postulados redentores do Evangelho.

PERGUNTA: — Que aconteceria se Jesus fosse crucificado antes da época prevista?

RAMATÍS: — O cristianismo sofreria prejuízos irreparáveis, caso Jesus fosse prematuramente indiciado como chefe dos galileus sublevados contra Roma, conforme o próprio Sinédrio mais tarde pôde culpá-lo junto das autoridades romanas. Se isso acontecesse, ainda no início de suas pregações, o rabino de Nazaré então seria crucificado na própria Galileia, entre os seus discípulos sediciosos ou suspeitos, ficando ignorado entre as centenas de outras cruzes de uma punição coletiva. Tal acontecimento prematuro não teria força de transmitir até os vossos dias o conteúdo salvador do Evangelho, que se glorificou com o Amor e o Perdão de Jesus aos seus próprios algozes. Os familiares dos seus próprios discípulos e acompanhantes dos crucificados, então teriam muita dor para curtir sozinhos, em família, e pouco tempo para comover-se com a mesma penalidade aplicada ao Mestre insurreto, em vez de um só mártir, como aconteceu no Calvário, que se distinguiu e imortalizou.

No entanto, Jesus pregou a renovação do mundo e consolidou sua obra para a posteridade, porque na sua paixão e morte solitária na cruz, ele concentrou sobre si mesmo a emotividade, o lamento, a piedade e o amor dos seus amigos, discípulos e familiares, inclusive o remorso e a vergonha daqueles que o subestimaram e o traíram. Graças ao seu heroísmo e à sua nobreza, ele assumiu a culpa de todos os implicados que se envolveram na tentativa sediciosa de Jerusalém, silenciando resignadamente diante das autoridades hebreias e romanas, a fim de morrer "inocente" para salvar "culpados".

Mas o Divino Mestre continua em nossa retina espiritual, de braços abertos, na cruz e envolto pela luz resplandecente do seu perdão, amor e compreensão, que o fez sobrepairar acima do ódio, do ciúme, da hipocrisia e da maldade humana. Mas se ele fosse crucificado antes do prazo prognosticado pelo Alto, então teria privado a humanidade da dádiva sublime do "Sermão da Montanha" ou da imorredoura lição de tolerância e perdão, quando ele se expressou sem qualquer ressentimento na súplica dramática do seu amor infinito, dizendo: "Pai! Perdoai-lhes, que eles não sabem o que fazem!" Semelhante apelo, de fulguração moral eterna, se fosse pronunciado entre os gemidos e os brados de centenas de outros crucificados, expostos às aves de rapina, no deserto, é evidente que se teria apagado na confusão trágica das dores de todas as vítimas, ficando, portanto, sem qualquer repercussão na consciência da Humanidade.

26. Jesus e os essênios

PERGUNTA: — Algumas obras esotéricas, principalmente da "Fraternidade Rosa-Cruz", afirmam que o Mestre Jesus viveu entre os essênios, os quais influíram bastante na sua obra cristã. No entanto, outras obras, inclusive mediúnicas, asseguram que isso não aconteceu. Que dizeis a respeito?

RAMATÍS: — Jesus, realmente, esteve em contato com os essênios durante algum tempo e conheceu-lhes os costumes, as austeras virtudes, assim como teve oportunidade de apreciar-lhes as cerimônias singelas dos santuários menores, externos, e os ritos mais sugestivos do "Círculo Interno". Muitos dos seus gestos, práticas e atos do mundo profano deixavam perceber as características essênias de elevado teor espiritual, pois eles guardavam muita semelhança com os primeiros cristãos.

Aliás, Jesus, como entidade de elevada estirpe sideral e insaciável na pesquisa do espírito imortal, ou na verdadeira vida do homem, jamais deixaria de procurar os essênios e conhecer-lhes as ideias, pois os mesmos já ensinavam o amor a Deus e ao próximo, criam na imortalidade da alma e na reencarnação. Todas as religiões, seitas e movimentos espiritualistas da época foram alvo da atenção de Jesus, cuja mente privilegiada assimilava imediatamente a essência benfeitora e se desocupava das fórmulas exteriores. Seria bastante estranhável e um formal desmentido ao tipo espiritual avançado do Mestre Jesus, caso ele tivesse conhecimento da existência dos essênios, na própria Galileia, e jamais se interessasse de um contato instrutivo.

PERGUNTA: — Mas por que não chegaram até nós as provas de que Jesus viveu entre os Essênios?

RAMATÍS: — Porque o Mestre não pertenceu, não se filiou propriamente à Confraria dos Essênios, mas entreteve relações amistosas, embora tenha participado dos ritos internos, que os próprios mentores essênios achavam dispensáveis para uma entidade do seu quilate. Acresce, que os essênios do "Círculo Interno", cujas práticas ficaram ignoradas dos profanos, faziam questão cerrada de se conservarem no mais absoluto anonimato, o que levou os historiadores a descrerem de sua existência, exceto quanto aos terapeutas ou adeptos externos.

Acontece, também, que Jesus jamais propalou a sua condição de membro honorário da Confraria dos Essênios, onde o sigilo era um voto de severa responsabilidade moral. Em consequência, salvo João Evangelista, que conhecia tal disposição do Mestre Jesus e dos seus contatos com os essênios, ninguém mais pôde identificá-lo a esse respeito. Assim, nada consta nos próprios evangelhos escritos posteriormente à morte de Jesus, nos quais há muitas contradições entre si, pois algumas lendas substituíram fatos autênticos e certas interpolações descrevem coisas que não aconteceram. Além dessas incoerências, que deixam os estudiosos hesitantes, se ainda há quem oponha dúvidas até quanto à existência do Rabi da Galileia, não é de admirar que duvidem de suas relações ocultas com os Essênios.

PERGUNTA: — Quais eram as diferenças fundamentais entre os terapeutas e os essênios do "Círculo Interno"?

RAMATÍS: — A Confraria dos Essênios teve o seu início no ano 150 a. C., no tempo dos Macabeus. Era uma espécie de associação moral e religiosa, lembrando algo das cooperativas agrícolas modernas, que além dos cuidados da indústria, do comércio ou da lavoura, devotava-se à assistência social e à educação de seus componentes. Assim nasceram pequenas sociedades ou agremiações nas povoações da Judeia, que mais tarde estenderam seus ramos até a Fenícia, Índia e ao Egito. Cada associação era dirigida pelos membros mais velhos da comunidade e os filiados viviam juntos, participando dos bens em comum. Cada família essênia comprometia-se a criar pelo menos um filho de outras famílias numerosas e pobres.

De princípio, só se devotavam à lavoura, à criação de aves, à pequena indústria manual e aos trabalhos de artesanato. Mas ante a necessidade de atender a todas as providências entre os seus membros, passaram a estudar magia de campo e da mata, compulsaram obras terapeutas dos egípcios e hindus, nascendo em breve a profissão de curandeiros ou curadores. Como se tratasse de uma associação disciplinada, que não reconhecia outra autoridade senão a dos seus mentores, em breve tornou-se uma saudável confraria, cuja alimentação sadia e o modo de vida respeitável aliviavam a prática de costumes religiosos; amavam a Deus e ao próximo, acreditavam na imortalidade da alma e na reencarnação.

Como a tendência humana é de progredir incessantemente para expressões cada vez mas inteligentes e úteis, depois que os essênios se consolidaram nessa forma associativa benfeitora, de segurança econômica e aprimoramento moral, naturalmente nasceu-lhes a ideia de uma instituição esotérica, a fim de se cultuar os valores do espírito imortal. De princípio, construíram pequenos mosteiros nas próprias comunidades rurais e ali deram início ao culto espiritual, cujas práticas ainda se atinham às superstições e aos ritos complexos dos orientais. Era então a fase da semeadura, em que ao lado das flores admiráveis do entendimento superior, existiam também as ervas da mediocridade humana. No entanto, a dignidade, os objetivos superiores e o desinteresse dos essênios, visando exclusivamente ao Bem, atraíram a atenção do Alto e em breve eram alvo da presença de entidades de boa estirpe espiritual, que passaram a orientá-los para seu maior progresso espiritual. Como a Confraria dos Essênios era uma verdadeira ressurreição da velha "Fraternidade dos Profetas", fundada por Samuel, o Alto permitiu encarnações de alguns profetas tradicionais do Velho Testamento, em sua comunidade. Em breve, o padrão espiritual dos essênios elevou-se ante a presença de espíritos de excelente estirpe sideral. Fez-se a desejada seleção, excluindo dos ritos e cerimônias os excessos supersticiosos, crescendo então a messe de conhecimentos superiores da vida imortal, guardando-se, porém, a necessária reserva daquilo que o homem profano ainda não poderia entender nem respeitar.

Jesus hauriu entre eles as energias espirituais de que tanto precisava para neutralizar as hostilidades do mundo no desempenho de sua obra redentora. Dali por diante foi sendo exigido dos adeptos o máximo quanto à divulgação das práticas essênias, que não deviam ser divulgadas nem praticadas fora dos santuários, coisa que Jesus, por ser entidade de alto teor espiritual, jamais iria violar. Daí a diferença fundamental entre os terapeutas, que operavam comumente no mundo profano sem as iniciações dos santuários internos e os filiados de grau superior, cuja existência passou a ser vivida nos mosteiros, grutas, velhas minas abandonadas e lugares distanciados do bulício do mundo.

PERGUNTA: — Quais os principais indícios que podem informar-nos da vivência de Jesus entre os Essênios?

RAMATÍS: — Os estudiosos ocultistas sabem que algumas regras e alguns princípios adotados pelos cristãos em suas atividades doutrinárias já traíam algo das práticas e dos votos essênios da época. É certo que Jesus, espírito sábio e admiravelmente prático, escoimou os ensinamentos essênios de suas complexidades, votos fastidiosos, "mantras" ou posturas iniciáticas que pudessem obscurecer a essência espiritual e dificultar as relações entre os discípulos e o Mestre, no mundo profano. Os princípios superiores que ele cultuou na intimidade dos santuários essênios, depois os simplificou diante do público comum, na forma de aforismos e parábolas da mais elevada sabedoria espiritual. Ele ensinou os seus discípulos a viver à "luz do dia" os mesmos princípios e votos que muitos adeptos só podiam fazer entre as colunas do templo iniciático.

Alguns dos seus atos no mundo profano eram semelhantes aos preceitos dos Essênios, como o seu modo peculiar de fluir a água, fazer passes e impor as mãos na cabeça dos enfermos. Os essênios do "Círculo Interno" eram absolutamente vegetarianos e mesmo o peixe só era permitido à sua mesa na falta absoluta de frutos e legumes. Eram celibatários, condenavam a escravidão, opunham-se à guerra, à violência, gostavam da vida em comum e eliminavam as fronteiras de castas e diferenças sociais. Não admitiam mulheres em suas reuniões, assembleias e conselhos, coisa em que o Mestre Jesus também não transigiu, nem mesmo com Madalena ou Maria, sua própria mãe, que fizeram menção de participar da tradicional cerimônia do "lava-pés" e da "última ceia" entre os apóstolos.

Os essênios eram contemplativos e oravam com a face voltada para o Oriente, quando o Sol nascia; eram frugais na alimentação, moderados no vestir e completamente despreocupados dos bens do mundo. Não se deixavam atrair pelas moedas e joias; essa indiferença o próprio Jesus revelou advertindo Judas de que "não lhe pesasse a bolsa de dinheiro" ou então quando de sua sentença clara e insofismável, em que destacou perfeitamente a "moeda que era do mundo de César, e os bens que eram do mundo de Deus"! Mesmo os discípulos externos ou terapeutas sem iniciação esotérica evitavam as profissões desairosas, extorsivas ou somente especulativas; eram agricultores, artistas, cientistas, carpinteiros, oleiros ou pescadores. Jamais se metiam na política, em negócios de agiotagem ou nas profissões de açougueiros, fiscais, esbirros, militares, negociantes de penhores, oficiais de justiça, criadores de aves ou animais para corte nos matadouros. Serviam a Deus pela santidade de espírito e pelo trabalho benfeitor ao próximo; aceitavam a reencarnação como um postulado fundamental de sua doutrina, coisa que nenhum judeu mosaísta admitia. A esse conceito essênio Jesus aludiu muitas vezes, quer advertindo da volta de Elias encarnado em João Batista,[71] como respondendo a Nicodemus, que "ninguém pode ver o reino de Deus, se não nascer de novo".

No entanto, só os essênios eram reencarnacionistas, assim como o era Jesus. Eles não sacrificavam no Templo nem faziam quaisquer oferendas a Jeová no intuito de obterem boa colheita, êxito nos negócios e na saúde, coisa comuníssima entre os judeus de todas as classes sociais e condições de cultura. Evitavam as grandes cidades e nelas sentiam-se fatigados entre as multidões que se debatiam afogueadas pela cobiça, astúcia, ganância e pelo egoísmo humano. Jesus também demonstrou sua ojeriza pelas grandes metrópoles e preferia a margem dos lagos tranquilos da Galileia; adorava Nazaré e suas colinas, de onde podia espraiar o seu olhar angélico até a fímbria do horizonte e revitalizar-se junto dos campos, das matas, dos lagos e dos rios.

Os essênios também eram peculiarmente hospitaleiros, benevolentes, pacíficos e inimigos de quaisquer desforras ou testemunhos de superioridade; viviam silenciosos, falando o suficiente para servir e ensinar o próximo. Repeliam a ostensividade das preces e pedantismo dos fariseus, o luxo das sinagogas e a dureza dos saduceus. Eram corajosos e leais nas suas relações com os demais homens e sacrificavam facilmente a vida para não quebrar seus votos iniciáticos. Diante da crueldade, da ironia ou de qualquer acusação alheia que trouxesse prejuízos à confraria essênia, eles preferiam silenciar e morrer, antes de delatar ou mesmo

[71] Mateus, 17:11-13; João, 3:1-12.

defender-se. Daí o hábito peculiar de Jesus, como um admirador dos essênios, ser de poucas palavras, mas quando falava cunhava na face do orbe sentenças e conceitos imorredouros. Isto ele o provou pelo seu majestoso silêncio diante dos seus juízes no Sinédrio, que o acusaram cruelmente e mesmo diante de Pôncio Pilatos, que tentou suavizar-lhe a pena somente para desforrar-se de Caifás. Certas máximas evangélicas de Jesus eram verdadeiras paráfrases ou preceitos do mais puro essenismo, tal como os ensinamentos da "porta estreita", "não ponhais a candeia debaixo do alqueire" ou o conceito de "não saiba a vossa mão esquerda o que dê a vossa mão direita", ainda hoje sublimado no tronco das oferendas usado no seio da maçonaria. Aliás, o capítulo 7 de Mateus, em seus 29 versículos, é quase um resumo dos estatutos dos essênios, elaborado para graduar as diversas fases da iniciação dos neófitos nos santuários maiores. Outra narrativa de Jesus de grande relevo espiritual iniciático é a parábola do "Festim de Bodas", quando ele compara o céu a um homem rei, o qual manda lançar nas trevas exteriores o convidado que se achava à mesa do banquete sem a veste nupcial.[72] No entanto, apesar de certa obscuridade no relato ou dificuldade no entendimento da essência velada pelo simbolismo, os essênios já conheciam a existência do perispírito, como atualmente acontece aos espíritas. Os neófitos aprendiam, em sua iniciação, que só depois de o espírito vestir a "túnica nupcial", ou purificar o seu perispírito, é que ele poderia participar do "banquete divino" da vida celestial, pois, em caso contrário, assim como aconteceu na narrativa do "Festim de Bodas", os que não vestirem tal túnica serão lançados naturalmente nas regiões do astral inferior para se purificarem de suas paixões animais.

Onde Jesus teria buscado tantas historietas e conceitos da mais pura simbologia espiritual, caso não tivesse tido contato com os essênios, quando entre os judeus devotos de Moisés só se transmitiam ensinamentos áridos, complexos e violentos, como a "lei do olho por olho e dente por dente"? Muitas das respostas do Mestre Galileu aos seus inquiridores capciosos, que procuravam confundi-lo ou ironizá-lo, ele as firmara na tradição de certos preceitos essênios, embora os tivesse simplificado em sua forma e vivificado no seu sentido de mensagem espiritual.

PERGUNTA: — Por que a Igreja Católica Romana não

---

[72] Mateus, 22:1-13.

menciona essa influência tão benfeitora dos essênios na vida do Mestre Jesus?

RAMATÍS: — A Igreja Católica nada sabe da existência da Fraternidade dos Essênios ou do convívio de Jesus entre eles. Aliás, os ensinamentos católicos não se coadunam com a origem iniciática e o esoterismo dos essênios, pois estes, além de serem reencarnacionistas, também eram avessos à idolatria das imagens. Em seus ritos iniciáticos tudo era feito em função daquele momento em que o discípulo dava testemunho das suas reações mentais e emotivas, como as manifestava no mundo profano e depois deveriam ser disciplinadas sob os preceitos essênios. Mas ninguém se prendia fanaticamente à adoração dos objetos, imagens ou superstições do mundo oculto; era apenas um culto devocional puro do espírito à Divindade, uma espécie de afeição gentil e cortês dos Mestres responsáveis pelas transformações morais de seus discípulos. Isso Jesus também o demonstrou diversas vezes em suas atividades evangélicas, pois nenhuma doutrina nasceu tão simples e se fez tão comunicativa à alma dos seus adeptos como o cristianismo.

Os responsáveis pela organização católica romana, desde as primeiras consultas feitas aos evangelhos, ajustaram a figura de Jesus e sua obra a um esquema que só valorizasse os preceitos católicos a serem expostos dali por diante às massas primárias. Eliminaram, tanto quanto possível, os conceitos, as relações ou os fatos da vida do Mestre Cristão que pudessem contrariar ou desmentir as aspirações e os interesses da nova seita religiosa. Fizeram-se incorporações nos relatos evangélicos e o ensinamento claríssimo da reencarnação foi obscurecido de modo a permitir interpretações dúbias, como no caso de Nicodemus e de João Batista, em cujo original a narrativa é perfeitamente reencarnacionista, pois se tratava de uma tradição essênia. Mesmo que o Clero Romano tivesse identificado, a contento, a existência dos essênios e a sua influência benéfica na composição do cristianismo, teria recusado essa contingência de Jesus ter participado de uma seita cujos ensinos básicos contrariavam completamente as especulações religiosas da Igreja Católica Romana.

PERGUNTA: — Qual foi o clima psíquico na Judeia ou o motivo que favoreceu o advento da Fraternidade dos Essênios?
RAMATÍS: — A Judeia era bastante influenciada pelas mais variadas correntes filosóficas, religiosas e espiritualistas provin-

das principalmente da Índia, da Grécia e do Egito, em cujos países o culto religioso, malgrado o seu aspecto litúrgico ostensivo, traía um cunho profundamente esotérico. Sob tais estímulos, em breve constituíram-se grupos de judeus estudiosos e praticantes dos ensinamentos esotéricos, e que então se reuniam, guardando sigilo para evitar a perseguição do Sinédrio, o qual podia punir até com a morte os que se rebelavam contra seus preceitos oficializados na época, como no caso da lapidação de Estêvão. Aliás, ainda hoje, no século XX, onde a liberdade de espírito deve ser contingência fundamental dos homens, repete-se algo do poderio e da perseguição que era peculiar ao clero oficial na Judeia, pois o espiritismo é proibido em sua divulgação livre nos países onde a religião católica romana impera oficialmente.[73]

Na época de Jesus, os eremitas pululavam pelas encostas rochosas da Judeia e viviam isolados do mundo profano, que achavam fundamentalmente pecaminoso. Eles buscavam a glória de Jeová pela prática da virtude, da abstinência dos prazeres e pela renúncia aos bens do mundo. Surgiam seitas, santuários, lojas, ordens ascéticas e fraternidades, cujas regras e princípios decalcados da velha iniciação habitual da Índia e do Egito empolgavam os novos adeptos. Os crentes e discípulos afinavam-se alegres e felizes, bebendo a cultura espiritual nas fontes iniciáticas de outros povos. Os monges, peregrinos, profetas, aventureiros e religiosos, egressos de países estranhos, penetravam na Palestina trazendo os costumes, as ideias e práticas iniciáticas dos lugares que visitavam ou agiam pelos seus interesses. O budismo já havia completado quase seis séculos, quando Jesus surgiu pregando o seu Evangelho; inúmeros judeus de boa cultura, apesar da vida anacoreta dos monges budistas, também vinham tentando modelar sua vida sob as mesmas regras ascéticas.

A Fraternidade Essênia foi a primeira instituição que vingou disciplinadamente e coesa no solo judeu, pois os seus estatutos, do mais puro idealismo para a época e o ambiente, além de sensatos, eram práticos, graduando os seus filiados de acordo com o seu entendimento esotérico, sua capacidade de serviço e auto-

---

[73] Nota do Médium: — Realmente, em Portugal e na Espanha, o movimento espírita sofre pesado tributo devido à intransigência do Clero Católico Romano, a ponto de serem devolvidas obras espiritualistas que não gozam da simpatia e chancela clerical. (15.12.1964). Nota do Revisor: 1998 - Realizou-se em Lisboa, Portugal, entre 30.09 e 3/10/1998, o 2º Congresso Espírita Mundial, sob os auspícios da FEP - Federação Espírita de Portugal, por indicação do CEI - Conselho Espírita Internacional. A conferência de abertura foi sobre o tema central "O Espiritismo Ante o Terceiro Milênio".

domínio sobre as paixões inferiores. Em consequência, a ansiedade espiritual que viceja no âmago de cada ser humano, como centelha emanada do Criador, então proporcionou a fundação e a vivência da confraria dos essênios, remanescentes da Fraternidade dos Profetas, que fora fundada pelo profeta Samuel, o qual também ali se encontrava reencarnado na figura de João Evangelista e, mais tarde, retornando à Terra como Francisco de Assis, o "poverello".

PERGUNTA: — *Considerando que Jesus poderia ter prescindido dos essênios em sua obra redentora, então qual foi a influência de que usufruiu entre eles?*

RAMATÍS: — Todos os acontecimentos ocorridos em torno da vida do Mestre Jesus obedeceram a um plano eficiente. Assim, o Alto é que havia determinado a fundação da Confraria dos Essênios 150 anos a. C., na época dos Macabeus, a fim de eles ampararem o Messias com a amizade espiritual necessária para vitalizar-lhe as energias em favor da causa redentora do cristianismo. A prova de que os Essênios existiram com a precípua função de inspirar a obra de Jesus, é o fato de terem desaparecido logo depois da sua morte, um pouco antes de Tito destruir Jerusalém. Surgiram um século e pouco antes do Mestre Nazareno e dispersaram-se meio século depois, assim como o aluno diligente, que depois de fazer a lição pedida pelo professor, então se retira da escola.

Por que os essênios não se situaram exclusivamente na Fenícia, na Índia, na Pérsia, na Arábia, na África ou no Egito, preferindo instalar sua confraria benfeitora justamente na Judeia e, por "coincidência", na Galileia, terra onde nasceu e viveu Jesus? Que mistério ou feliz acidente reuniu a nata da espiritualidade benfazeja, culta e sábia, na composição daqueles conselhos de anciões essênios, onde Jesus encontrava o alento, a coragem, o estímulo e o carinho precisos para lograr o seu empreendimento tão prematuro para sua época? Quem lhe deu tanta força e ânimo para cumprir, no tempo fixado pelo Alto, a paixão e o fecho trágico do Calvário? Os três últimos anos de sua vida transcorreram sob uma inspiração oculta, vitalizante e obstinada em direção aos objetivos redentores e ao sacrifício supremo na cruz. Ao pressentir o martírio no fim de seus passos, algo o ajudava a sentir-se venturoso ante a perspectiva da própria morte!...

Sem dúvida, o Alto assistiu o Amado Mestre a todo momento de sua vida, exortando-o para não desanimar sob a força dominante do instinto humano e a hostilidade do meio adverso à sua linhagem angélica. Ele também usufruiu da amizade pura e sincera de seus companheiros, amigos e discípulos, compensando-se da frieza e das censuras dos próprios parentes. Suas angústias, tristezas e saudades da moradia venturosa, recebiam generosa compreensão e salutar compensação entre aqueles anciões essênios libertos das ilusões da vida material e vivendo exclusivamente em função do espírito eterno. Qual o gigante, o herói, o santo ou conquistador do mundo que, por vezes, não precisou de um alento, um gosto ou de uma palavra afetuosa de algum amigo ou conselheiro?

É indubitável que a mensagem evangélica libertadora de Jesus divulgada na Terra, há dois mil anos, ainda era prematura para qualquer nação diferente da Palestina, cujo povo era fanaticamente religioso em sua fé absoluta. No entanto, ali já se fazia a influência esotérica dos essênios, pois se viviam ocultos nas grutas e isolados em mosteiros, suas ideias e seus sentimentos eram perfeitamente semelhantes aos princípios do cristianismo. Transmitiam-se de homem para homem, produzindo silenciosamente o clima eletivo para a frutificação das sementes do sublime Evangelho. A seara cristã já estava com a terra pronta para a semeadura e garantida a germinação através do "adubo" essênio. Ali pregava-se a ideia superior do amor a Deus e ao próximo; pesquisava-se a imortalidade da alma e estudava-se a reencarnação; censurava-se a guerra, o furto, a exploração, a avareza, o ódio e a vingança. Cultuava-se a bondade, o perdão, a renúncia e o sacrifício da própria vida; faziam-se votos de retidão e de serviço ao próximo, protegia-se as crianças, amparava-se os velhos e os enfermos, ensinava-se o respeito alheio e o culto exclusivo dos bens do Espírito Superior.

Torna-se, portanto, evidente que esse grupo de homens, cultuando isoladamente todas as virtudes superiores do Espírito, era uma espécie de "embaixada" espiritual que descera à Terra para receber o Messias, o qual, então, daria forma objetiva e didática aos mesmos princípios que os essênios cultuavam e os cimentaria com a substância do seu próprio sangue. Qual outro povo ou confraria humana ofereceria condições mais eletivas e inspirativas ao Cordeiro de Deus do que o judeu com sua fé e os essênios com sua sabedoria espiritual? Os romanos, os gregos e os egípcios viviam aferrados aos seus deuses de gostos tão epicuristas quanto os próprios homens. Nessas civilizações pululavam credos, seitas, interesses e caprichos, que desuniam as criaturas e as impediam de devotar-se a uma doutrina tão simples, humilde e popular como era o cristianismo. Os romanos ofereciam tributos a seus deuses, apelando para que lhes satisfizessem os caprichos, os desejos e as paixões interesseiras. Os gregos perdiam precioso tempo nas especulações filosóficas dos "porquês" intermináveis e na verborragia das sutilezas irreverentes. Os egípcios, fanatizados ao culto de Osíris, faziam da morte que liberta um motivo lúgubre de adoração que atemorizava e abatia o espírito. Qual seria o sucesso de Jesus na exposição da ternura encantadora do Evangelho, enfrentando o sensualismo dos bárbaros, a arrogância e o orgulho dos romanos ou mesmo a presunção e o envaidecimento cultural do grego, que consumia o seu tempo a fazer acrobacias excêntricas no trapézio da mente?

Jesus, devido à sua renúncia e honestidade espiritual, poderia ter prescindido dos essênios na execução de sua tarefa redentora e mesmo sem eles também atingiria o Calvário na "hora psicológica". No entanto, já não podemos afirmar o mesmo quanto à sobrevivência e o sucesso do cristianismo, sem o terreno adubado pelos essênios.

PERGUNTA: — Ser-vos-á possível destacar o trabalho mais individual de Jesus, embora considerando-se a benéfica influência dos essênios na sua obra?

RAMATÍS: — Jesus, sublime catalisador angélico, deu forma e vida, no mundo exterior, às suas próprias ideias e às que lhe foram inspiradas pela amizade pura dos essênios. O que eles pensavam, sentiam e cultuavam, afinava-se perfeitamente com a alma eleita de Jesus, o qual deu maior vivência aos seus elevados princípios e os tornou fundamentos indestrutíveis do sublime Código Moral da humanidade — o Evangelho.

Assim como todo idealista intrépido, ele abriu clareiras na caminhada das civilizações humanas, combatendo o farisaísmo, a negociata religiosa, a exploração dos poderosos e a ganância dos ricos, em vez de ser um hábil político ou líder religioso capaz de contentar gregos e troianos. É certo que Rama, Krishna, Confúcio, Zoroastro, Buda e outros instrutores religiosos também pregaram o Amor que une contra o ódio que separa, mas Jesus, dispondo apenas de um punhado de homens rudes, iletrados e supersticiosos, conseguiu transformar esse mesmo Amor numa doutrina que avulta e se expande tanto quanto se sucedem os próprios séculos. Incompreendido pelos seus próprios familiares, amigos e discípulos, ele conseguiu compor na face do orbe terráqueo um poema épico escrito com a tinta vermelha do seu próprio sangue vertido no martírio da crucificação, e que a posteridade é obrigada a reconhecer como o único processo capaz de libertar o homem da escravidão animal.

PERGUNTA: — Porventura não teria sido João Batista a influência que realmente impeliu Jesus para a execução de sua obra messiânica?

RAMATÍS: — João Batista, na verdade, ateou fogo às ideias messiânicas de Jesus e fortaleceu ainda mais a inspiração benfeitora dos essênios. A força selvática da austeridade de João Batista na sua condenação implacável aos ricos, poderosos e corruptos, impressionou Jesus e teve o dom de eliminar-lhe as últimas hesitações, convencendo-o de que também estaria certo manifestando em público os mesmos sentimentos e preocupações amorosas em favor da humanidade. Embora Jesus tenha sofrido a influência estimulante de João Batista, ele não lhe seguiu os passos quanto à sua ética agressiva. A esta Jesus opôs a humildade, a brandura e a tolerância própria dos essênios. Embora ambos fossem sacrificados porque pretendiam a felicidade alheia, João Batista morreu pela sua obstinação em excomungar os reis, os poderosos e afortunados, atraindo para si a ira e a vingança de tais adversários.

Em vez de orientar e esclarecer os réprobos do mundo, ele os condenou implacavelmente, como um furacão que arremessa o lixo da superfície da terra, mas deixa o terreno árido. Deus não exige a morte dos seus filhos que não aceitam a Verdade, pois quase sempre essa obstinação é fruto da ignorância ou de concepções opostas, condicionadas também a alcançar o céu. João Batista foi degolado porque se precipitou em assomos rudes de reformar instantaneamente um tipo de homens cúpidos, instintivos e egoístas, cujos pecados eram consequentes da sua graduação espiritual e não por motivo de qualquer deliberação consciente. Era tão prematuro querer-lhes uma renovação moral súbita, assim como exigir que a semente se transforme imediatamente em fruto sazonado. Muitos cristãos foram massacrados em Roma, mas isso teria sido evitado se, em vez de desafiarem os anticristãos, tivessem vivido os seus princípios de humildade e amor à luz do dia. Não basta morrer por um ideal, mas é preciso viver em favor do adversário. A censura agressiva aos pecados alheios acirra o amor próprio do próximo. Ao passo que a advertência paternal, o conselho fraterno de bondade e amor é ouvido até com gratidão.

Jesus foi crucificado como o Cordeiro de Deus, devido à imprudência sediciosa dos seus discípulos e não por efeito de quaisquer excomungações agressivas contra o próximo. Ele aceitou a *morte* para não violentar a *vida* e preservar sua doutrina de Amor e de Paz. Justo e inocente, não condenou os pecadores; virtuoso e bom, perdoou incondicionalmente, vivendo só em função da eterna máxima de que "Só o Amor salva o homem!" João Batista, no entanto, preocupou-se demasiadamente com verberações acusativas aos homens, cujas paixões e prazeres eram consequência de sua espiritualidade embrionária. Jesus morreu porque tentou esclarecer os equívocos humanos de modo compreensivo e terno; Batista foi degolado por acusar os pecados alheios. Diante da mulher adúltera é possível que João Batista a mandaria lapidar para se cumprir a Lei de proteção à moral judaica. Jesus, no entanto, sem qualquer passado trágico, libertou-a censurando os próprios algozes que a queriam punir. Todo reformista religioso, moralista violento, agressivo e intransigente, talvez convença e arraste multidões de fanáticos no seu encalço, mas nem por isso conseguirá convertê-los à doçura do Amor!...

O Mestre Cristão pulverizou os costumes seculares, igualando senhores e escravos, santos e prostitutas, ricos e pobres, numa ofensiva anárquica que condenava as especulações religiosas e a idolatria extorsiva dos templos. Mas as suas palavras severas também eram meigas e amorosas, pois ele censurava mas não condenava, advertia mas não insultava.

PERGUNTA: — Como se explica que o Sinédrio condenasse Jesus porque pregava ideias liberais e contrárias à Lei de Moisés, mas deixasse os essênios tranquilos em seus mosteiros e grutas, a filiar adeptos que fugiam do cumprimento das obrigações peculiares de todos os judeus?

RAMATÍS: — Os Essênios viviam há 150 anos na Palestina e jamais haviam incomodado as autoridades públicas ou contrariado o clero de Jerusalém. No entanto, para o mundo profano, eles não passavam daqueles terapeutas humildes, que peregrinavam pelas estradas da Judeia praticando um serviço útil a todos os necessitados. Assim, eles podiam manter-se a salvo de quaisquer interferências, pois não se importavam com as maquinações políticas e desistiam facilmente em favor do adversário em qualquer discussão. Alguns sacerdotes de Jerusalém eram filiados sigilosamente entre os essênios, como Eleazar e Simão, amigos de José e de Maria, e tudo faziam para afastar qualquer suspeita do Sinédrio nos momentos de denúncias ou de investigações.

PERGUNTA: — Qual a natureza dos santuários essênios e onde eles se situavam?

RAMATÍS: — Os templos, ou mais propriamente os santuários essênios, disseminavam-se pelos montes mais importantes da Hebreia, em lugares sempre favoráveis para atender os discípulos e próximos dos agrupamentos rurais dos terapeutas. Todos os santuários submetiam-se ao "Conselho Supremo", o qual se reunia em assembleias periódicas ou, em casos extraordinários, para atender a problemas avançados da comunidade e estabelecer as normas da vida futura da Fraternidade. Esse conselho era composto de 70 anciãos, cuja maior parte vivia no monte Moab, à margem oriental do Mar Morto. Muitos desses anciãos estiveram presentes às principais pregações de Jesus, como no caso do "Sermão da Montanha" e durante a "Transfiguração", pois eles se misturavam humildemente entre o povo comum. No monte Ebat funcionava o santuário dos essênios que atendia à zona de Samaria; no monte Carmelo e Tabor os santuários para os galileus. Os peregrinos ou moradores provindos da Síria e de povos semelhantes apreciavam frequentar os santuários do monte Hermon, onde os seus dirigentes também eram egressos daquelas zonas.

Não eram, propriamente, edifícios construídos nas cristas dos montes; tais santuários eram escavados, com certo capricho, no interior das minas abandonadas, das grutas e cavernas distantes das cidades principais. Ali os servidores instalavam essas comunidades primando sempre pela higiene e estética, muito ao gosto dos essênios, que até no vestir preferiam a cor branca; só em casos excepcionais usavam um manto de lã azul escuro sobre os ombros, também adotado por Jesus. Eram anacoretas de vida cenobítica, mas criaturas sensatas, afeitas ao banho diário nos rios e cascatas, ao cuidado do cabelo e da barba, apreciadoras dos óleos aromáticos, gosto bastante generalizado. Eram cultores do conhecimento esotérico, mas sumamente equilibrados em suas atividades messiânicas; limpos, sadios e joviais, distantes dos tradicionais profetas relaxados em matéria de limpeza e higiene e sempre excomungando os homens e o mundo. Seus santuários eram limpos, claros e agradáveis, com tapetes trançados de cordas e feitos pelos próprios essênios. Existia um salutar sistema de ventilação responsável pela fluência do ar puro dos campos, do odor delicioso dos frutos de outono, ou do perfume agreste das flores da primavera. Não eram criaturas epicurísticas usufruindo dos bens do mundo, porém, espíritos sábios que se cercavam do conforto natural e apreciavam os ensejos agradáveis da boa música e da arte, certos de que Deus jamais pedia a fuga do homem das atividades do mundo educativo, em que Ele próprio sempre estava presente.

Em suas assembleias periódicas eram estudadas as providências e os socorros que se faziam necessários e urgentes para o sustento e o amparo dos filiados rurais mais pobres, dispersos pelas mais variadas regiões da Palestina. O próprio lar de Jesus, ante a prole tão extensa de José e Maria, recebeu no devido tempo a contribuição essênia para solver as dificuldades da família. Eles permaneciam unidos pelo mais puro senso de fraternidade espiritual; e os mais decididos e laboriosos fundavam novas instituições regionais nas casas de todos os filiados do círculo profano. Cautelosos e prudentes, puderam assim sobreviver na atmosfera religiosa fanática e intrigante da Judeia, porque evitavam imiscuir-se em qualquer atividade dos outros grupos religiosos.

PERGUNTA: — Estranhamos que os judeus, em geral tão obstinados, especuladores, rixentos e fanáticos na época, pudessem se afinar com o movimento essênio tão sutil e esotérico.

RAMATÍS: — Os judeus que ingressavam na confraria dos Essênios não tardavam em abandonar o seu modo mecânico e lamentoso de orar a Jeová, libertando-se do rosário de murmúrios ininteligíveis ou das cantarias monótonas tão familiares nas sinagogas. Nos santuários essênios eles aprendiam noções das leis do Cosmo e dos mistérios da Criação, conjugadas ao estudo da imortalidade do espírito. Em breve, eles dominavam suas paixões, sustinham-se nas rixas e discussões religiosas, abrandando a cupidez nos seus negócios e tornando-se mais compreensivos nas relações humanas. Rompiam as velhas algemas das tradições religiosas, do tabu da Lei temerosa de Moisés, dos sistemas e das seitas separativistas, superando pouco a pouco os preconceitos de raças em lisonjeira efusão afetiva com as demais criaturas.

Os gestos ruidosos e torrentes de palavras tão peculiares aos judeus sofriam modificações salutares sob o toque renovador dos ensinamentos essênios na intimidade dos santuários. Eles adquiriam a precisão no falar e no pensar, desapegavam-se dos bens materiais, desenvolviam a memória e ajustavam sentimentos numa vivência superior. Por isso, durante a tentativa sediciosa dos galileus, em Jerusalém, que resultou na prisão e crucificação de Jesus, ali não participou um só adepto essênio do "Círculo Interno". Muitos dos valiosos ensinamentos dos essênios, e que no tempo de Jesus ainda cingiam-se a certos ritos e a uma pragmática iniciática tradicional, hoje podem ser aprendidos e cultuados com facilidade, sem o discípulo abandonar suas tarefas cotidianas e através de filiação a certas instituições espiritualistas. Algumas dessas instituições modernas ministram lições admiravelmente práticas e sem quaisquer complexidades, pois desenvolvem a mente e ajustam emoções do discípulo sem exigências fatigantes ou compromissos exóticos. Aliás, insistimos em dizer que, depois do advento de Jesus, já não se justificam as iniciações a portas fechadas.

Considerando-se que o cristianismo tem convertido indivíduos das raças mais exóticas, como o árabe, o hindu, o chinês, o japonês ou o próprio selvagem, é óbvio que os essênios encontravam mais facilidade em doutrinar o judeu especulador e obstinado, porque era um movimento nascido e evoluído em sua própria pátria e ensinado pelos seus próprios patrícios.

PERGUNTA: — Os apóstolos também faziam parte da Confraria dos Essênios?

RAMATÍS: — Apenas João, o Evangelista, tinha acesso aos ritos internos, pois era iniciado, e fora ele o próprio profeta Samuel, que no passado havia organizado a "Fraternidade dos Profetas", na qual os essênios também se inspiraram. Aliás, os apóstolos de Jesus foram arrebanhados quase ao apagar das luzes da vida do Mestre e jamais poderiam escalonar no curto prazo de três anos as iniciações esotéricas do Círculo Interno essênio. Ademais, o modesto discípulo ou o terapeuta do mundo exterior precisava de três anos de estágio nos santuários menores e de atividades benfeitoras na sua vida em comum para depois se candidatar às práticas dos graus superiores.

No entanto, Jesus transmitiu oralmente a seus apóstolos muitos dos ensinamentos hauridos entre os anciãos do Monte Moab e até consagrou algumas das práticas esotéricas entre eles, como a cerimônia do 'lava-pés" e a "ceia tradicional", que o neófito essênio devia oferecer aos veteranos numa demonstração de júbilo fraterno.

PERGUNTA: — Podereis dizer-nos algo do "Conselho Supremo" composto pelos 70 anciãos essênios?

RAMATÍS: — No Conselho Supremo só eram admitidos os essênios idosos e de elevado teor espiritual, homens da mais alta sabedoria e que já haviam renunciado ao desejo da vida humana e jamais se negariam de sacrificar-se pela felicidade alheia. Eles permaneciam no equipo carnal na função de verdadeiros catedráticos da espiritualidade e no passado já haviam servido na "Fraternidade dos Profetas". Na época de Jesus, entre os anciãos essênios estavam encarnados os profetas Ezequiel, Miquéias, Nehemias e Job, componentes do Conselho Supremo e todos sob a tutela do profeta Jeremias. Aliás, os anciãos essênios formavam o grupo de espíritos que desde os primórdios da Atlântida vinham elaborando os estatutos preliminares da efusão espiritual na Terra e o preparo da lavoura para as "sementes" abençoadas do Cristo-Jesus. Em tempos remotos foram conhecidos como os "Profetas Brancos"; depois, por "Antulianos", "Dactylos", "Kobdas" e finalmente essênios. Atualmente já estão se disseminando outra vez pela Terra, a fim de organizar elevada confraria de disciplina esotérica em operosa atividade no mundo profano para a revivescência do cristianismo nas suas bases milenárias. Jesus também já havia estado com eles na Atlântida, quando viveu na Terra a majestosa personalidade de Antúlio, o profeta sublime, que em época tão recuada já fundara a "Fraternidade da Paz e do Amor", cujos adeptos ficaram conhecidos pela tradição esotérica como os "Antulianos". E Jesuelo, o notável discípulo atlânte, que lhe foi fiel até os últimos instantes da invasão dos bárbaros e da destruição do "Templo da Paz e do Amor", onde sucumbiu Antúlio, também retornou à Judeia para o advento do Cristianismo, encarnado na figura de João, o Evangelista.

Os anciãos essênios eram criaturas desprendidas de qualquer favorecimento no mundo de formas e nada seria capaz de despertar-lhes a cobiça ou o desejo de posse. Mas não era somente a idade avançada que os elegia para o alto comando dos essênios, e sim a abdicação incondicional da própria vida em favor de qualquer causa ou necessidade humana. Pedro, que havia negado o Mestre três vezes na inquirição dos esbirros do Sinédrio, após alguns breves contatos com os essênios do Monte Moab, que lhe fizeram conhecer a significação exata da vida e da obra do Cristo-Jesus, deixou-se crucificar serenamente em Roma, rogando apenas que o pusessem de cabeça para baixo, a fim de não ser igualado ao seu Mestre.

Os essênios eram profundos conhecedores de toda a ciência da alma, pois o que muitos homens ainda hoje buscam através do esoterismo, da teosofia, da rosa-cruz, do espiritismo, da mensagem de Krishnamurti ou da ioga, os velhos essênios já o sabiam e o ensinavam em seus sigilosos santuários.

PERGUNTA: — Podereis dar-nos alguma noção dos ritos ou votos habituais dos essênios nos seus santuários?

RAMATÍS: — Os "grandes santuários" radicavam-se nos montes Carmelo, Hermon, Moab, Ebat, Tabor e outros de somenos importância, enquanto os "pequenos santuários" disseminavam--se nas adjacências das encostas montanhosas, em alguns mosteiros abandonados, mas principalmente nas associações rurais e nos lares dos próprios adeptos conhecidos como "servidores profanos" ou "terapeutas" do mundo exterior. Ali não se praticavam ritos ou quaisquer liturgias iniciáticas vedadas aos profanos, mas apenas cerimônias singelas de apreciação pública e destinadas a assinalar o ingresso dos neófitos no seio da confraria menor essênia. Os santuários menores é que resolviam os problemas mais simples da Fraternidade, pois ali se tratava enfermos, alimenta-va-se famintos e vestia-se desnudos. À noite, conforme as posses dos hospedeiros, sempre havia a enxerga pobre ou o leito confortável para o discípulo retardatário. O companheiro que chegava e se fazia conhecer como filiado, era uma dádiva cultuada por toda a família do "chefe servidor" do santuário. Ele então merecia o melhor da casa; boa alimentação e bom repouso, enquanto trocavam-se sugestões e notícias ou se faziam projetos de maior divulgação dos princípios generosos da caridade e do amor tão carinhosamente cultivados pelos essênios. Sob tal influência, o Cristianismo também revelou entre os seus adeptos um elevado espírito de confraternização e hospedagem afetuosa.

Em geral, os terapeutas ou filiados externos reconheciam-se pelo sinal característico de cerrar a mão direita e apontar o dedo indicador para o céu, enquanto os adeptos do Círculo Interno fechavam o dedo mínimo e o anular, deixando o polegar, o indicador e o médio abertos e erguidos até à altura da cabeça, conforme o próprio Jesus o fazia habitualmente e se pode verificar pelas estampas católicas. A saudação peculiar preferida entre eles era "A Paz esteja convosco", a qual punha à vontade aquele que fazia parte da comunidade e a seguir respondia: "Seja a Paz em ti e em mim pela graça do Senhor!"

A consagração dos neófitos para o serviço da Fraternidade era processada sob um ritual simples, mas bastante significativo, em face do seu elevado simbolismo dominante no ato. Após algum momento de silêncio e o devido ajuste espiritual entre todos os presentes, numa atmosfera de expectativa ante a admissão de novos elementos que passariam a viver as regras superiores, então o Servidor Menor trazia o jarro e a bacia de louça, ambos imaculadamente brancos e exclusivos para aquele uso, a fim de ser feita a lavagem ou ablução das mãos. Essa cerimônia simples e muito expressiva significava que o neófito purificava suas mãos ao servir-se da água, a linfa criadora e a base da vida planetária. Ele se comprometia a jamais conspurcar suas mãos dali por diante em qualquer ação menos digna, pois a água de que se servia, além de magnetizada pelos terapeutas, também recebia a bênção dos anciãos. Aliás, os santuários menores representavam o limiar do Templo. Ali, o primeiro grau equivalia ao grau de aprendiz da atual maçonaria do rito escocês, e o segundo grau correspondia ao de companheiro. Após o aprendiz ter estagiado dois anos na filiação preliminar do santuário menor externo e cumprido o voto do bom uso das mãos no mundo profano, sem aviltá-las em práticas viciosas ou atos censuráveis, então podia submeter-se ao cerimonial do segundo grau preliminar. Repetia-se a mesma cena emotiva do primeiro grau, mas, desta vez, fazia-se a lavagem ou ablução do rosto, cuja cerimônia prolongava o seu voto anterior do "bom uso das mãos", para o compromisso definitivo de "ver, ouvir e falar", dali por diante, conforme o procedimento e as regras morais da Confraria dos Essênios.

O rito era simples, mas de profunda significação. O noviço prestava um juramento de vida moral superior, enquanto o ato da ablução das mãos e do rosto gravava-se profundamente na sua consciência como sentinela vigilante a acusar-lhe no futuro qualquer negligência em sua promessa. Ambas as cerimônias findavam-se pela concentração do neófito sobre a luz da lâmpada votiva empunhada pelo Servidor do Santuário, cuja luz então simbolizava a fonte luminescente do espírito de Deus a se irradiar por todas as criaturas. Finalmente, ele então pronunciava as seguintes palavras como um termo de consagração e de compromisso moral dos estatutos dos essênios: "Deus, Todo Poderoso, que vitalizais com a vossa energia cósmica a mente e o coração dos homens, vossos servos, aceitai o voto sagrado que vos é feito por este humilde servidor, que se compromete a aumentar de duas horas o seu serviço para aliviar os leprosos, socorrer os órfãos, confortar os paralíticos, orar pelos loucos e consagrar-se aos desvalidos, enfermos e perturbados. Senhor! Ajudai-me a cumprir a vossa Vontade no mundo da matéria e despertar em mim a chama eterna do vosso Amor!"

Em seguida, um adepto consagrado em grau superior acendia o círio do sacrifício da grande lâmpada sagrada, enquanto o Servidor do santuário familiar pousava suas mãos na cabeça de cada neófito ou candidato a terapeuta, pronunciando as seguintes palavras, que completavam o testemunho do compromisso espiritual da instituição: "Seja tua vida conforme a Lei do Senhor Criador da Vida; as energias benfeitoras absorvidas pelas tuas mãos ou espargidas em teu rosto, neste dia, hão de servir-te para aliviar as dores físicas dos nossos irmãos necessitados, até que a florescência do Amor possa ajudar-te a aliviá-los em espírito".

PERGUNTA: — E ser-vos-á possível descrever-nos algo do cerimonial dos candidatos admitidos no "Círculo Interno" dos Essênios?

RAMATÍS: — Não podemos nos alongar em minúcias iniciáticas e violar regras que tinham por finalidade testemunhar aos Mestres as reações emotivas, a capacidade mental e o discernimento espiritual dos seus adeptos, cuja ordem fraternista ainda existe no mundo oculto e já se organiza e se dissemina no orbe terráqueo sob o comando do Cristo-Jesus. No entanto, dir-vos-emos alguma coisa quanto à sua significação espiritual do rito prescrito aos noviços, que após o testemunho de filiação e estágio de observância moral nos santuários menores, eram depois credenciados para a sua iniciação no Círculo Interno.

Após o compromisso espiritual assumido diante do Mestre

Maior da Iniciação, o noviço submetia-se aos "testes" de aptidão e controle mental; não achamos oportuno descrevê-los à ironia, descrença ou incompreensão do mundo profano ainda tão materializado nas suas relações humanas. O discípulo que já havia alcançado o grau máximo no santuário menor e se candidatava ao "Círculo Interno", então envergava um hábito leve, de cor azul-celeste, símbolo da vida extraterrena, pois a tradicional veste branca dos essênios era exclusiva dos iniciados nos últimos graus, cuja vida profana já se mostrasse imaculada e livre de críticas. Em seguida, o noviço ajoelhava-se diante do altar dos "sete livros sagrados", os quais simbolizavam e aludiam ao trabalho operoso dos sete maiores profetas da Terra e das sete instituições fraternistas responsáveis pela evolução espiritual do homem. A seguir, ele submetia-se à purificação simbólica pelo incenso extraído do sândalo e depois se concentrava invocando os "Senhores dos Destinos Humanos" e rogando permissão para devotar-se também à tarefa de esclarecer o espírito do homem, além do compromisso anterior de aliviar-lhe as dores físicas. Essa face era a consagração definitiva do "homem novo", cidadão sidéreo, que dali por diante passaria a operar só em função da vida eterna e superando cada vez mais o "homem velho" do instinto animal. O ingresso no Círculo Interno desfazia os laços e as ligações da personalidade humana com as especulações utilitaristas da vida material, pois o Essênio, dali por diante, transformava-se numa peça viva da confraria a serviço incondicional da redenção do espírito humano.

Quando o ambiente dos santuários maiores se saturava de vibrações puras e energéticas, pela presença de iniciados de alto quilate espiritual, ou de visitantes da estirpe de Jesus, então ali se condensava ectoplasma suficiente para proporcionar a materialização de entidades superiores e a produção da "voz direta". Isso sucedeu na "Transfiguração", no Monte Tabor, porque ali também se congregavam muitos anciãos do Conselho Supremo da Confraria dos Essênios. Então o influxo das vibrações angélicas de Jesus, conjugadas às energias emanadas dos iniciados dos demais santuários, produziram a "tela ectoplásmica" hipersensível, que permitiu aos espíritos de Elias e Moisés projetarem as suas características pessoais, dando o testemunho de que também haviam sido precursores da obra de Jesus, embora operando apenas na lavradura do terreno.

27. Os últimos dias da vida de Jesus

PERGUNTA: — Que nos dizeis dos últimos dias da vida de Jesus?

RAMATÍS: — Alguns dias antes da crucificação, Jesus deduziu que embora suas ideias fossem bem acolhidas pelo povo comum e mesmo por muitas pessoas cultas e afortunadas, era necessário reavivá-las como novos estímulos doutrinários, pois as suas pregações evangélicas, devido à rotina do mundo material, já denunciavam enfraquecimento entre os seus próprios discípulos e adeptos, os quais manifestavam certo desânimo ante a demora quanto à concretização do "Reino de Deus", esperado ansiosamente desde há três anos. Aliás, tal situação era justificável, pois aquela gente supersticiosa e imediatista não possuía força espiritual suficiente para alimentar durante muito tempo um ideal que estaria muito acima do prosaísmo da vida humana. Eram criaturas escravas do meio-ambiente, cuja ventura e prazeres dependiam exclusivamente das compensações materiais.

Jesus também se preocupava com os laços de família e as obrigações que ainda prendiam diversos dos seus discípulos mais chegados, os quais se mostravam ansiosos pelo término daquela peregrinação incessante pelas cidades da Judeia. Era evidente que todos os dias surgiam partidários entusiastas, tal como ainda hoje acontece nos movimentos políticos, filantrópicos, de relevo social. Mas em breve esse entusiasmo se arrefecia, passado o efeito das primeiras emoções e também pela demora dos bens aludidos por Jesus.

O desalento crescia à medida que prosseguiam as peregrinações no diapasão costumeiro. E os discípulos não escondiam o desejo ardente de retorno ao lar para a vida em comum com a família. Pedro e outros não dispunham de tempo suficiente para seguirem o Mestre, pois eram casados e sua família os requeria frequentemente devido às necessidades da casa; e os discípulos que eram solteiros, sustentavam os pais velhos e parentes enfermos. Ademais, as pregações de Jesus eram cada vez mais importunadas pelos espiões e esbirros do Sinédrio, que semeavam sarcasmos e provocações para perturbar a harmonia entre os ouvintes. E o pior era que Jesus não permitia nenhuma reação vigorosa, alegando que sua doutrina era só de Amor e Paz.

Embora os partidários mais fiéis continuassem devotando os mais puros sentimentos à causa cristã, enfraquecia-se aquela harmonia dos primeiros dias e o empreendimento perdia vitalidade. Elementos novos, mas interessados nos proventos que poderiam advir da fundação do novo reino prometido por Jesus, concorriam para as falsas interpretações do Evangelho entre os demais, solapando assim as bases do Cristianismo. Depois se mostravam insatisfeitos, impacientes e com ideias próprias ocasionando discussões estéreis, que visavam apenas objetivos materiais. Aliás, é a própria história sagrada que menciona a zanga de Pedro contra essas insatisfações e desavenças frequentes no seio do grupo interesseiro, e que o leva a protestar junto ao Mestre Jesus, alegando:

— "Mestre! Essa gente não segue os vossos ensinamentos!" E Jesus, sempre sereno e tolerante, então lhe responde:
— "Que te importa que não me sigam, Pedro? Segue-me tu!"

Jesus, persuadido de que não mais seria conveniente prosseguir no diapasão costumeiro, rebuscou no âmago do coração o sentimento mais terno e na mente a solução mais sensata, para então ajustar e unir, apaziguar e incentivar, prometer e realizar. Malgrado o calor afetivo, a fidelidade espiritual dos discípulos mais íntimos às suas ideias elevadas, reconhecia que a inquietação, o desânimo e a impaciência, realmente estavam lavrando fundo na alma de seus seguidores. Os adeptos mais decididos achavam Jesus demasiadamente conciliador, tolerante e acomodatício, que só resolvia as querelas com os seus detratores através das armas empíricas do perdão, da resignação e da paciência. Isso, segundo eles, desacreditava o movimento cristão, pois a interferência de adversários cínicos e mordazes semeava a descrença naquela gente simples e tola, que deixara seus bens materiais para seguir um profeta nômade.

Achavam que, decorridos três anos nessa expectativa, já era tempo de se tentar empreitada corajosa, para dar posse ao Mestre como o Rei de Israel e o "Salvador" do povo judeu. Em face das queixas e dos descontentamentos que ouvia em torno de si, Jesus concordou em tentar-se algo para avivar a sua doutrina, mas isso sem desmentir os princípios cristãos do amor e do perdão que fundamentavam os seus ensinos. Porém, de relance, não via um modo eficiente para solucionar aquele impasse delicado, o que devia ser feito o mais breve possível, pois o seu organismo também apresentava-se combalido e ele temia partir antes de consolidar sua obra.

PERGUNTA: — E quais eram os sentimentos e as disposições emotivas dos apóstolos, nesses dias de inquietude e insatisfação dos demais partidários do mestre Jesus?

RAMATÍS: — Pedro era sempre infatigável, decidido e fiel; sua alma rude, mas de sentimentos afáveis, aceitava sem protesto qualquer instrução ou recomendação do Mestre. Por isso, a história o consagrou como a "rocha viva", em que Jesus assentou a base de sua Igreja. As suas próprias vacilações durante a prisão do Mestre, ele depois as redimiu pela sua morte sacrificial em Roma, quando foi resignadamente crucificado de cabeça para baixo. Após a morte de Jesus, Pedro devotou-se de corpo e alma à causa cristã e só raramente retornava ao seio da família para um breve aconchego afetivo. Outros apóstolos, como Bartolomeu, André, Felipe e Tadeu, também estranhavam a demora do Mestre em manifestar as suas forças gloriosas ou de pôr-se a caminho de Jerusalém para as pregações eloquentes, onde deveria assumir o poder sobre Israel e cumprir a profecia do Velho Testamento. Aliás, Felipe não confiava no sucesso daquela empreitada messiânica, alegando a necessidade de um sangue novo, dinâmico e resoluto, que viesse galvanizar a todos. Bartolomeu era uma peça indecisa, que não sabia bem para onde pender; faltava-lhe entusiasmo e deixava-se arrastar pelas palavras dos mais eloquentes, movendo-se qual autômato entre os companheiros à espreita de novidades. Tomé e Simão Cananeu já não confiavam em Jesus quanto ao futuro. Eles amavam o seu querido Mestre, mas não escondiam a dúvida quanto à realização de todos os acontecimentos preditos por ele. Em suas confabulações reservadas, chegavam a alimentar a ideia de que Jesus às vezes não parecia lógico e sensato nas suas divagações, razão por que "nem tudo o que ele pregava deveria ser aceito sem reservas". Mateus, reservado e atencioso, não destoava da comunidade, pois trazia em si a disciplina do homem habituado a lidar com a alma humana e ser mal julgado, apesar do bom procedimento,[74] André e Tadeu formavam grupo à parte, pois não possuíam envergadura para imporem suas ideias; por isso, facilmente aceitavam as palavras do Mestre Jesus e aguardavam tranquilamente os acontecimentos, enquanto Tiago, irmão de João, sofria a influência deste e esperava o milagre das legiões angélicas intervirem no momento oportuno. João, o discípulo amado, cuja afeição, atividade e desprendimento eram incomuns, possuía um caráter superior e se devotava incondicionalmente à causa cristã. Jamais demonstrou tédio, cansaço ou opôs dúvidas a seu querido Mestre. No entanto, a sua alma de poeta, responsável pela apoteose do próprio Evangelho, vivia povoada de fantasias e superstições, tornando-se um crente fácil do miraculoso. Humilde, contemplativo e boníssimo,[75] jamais feria os direitos alheios ou se interessava pelos proventos materiais. Infelizmente, vivia alheio à realidade humana e, por isso, passou-lhe despercebido o truncamento sedicioso que, pouco a pouco, se fazia no seio do movimento cristão, através da má influência de Judas e seus apaniguados. João preocupava-se demasiadamente com o julgamento da história sobre Jesus, e assim procurava extirpar qualquer opinião ou acontecimento desairoso que pudesse desmenti-lo em relação às profecias do Antigo Testamento. Quase todos os milagres de Jesus, discutíveis nos evangelhos, tiveram sua origem nos relatos compilados por João e, mais tarde, exagerados pela tradição oral daqueles que o ouviram. A ressurreição e a ascensão do Mestre, em corpo e alma, assim como diversos fatos bíblicos que lhe foram atribuídos, eram apenas justificações das predições do passado.

Finalmente, havia Judas, filho de Simão Iscariotes, homem retraído e indócil, que vivia entre os apóstolos mas não comungava com os seus sentimentos, pois não escondia os seus ciúmes

[74] Mateus havia sido cobrador de impostos para os romanos.
[75] Comprovando-nos que o espírito de uma existência para outra não altera a sua linhagem psicológica no ciclo das reencarnações, verificamos que João, reencarnação do profeta Samuel, o profeta puro fundador da "Fraternidade dos Profetas", que inspirou a organização dos essênios, alma de renúncia e desapego, mais tarde viria a ser na Terra a personalidade santificada de Francisco de Assis, justificando a sua formação anterior.

pela preferência que Jesus devotava a Pedro, a João e Tiago, o maior. Ele movimentava os bens da comunidade, da qual era tesoureiro, em negócios especulativos e até perigosos, mais preocupado com o êxito material do cristianismo do que com a sua mensagem essencialmente espiritual. Judas sentia-se atraído pelos ricos e poderosos, pois não perdia ensejo de doutrinar os afortunados, políticos influentes e sacerdotes de Jerusalém, alegando aos companheiros que não poderia haver sucesso no movimento cristão libertador, através de criaturas famintas, maltrapilhas e ignorantes, que constituíam a corte de Jesus. Fazia promessas atraentes e assumia compromissos prematuros, prometendo ótimas regalias para os candidatos que fizessem o seu ingresso no reino de Israel, como "fundadores", pois o Messias estava prestes a se revelar e seria o supremo mandatário do povo judeu. Em verdade, ele não confiava no êxito da causa cristã pela interferência de legiões angélicas, como admitiam quase todos os seus partidários, nem acreditava que isso se realizaria por força da profecia de Isaías e Miquéias, razão por que há muito tempo buscava atrair homens de temperamento enérgico e experimentados, a fim de assegurar a vitória final. Judas não consultava os demais companheiros em suas empreitadas ocultas, pois pretendia precipitar os acontecimentos e assim obrigar Jesus a agir, de imediato, no sentido de fazê-lo marchar para Jerusalém, onde então viria às suas mãos o poder da Judeia. Caráter dúbio e utilitarista, ambicioso e imprudente, ele não acreditava no "Reino de Deus" expresso pela fórmula espiritual que exigia o sacrifício e a renúncia dos homens.

No entanto, reconhecia em Jesus um líder e comandante inato, que sabia arregimentar as multidões pela força hipnótica de suas ideias e pela eloquência de suas palavras. Era óbvio que ninguém resistiria em Jerusalém ao verbo inflamante do rabi da Galileia, quando ele conclamasse todos os judeus para o arremesso histórico de expulsar os romanos e destronar Herodes. E concluía: essa jornada vitoriosa e segura, Jesus iria dever a ele, Judas, que ousadamente não vacilaria em agir por iniciativa própria. Seria um serviço valioso prestado ao Mestre Jesus e à causa, no que jamais João ou Pedro poderiam superá-lo.

PERGUNTA: — Como procedeu Jesus para modificar essa situação espinhosa entre os seus próprios discípulos e partidários, que se mostravam cada vez mais indiferentes ou desani-

mados, devido à rotina das peregrinações pela Judeia?

RAMATÍS: — Tendo reconhecido a infiltração de sentimentos de discórdia, hesitação e inconformidade entre os seus fiéis amigos e seguidores, o que, dali por diante, dificultaria o ritmo produtivo das pregações evangélicas, Jesus preocupou-se realmente com esse problema grave. Sem dúvida, sua obra sofreria sério desgaste se a dissidência, o ciúme ou as desavenças viessem a tornar-se públicas e servirem de exploração capciosa aos inimigos da causa cristã. Ademais, o sacerdócio de Jerusalém não só admitia o perigo das ideias revolucionárias de Jesus, como se mostrava enciumado de suas pregações cada vez mais bem acolhidas pelo povo numeroso e entusiasta. Caifás havia ordenado severa vigilância sobre o rabi de Nazaré, exigindo um relatório diário de todos os seus passos e aconselhando aos seus esbirros que tudo fizessem para inculpá-lo, o mais breve possível, ante as autoridades romanas.

Assim, em primeiro lugar, Jesus procurou solucionar o problema da vida em comum dos seus discípulos, auscultando-lhes as dificuldades e as obrigações com a família e outros deveres prosaicos do mundo. Reservou as tarefas inadiáveis e mais urgentes para os solteiros, desobrigando os casados para atenderem com mais frequência aos problemas da sua parentela. Em seguida, pôs-se a refletir quanto ao modo de variar a forma de suas pregações evangélicas mantidas há três anos, a fim de avivar a alma de todos os seus fiéis.

No entanto, malgrado a sabedoria e os sentimentos tão elevados de Jesus, jamais ele poderia alterar o ritmo encantador de suas prédicas, dispensar o emprego daquelas parábolas de terna penetração espiritual, ou abandonar os lagos, os montes e os lugares pitorescos da natureza, que tanto lhe serviam de moldura poética. Eram sermões simples, afetivos e facilmente compreensíveis por todos os ouvintes, cujas palavras se emolduravam pela ternura, esperança e pelo amor que fruíam daquele reino de encanto e beleza extraterrenos.

Não havia dúvida: os pobres, os infelizes e os enfermos continuavam a segui-lo docilmente e esperançados, mas faltavam os milagres convincentes, à luz do dia, pois os que eram narrados sob excessos de imaginação não convenciam e isto aumentava a vacilação na fé e na crença das multidões. Jesus era o profeta querido, o rabi adorado, o homem justo e bom, mas as almas primitivas, como as crianças, em breve cansam, quando submetidas à disciplina severa ou às normas de boa conduta, que não proporcionam compensações imediatas. Inúmeras vezes, Jesus lhes havia dito que "Deus alimenta as avezitas e veste os lírios dos campos" e acrescentava que isso Ele também faria com os seus filhos. No entanto, para aquelas mentes interesseiras, preocupadas exclusivamente com a sua própria ventura — aliás, espíritos submetidos ainda às provas cármicas da pobreza, doença e humilhação — só lhes animaria a fé titubeante o que fosse visível, positivo e imediato. Obviamente, o Mestre teria de mobilizar novos recursos algo atraentes para sustentar aquela gente no mesmo diapasão de ânimo e confiança em suas palavras e esperanças no futuro.

Mas as suas providências não chegaram a se concretizar em tempo, pois o mês de março chegava ao fim e ele foi crucificado alguns dias depois, em princípios de abril, na sexta-feira próxima da Páscoa, No entanto, assediado pelos seus apóstolos e principalmente por Pedro, que também se deixara impressionar pela opinião de centenas de partidários da causa cristã, Jesus se deixou mover por estranho impulso oculto e resolveu atendê-los, seguindo para Jerusalém e ali pregar a sua doutrina durante as festividades da Páscoa. Sempre relutara quanto a essa viagem a Jerusalém, o que considerava um evento prematuro para as suas pregações impregnadas da poesia e do encanto provincianos da Galileia. Temia a recepção frígida dos jerusalemitas, sempre sarcastas para com as ideias e os empreendimentos dos galileus, ou ser motivo de escárnio ao enfrentar, em público, os sacerdotes duros de coração, embora hábeis e astuciosos malabaristas das letras e dos sofismas. Sem dúvida, sua obra seria desgastada em Jerusalém, com sérios prejuízos para o futuro, caso retornasse a Nazaré frustrado e humilhado. Tomé, cauteloso e ponderado, considerou que a ida de Jesus a Jerusalém não passava de perigosa aventura, pois circulavam rumores de que seria preso ao chegar à cidade. E talvez a ordem de sua captura já estivesse expedida.

O Mestre tornou-se pensativo ante as ponderações razoáveis e sensatas de Tomé, pois se nada temia quanto à sua própria vida, muito o afligia um destino precário daquela obra erigida à custa de renúncias, amarguras e perseverança. Nada o atraía no mundo material, cujas sensações e prazeres jamais faziam vibrar em sua avançada sensibilidade psíquica, mas hesitava em tomar qualquer decisão, esperançado de encontrar em

Ramatís / Hercílio Maes

Jerusalém o combustível adequado para inflamar a chama da fé e do ânimo, que ameaçava apagar-se no coração dos seus discípulos e amigos. Enfim, não vislumbrava outra alternativa afora a de pregar o Evangelho em Jerusalém, que se lhe afigurava ser a última esperança para conseguir o desejado estímulo renovador dos seus adeptos.

Decidido, reuniu seus fiéis e transmitiu-lhes a boa nova de sua ida a Jerusalém, não como visitante, mas para pregar durante as festas de Páscoa nas praças, sinagogas, escolas e talvez nos pátios do próprio Templo, onde só discursavam ao povo os mais famosos oradores da Judeia. A notícia alvissareira galvanizou os seus discípulos e ateou o mais vibrante entusiasmo na turba que o seguia à cata de proventos materiais. O "Reino de Deus" e o trono de Israel estavam próximos, pois Jesus decidira--se a empreender a tão esperada Marcha a Jerusalém. A alegria foi contagiante; um sopro renovador e poderoso vitalizou até os mais pessimistas.

Jesus encontrava-se hospedado na casa da família de Ezequiel, em Betânia, quando resolveu consentir em pregar na cidade de Jerusalém. A efusiva novidade foi transmitida a todos e disseminou-se por toda a província. Em breve afluía gente de todos os recantos de Betânia, dominada pelo intenso júbilo de participar do esperado "Reino de Deus", na Terra, a ser instituído em breve pelo Messias, conforme predisseram os mais abalizados profetas do Velho Testamento. Os discípulos mais chegados moviam-se céleres, levando e trazendo notícias entre o Messias e os seus entusiastas seguidores. Ninguém opunha qualquer dúvida ou sequer admitia a mais leve frustração naquela aventura, que se delineava como o arremate final das pregações de Jesus. O Mestre iria a Jerusalém não somente pregar a Boa-Nova e o Reino de Deus, mas inquirir os poderosos, afastar os sacerdotes cúpidos e exploradores do povo infeliz, assim como libertar o povo eleito do jugo romano. As multidões o esperariam festivas às portas da cidade para recepcioná-lo, como se faz dignamente a um rei; e o levariam em triunfo pelas ruas até à cidadela do Templo. Ali, Jesus seria consagrado em sua augusta majestade divina e da inexpugnável fortaleza seguiriam para o palácio de Herodes, onde ele assumiria o poder, em cumprimento da profecia de Isaías e Miquéias.

Diante da casa de Ezequiel, a multidão dava vivas a Jesus num delírio de festa. Os apóstolos sorriam, felizes, contagiados pelo entusiasmo da turba e faziam coro às hosanas ao Mestre. Apenas Tomé, o homem cauteloso, Felipe, o pessimista, e João, sempre alheio à ruidosidade do mundo, não comungavam dessa demonstração que prenunciava trágicos acontecimentos para breves dias.

PERGUNTA: — Qual foi a reação de Jesus ante o entusiasmo de seus apóstolos e de seu povo, ao festejá-lo como o Rei e Libertador de Israel, a caminho de Jerusalém?

RAMATÍS: — As primeiras exclamações de júbilo do povo haviam contagiado agradavelmente o Mestre Jesus e até o persuadiram de ser útil o seu acerto em ir pregar em Jerusalém os princípios do seu Evangelho, embora tivesse certeza de submeter-se a um batismo de fogo entre os orgulhosos jerusalemitas. Mas, logo em seguida, ficou estupefato e ao mesmo tempo pesaroso, diante da distorção perigosa que a multidão atribuía aos seus valores espirituais, pregados há mais de três anos. Era obrigado a reconhecer que Tomé e Mateus tinham sobejas razões, quando o advertiam de uma infiltração oculta no movimento cristão, desviando em sentido oposto a essência sublime do seu Evangelho. O próprio Pedro não escondia o seu júbilo e os demais apóstolos já o tratavam com maior deferência, juntando-se às festivas aclamações ao "Rei de Israel". No entanto, Jesus sentia-se algo culpado daquela situação, pois em face de sua vida essencialmente introspectiva e vivendo isolado das atividades cotidianas dos seus adeptos, ele desconhecia as transformações que ali se processavam por força do primarismo humano.

Mas não havia qualquer dúvida quanto ao fato de que a multidão o seguia incendida pelo entusiasmo das emoções descontroladas, preparando-se para ir a Jerusalém sob o mais imprudente aspecto sedicioso. No seu júbilo infantil e indisciplinado, os seus partidários esqueciam-se de refletir na perigosa contingência do povo de Jerusalém pensar de modo diferente. E se, em vez de aclamarem Jesus como um "rei" triunfante capaz de galvanizar a cidade, os jerusalemitas apenas o considerassem um profeta provinciano liderando uma corte de campônios, pescadores e artesãos arruaceiros?

Jesus sentiu infinita amargura invadir-lhe o coração boníssimo, ante a perspectiva trágica de sua obra se desintegrar sob a força destruidora dos espíritos das sombras a comandar a imprudência daquela gente ingênua. Era muitíssimo tarde para mudar de ideia, mas jamais deveria ir a Jerusalém antes de esclarecer aquela turba inconsciente de sua própria disposição sediciosa. Enfrentava terrível dilema, pois a sua doutrina tanto poderia se esfacelar ali mesmo, em Betânia, caso arrefecesse o entusiasmo de seus partidários pela recusa de ir a Jerusalém, como isso poderia acontecer na própria metrópole judaica, em luta inglória contra os romanos e os esbirros do Sinédrio.

Após cessarem as manifestações de alegria e os aplausos do povo de Betânia e dos adeptos que o seguiam desde as últimas peregrinações pela Judeia, o Mestre recolheu-se ao seu aposento, na casa de Ezequiel, e ali orou fervorosamente a Deus, rogando-lhe a graça do esclarecimento superior. Conhecia Jerusalém e já havia trabalhado na cidade como auxiliar de carpintaria, entre os 15 e 23 anos, mas sempre evitava quaisquer pregações se ainda não se sentisse preparado para impressionar aquela gente buliçosa. Reconhecia que anuiria a tal projeto tangido por estranha força oculta vibrando em sua própria alma. O que o aguardava em Jerusalém? A glorificação de sua obra, o arremate feliz da sua existência devotada incondicionalmente ao bem da humanidade ou, apenas, as cinzas tristes das ideias sublimes consumidas na fogueira da imprudência e da estultícia humanas?

Jesus era entidade de alta estirpe sideral, alma poderosa e da maior sensibilidade intuitiva na face do orbe. No entanto, submerso na carne, sem gozar de privilégios ou favores divinos, ele se mortificava na angustiosa indagação de vislumbrar o caminho mais certo que deveria seguir, mesmo que isso custasse a vida humana, mas sendo orientado pela vontade do Pai. Pouco a pouco, sua elevada intuição o sintonizou com o Alto e sentiu-se envolto por inefável vibração benfazeja, desaparecendo-lhe as angústias e as hesitações sobre o que deveria realizar. Através do fenômeno ideoplástico mediúnico, muito conhecido dos espíritas e ocultistas modernos, projetaram-se em sua mente alguns dos quadros dolorosos que, mais tarde, viveria em Jerusalém, exceto o drama do Calvário. A perspectiva do sacrifício de sua própria vida, como o preço implacável para a sobrevivência imaculada da mensagem evangélica, inundou-o de júbilo e despertou-lhe a mais sublime euforia espiritual. Dissiparam-se todas as suas dúvidas e desapareceram todas as aflições, pois Jerusalém não se mostrava uma aventura perigosa à obra cristã, mas sim o arremate glorioso, o fecho de ouro para a preservação do sublime Evangelho.

Cabia-lhe "viver" e ao mesmo tempo "morrer" pelos princípios que viera pregar aos homens, a fim de cimentá-los para a posteridade através da renúncia de sua vida e o destemor da morte. Jesus, então, deixou o pequeno aposento onde recebera a clara intuição de sua próxima e trágica morte, embora ignorando-lhe a forma e surpreendeu-se ante Pedro e João, que o esperavam junto à porta, com certa aflição e temor na fisionomia e dizendo que se sentiam dominados pelo pressentimento doloroso de sérios perigos que os esperavam em Jerusalém. Então, o Mestre Jesus, tranquilo e pensativo, reuniu todos os discípulos em torno de si e fitando-os com familiar ternura, dominado por estranha saudade que lhe pressionava o coração, proferiu as seguintes palavras de prudente advertência, mas impregnadas de compreensão e benevolência: "Ensinei-vos o caminho da vida eterna, a prática da virtude e a renúncia às honras falazes do mundo; honrai a vossa memória e o vosso coração, vivei a paz de espírito que permanece acima das glórias e dos poderes transitórios do mundo de César! Pois aquele que confiar em mim, disse o Senhor, eu o vestirei e o alimentarei por toda a eternidade! Não vos aflijais pelos tesouros do mundo porque vós sereis ricos no Céu. A palavra do Senhor se faz quanto à vida eterna, a qual jamais está nas cogitações dos poderosos do mundo!"

Em seguida, o Mestre Jesus ergueu-se e, num arremate significativo, quase num apelo comovente, exclamou: — "Por que me buscais nos caminhos das honras e das glórias do mundo, quando eu sempre vos digo que o meu reino não é deste mundo?"

Enquanto os apóstolos se entreolhavam, surpresos e inquietos, Jesus fez-lhes um aceno afetuoso e retirou-se de entre eles.

PERGUNTA: — E quais foram os últimos momentos de Jesus junto à sua família ou em Nazaré?

RAMATÍS: — Antes de partir de Betânia para Jerusalém, Jesus desejou rever e despedir-se de sua mãe, de seus parentes e amigos mais íntimos. E assim, dirigiu-se primeiramente a Nazaré. Já não opunha dúvida de que jamais voltaria para a sua querida cidade, onde vivera sua infância agitada e modelara seus sonhos de redenção do gênero humano. Sentia, antecipadamente, no imo da alma a saudade da paisagem colorida, do povo hospitaleiro e dos lagos serenos. O seu infinito amor e perene ternura faziam-no vibrar intimamente com todas as coisas e seres que o rodeavam.

Ramatís / Hercílio Maes

No entanto, a própria família se lhe tornava cada vez mais hostil e estranha, pois nesse último retorno a Nazaré teve uma das piores acolhidas por parte de seus irmãos e parentes, que há tempo já haviam se reunido a fim de impedir Jesus na continuidade das pregações, cada vez mais perigosas. Finalmente, conseguiu reunir todos os membros da sua parentela carnal e os exortou a que seguissem o caminho do Senhor, desapegando-se dos bens do mundo, pois advertia que jamais voltaria de Jerusalém, visto estar disposto a dar sua vida pela sobrevivência de sua obra.

De princípio, só despertou o ar irônico dos irmãos mais velhos, filhos de Débora, primeira esposa de José, o que o fez parecer um estranho no seu próprio lar. Mas assim que firmou estar disposto a morrer pela causa cristã e que iria a Jerusalém submeter-se à prova de fogo, enfrentando o sacerdócio do Templo e os esbirros do Sinédrio, foi acremente censurado por suas ideias perigosas, por sua ofensiva à Lei e à tradição hebraica. Acoimaram-no de vagabundo das estradas, profeta comandando uma corte de malandros e andrajosos, que havia fugido dos deveres do homem comum, não cooperando no sustento do lar, abandonando sua mãe viúva. Efrain, o membro mais rico da família, que movimentava bens de raiz e especulava com moedas da Galileia, dono de boas propriedades rurais, foi o mais insultuoso, ameaçando interditar Jesus, por considerá-lo um demente, que punha em perigo a tranquilidade da família, na sua obstinação contra o Sacerdócio Judeu e autoridades romanas. Ele temia desesperadamente que seus bens pudessem ser sequestrados, conforme acontecia, quando a justiça hebraica ou romana exigia da própria família a cobertura de prejuízos causados por algum membro sedicioso.

Jesus manteve-se silencioso durante a discussão, ante as censuras de seus parentes e irmãos fortemente influenciados por Efrain, os quais pareciam julgá-lo num tribunal doméstico. Mostrou-se conformado, pois ali começavam realmente suas dores e sua paixão, na forma daquelas censuras, insultos e ameaças de seus próprios familiares. Estava cansado, pobremente vestido e seu rosto não escondia a tristeza da ausência de afetos dos seus próprios consanguíneos, que não podiam compreendê-lo quanto ao seu apaixonado devotamente ao bem da humanidade. É certo que nenhum ressentimento se fazia no seu coração boníssimo, pois entendia perfeitamente que eles não estavam em condições espirituais para viverem uma existência liberta de interesses e paixões. Apenas Tiago, irmão de Maria, e seu tio, que frequentemente conversava com Jesus e sempre se revelara companheiro incondicional até os últimos dias, procurava justificá-lo perante os demais irmãos, cunhados e cunhadas, temerosos da hostilidade de Jerusalém. Tiago, seu irmão menor, num assomo de entusiasmo e contrariando a vontade dos mais velhos ali mesmo jurou acompanhar Jesus até Jerusalém e ajudá-lo a divulgar os princípios da obra cristã.

Jesus descansou dois dias no seio do lar, pois pretendia antecipar-se em Jerusalém uma semana antes da Páscoa. Apesar da hostilidade de seus parentes mais exaltados, ele ainda gozou de um bom lenitivo por parte de suas irmãs, principalmente Ana, que muito se afinava com ele. Trataram-no com muito carinho, como é mais próprio dos sentimentos brandos e acessíveis da mulher, chegando a interessar-se por suas ideias e a desejarem-lhe êxito em Jerusalém. É certo que não podiam entender o sentido místico e profundamente espiritual de sua obra messiânica, empreendida sem qualquer objetivo utilitário. Em doce colóquio com essas irmãs queridas e sua mãe, que fortemente influenciada por Efrain desaprovava o prosseguimento das pregações, Jesus recuperou-se na sua emotividade abatida e o ânimo já se mostrava em suas faces. Maria também se comovera após ouvir as ternas palavras de seu filho querido e a dramática narrativa do que significava aquele marcha a Jerusalém para a consolidação do cristianismo libertador dos pecados humanos. Não era mulher de grandes recursos intelectivos, mas possuía os melhores sentimentos do mundo. Por isso, candidamente, ela também fez sentidas exortações a Jesus para permanecer no lar, em companhia da família, e abandonar suas ideias perigosas e sonhos irrealizáveis. Lembrou-lhe a antiga oferta de Efrain, que lhe daria o comando de alguns bens da Galileia do Norte, ou administração no suprimento das barcaças dos lagos, evitando, assim, quaisquer dificuldades ou perseguições contra a família, por parte do Sinédrio ou das autoridades romanas.

Jesus ouvia silencioso aquela exortação amorosa de sua adorada mãe, mas não se deixou persuadir e abandonar a sua viagem a Jerusalém. Através de sua elevada cortesia espiritual, fez-lhe ver o motivo por que conseguira sobreviver no mundo hostil da matéria e relembrou-lhe os primeiros dias de infância, quando sua alma já havia abdicado de todos os bens da vida para servir ao Senhor, em espírito. Aquilo era próprio do seu temperamento espiritual e ele jamais vivia em função de qualquer benefício ou gozo pessoal. A sua ventura provinha somente desse sonho e ideal de semear a felicidade nos corações alheios. Resistindo a todos os apelos das irmãs e de sua mãe, às ameaças e aos insultos dos demais parentes, Jesus decidiu-se a partir, tendo, no dia anterior, combinado com os seus discípulos e outros companheiros para o esperarem na zona sul, à saída da cidade. A sua despedida foi entremeada de apodos e ditos ferinos de seus familiares despeitados ou enraivecidos, enquanto Efrain tinha os olhos congestos de ira e desespero. Alguns chamaram-no de fujão e os discípulos imprudentes que vinham se achegando tiveram de retornar ameaçados de represália. Zombaram de seu título de "Filho de Deus" e expuseram suas ideias de modo leviano e tolo. Tudo fizeram para irritá-lo numa desforra de última hora ao vê-lo obstinado nos seus propósitos das pregações em Jerusalém. Jesus manteve-se irredutível e, rogando ao Pai que perdoasse os seus parentes enceguecidos pelos interesses do mundo, abraçou-se às irmãs e beijou ternamente Maria, arrancando-lhe lágrimas sentidas. Mesmo tachado de louco e de tolo, o Mestre ainda voltou-se minutos depois e acenou amorosamente para todos, enquanto sob os protestos dos mais velhos, Tiago, o irmão menor, caminhava a seu lado, de fisionomia aberta, num afetuoso sorriso. Jesus tentou fazê-lo voltar, mas isso foi impossível; o seu jovem irmão por nada deixaria de conhecer Jerusalém. O grupo familiar ficou silencioso e, ao longe, apenas Maria e as irmãs pareciam acenar afetuosamente. Efrain apressou-se a seguir para Jerusalém e, no mesmo dia em que lá chegou, tentou por todos os modos interditar Jesus como louco e impedi-lo de continuar sua pregação evangélica. Mas o seu recurso desesperado, atribuindo insanidade ao rabi de Nazaré, não encontrou guarida no juízo público, uma vez que seu irmão não havia cometido qualquer delito ou ato que justificasse tal petição.

Esse é o motivo principal por que Jesus guardou extraordinário silêncio durante o seu interrogatório e julgamento, tudo fazendo para ser o único culpado, a fim de resguardar de qualquer acusação pública a sua família terrena tão atemorizada, pois quando os juízes indagaram dos seus ascendentes, respondeu-lhes laconicamente "que não tinha irmãos nem parentes."

28. Jesus e sua entrada triunfal em Jerusalém

PERGUNTA: — Que nos dizeis sobre a entrada triunfal do Mestre Jesus em Jerusalém?

RAMATÍS: — No domingo que antecedia a semana da Páscoa, Jesus e seus discípulos partiram de Betânia em direção a Jerusalém. O Mestre seguia silencioso e preocupado, antevendo os acontecimentos trágicos para breves dias. Seus amigos e adeptos, no entanto, acompanhavam-no dominados por intenso júbilo, certos de que chegara o momento tão ansiosamente esperado. Jesus seria o fermento, o catalisador absoluto do povo eleito, o embaixador de Israel unindo todas as ovelhas num só redil. Já não se tratava de crença, doutrina ou movimento religioso. Era uma causa nacional, em que toda Jerusalém marcharia ao lado dos galileus. A cidade de Deus precisava ser escoimada das impurezas dos infiéis e do insulto da águia romana, que deveria ser destroçada sob os tacões dos judeus heroicos e decididos, sob o comando do invencível profeta e Messias Jesus.

O "Reino de Deus" tardaria apenas por algumas horas e jamais se viu criaturas tão festivas e animadas. À medida que a caravana percorria as estradas de Betânia a Jerusalém, acudiam novos adeptos, simpatizantes, aventureiros e até arruaceiros, entusiasmados ante as perspectivas compensadoras daquele movimento do rabi de Nazaré sobre os "homens do caminho". Cada vez mais engrossava a turba bulhenta em torno do grupo apostolar. Os mais entusiastas cantavam e riam, enquanto outros batiam palmas, davam vivas a Jesus e o saudavam como o

Rei de Israel. A notícia alvissareira espalhava-se pelos arredores de Betânia e arregimentava multidões de criaturas, que mesmo horas depois seguiam no encalço de Jesus, a fim de consagrá-lo em Jerusalém. Caravaneiros, peregrinos e aventureiros encontrados pela estrada recebiam convites atraentes e riam do júbilo provinciano dos galileus seguindo à cauda do seu Mestre. Embora contagiado por aquela alegria infantil, Jesus mostrava-se apreensivo, sentindo-se algo responsável pelo culto muito pessoal que lhe devotavam os seus seguidores, mas absolutamente contrário à sua consciência espiritual. A caravana chegou às portas de Jerusalém e ali estacou de modo triunfal. Muitos dos seus participantes já haviam seguido à frente, a fim de prepararem uma recepção das mais festivas e contagiantes aos jerusalemitas, sempre tão indiferentes aos valores da Galileia. O Mestre Jesus não pôde fugir àquela onda de vibração efusiva que o envolveu e, erecto e majestoso, atravessou a "Porta Áurea" da cidade. Mas o seu espanto foi imensurável, quando as mulheres e crianças lhe atiraram flores e o saudaram com ramos de oliveira e palmeiras, enquanto os homens tiravam suas túnicas e as colocavam no chão para ele passar. Surpreso e apreensivo, pisava as pétalas de flores e as túnicas dos seus admiradores, estendidas a seus pés, sob os gritos de "hosanas" e aclamações ao Rei de Israel e ao "Filho de Deus"! Aliás, Jesus não penetrou em Jerusalém montado num burrico ou qualquer jumento, conforme diz a tradição religiosa e assim predisse o Velho Testamento, pois desde Betânia todos marchavam a pé, num crescente júbilo emocional. Evidentemente, ninguém estenderia suas túnicas para serem pisadas por um burrico, mas assim o fizeram para a passagem do Mestre Galileu.

As ruas da cidade estavam apinhadas dos tipos mais exóticos e das raças mais diversas recém-chegados de todas as partes da Judeia e de outros países distantes, para assistirem às festividades da Páscoa. Ali se viam mercadores judeus de Alexandria, com barretes de veludo vermelho, túnica e saia até aos pés; de Cesaréia, Antioquia, Arábia e até do norte da África; judeus da Abissínia, de pés descalços e vestidos de um só pano branco; do Reno, com armaduras medievais; da Grécia, com vestes de lã, ricos peplos e cabelos crespos enfeitados com fitas douradas ou ramos de louro; do Oeste hibernoso, trajando casacos espessos; do deserto, cobertos com pele de camelo ou de leão. Havia homens e mulheres pobres, quase desnudos, a ombrear sob gestos de repulsa com hebreus ricos, que resplandeciam em seus vultosos anéis e colares, vestidos com finos linhos de Sidon e ricas faixas de púrpura de Tiro. No meio daquela gente, de vez em quando, brilhavam os capacetes e as armaduras dos romanos ostensivos, que passavam em grupos, batendo nas pedras os tacões das botas ferradas. Cães de todos os tipos ladravam, perseguiam-se e farejavam entre mantas de carne-seca e peixe desfibrado. Os burricos e jumentos, inquietos pelo enxame de moscas atraídas pelos boiões de mel de figo, batiam os cascos no calçamento. A multidão suava e cheirava mal, pois a cidade estava sujíssima e não havia tempo para uma limpeza correta. Frutos e legumes podres, esmagados mil vezes, multiplicavam-se pelas calçadas ou se misturavam ao estrume dos asnos e camelos. Estrugiam pregões e os vendeiros berravam, ofertando suas mercadorias aos forasteiros, numa competição rixenta e feroz, que exigia a intervenção das patrulhas de soldados romanos.

Jesus e os galileus que o seguiam, eufóricos e convictos de que toda aquela gente formigante estaria comungando com os seus objetivos messiânicos, entraram pela rua das Especiarias, onde, numa gritaria infernal, judeus se serviam de pequenos moinhos e pedras polidas, esmagando sementes picantes e odorantes, moendo cominho romano e armênio, pimenta da Índia, preta e aromática, noz do Egito e da Arábia e raízes provindas de todas as partes da Palestina. O populacho, surpreso, recuava dando passagem àquela procissão intempestiva de criaturas malvestidas e empoeiradas, que faziam enorme alarido em torno do seu Mestre e o festejavam com folhas de palmeiras. Os forasteiros mostraram-se algo admirados, certos de se tratar de alguma cerimônia regional ou talvez grupos de participantes das festividades da Páscoa, que chegavam eufóricos à ruidosa capital da Judeia. Mas os cidadãos jerusalemitas riam e divertiam-se gostosamente ao reconhecerem os galileus metidos em alguma aventura provinciana. Enquanto o turbilhão passava, custando a findar, espremido nas ruas estreitas da cidade, quase fazendo desabar toldos, esteios, boiões e bilhas, caixas e fardos, os vendeiros pulavam balcões, mesas e estrados berrando protestos e insultos, a fim de garantir suas mercadorias expostas de modo a atrair fregueses. Mas os galileus passavam ruidosos, felizes e ingênuos, apanhando tâmaras, ameixas, figos ou beliscando cachos de uvas, deixando quase loucos de raiva os judeus dos bazares e quitandas. Os que iam à frente, em torno de Jesus, abriam alas forcejando entre a multidão acotovelada no meio da rua e esparramada debaixo dos alpendres, toldos e interior das lojas, e que se chocava com a mole de galileus ruidosos e mais numerosa, que vinha à retaguarda, num crescendo de avalancha. Tanto os que chegavam, como os que ali se achavam, espremiam-se entre os beirais, esteios e toldos das lojas. Outros grupos, fazendo prodígios para não pisotearem cestos de frutas e legumes, não derrubarem caixas, fardos e pilhas de comestíveis; e acolá, monte de gente empurrada para as vielas mais despovoadas. Depois da gritaria ensurdecedora, das pragas, insultos e lamentos do turbilhão produzido pela passagem dos seguidores de Jesus em marcha vigorosa, centenas de braços ficavam à retaguarda, sacudindo-se em ameaças, enquanto os galileus desapareciam na primeira curva da rua, xingados, empurrados, amarfanhados e alguns mal se refazendo dos socos e bofetadas dos vendeiros mais furiosos. Atravessando então a rua dos Tecelões, e ainda derribando tapetes, peças de tecidos e rompendo as frágeis armações dos mostruários a turba da Galileia desviou-se da rua dos Ourives e orientou-se para a cidade alta, partindo para a zona aristocrática, a fim de alcançar a ponte que desembocava na praça do Templo.

PERGUNTA: — Mas a recepção tão festiva a Jesus não se findou logo à entrada da cidade, como supúnhamos, mediante a narrativa dos evangelhos?

RAMATÍS: — Conforme diz o próprio evangelho Mateus, no capítulo 21, versículos 10 e 12, o caso sucedeu assim: "E quando entrou em Jerusalém se alterou toda a cidade; e entrou Jesus no templo de Deus, e lançava fora todos os que vendiam e compravam no templo; e pôs por terra as mesas dos banqueiros, e as cadeiras dos que vendiam pombas"! O que implica dizer que o Mestre Galileu e a turba de seus seguidores chegaram até o Templo e o fizeram com certa bulha.[76]

Realmente, depois de percorrer as ruas principais da cidade, a procissão bulhenta desembocou no bairro onde se erguia o suntuoso palácio de Herodes, esculpido sobre grandiosas colunas coríntias e servindo na época como o local da administração

---

[76] Nota do Médium: - Corroborando os dizeres de Ramatís, a Revista Internacional do Espiritismo, em seu n. 11, do VIII ano de existência, publicou cópia da sentença que condenou Jesus à morte e foi pronunciada por Pôncio Pilatos, na qual, além de culpá-lo como sedutor, sedicioso, inimigo da Lei, falso filho de Deus, pretenso Rei de Israel, o indiciava também como "tendo entrado no Templo seguido de uma multidão que levava em mãos, palmas".

do governo de Pôncio Pilatos; enquanto, à esquerda, destacava--se o tribunal de justiça dos judeus, o Senado, ou mais conhecido historicamente como o Sinédrio ou o Sanhedrin. Entre gritos e vivas cada vez mais fortes e estridentes, depois de transposta a ponte que ligava a cidade alta àquela zona, os galileus desembocaram junto à porta principal do Templo, enorme e vasta, que se abria para o primeiro pátio, denominando Pátio dos Gentios, onde era permitida a frequência de quaisquer criaturas, inclusive os próprios romanos.

Jesus fez menção de sustar aquela marcha cada vez mais tensa e já indisciplinada, resolvido a dispersar os galileus de qualquer modo e deixá-los à vontade, convicto de que ali devia terminar aquele espetáculo ostensivo que ele mesmo não desejara, mas se vira impotente para impedi-lo. Os galileus deviam se dar por satisfeitos em se dispersarem para as festividades da Páscoa, preparando-se para as pregações do Evangelho, que seriam efetuadas na semana vindoura. À sua frente surgiu a mais fabulosa atividade da vida dos judeus, como era o comércio religioso oficializado pelo Sumo Sacerdócio, onde se acumulava incalculável massa de criaturas representativa de todas as profissões, raças, cultura e posição social da Judeia. No Pátio dos Gentios, debaixo de formosos alpendres sustidos por ricas colunas coríntias, sobre o mosaico encerado e colorido, à sombra refrescante de corredores suntuosos, e ainda sobre as lajes aquecidas a descoberto, Jesus vislumbrou um mar de cabeças humanas distribuídas por tendas, balcões, mesas, estrados, toldos e cadeiras, onde se destacava a resplandecência dos mostruários de pedras preciosas, moedas de ouro e de prata, estatuetas finíssimas do mais fino lavor, tudo conjugado à prodigalidade de flores policrômicas e plantas odoríferas de todos os hortos da Judeia. Sentados em suas cadeiras e abrigados sob pequenos toldos improvisados, centenas de judeus alardeavam as qualidades e a doçura de milhares de pombas provindas dos lugares mais pitorescos do mundo. Era ao entardecer, o Sol já se punha no oeste da cidade, pois somente alguns dos seus raios purpurinos dardejavam sobre aquele vasto formigueiro humano e faziam faiscar tudo o que era polido e brilhante. Quando o vento soprava forte, então, o aroma das flores e das plantas odoríferas fugia pela imensa porta do Pátio dos Gentios. Mas Jesus fez um gesto de desagrado ao sentir o cheiro desagradável do sangue fresco dos animais sacrificados, a escorrer através de valas que desciam até a cidade baixa, para o vale de Hinom, e depois se juntavam às águas do Siloé, costeando as muralhas e o sopé do Horto das Oliveiras. Às margens do rio Siloé, no vale de Cedron, uma fantasmagórica multidão de maltrapilhos, aleijados, famintos, escórias da cidade, lutava por alguns resíduos que sobejavam da lavagem dos couros dos animais sacrificados no Templo. Jesus mal se absorvera naquele espetáculo empolgante de cintilações e falsidades, de luxo e miséria, especulações e cupidez, quando se deu conta de que ele e seu grupo de discípulos mais chegados estavam sendo empurrados para dentro do pátio do Templo, pressionados fortemente pelos demais companheiros que vinham à retaguarda, desciam a ponte e atravessavam a praça num impacto perigoso, ovacionando a vitória da primeira etapa daquela marcha aventurosa. Assim que o Mestre se dirigiu a Pedro, João, Tomé, Felipe e Tiago, que estavam a seu lado, para combinar sobre o que se deveria fazer dali por diante, eis que são levados de roldão pela avalancha humana, caindo de chofre sobre as primeiras mesas, tendas, cadeiras e toldos que se achavam à sua frente, lançando ao chão objetos, moedas, ânforas de perfumes, flores e vasos, enquanto centenas de pombas debandavam pelo rompimento de suas amarras ou de suas gaiolas.[77] Passado o espanto, pois os vendeiros e cambistas já se preparavam para deixar o Pátio dos Gentios devido à noite que se aproximava, e se acendiam os primeiros archotes, houve uma rápida e violenta reação junto ao Mestre. Enquanto se iniciavam as primeiras cenas de pugilato entre os vendeiros e os galileus, que surgiam lutando para se desviarem da mole humana que passou a recebê-los com fragmentos de madeira, cordas, bastões e chicotes de couro, Tiago, Tomé e Pedro conseguiram arrastar Jesus do local, temerosos da ira popular.

Impotente para dominar aquela situação que ainda mais o comprometia, Jesus acedeu aos rogos dos seus amigos e abandonou o local, esperando os demais discípulos em lugar ermo e sob a sugestão de Tomé. Depois de reunidos todos os apóstolos, costearam as muralhas do Templo e seguiram em direção ao bairro de Getsemani, onde os esperava a fraterna hospedagem da família de Jeziel, dono de uma granja ao sopé do Horto das

---

[77] Nota do Revisor: - Quer-nos parecer que esse acontecimento, ocorrido contra a vontade do mestre Jesus, é que gerou a passagem descrita por Mateus (21:12,13), na qual se desmente a sua proverbial ternura e tolerância pelas fraquezas humanas, na cena em que o descrevem açoitando os vendilhões do templo.

Oliveiras. Ali foram recebidos afetuosamente por Jeziel, velho amigo de infância, em cuja residência colonial foi reservado modesto aposento a Jesus, pois a casa estava cheia de parentes, amigos e convidados para as festas da Páscoa. Quanto aos apóstolos, os servos de Jeziel arranjaram-lhe camas improvisadas, com palhas e fardos de feno, além de mantas de lã, peles de carneiro e de camelo, que foram armadas no celeiro da granja. Após nutrida refeição regada com suco de frutas e um delicioso vinho de Sharon, quase todos os apóstolos dormiram, de imediato, pois estavam exaustos da longa caminhada e dos acontecimentos daquele domingo agitado. Apenas Jesus mantinha-se acordado até altas horas e orava fervorosamente ao Pai, a fim de conhecer-lhe a Vontade e analisar as causas que haviam produzido aquele domingo infausto para a sua causa de natureza essencialmente espiritual. A entrada turbulenta em Jerusalém e a infelicidade da desordem no Pátio dos Gentios já eram suficientes para enquadrar Jesus como profanador ante as leis rigorosas do Conselho Sacerdotal. Era evidente que os acontecimentos graves e perturbadores pareciam obedecer a uma força implacável que o conduzia, submisso, para aqueles dias trágicos.

PERGUNTA: — E quais foram as consequências dessa chegada ruidosa de Jesus a Jerusalém e do incidente no pátio do Templo?

RAMATÍS: — Na segunda-feira, Jesus e alguns dos apóstolos subiram à cidade alta e misturaram-se com o povo, a fim de auscultar quanto às notícias sobre os acontecimentos do dia anterior. Mas não tardaram a chegar-lhes aos ouvidos os rumores da disposição adversa das autoridades religiosas hebreias contra aquela entrada retumbante dos galileus em Jerusalém. Os vivas e "hosanas" ao rabi da Galileia, considerado o "Rei de Israel" e o "Filho de Deus", eram interpretados como o mais cínico ultraje ao clero judeu e à lei de Moisés, enquanto a provocação sediciosa no pátio do Templo significara sacrilégio digno da pena de lapidação. Além disso, o procônsul romano pusera de prontidão as patrulhas de soldados em todas as ruas da cidade, pois fora informado de que os judeus preparavam-se para uma nova insurreição. Segunda-feira, portanto, Jesus e seus discípulos já estavam sendo caracterizados à conta de inimigos da Lei e da Religião. O Sumo Sacerdote havia convocado reunião para terça-feira cedo, a fim de discutir a ousadia daquele profeta perigoso, eloquente e sedutor, que era Jesus de Nazaré.

Mas a verdade é que, devido à imprudência dos seus partidários, turbara-se em Jerusalém o clima receptivo às palavras enternecidas e redentoras do Mestre Jesus, invertendo-se o objetivo espiritual de sua doutrina. Jamais ele poderia supor que, após hesitar durante três anos em pregar o seu Evangelho na metrópole de Jerusalém, os seus próprios adeptos se encarregariam de tisná-lo na sua fórmula de amor e paz, pois a sua chegada estava sendo levada à conta de uma campanha de indisciplina e de cobiça pelo poder de Israel. Enfim, o pior já estava feito, pois embora os galileus não passassem de provincianos tolos e sem cultura, na opinião dos jerusalemitas, a verdade é que Judas, o Gaulonita, homem destemido que se rebelara contra os romanos 20 anos antes, era da mesma Galileia de onde procedia Jesus. Consequentemente, os galileus eram primitivos, mas ousados; ingênuos, mas decididos, o que jamais poderia passar despercebido aos astutos sacerdotes de Jerusalém. E alguns deles desforravam-se dizendo que "o Mestre, Jesus demoliria o Templo e o reconstruiria em três dias", o que significava uma das mais graves blasfêmias contra o sentimento religioso amparado pelo clero judeu.

É certo que ainda não havia ocorrido acontecimentos graves e subversivos ou mesmo derramamento de sangue pelos acompanhantes de Jesus, conforme sucedera na rebelião de Judas, o Gaulonita, responsável pela morte de muitos romanos e pela terrível crucificação dos seus sequazes nos campos da Galileia. Mas as autoridades de Jerusalém consideravam ostensiva e sediciosa a marcha dos galileus aos vivas e aclamações ao Rei de Israel e Filho de Deus, além da desordem e dos prejuízos que se verificaram no Pátio dos Gentios, no Templo, onde alguns arruaceiros participantes do movimento cristão se haviam aproveitado da situação para cometerem depredações e furtos. Ademais, Jesus não ignorava que todos esses acontecimentos seriam deturpados pelos seus adversários, para enquadrá-lo sob as leis punitivas da Judeia e mesmo de Roma.

PERGUNTA: — E que aconteceu, a partir de terça-feira, com Jesus e seus apóstolos?
RAMATÍS: — Em companhia de Pedro e João, o Mestre transitou entre a multidão no centro de Jerusalém, visitou a praça do mercado, localizou as sinagogas e lugares onde ainda alimentava

esperanças de pregar o Evangelho àquele povo excessivamente apegado aos apetrechos do mundo e muitíssimo esquecido das realizações do espírito eterno. Pretendia iniciar suas pregações com toda moderação e tolerância, sem ferir ninguém, manter o respeito ao sacerdócio organizado e à Lei de Moisés. Mais tarde, quando já estivessem familiarizados com suas ideias de libertação espiritual, então procuraria chamá-los à razão, estigmatizando os pecados que escravizam o espírito à animalidade. Aliás, não pretendia modificar o mundo, mas apenas o homem.

Infelizmente, o noticiário a seu respeito era cada vez mais grave e perigoso à sua liberdade, pois já havia editos do centurião Quinto Cornélio, comandante da Torre Antônia, mandando fechar as portas da cidade e exigindo dos retirantes o visto sacerdotal ou o consentimento das autoridades romanas. Ademais, havia sido aumentado o número de patrulhas de soldados romanos, que pareciam operar de perfeito acordo com os esbirros do Sinédrio. Corria o boato de que alguns galileus mais ousados haviam tentado apossar-se de armas nos porões do Templo, penetrando aquele aqueduto, junto à velha Torre de Siloam. Os mais pessimistas já ventilavam a possibilidade de uma crucificação coletiva, a exemplo do que acontecera com os sequazes de Judas, o Gaulonita, nas planícies da Galileia.

Não foi difícil para Jesus e seus discípulos certificarem que os galileus fugiam de Jerusalém apressadamente, logo que circularam as notícias comprometedoras, de segunda-feira. Retornavam para suas terras e cidades, temerosos da ira dos sacerdotes e dos romanos. Os que ainda se encontravam na cidade mostravam-se aterrorizados e não se animavam a enfrentar os mastins do Sinédrio ou dos soldados romanos nas portas de Jerusalém. Alguns haviam sido presos tentando passar despercebidos pela porta do Estrume, na cidade baixa, costeando o rio Siloé, disfarçados entre os mendigos e leprosos que ali se agrupavam.

Então, os apóstolos, também assustados seriamente, sugeriram ao seu Mestre o retorno imediato à Galileia, antes que isso fosse impossível. Jesus fitou esses queridos amigos e viu-lhes o medo nos olhos e a angústia no coração; eram homens simples, mas bons, rudes e sinceros. Em sua companhia ele havia percorrido a Judeia, de ponta a ponta, na mais afetuosa amizade, visitado Tiro e Sidon, criando-se raízes do mais profundo afeto no seu coração. Eles ali se encontravam diante do Mestre terrivelmente frustrados, quais crianças apanhadas em traquinagens censuráveis.

Os apóstolos faziam as indagações íntimas mais perplexas e dolorosas. Por que Jesus não lhes explicava a razão do fracasso do movimento em Jerusalém ou o motivo da indiferença dos jerusalemitas, os quais em vez de aderirem ainda zombaram do entusiasmo galileu? Jesus seria realmente o Messias predito há séculos por Isaías e Miquéias, e que viria no comando das legiões angélicas para libertar o povo eleito do Senhor? Judas procurava justificar sua própria disposição insurreta, em suas reflexões: "Não era Jesus um rebelde em potencial, um anarquista que demolia costumes, tradições religiosas e instituições conservadoras?" A seu lado, Tomé e Felipe coincidiam em seus pensamentos: "O Mestre era um homem incomum, não havia dúvida; censurava o paganismo, condenava a exploração dos ricos, a hipocrisia dos fariseus, a dureza de coração dos saduceus, a corrupção dos sacerdotes jerusalemitas e o rigor da Lei de Moisés. Mas era difícil entender-lhe a realidade que se escondia atrás de alguns paradoxos, pois sendo corajoso e enérgico, mandava os judeus amarem e servirem os romanos odiosos. Moralmente bem formado e de conduta ilibada, desmentia a Lei mandando libertar a mulher adúltera, que merecia a lapidação". Pedro procurava lembrar-se de alguns trechos das profecias do Velho Testamento, a fim de ajustá-los aos atos de Jesus. Não dissera Isaías: "O Senhor enviará o Messias para repor todas as coisas no devido lugar!" E por que tudo acontecera de modo tão oposto? Onde estavam as legiões de anjos, prontas para intervirem no momento da revelação do Filho de Deus? Por que Jesus se mostrara tão pesaroso, lacônico e silencioso em toda a marcha festiva por dentro da cidade? E Pedro sacudia a cabeça, confuso e triste.

O Amado Mestre, profundamente apiedado pelos seus queridos amigos e fiéis discípulos, então lhes disse num tom compassivo: "Não vos apoquenteis, que o Filho do homem carrega nos ombros o fardo das dores dos seus!" E num arremate emotivo, procurou justificar-lhes os sentimentos dispersos, as dúvidas e as emoções contraditórias, acrescentando: "Feri o pastor e as ovelhas do rebanho se dispersarão".[78] Deixou-os e subiu para o Horto das Oliveiras, preferindo ficar a sós com suas meditações.

PERGUNTA: — Quando Jesus teve certeza de que seria

[78] Nota do Médium: Quer nos parecer que essa expressão de Jesus se ajusta mais ou menos aos dizeres de Mateus, (26:31), embora não se enquadre na ordem cronológica dos acontecimentos.

preso, certo de que não havia mais recursos para fugir ao seu trágico destino?

RAMATÍS: — Quarta-feira, pela manhã, Jeziel e seus dois filhos retornaram afogueados da cidade alta, falando a Jesus da necessidade de sua fuga imediata, pois contavam com amigos fiéis, que poderiam retirá-lo de Jerusalém por antigos caminhos secretos só conhecidos de alguns anciãos hebreus. Traziam as informações mais graves possíveis, pois os esbirros do Sinédrio já haviam efetuado diversas prisões de galileus suspeitos da marcha a Jerusalém e da subversão no Templo e que, em troca de sua liberdade, haviam prestado falsas declarações contra o rabi da Galileia. O último edito do Sumo Sacerdote isentava de qualquer culpa os participantes da intentona fracassada no "Pátio dos Gentios" e chefiada por Jesus, desde que fosse prestado testemunho voluntário para auxiliar o sumário de culpa contra o Mestre Cristão.

Jesus não opôs mais dúvida quanto à ordem capciosa de Caifás; o Sumo Sacerdote queria sacrificar apenas ele, o Mestre, e não os discípulos. Destruída a coluna vertebral do movimento cristão, era óbvio que os seus asseclas se dispersariam, atemorizados, extinguindo-se aquela campanha sistemática contra os ricos, os poderosos e os sacerdotes jerusalemitas. Mas a notícia não atemorizou Jesus, pois trouxe-lhe o benfazejo alívio à sua alma e até foi venturosa, ao verificar que ainda poderia salvar os seus discípulos tão aterrorizados e aflitos para retornarem à sua terra e aos seus familiares. Doravante, ele faria questão de ser o único e exclusivo responsável por aquela imprudência considerada insurreta em Jerusalém, e jamais moveria um fio de cabelo para isentar-se perante a Lei judaica, e que no seu caso poderia ser punido com a lapidação.

Por isso, na quinta-feira, ao retirar-se para a sua costumeira meditação no Horto das Oliveiras, e tendo deliberado entregar-se resignadamente à justiça como o verdadeiro culpado de todos os acontecimentos considerados sediciosos, Jesus achou que isso poderia escandalizar os seus discípulos, dizendo-lhes então por advertência: "A todos vós serei esta noite um motivo de escândalo".[79]

PERGUNTA: — Mas os partidários de Jesus teriam realmente cogitado de uma subversão ao organizarem a marcha

---

[79] Mateus, 26:31.

a Jerusalém, ou os maus resultados foram apenas fruto de sua imprudência?

RAMATÍS: — É óbvio que se Jesus foi enquadrado pelas leis romanas como sedicioso, tachado de sacrílego e profanador das leis hebraicas, isso prova que realmente houve acontecimentos públicos censuráveis em torno de sua pessoa e que, manejados habilmente pelo Conselho dos Sacerdotes sob o comando de Caifás, puderam levá-lo à morte infamante pelo suplício da cruz, que na época só era reservado aos ladrões, conspiradores e rebeldes.

Nós sabemos que Jesus era inocente do crime de sedição que lhe imputaram, porque ele não planejou os acontecimentos perturbadores e deles participou por força das circunstâncias e não por sua espontânea vontade. Inúmeras vezes ele mesmo havia advertido aos seus discípulos e ouvintes de que "O reino de Deus não será conseguido pelo poder, nem pela força, mas pelo espírito!" Acresce que desde a sua chegada a Jerusalém o Mestre Cristão já estava praticamente preso, pois a ordem havia sido expedida, mas o Sinédrio apenas aguardava um ensejo adequado para incriminá-lo sem qualquer concessão de recursos de absolvição; e também porque temia prendê-lo no seio das massas em que ele era querido e estimado. Em seguida, não foi difícil para o Sumo Sacerdote adulterar os fatos, subverter intenções pacíficas e convencer as autoridades romanas com testemunhos conseguidos a peso de ouro e de ameaças de morte.

Mas quando o Mestre Amado averiguou o drama de angústia e desespero que tomara conta do espírito de quase todos os seus apóstolos e galileus retidos na cidade por suspeita, então resolveu salvá-los de qualquer modo, mesmo que tivesse de morrer algumas vezes. Impelido pelo seu amor e heroísmo, mantendo generoso silêncio diante de todos os seus acusadores capciosos, sem a menor insinuação contra qualquer seguidor, Jesus terminou vitalizando a própria obra para os séculos vindouros. Daí o equívoco dos pesquisadores que compilaram os evangelhos, ao supor que a sua prisão e morte decorreram exclusivamente daquele famigerado beijo da traição de Judas.

O cristianismo dificilmente fugiria de uma penetração mercenária em suas fileiras. Sem dúvida, teria terminado em lamentável fracasso ante a leviandade de alguns adeptos e o interesse sedicioso de outros, o que só não aconteceu devido ao heroísmo, renúncia, dignidade, amor e infinita compreensão de Jesus pelos homens. Dando-se em holocausto pelos seus partidários, fortaleceu com o seu martírio e sua morte abnegada o cristianismo em sua nascente, dando curso posterior ao heroísmo de figuras impressionantes como Pedro, Paulo, João, Maria de Magdala, Tiago, Barnabé, Timóteo, Vicente de Paula, Francisco de Assis, Teresa de Jesus, João Huss, Dom Bosco, Antônio de Pádua e outros que foram olvidados em santificado anonimato. O sangue inocente do Mestre, vertido do alto da cruz, transformou-se no fermento divino que, em fabuloso quimismo, depois catalisou as energias dispersas dos apóstolos atemorizados e deu-lhes nova vitalidade para a marcha corajosa e obstinada em defesa e propagação do Evangelho, embora isso também lhes viesse a custar o martírio e a própria vida. Após a morte de Jesus, a dor e a saudade despertaram vivíssimas nos seus fiéis amigos, fazendo-os sentir e compreender a pureza, a fidelidade e o amor jamais desmentidos ou igualados pelo Cordeiro de Deus.

PERGUNTA: — Alguns estudiosos da vida de Jesus dizem que ele era um socialista avançado para a época.

RAMATÍS: — O socialismo pregado por Jesus era manifesto do interior para o exterior, de dentro para fora, ensinando que os bens materiais são meios e não a finalidade suprema da alma, o que torna os homens menos avaros, mais cordatos e compreensivos, reunindo-os numa vivência pacífica e fraterna. No entanto, o socialismo político, embora tente a distribuição equitativa dos bens do mundo, origina-se de condições impostas aos homens pelo poder estatal, pelas leis ou até pela tirania. No primeiro caso, tudo é fruto de uma abdicação espontânea, e o homem então usa dos bens materiais para renovar as lições do espírito eterno; no segundo, é consequência de uma imposição, que nem sempre dá ao homem a conformidade espiritual.

É infrutífero confundir o verdadeiro sentido espiritual do cristianismo com certas doutrinas modernas ainda imaturas em seus ensaios de socialismo. O verdadeiro cristão não deseja, nem faz negócios com quaisquer movimentos políticos do mundo. Ele, de início, já renunciou à própria vida.

PERGUNTA: — E quais foram os prejuízos tão sérios, que Jesus teria causado ao sacerdócio organizado de Jerusalém, para o crucificarem no Gólgota?

RAMATÍS: — O que Jesus pregava naquela época podia ser encarado realmente como sedicioso, pois, apesar de sua tolerância e pacifismo, ele feria, a fundo, o modo de vida dos homens que dominavam a política, controlavam as finanças ou viviam nababescamente da especulação religiosa sobre o povo tolo. Não havia dúvida quanto ao sentido objetivo da mensagem cristã. O ousado profeta de Nazaré censurava os fartos, os displicentes, os gananciosos, enfim, os vampiros da miserabilidade humana, próprios de todos os tempos. Era um rabino que predizia prejuízos aos ricos do mundo, pregava a reforma religiosa, condenava as oblatas e oferendas em nome de Jeová. Como chefe dos galileus empobrecidos, ele pretendia impor um "Reino de Deus" para os aflitos, enfermos, deserdados e simples, o que implicava na eliminação dos exploradores, astuciosos, afortunados e gozadores. Pouco a pouco reduzir-se-ia a renda habitual do Templo, uma vez que os fiéis e crentes, sugestionados pelas suas pregações, terminariam por aceitar que se deve "amar a Jeová apenas em espírito".

Jesus era na época considerado um perigoso socialista, que tentava igualar os homens, nivelar as fortunas e reduzir os poderes do mundo, que ousava pregar o amor para com o inimigo e o perdão para o algoz. Era um líder poderoso, excêntrico e ao mesmo tempo humilde; galvanizava os ouvintes pelos seus planos corajosos, pregando a reforma do mundo material, mas, em seguida, advertia que o seu "reino não era deste mundo"!

Homem inteligente, hábil psicólogo e orador eloquente, não fazia conluios com os maiorais do mundo; verberava o pecado, mas perdoava o pecador, revolucionava as massas contra a exploração da ganância humana, mas proibia qualquer violência, desforra ou derramamento de sangue. Enfim, pensavam os sacerdotes do Sinédrio, onde pretendia chegar esse homem que impressionava e captava a simpatia das multidões, dispondo-as a segui-lo por toda parte? Qual a sua intenção e o que pretendia, verberando as tradições conservadoras do mundo?

A verdade é que quando o corpo de Jesus estremeceu na cruz, algumas cortinas de seda se fecharam apressadamente para o drama do Calvário, o qual, na verdade, fora planejado sobre o luxo dos tapetes de veludo e ante o tilintar de taças de cristal. Jesus, homem perigoso e portador de ideias socialistas avançadas, havia sido finalmente eliminado do cenário terreno; sua presença destemida e honesta era incomodativa e prejudicial aos interesses dos fartos, avarentos e exploradores da miséria humana. Homens venderam-se a peso de ouro e ajudaram a enquadrar o meigo rabino sob a punição severa das leis romanas; a claque da morte foi arranjada às pressas para gritar diante do pretório o "crucificai", "crucificai"! Muitos adeptos pusilânimes, que o haviam acompanhado na marcha sobre Jerusalém e na avalancha no pátio do Templo, temerosos de represálias dos romanos, eram depois os mais entusiastas pela crucificação, a fim de eliminar o perigoso testemunho de Jesus contra suas próprias fraquezas.

PERGUNTA: — E que dizeis da última ceia de Jesus com os seus apóstolos? Realmente aconteceu tudo como explicam os evangelistas?

RAMATÍS: — A tradicional "santa ceia" comemorada pela Igreja Católica Romana, em verdade, precedia a cerimônia do "lava-pés", habitualmente realizada na sexta-feira, chamada a véspera do "grande sábado" da Páscoa. Era costume tradicional reunirem-se as famílias para essa refeição fraterna, onde se faziam promessas de vida feliz e em comum para o futuro. Nas famílias mais ricas trocavam-se presentes entre os membros da casa ou parentes de fora. Assim, Jesus a instituiu também com os seus apóstolos, pois os considerava a sua família itinerante, os seus verdadeiros parentes escolhidos pelo Senhor. Desejando torná-la mais expressiva, decidiu harmonizar a cerimônia da ceia da Páscoa com o lava-pés, que já era um culto ideado por João Batista, com a finalidade de congraçamento entre os discípulos e os seus rabis ou mestres.

Em virtude do Mestre ter antecipado a cerimônia do lava-pés para a noite de quarta-feira, pois estava certo de ser preso de um momento para outro, então ambas as cerimônias foram feitas na mesma ocasião. Ao entardecer, os discípulos reuniram-se no aposento mais espaçoso da residência de Jeziel, o qual comemoraria a sua ceia de Páscoa no dia seguinte, quinta-feira, o dia exato. Após as orações e os cânticos de hinos, que eram motivos de alta espiritualidade no movimento cristão, os servos de Jeziel serviram a ceia frugal de Páscoa, com a prodigalidade dos tradicionais pães asmos e o vinho tinto, que Jesus abençoou como era de praxe.

Em seguida, aproveitou aquele momento tão expressivo para dirigir-se aos discípulos, referindo-se a motivos íntimos e saudosos. Em linguagem clara, simples e de profunda exatidão, que difere muito dos relatos empolados de certas passagens dos evangelistas, o Mestre Jesus assim resumiu o seu pensamento a todos: "Rendo graças ao Pai que me permite estar ainda convosco nesta festividade da Páscoa, pois sei pela voz do Espírito que não tarda a se iniciar a minha paixão. Não tornarei mais a comer convosco nem me será dado a beber do próximo vinho. No entanto, cumprida será a Vontade de meu Pai que está nos céus, pois minha hora é chegada; mas eu vos precederei na Galileia e vos esperarei no Reino de Deus".[80]

Eram nove horas da noite, quando Jesus, levantando-se da mesa, tirou a túnica que lhe ia aos pés e, "pegando numa toalha, cingiu-a em torno da cintura, lançou água numa bacia, e se pôs a lavar os pés dos seus discípulos, enxugando-os com a toalha com que estava cingido".[81]

PERGUNTA: — E que nos dizeis quanto à significação da cerimônia do "lava-pés", tradicionalmente consagrada pela Igreja Católica Romana na Semana Santa? Há algum fundamento em tal consagração?

RAMATÍS: — João Batista, o profeta solitário, havia instituído algumas cerimônias com a finalidade de incentivar certas forças psíquicas nos seus adeptos através da concentração ou reflexão espiritual. Isso impressionava os neófitos e servia para a confirmação da própria responsabilidade dos valores espirituais. Em sua época os símbolos, ritos, talismãs e as cerimônias ainda produziam louváveis dinamizações das forças do espírito ou impunham respeito e temor religioso. Eram recursos que serviam como "detonadores" das forças psíquicas, produzindo profunda influência esotérica nos seus cultores, assim como ainda hoje fazem os sacerdotes para o incentivo da fé e do respeito dos fiéis, como são os cânticos, perfumes, a música e o luxo na igrejas.

Por isso, João Batista instituiu a cerimônia do batismo para os neófitos; a imersão nas águas dos rios e dos lagos funcionava como um catalisador das energias espirituais, deixando a convicção íntima e benfeitora da "lavagem dos pecados" e consequente renovação do espírito para o futuro. Aquele que se julga realmente purificado de seus pecados, depois vive de modo a não se manchar tão facilmente. Mais tarde, João Batista também organizou a cerimônia do "lava-pés", que simbolizava um evento fraterno e humilde, como um sentido de igualdade ou denomi-

---

[80] Nota do Médium: - Cremos que parte do pensamento de Jesus nesse breve discurso aos seus apóstolos, na hora da última ceia, encontra-se referido mais aproximadamente em Lucas, (22:14,15,16,18). Neste último versículo, o termo é "não tornarei a beber do fruto da vide", que é a uva, enquanto Ramatís diz que Jesus se referiu ao vinho.
[81] João, 13:4,5.

nador comum entre todos os discípulos e o próprio Mestre. O "lava-pés" era a cerimônia que eliminava a condição social, o poder político, a superioridade intelectual ou a diferença entre os adeptos e o Mestre, atuantes sob a mesma bandeira espiritual. No momento simbólico do "lava-pés" o senhor seria o irmão do servo e também o serviria, porque ambos eram herdeiros dos mesmos bens do mundo.

Jesus, humilde e tolerante, aceitou ambas as cerimônias com todo o enlevo de sua alma e deixou-se batizar pelo Batista, no rio Jordão. Mais tarde, e já no limiar da grande ceia, ele também deu forma à cerimônia tradicional do "lava-pés" entre os seus próprios discípulos, como um ensejo simbólico que deveria evocar os elos de amizade já existentes entre todos. Mas os seus fiéis amigos ficaram bastante preocupados com o fato de Jesus antecipar a cerimônia tradicional do "lava-pés" para a quarta-feira, a qual deveria ser feita comumente na sexta-feira da semana da Páscoa.

Mas a verdade é que o Mestre Jesus não guardava dúvidas quanto à sua situação cada vez mais desfavorável perante o Sinédrio e às autoridades romanas, pois algo lhe dizia que seria sacrificado antes do domingo de Páscoa. Deste modo, ele decidiu-se a proceder à cerimônia do "lava-pés" na quarta-feira, após a grande ceia, em vez de esperar a sexta-feira tradicional, pois seria a sua última demonstração de confiança no Pai. Depois de ter enxugado os pés dos seus discípulos, auxiliado por Tiago, Jesus ergueu-se e alçou a voz, exortando-os para que prosseguissem corajosamente na divulgação da "Boa-Nova" e do "Reino de Deus", e jamais se conturbassem mesmo diante da morte. Relembrou-lhes os motivos fundamentais de sua amizade e união espiritual, revivendo os ensinamentos de libertação do Evangelho, enquanto recomendava o amor incondicional, o auxílio à pobreza, o perdão aos algozes, o afeto aos delinquentes e a compreensão fraterna às mulheres infelizes. Salientou a força do espírito eterno sobre a carne perecível; exortou para que os seus fiéis amigos jamais tisnassem a beleza do cristianismo fazendo conluios com os poderes organizados do mundo de César. A mensagem cristã deveria ser divulgada tão pura quanto os lírios dos vales, pois de nada valiam as honras do mundo material ante a vida imortal. Encheu-os de esperanças novas pela breve chegada do "Reino de Deus" e incentivou-os para uma vida heroica em sintonia com os princípios mais elevados da redenção e libertação da humanidade.

Ante a dor, o espanto e a consternação de seus discípulos, que lhe bebiam as palavras repassadas de melancolia e pesar, Jesus voltou-se para Pedro, cujas faces estavam marcadas de profunda angústia e disse-lhe, de modo eloquente e profético: 'Pedro, doravante tu serás um pescador de homens, e não de peixes! Sobre tua fé e sinceridade eu fundamento a minha Igreja! Seja-te o dom do bom falar, do bom ouvir e do bom agir para o serviço do Senhor!"

Pedro caiu de joelhos, os olhos marejados de lágrimas perante o Mestre Amado, enquanto os demais apóstolos mal podiam esconder sua comoção. Judas, no entanto, estava cabisbaixo e roído de ciúmes, incapaz de esmagar o orgulho e o amor próprio feridos ante qualquer distinção ou preferência no colégio apostólico.

Jesus encerrou a cerimônia tocante do "lava-pés", e achegando-se a João, enternecido, fez-lhe amena rogativa:

— João! Minha mãe é tua mãe, porque somos irmãos perante o Senhor! Na minha falta, sê tu o seu filho!

Em seguida, fez menção de sair, enquanto Pedro e João apressaram-se a acompanhá-lo; da porta, voltou-se, dizendo a todos ainda sob profunda emoção espiritual:

— Vós sois meus apóstolos; pregai a palavra do Senhor e anunciai a Boa-Nova do Reino dos Céus sobre a Terra. A vontade do Pai se manifesta em mim e devo cumpri-la, porque a hora do meu testemunho é chegada!

Ante a emoção dolorosa que anuviou o coração de todos os discípulos, pela primeira vez denominados os seus "apóstolos", Jesus afastou a cortina e o seu vulto majestoso desapareceu nas sombras da noite estrelada, envolto pela brisa perfumada do jardim de Getsêmani.

PERGUNTA: — Dizem os evangelhos que houve resistência de Pedro contra a ideia de Jesus lavar-lhe os pés, pois não se sentia digno de tal dedicação.

RAMATÍS: — Tratava-se de uma cerimônia habitual entre Jesus e seus discípulos desde o tempo de João Batista; por isso, não havia motivo para a recusa de Pedro. Em verdade, durante o momento do "lava-pés" o Mestre o fazia a cada discípulo, explicando-lhes as razões do ato e o que significava o seu simbolismo para o futuro. E o próprio Jesus, repetindo a indagação de todos os anos, após a cerimônia, assim se expressa aos discípulos, dizendo: "Sabeis o que vos fiz?" E conforme narram os evangelistas, eis o seu pensamento a respeito do "lava-pés": "Desde que vós me considerais o Mestre e Senhor, e eu assim o aceito e vos lavo os pés, deveis vós também lavar os pés uns aos outros, porque eu vos dei o exemplo; e assim o fareis aos vossos discípulos quando vos fizerdes mestres. Perante o Pai, o Mestre não é maior do que o servo; nem o servo é maior do que o mestre. Aquele que lava os pés do discípulo ou do servo é então grande perante o Pai, porque por si mesmo se faz o menor".[82]

Aliás, afora João, os demais apóstolos ignoravam que a cerimônia do "lava-pés" já fazia parte integrante do rito dos essênios, como a fase iniciática característica do discípulo que deixa o mundo profano para ingressar no "Círculo Interno" do mundo espiritual. Além daquele sentido de humildade explicado por Jesus, como deliberada demonstração de que o "menor" na Terra é o "maior" no Reino de Deus, ainda existia a significação de que só o Mestre sabia consolar os seus discípulos e servos e aliviar-lhes as dores e as vicissitudes sofridas nos caminhos e nas sendas do mundo transitório da carne. Sobre os pés cansados, empoeirados e feridos, concentravam-se as dores e o sofrimento das longas caminhadas dos discípulos entre as desilusões e hostilidades da vida humana. Então o Mestre os lavava com sua ternura, humildade e paciência, deixando-os limpos e aliviados para nova caminhada.

PERGUNTA: — Ainda com relação à última ceia gostaríamos de sanar nossas dúvidas quanto ao fato daquela acusação de Jesus insinuando ser Judas o discípulo que deveria traí-lo.

RAMATÍS: — Entre os diversos acontecimentos narrados pelos evangelistas e sumariamente modificados posteriormente pelos exegetas católicos, a cena da acusação indireta de Jesus contra Judas, se fosse verdadeira, seria um dos mais graves e censuráveis desmentidos aos seus profundos sentimentos de amor, ternura e perdão tão sublimes, que, nos extremos de sua agonia, no ato de sua crucificação, quanto aos seus algozes, o fez dirigir ao Pai aquela rogativa de misericórdia infinita: "Pai! Perdoai-lhes porque eles não sabem o que fazem".

É quase inacreditável que, depois de se configurar o Amado Mestre como a maior expressão de amor e de renúncia na Terra, o reduzam ao caráter de um homem comum ressentido e intri-

[82] Nota do Médium: Essa exortação de Jesus descrita por Ramatís pode ser apreciada, em parte, em João, 13:4-17.

gante, pecando pelo julgamento antecipado da "possível" traição de um discípulo.

Conforme narra o evangelista João, (13:21-30), primeiramente Jesus exclama: "Em verdade, em verdade vos digo que um de vós me há de entregar". Após os apóstolos recuperarem-se da angústia daquela acusação velada e, em seguida às indagações aflitivas de Pedro e João, eis que o Mestre, num gesto de delator vingativo responde: "É aquele (o traidor) a quem eu der o pão molhado. E tendo molhado o pão, deu-o a Judas, filho de Simão Iscariotes". E a narrativa de João acrescenta: "E atrás do bocado de pão entrou em Judas o Satanás."

Em tal acontecimento tão comprometedor, faltaria ao Mestre, sempre gentil e benevolente, até o resquício da piedade comum nas criaturas de relativa formação moral, pois ele teria acusado o seu discípulo em público, por um ato abjeto de que apenas tinha pressentimento. Mateus, (26:21-25), não descreve a cena do pão molhado entregue a Judas como o libelo acusador, mas ainda é mais chocante contra a linhagem angélica do Mestre, pondo-lhe nos lábios as seguintes palavras acusatórias e da maldição: "O Filho do homem vai, certamente, como está escrito dele; mas ai daquele homem por cuja intervenção há de ser entregue o Filho do homem; melhor fora a tal homem não haver nascido!" E, respondendo Judas, o que o traía, disse: "Sou eu, porventura, Mestre?" Disse-lhe Jesus: "Tu o disseste". Ora, no caso, Jesus não só desejaria a Judas um fim trágico e abominável, como ainda o acusaria brutalmente diante dos demais discípulos e companheiros, confirmando que era ele o traidor! E se "atrás" do bocado de pão molhado entrou Satanás em Judas, conforme narra João, então é óbvio que, até aquele momento, Judas ainda não havia deliberado trair o seu Mestre, e que isso só lhe ocorreu depois que Satanás o tomou no ato da ingestão do bocado de pão molhado e abençoado ali na mesa santa.

PERGUNTA: — É admissível que todas essas ocorrências, desmentindo a contextura espiritual de Jesus e que fazem parte dos evangelhos canônicos, sejam apenas figuras simbólicas ou alegorias, propondo-nos lições de alcance espiritual?

RAMATÍS: — Jamais essa foi a verdade, pois a vida de Jesus foi clara, sem sofismas ou hesitações e não à maneira do homem, que se salienta sobre a massa humana, mas sofre as comprometedoras alternativas de hoje obrar como um santo e amanhã atuar como um demônio! Espírito da hierarquia de Jesus não possui duas facetas, não se turba nem se nivela ao conteúdo efervescente das paixões humanas, nem é vítima do descontrole das emoções indisciplinadas. Não se confunda a energia, a hombridade, a justiça, a estabilidade emotiva e a franqueza honesta de um anjo, atuando na carne, com as contradições que são fruto da personalidade humana. Jesus não desejava nada do mundo e jamais temeu a morte. Em consequência, não agia nem atuava no mundo material preocupado com respeito à sua pessoa. Pouco lhe importaria que Judas ou qualquer outro discípulo o traísse ou o levasse a qualquer espécie de morte. A sua linhagem espiritual tornava-o sempre acima das atitudes humanas a seu favor ou em seu desfavor, quer se tratasse de seus parentes, amigos, adeptos ou desconhecidos. Se existem homens inferiores ao Mestre Amado, que não se tornam melhores com o "elogio", nem ficam piores com a "censura", o que não seria Jesus, diante da fraqueza de um discípulo que já vivia perturbado pelas suas próprias emoções descontroladas e pelos ciúmes infundados?

Quanto aos homens que adjudicaram a si o direito exclusivo e a responsabilidade tremenda de divulgar a vida e a obra de Jesus de Nazaré, já é tempo de virem corajosamente a público, extirpar os evangelhos dos equívocos, extremismos, absurdos, melodramas, interpolações e imitações que comprometem, desfiguram e lançam a desconfiança sobre o Mestre Jesus — o Mentor Espiritual da Terra. Mesmo porque é fácil o encontrarmos definido através de suas próprias palavras de sentido biográfico, quando falou assim: "Vinde a mim, todos vós que estais aflitos e sobrecarregados que eu vos aliviarei. Tomai sobre vós o meu jugo e aprendei comigo que sou brando e humilde de coração e achareis repouso para vossas almas, pois suave é o meu jugo e leve o meu fardo".[83]

---

[83] Mateus, 11:28-30.

Ramatís / Hercílio Maes

29. A prisão e o julgamento de Jesus

PERGUNTA: — Em face da ligação histórica do Horto das Oliveiras à vida de Jesus, poderíeis dar-nos algumas particularidades a esse respeito?

RAMATÍS: — O Horto das Oliveiras, também conhecido como o Bosque das Oliveiras ou Jardim de Getsêmani, em Jerusalém, era um pequeno estabelecimento agrícola, onde se faziam as plantações experimentais dos mais variados tipos de flores e vegetais para o consumo caseiro e aplicações terapêuticas, além do cultivo de especiarias para o condimento industrial e consumo caseiro. Ali se desenvolviam sementes, mudas e espécies de vegetais provindos de quase todas as partes do mundo, desde Ceilão, Egito, Armênia, Pérsia, Índia, Gália, Síria, Grécia e até de Roma. Mas a espécie mais cultivada era a oliveira, que produzia a oliva ou azeitona, da qual se extraía o azeite de oliva pelo processo das prensas primitivas. As oliveiras davam bom resultado para os arrendatários do Horto de Getsêmani, o que na época de Jesus era atributo da família de Jeziel, seus conterrâneos e velhos amigos da Galileia.

Ambas as encostas do Horto eram cobertas de um pequeno bosque dessas árvores, de sombra agradável a muitos forasteiros que acampavam pelas suas imediações. Desde a granja, distante um tiro de pedra da entrada do bosque, todo o terreno disponível estava crivado de caminhos e canteiros, onde desabrochavam mudas e sementes de flores e vegetais, separadas das especiarias picantes, aromáticas e amargosas.

A partir do sopé do Jardim das Oliveiras, do lado oposto de

Jerusalém, nascia o vale de Cedron, para onde corria o sangue dos animais sacrificados no Templo, em direção ao rio Siloé, através de valas repugnantes. O terreno era fértil e de bom adubo para os canteiros muito bem cuidados pelos servos de Jeziel, que os faziam quase ao sopé do Horto. Ali semeavam-se e cultivavam-se as flores preferidas pela aristocracia judaica e romana, assim como as espécies destinadas para as oferendas do Templo. Cresciam ranúnculos, lírios do vale, íris violáceos e íris de açafrão; papoulas como cálices de fogo vivo, jacintos azuis e sonhadores, pendendo de formosos cachos; cravos vermelhos como rubis e brancos como o linho de Tiro; narcisos do brejo nutridos pelo lodo do Jordão ou do campo, brotados sob o afago da brisa e da vitalidade do Sol. As azáleas coloridas, procedentes da China, pintalgavam os canteiros de belos matizes em afrontosa promiscuidade com os jasmins azuis, amarelos ou róseos, que exsudavam um perfume embriagante.

Na ala que se inclinava formando a encosta das oliveiras voltadas para Jerusalém, alinhavam-se os canteiros de especiarias repletos de sementeiras, plantas, bulbos, palmas, gavinhas, hastes e cipós estranhos. Havia arbustos de açafrão de sementes da Índia, de um metro de altura, num tom amarelo-citrino ou vermelho-púrpura, abrindo-se em folhas compridas e arroxeadas, aconselhadas para os males da asma, melancolia ou histeria, a hortelã da Grécia, de sabor apimentado, própria para acalmar os vermes, ou de cheiro, trazida da Gália longínqua, e que fornecia medicação para o estômago, o cérebro e o coração. A distância, recendia a fortidão do cominho da Armênia, da Índia e mesmo de Roma tão odiada; aqui, dominava a alfazema cheirosa; ali, a noz-moscada ou a canela de Ceilão; acolá, dedos de vegetais retorcidos exalavam o aroma do gengibre picante. Eram perfumes doces, cheiros fortes e excitantes, que se misturavam aos sabores agrestes e amargosos, acasalando-se ao odor estranho da pimenta da Índia o aroma atraente, mas queimante, da pimenta negra da Pérsia.

Do cimo do Jardim das Oliveiras podia-se ver o rio Jordão coleando como preguiçosa serpente prateada entre o verde claro e macio da planície. À distância repousava o Mar Morto emoldurado pelas colinas da Galileia ou cintilavam os lagos beijados pelo Sol caricioso. Entre as flores formosas e os canteiros de especiarias exóticas e odorantes, Jesus descansou seus últimos dias do mundo, quer preparando-se para o arremate trágico e messiânico de sua obra, como a despedir-se da própria natureza que ele tanto amou. O Senhor concedeu-lhe o ensejo de gravar na sua retina espiritual, e antes da crucificação, os contornos familiares das montanhas, dos caminhos e dos lagos, que lhe serviram de tribuna para a prédica do Evangelho da redenção humana.

PERGUNTA: — Como se sucederam os últimos dias de Jesus no Jardim das Oliveiras? Quais as semelhanças com a narrativa dos evangelistas?

RAMATÍS: — Na quinta-feira, Jesus foi beneficiado com a presença de alguns amigos fiéis, que o visitaram apreensivos e pesarosos pelo que poderia lhe acontecer de grave, pois as notícias na cidade eram desagradáveis. Entre eles vieram Simão de Betânia e o seu parente Eleazar, mensageiros fraternos de Maria Sara, Maria de Magdala, Verônica, Joana, Salomé e outras mulheres que desejavam visitá-lo no seu retiro de Getsêmani, ansiosas para acalmarem seus corações aflitos ante os boatos assustadores. O Mestre então pediu a Simão para explicar que ele se retraía a qualquer contato muito emotivo e sentimental, pois sentia-se debilitado em suas forças psíquicas e se preparava para os acontecimentos vindouros.

Simão procurou animá-lo com argumentos otimistas, mas Jesus insistiu que a sua hora era chegada, pois em breve seria levado diante do tribunal da justiça do mundo para dar testemunho de sua vida e confirmação de sua obra pela salvação da humanidade. Recomendava lembranças a Marta, fiel e querida companheira que se achava gravemente enferma em Betânia; despedia-se de todos os amigos por intermédio de Simão e predizia um feliz encontro para mais tarde no reino de Deus. Simão tinha os olhos rasos de lágrimas fitando Jesus com pesarosa ternura, pois bebia-lhe os gestos e as palavras. Era criatura de coração magnânimo e de elevada condição espiritual, certo de que se despedia para sempre do seu benfeitor e generoso amigo.

Jesus não quis prolongar aquele encontro terno e pesaroso. Enlaçou afetuosamente Simão e Eleazar e puseram-se a caminhar em direção ao portão da granja, o qual se abria para os lados do vale de Cedron. Após sentidos abraços de que também participaram Pedro, João, Tiago e Tomé, então separaram-se os velhos amigos de Betânia. Ao longe, Simão e Eleazar ainda acenaram mais uma vez e depois desapareceram rumo a Jerusalém. À tarde, inesperadamente, chegaram Nicodemus e José de Arimatéia, cujas fisionomias preocupadas revelavam más notícias. Sem esconderem o seu estado aflitivo, comunicaram ao Mestre que a sua prisão estava por horas e se até o momento não o haviam prendido, fora devido ao receio do Sumo Sacerdote, que temia a reação pública da multidão, que muito o estimava.[84] Ademais, todos os membros componentes da pequena corte do Sinédrio haviam sido substituídos e acrescidos os suplentes jovens, juízes da simpatia de Caifás, que assim eliminava quaisquer adesões a Jesus, na probabilidade do seu julgamento. O velho Hanan e Caifás, seu genro, dispunham de farta messe de provas contra ele, colhidas dos falsos testemunhos comprados a peso de ouro e fruto das delações obtidas sob terríveis ameaças. Jesus devia afastar-se de Jerusalém o mais rápido possível, pois apesar da lisura e do decoro dos juízes do Sinédrio, o julgamento seria efetuado sob a influência matreira e aguçada da família de Caifás. Ninguém, mais poderia salvar o rabi da Galileia, a não ser o Sumo Sacerdote, coisa impossível, pois este desejava-lhe a morte a qualquer preço. Fontes oficiais haviam informado que Pôncio Pilatos já estava se convencendo de que o fracassado movimento sedicioso dos galileus teria sido contra as autoridades romanas.

Jesus ouviu as trágicas notícias de José e Nicodemus, ambos juízes íntegros do Sinédrio, que lamentavam a impossibilidade de votar, e agradeceu pelo seu afetuoso interesse. Sem demonstrar qualquer pesar ou ressentimento por aqueles que o queriam matar, exclamou numa voz terna e de compreensivo perdão:

— "Obrigado, amigos meus! Não temo a morte, nem como ela me venha, porque vejo que passarão os homens, mas as minhas palavras permanecerão. É preciso que o filho do homem dê o sangue pela salvação do próprio homem; que a submissão à morte seja o preço e a força da própria vida, pois a luz do Espírito ilumina a sombra do corpo. Minha hora é chegada pela vontade do Pai que está nos céus, mas não se fará pela obstinação dos homens!"

Súbito, cerrou de falar, como se ouvisse algo do imponderável. Nicodemus e José de Arimatéia baixaram os olhos para o solo ante aquele silêncio respeitoso. Em seguida, numa decisão em que não pôde esconder a dor pungente da despedida, Jesus arrematou:

---

[84] "E quando procuravam prendê-lo, tiveram medo do povo, porque este o tinha na estimação de um profeta" (Mateus, 21:46).

— "Ainda que vos separeis de mim pela carne, eu permanecerei convosco em espírito, porque o templo do Senhor estará por toda a Terra e o seu altar em todos os corações. Quando qualquer um de vós me buscar, eu ali estarei, porque eu vou em nome de meu Pai e em Seu nome eu voltarei."

Aconchegaram-se ao portão da granja, enquanto os demais apóstolos ficavam a distância, e ali se abraçaram na mais terna despedida entre corações amigos.

PERGUNTA: — Qual é a realidade dos "momentos aflitivos" de Jesus, no Horto das Oliveiras, segundo os relatos dos evangelistas?

RAMATÍS: — Quando Jesus foi crucificado, a sua auréola messiânica quase apagou-se, pois naqueles dias trágicos sumiram-se parentes, amigos e discípulos, ante o terror de serem crucificados. Mas, à medida que foram decorrendo os dias, a figura do Mestre Amado foi-se avultando, emergindo do seu martírio, assim como a planta renasce das próprias raízes depois de cortada. Em breve, sua vida e sua morte eram motivos que centralizavam os sonhos de seus adeptos e amigos, fazendo-os cultuar-lhe a memória consagrada pelas bênçãos dos seus ensinos e fidelidade de suas ideias. Os compiladores dos evangelhos, segundo os apóstolos, então cercaram-lhe a personalidade de reformador moral e religioso, de fatos e acontecimentos melodramáticos, além dos prodígios para adaptarem sua vida às predições exaltadas do Velho Testamento. Reviram-lhe a vida e o que era singelo se tornou altiloquente; o natural, humano e lógico transformou-se em cenas milagreiras, divinas e insensatas. Acrescentaram à vida de Jesus tanto os sentimentalismos humanos infantis, como as suas concepções fantasistas e a crença no miraculoso. Criaram o mito e eliminaram o homem; fizeram um Deus e o distanciaram da humanidade.

No Horto das Oliveiras, o Mestre Amado realmente viveu os seus últimos instantes de liberdade física no mundo e as angústias de um espírito que se elegia para o holocausto em favor do gênero humano, mas ainda temia não poder cumpri-lo de modo a firmar as bases sólidas de sua doutrina. Em verdade, ali ocorreram fenômenos de alta excelsitude com respeito a Jesus, dos quais ele saiu combalido e mal suportando o desgaste humano.

PERGUNTA: — Podeis dizer-nos o que ocorreu na quinta-feira a Jesus e seus apóstolos?

RAMATÍS: — Conforme dissemos, durante o dia diversos amigos, adeptos e parentes de Jesus o visitaram na granja de Getsêmani, trazendo-lhe notícias alarmantes e alguns se propondo a tirá-lo de Jerusalém. Após a oração das seis horas e frugal refeição, em que Jesus mal tocou nos alimentos, ele deliberou subir ao cimo do Horto e de lá usufruir um pouco da beleza da noite estrelada, que chegava silenciosamente. Estava quente e um forte mormaço prenunciava chuva para a madrugada; os apóstolos, além de aflitos e atemorizados, estavam cansados. O Mestre saiu do seu pequeno aposento e ao passar diante do celeiro grande viu-os recostados nos fardos de feno, deitados sobre as mantas e peles de carneiro; suas fisionomias atribuladas traíam as reflexões mais dolorosas. Bartolomeu e Felipe, que haviam dito os mais lúgubres vaticínios para o movimento cristão, ali se encontravam pálidos e arrasados; Simão Cananeu não controlava os seus movimentos nervosos; Tomé, crente sincero na obra do homem e descrente da revelação divina, parecia conformado com aquele final bem humano; Tadeu e André tinham o olhar absorto e seus espíritos deviam vagar pela Galileia, revendo paisagens de infância e sonhando com o lar pacífico e amigo. Mateus, homem organizado e sensato, parecia alheio ao perigo iminente, pois ouvia, sorridente, a prosa ingênua e jovial de Tiago, filho de Alfeu. Judas havia desaparecido desde as primeiras horas da manhã de quinta-feira e ninguém mais o viu, causando estranheza o fato de ele vagar por toda a cidade sem qualquer impedimento, embora alegasse que ninguém o reconhecia como discípulo de Jesus. João, Tiago e Pedro, à vista de Jesus, levantaram-se precípites para acompanhá-lo a qualquer lugar. Mas o Mestre achegou-se aos seus apóstolos e o seu olhar compassivo, mas enérgico, terno e estimulante, percorreu-os um a um, ali, à sua frente. Havia um fardo de feno a seu lado, que por curiosa coincidência era o extremo do círculo daquela fila de homens sentados, recostados e vencidos pela fraqueza espiritual e pela exaustão corporal. Sentou-se à frente dos mesmos, condoído de suas debilidades humanas e mal preparados para os embates gigantescos do espírito imortal. Eles haviam agravado a sua situação devido à imprudência de darem ouvidos à voz das sereias subversivas, que nutriram no seio do movimento cristão as exaltações perigosas, arruaças e tentativas violentas contra os poderes públicos.

Jesus então compreendeu que era preciso animá-los, vitalizando-lhes as forças abatidas e contagiá-los de modo a não subestimarem a mensagem do Evangelho salvador do homem. Precisaria transmitir-lhes forças espirituais para ajudá-los a enfrentarem os seus destinos duros e a suportarem as misérias e defecções humanas, no futuro. Sentiu-se enlevado por generoso bálsamo em sua alma. Uma voz amiga ciciava-lhe nos ouvidos os termos de conforto e esperança àquela gente. Tocado por essa inspiração superior, ergueu-se, e num tom profético e vibrante, assim lhes disse:

— "Não vos desespereis. Eis chegada a hora em que o filho do Homem será entregue nas mãos dos pecadores. Mas dormi e descansai, pois só o Pastor será motivo de escândalo; as ovelhas do rebanho não perderão o seu redil. Não vos será tirada a Galileia, porque o vosso testemunho ainda não pede a prova do sangue do corpo, mas apenas o tributo sagrado do espírito. Dei-vos as palavras que Deus me deu; o Pai glorifica-me a mim e em vós mesmos, na manifestação do Seu nome entre os homens. Eu acabarei a obra que o Pai me encarregou e não temo deixar o mundo a que vim porque torno outra vez ao reino de Deus que está nos céus."

Aguardando o efeito otimista e confortador das suas palavras dirigidas aos discípulos, que então se mostraram animados e esperançosos, Jesus arrematou, consolidando-lhes aquele estado de confiança:

— "Vós me credes? Pois é chegada a hora em que sereis espalhados, cada um para sua parte, eu ficarei só, mas o Pai estará comigo! Tende confiança no que vos digo; vós haveis de ter aflições no mundo; porém, ainda não é chegada a vossa hora e vereis os que são da vossa carne, pois com eles ainda vivereis."

Os apóstolos se entreolharam, surpresos, mas confiantes. Súbito, deram por si que Jesus se encaminhava, como de costume, para orar no cimo do Horto. Então ergueram-se, num só gesto, para acompanhá-lo; mas ele os susteve, dizendo afetuosamente:

— "Assentai-vos aqui, enquanto eu vou acolá e faço oração".[85]

Mas Pedro, João e Tiago não se deram por vencidos e seguiram o Mestre subindo pelo caminho florido do Horto, enquanto os demais companheiros, algo fatigados, continuaram à frente do celeiro, alguns acendendo lanternas e outros, archotes. Mas

[85] Mateus, 26:36.

o Mestre Jesus, que havia fornecido tanto ânimo e esperanças, subitamente passou a angustiar-se sob a tensão oculta de pesada responsabilidade. Não era o medo do homem ante a perspectiva da morte, pois ele sentir-se-ia ditoso em retornar ao seu mundo paradisíaco. Também não se entristecia de deixar a Terra, na qual não possuía outros vínculos além de sua renúncia e o seu amor ao gênero humano. Mas apesar de sua resignação e conformação, pressentia que o seu próximo testemunho seria de grandiosa influência para a redenção do homem. Sábio, Justo e Bom, mas submerso na matéria, Jesus ignorava como se portaria nessa prova excepcional de cujas consequências dependeriam o êxito e a sobrevivência de sua obra evangélica.

Deixando João, Tiago e Pedro a meio caminho, pois desejava orar a sós, alcançou o cimo do monte das Oliveiras e ali descansou alguns minutos na mais santa comunhão espiritual com a natureza. Sob a excelsa vibração que lhe influenciava a alma, pôs-se a reviver todos os seus passos assinalados no mundo material. Recordava os seus sonhos grandiosos de amor pela humanidade e a sua paixão ardente pelo Senhor da Vida, agasalhados desde a mais tenra infância e alentados até aquele profético momento. Jamais alguém no mundo consumiu-se tanto no fogo do amor ao próximo e no sacrifício pela Verdade. O Mestre Jesus foi arrebatado por tão grandiosa e indefinida emoção, que prostrou-se de rosto na terra, como se desejasse fundir a sua natureza espiritual com a substância do mundo que lhe compunha o próprio corpo carnal. Depois, abriu os olhos para a noite quente e estrelada, envolto por infinita paz. Mas, de súbito, sentiu-se pouco a pouco transformado num frondoso arvoredo pejado de ramos carregados de folhas e frutos, que amparavam todos os infelizes e injustiçados do mundo ali chegados em busca de sua sombra dadivosa. Sob a assistência do Alto, Jesus reviu nessa ideoplastia mediúnica o "motivo fundamental" de sua própria vida na matéria, ante o compromisso fabuloso que assumira antes de descer à carne, pois essa árvore protetora nutria-se com o adubo fértil do seu próprio sangue vertido no martírio.

Embora angustiado, sentiu-se extremamente feliz ao comprovar que sobreviveria a sua obra evangélica redentora da humanidade, malgrado isso lhe exigisse o holocausto da vida e a doação de seu sangue. Represando as próprias emoções de anjo exilado na carne, Jesus então sentia-se como um "canal vivo" ou o "elo" da salvação dos homens, enquanto crescia-lhe a imensa dor espiritual ante a dúvida angustiada de não corresponder integralmente à vontade do Senhor. Prosternando-se novamente no solo, de mãos postas, exclamou com todo o fervor de sua alma: "Pai meu! Que se cumpra a vossa vontade. Eu não temo o martírio e a morte, porém, ajudai-me a conhecê-los para saber enfrentá-los."

Novamente sublime vibração sideral tomou-lhe a alma e o seu espírito parecia libertar-se cada vez mais das formas agrilhoantes da carne. Súbito, sua mente foi atingida por repentino fulgor ou rápido relâmpago, enquanto se clarificava na sua consciência física a silhueta trágica de três cruzes erguidas no cimo de uma colina. Envolto por augusto silêncio, ele percebia nesse novo transe a forma da Terra e os contornos das cidades, onde os homens dormiam tranquilamente. Mas ele, Jesus, é quem realmente velava por esse sono ditoso dos terrícolas, suspenso entre o reino do espírito e o mundo da matéria, com seus braços abertos e atados sobre uma cruz. Porém, ultrapassando aquela dor extrema e inumana, que o desprendia da carne, e vibrando sob o elevado impacto de voltagem sideral, ele sentia, então, na própria alma, estranho fenômeno que absorvia toda a vivência interna. Num extremo, a pulsação e o rodopiar dos astros, das constelações e galáxias; e noutro extremo, o vibrar dos átomos no seio das moléculas das flores, dos vegetais e da substância terrena. Ouvia o estranho turbilhão dos mundos pejados de civilizações, rodopiando em torno dos seus sóis e, ao mesmo tempo, o ruído estranho da seiva a subir no caule dos vegetais. Jesus, num átimo de segundo, abrangeu o macrocosmo, consciente de sua força e do seu poder, da sua sabedoria e da sua glória.

Esse fenômeno acontecido com Jesus, conhecido entre os hindus como o "samadhi" e entre os ocidentais como o "êxtase" é um rápido fulgor da verdadeira vida espiritual do ser quando atinge o Nirvana, a comunhão com o Pai, embora sem perder sua individualidade sidérea. Em tal momento, fundem-se as distâncias, o tempo e o espaço convencional da mente humana limitada, enquanto a alma abrange, consciente e perceptível, tanto a vida do macrocosmo, como a do microcosmo, fundindo-se na sua intimidade as constelações dos astros com as constelações dos átomos, pois a matéria é o "Maya", a Ilusão, e só o Espírito é a Verdade!

Mas a composição ideoplástica da visão das cruzes no Calvário quase sustou a vida carnal de Jesus, devido ao potencial de força espiritual que foi mobilizado para transformar as ideias próprias do mundo do Espírito nas imagens que pudessem ser reconhecidas na tela do seu cérebro físico. O cérebro ardia-lhe pelo impacto sidéreo, além da sua capacidade humana de resistência, enquanto os nervos estavam frouxos, desgastados e o sangue superativado pela alta pressão que ameaçava romper os vasos cerebrais. Súbito, num esforço heroico empreendido pela própria natureza carnal, a corrente sanguínea efervescente foi drenada pelas glândulas sudoríparas e grossas bagas de suor e sangue caíram ao solo, deixando o mestre frontalmente exaurido em suas forças vitais.[86]

Voltou a si completamente debilitado, pois consumira naquele momento alguns anos de sua existência física, exaurindo o comando do cérebro esgotado. Dali por diante, só se manteria vivo à custa de recursos vitais fornecidos pelos seus amigos habitantes do reino espiritual. Ergueu-se, levando a mão ao peito, cambaleante. Em seguida, pôs-se a descer lentamente o caminho da granja, chegando junto a Pedro, que ressonava alto, recostado num tronco de oliveira, enquanto João e Tiago, cabeça apoiada nos braços, também dormiam a sono solto. Devia passar das oito horas. Então sentiu-se inquieto certo de que sua noite seria de insônia. Por isso resolveu retornar mais uma vez ao cimo do bosque, sem acordar Pedro, Tiago e João. Uma leve aragem levantou o perfume das azáleas, narcisos e jacintos dos canteiros a seu lado, afagando-lhe as faces úmidas. De mãos postas, pôs-se a orar outra vez ao Pai.

Finalmente, decidiu repousar, achegando-se outra vez junto dos três discípulos que ainda dormiam pesadamente. Então os acordou suavemente, dizendo-lhes: "Dormistes e descansastes; agora acordar, que é chegada a hora da despedida, pois o Filho do Homem será entregue nas mãos dos pecadores! Levantai-vos, porque já vêm chegando aqueles que hão de me levar para o cumprimento da vontade do Senhor".[87]

PERGUNTA: — Que nos dizeis quanto às palavras de Jesus, que Lucas e Mateus lhe atribuem na cena da recusa do cálice de amargura, no Horto das Oliveiras, assim expressas: "Pai, afastai de mim este cálice". Segundo alguns estudiosos dos evangelistas, isso se refere a um momento de vacilação do Amado Mestre?

[86] "E posto em agonia, orava Jesus com maior instância. E veio-lhe um suor, como de gotas de sangue, que corria sobre a terra."(Lucas, 22:44).
[87] Mateus, 26:45,46.

RAMATÍS: — É óbvio que se isso ocorreu assim como narram os evangelistas, então só Jesus poderia ter explicado o acontecimento, uma vez que João, Tiago e Pedro, que se achavam ali perto, dormiam a sono solto e não poderiam ter ouvido tais palavras. Quanto aos demais apóstolos, achavam-se no celeiro da granja de Getsêmani, ao sopé da colina das Oliveiras. Em verdade, a recusa do cálice de amargura, que a tradição religiosa atribui a Jesus, trata-se apenas de um rito iniciático dos velhos ocultistas, com referência à vacilação ou ao temor de toda alma consciente, quando, no espaço, se prepara para envergar o fardo doloroso da vida carnal. O "cálice de amargura" representa o corpo com o sangue da vida humana; é a cruz de carne, que liberta o espírito de suas mazelas cármicas no calvário das existências planetárias, sob os cravos da maldade, do sarcasmo e do sofrimento. Só a pobreza da imaginação humana poderia ajustar as angústias de um anjo, como Jesus, à versatilidade das emoções do mundo da carne. O espírito que já tem consciência de "ser" ou "existir" também está credenciado para decidir e optar quanto à sua descida à carne, podendo aceitar ou recusar o "cálice de amargura", ou seja, o vaso de carne humana. Quantas almas, depois de insistente preparo no mundo espiritual para encarnar-se na Terra, acordam à última hora e obrigam os técnicos siderais a tomar medidas urgentes, para não se perder o ensejo daquela encarnação?

PERGUNTA: — Como ocorreu a prisão de Jesus?
RAMATÍS: — Jesus havia acordado os apóstolos Tiago, João e Pedro, quando ouviu o alarido que se fazia no sopé do Horto, em direção à granja de Jeziel. Em breve, surgiram diversos discípulos agitados e aos gritos, no encalço de um grupo de dez homens, que pararam à frente de Jesus. Eram oito soldados romanos armados de lanças e espadins e dois esbirros do Sinédrio, empunhando fortes bastões. O Mestre entrecerrou os olhos, certo de que era o início de sua paixão. Mas, também, isso assinalava a abertura da senda para a sua mais breve libertação espiritual. Decidido e sem temor, deu um passo à frente, indagando:
— A que viestes, amigos?
Um dos esbirros judeus avançou e apontando Jesus, disse:
— Esse aí é o rabi da Galileia!
Os soldados então lançaram-se a ele e o manietaram com

cordas, ante o protesto dos seus apóstolos e o desespero de Pedro, que, apanhando o espadim de um dos soldados romanos, irado, caiu sobre o mastim que apontara o Mestre, quase lhe decepando a orelha. Jesus, num esforço supremo, ainda interpôs-se, dizendo a Pedro:

— Devolve a tua espada, homem! Todos os que tomarem a espada, morrerão pela espada! Não somos culpados; mas devemos sofrer a injustiça humana com resignação.

Os soldados se entreolharam, fazendo o gesto de prender Pedro, mas o ferido era judeu e, por isso, pouco lhes importava. João, a mando de Jesus, ali mesmo colheu ervas anti-hemorrágicas e de um pedaço de linho fez uma venda eficiente em torno da orelha sangrante do esbirro. Bruscamente, os soldados empurraram Jesus à sua frente e o ladearam depois, levando-o manietado pelas cordas, cuja ponta um deles segurava. Desceram o caminho do Horto em direção à granja, esmagando azáleas, íris, jacintos e cravos. O Mestre seguia cabisbaixo, à luz dos archotes e das lanternas da patrulha sinistra. Ao passar diante do varandão da casa de Getsêmani, acenou resignado para Jeziel, parentes e hóspedes que ali o esperavam. Todos tinham os olhos marejados de lágrimas, sentindo profundamente a prisão daquele amigo terno, pacífico e humilde, que durante sua estada na granja, oferecera as mais formosas lições de elevação espiritual.

João tentou enlaçar Jesus e seguir com ele entre os soldados, mas estes o impediram disso empurrando-o para trás. Tiago, irmão de Maria, num momento de desespero, caiu de joelhos, implorando socorro a Deus e o jovem Tiago, irmão do Mestre, desceu a encosta em desabalada carreira, em direção à cidade. Os demais apóstolos seguiam à distância, num estado de espírito arrasador e bastante surpresos de ainda não terem sido presos. Havia dois dias não se alimentavam a contento, agitados e assustados, toda vez que o portão da granja se abria para dar passagem a alguém. Refaziam-se, pouco a pouco, do incidente doloroso com o Mestre e o instinto conservador da carne começou a predominar-lhes no espírito. O fatal calculismo humano foi-lhes tomando conta, pois refletiam que nada poderiam fazer por Jesus e que, ao contrário, talvez até o comprometessem num momento de perturbação diante dos astutos juízes do Sinédrio. Os sofismas do homem enchiam-lhes a alma numa justificativa capciosa, enquanto as vozes das sombras lhes aconselhavam a fuga imediata.

Ramatís / Hercílio Maes

Quando Jesus chegou à cidade, diante da casa do Sumo Sacerdote, apenas Tiago, irmão de João, Tomé, Tadeu e Mateus ainda se conservavam a certa distância, enquanto os demais apóstolos, aterrorizados, haviam voltado para Getsêmani ou se dispersado pelo caminho. Pedro saíra a correr, em busca de José de Arimatéia, a fim de comunicar-lhe o sucedido e pedir-lhe socorro.

PERGUNTA: — Porventura, Judas não se achava presente durante a prisão de Jesus?

RAMATÍS: — Judas não retornou mais para o Getsêmani, nem teve coragem de enfrentar o seu Mestre, pois já havia concorrido para a sua prisão, embora a sua famigerada traição não tenha se sucedido conforme narram os evangelistas. Depois do fracasso da marcha a Jerusalém, em que ele fora um dos mais entusiastas organizadores, aliando-se estupidamente aos próprios esbirros do Sinédrio, ali distribuídos para fomentarem a perda de Jesus, ainda continuou a gozar da amizade dos mesmos sacerdotes que ele vivia tentando aliciar para o movimento cristão. O Sumo Sacerdote Caifás conhecia todos os passos de Judas e o acalentava nas suas ingênuas pretensões. Ele possuía "passe livre" do Sinédrio para transitar por Jerusalém sem ser incomodado, fato que, havia dias, vinha lançando desconfianças aos demais apóstolos, pois eles não se aventuravam a se pôr muito a descoberto pelas ruas. Alguns dissídios já haviam sido acalmados por Jesus, entre os seus discípulos, em face de Judas não dar satisfações de suas saídas estranhas e frequentes.

Na quinta-feira, pela manhã, Judas recebeu um amável convite do sacerdote Esdras para comparecer à casa de Caifás e prestar-lhe o favor de alguns esclarecimentos. Adorador incondicional dos poderosos, e sentindo-se lisonjeado por essa deferência do Sumo Sacerdote, o que muito satisfazia à vaidade, apressou-se em atender ao privilegiado convite. Quando penetrou no vasto salão, onde naquela mesma noite Jesus seria julgado, estranhou que Hanan e Caifás também estivessem cercados de toda a família sacerdotal e mais alguns parentes, que se entreolharam significativamente. Convidado a sentar-se, o velho Hanan, ex-Sumo Sacerdote, mas o cérebro de todas as tramas sacerdotais, sem muitos rodeios historiou a Judas a situação irremediável de Jesus e fez-lhe ver a ordem de prisão, já exarada pelo Sinédrio, que só dependia de uma guarda romana para ser efetivada, conforme era de praxe. Em seguida, insinuou-lhe que os asseclas mais implicados junto ao subversivo rabino da Galileia poderiam ser crucificados pela lei romana, como sediciosos, não escapando a Judas o tom de advertência quanto a ele mesmo. Judas mostrou-se inquieto, atemorizado e sumamente nervoso, como era próprio do seu temperamento indócil e começou a perder o controle emotivo ante aquela inquirição macia à superfície, mas agudamente espinhosa na sua profundidade. Então, foi convidado a dizer tudo o que sabia sobre Jesus, desde o início das suas pregações na Galileia, a sua influência no povo, o contato com os pagãos, a marcha sobre Jerusalém, a pretensa tentativa de depredações no Templo e principalmente a extensão da animosidade contra os sacerdotes jerusalemitas.

Em seguida, Hanan oferecia-lhes os meios de Judas sair da Judeia, fornecendo-lhe provisões e pequena fortuna, protegendo-o até a fronteira do Egito, assim que satisfizesse todas as inquirições e assinasse aquela investigação de rotina. De princípio, o infeliz apóstolo negaceou e fugiu de qualquer resposta que pudesse comprometer Jesus, mas era um temperamento incontrolável, pusilânime e de pouca resistência moral. Acossado por todos os lados e sob o turbilhão de perguntas capciosas dos membros da família de Hanan, apanhado em contradições perigosas e traindo-se cada vez mais diante daqueles homens sabidos e espertos, astutos e implacáveis em seus desígnios, Judas perdia terreno facilmente. Enfim, aterrado pela ameaça de imediata lapidação como profanador e perjuro, quando deu por si já havia fornecido dados comprometedores, embora falsos, e assinado uma confissão, onde a inverdade e a infâmia forjadas por aqueles homens vingativos transformaram-se na peça acusatória mais eficiente para eliminar o generoso rabi da Galileia. A confissão de Judas, mais tarde, impressionou e convenceu profundamente os juízes do Sinédrio e causou espécie ao próprio Pôncio Pilatos. Em seguida, o Sumo Sacerdote mandou um beleguim dar a Judas uma bolsa de moedas, capciosamente oferecida como prêmio ao seu "testemunho" de livre e espontânea vontade, dado à justiça do Sinédrio. Judas, pálido, olhos febris e terrivelmente angustiado pelas acusações que já se avivavam na sua própria consciência, mirou aquelas criaturas astutas, que o fitavam de modo desprezível pela sua delação. E quase inconsciente do que fazia, apanhou a bolsa de moedas, mas, num gesto alucinado e num grito cruciante da própria alma, atirou-a com horror aos pés do esbirro, fugindo loucamente por entre a luxuosa cortina de veludo do salão de Caifás.

A prova mais evidente de que Judas não premeditou a sua traição a Jesus, tendo sido vítima das circunstâncias adversas criadas pela sua imprudência, está no fato de ele não ter resistido mais de três dias ao seu pavoroso remorso e terminando por enforcar-se. Uma alma vil, daninha e maldosa, que agisse por pura ambição, ciúme ou vingança, também seria suficientemente insensível para continuar a viver depois da sua traição. Ele traiu o seu querido Mestre por medo, estupidez, ignorância e ingenuidade, além do seu infeliz equívoco de adorar os poderosos e confiar nos velhacos.

PERGUNTA: — Que aconteceu a Jesus, após a sua prisão no Horto das Oliveiras?

RAMATÍS: — Durante o trajeto do Jardim de Getsêmani até a residência faustosa de Caifás, Jesus teve desfalecimentos, pois diversas vezes os soldados tiveram de reduzir o passo para ele recuperar-se sem ser arrastado. A perda de sangue que tivera no Horto da Oliveiras deixara-o pálido, febril e abatido.

A noite ia alta quando chegaram à casa do Sumo Sacerdote e ali já se achava reunido um conselho composto de 26 membros, conhecido na época como a "pequena corte" ou "pequeno conselho", que podia ser rapidamente convocado para julgar casos de reconhecida emergência religiosa, de cujo adiamento pudessem advir prejuízos ou consequências graves no futuro. O Sumo Sacerdote, ao convocar a "pequena corte", podia fazê-lo de imediato, cabendo-lhe apresentar posteriormente as razões de tal deliberação. O Grande Conselho, composto de 70 anciãos e o Sumo Sacerdote, podia decidir quanto às sentenças proferidas pela "pequena corte", desde que os acusados conseguissem apresentar as provas cabíveis numa apelação, ou não houvesse unanimidade no julgamento. Apenas um voto contra os demais 25 votos restantes do "pequeno conselho" era suficiente para derribar ou reformar as suas sentenças, que ficariam a cargo da "corte maior".

Caifás possuía mil razões para depois justificar a convocação da "pequena corte", naquela noite, mas ainda temia algum voto favorável a Jesus, o que então deixaria em "suspenso" qualquer decisão ou sentença proferida até isso ser discutido na "alta corte". Se isso acontecesse, o rabi da Galileia escaparia de morrer antes da Páscoa e dificilmente seria sentenciado à morte, pois ele ainda gozava de grande prestígio entre o povo e a simpatia geral terminaria amolecendo aqueles velhos senis do Grande Conselho. Por isso, Caifás, Hanan e demais parentela mobilizaram todas suas forças, manhas e fortuna, para incriminar Jesus por unanimidade, e, depois, enquadrá-lo como infrator civil, sujeito à morte sob as leis romanas.

Caifás convocara a reunião da "pequena corte" em sua própria residência, em vez de fazê-la na Câmara do Rochedo Partido, porque isso era permitido, desde que houvesse unanimidade de assinaturas dos juízes participantes. Ademais, ele queria efetuar o julgamento mesmo à noite, pois, conforme era de ética religiosa, o Tribunal não podia se reunir antes do sacrifício matinal no Templo, o que então só seria possível no dia seguinte, à tarde, sem a possibilidade de Jesus ainda ser julgado, em tempo, por Pilatos. Jamais qualquer judeu, por mais ínfimo em sua condição social ou pervertido de moral, admitiria qualquer julgamento ou punição no sábado, grande véspera da Páscoa, ou no domingo, na plenitude da festividade.

Já haviam sido tomadas todas as deliberações possíveis para sacrificar o perigoso rabi da Galileia, embora tudo isso se processasse dentro dos ditames retos e dignos da Lei. Caifás substituíra todos os juízes que haviam demonstrado a mais sutil simpatia por Jesus, nomeando dez suplentes jovens, de sua inteira confiança, aos quais ele vinha paraninfando a carreira jurídica. O julgamento deveria obedecer a todas as regras e preceitos da mais alta dignidade tradicional daquele "Tribunal Sagrado", cujo respeito ainda não fora posto em dúvida. Mas o Sumo Sacerdote tinha certeza de que as provas e os testemunhos colhidos e a peça acusatória da confissão de Judas seriam suficientes para forçar aqueles juízes dignos e probos a culparem o rabi galileu como "sedutor, profanador do Templo, inimigo da Lei, falso "rei de Israel" e sacrílego "Filho de Deus'".

Jamais alguém foi mais ardiloso e pródigo de talento na empreitada destruidora de uma vida, como o fizeram Caifás, Hanan e a sua parentela, temerosa de perder o comando da negociata religiosa. Eles semearam espiões no seio do próprio movimento cristão, incentivando a "marcha" a Jerusalém, sob as aclamações sediciosas que foram o arremate para incriminar o ingênuo rabi da Galileia; distribuíram bolsas de moedas aos seus agentes mercenários, transformando o incidente do Templo numa grave sublevação, que posteriormente apresentou prejuízos vultosos aos cofres sagrados. Abriram as arcas do tesouro do Templo para subornar e obter falsos testemunhos e delações comprometedoras; compraram servos das famílias dos juízes do Sinédrio, fazendo-os distribuir notícias tendenciosas contra o rabi da Galileia, a fim de influírem na decisão dos mesmos no ato de julgar. Em seguida, auscultaram a tendência ou a opinião pessoal de cada juiz ancião e só depois de plenamente seguros do seu êxito, é que armaram o espetáculo pomposo de julgar Jesus "pro forma", satisfazendo as aparências dignas e respeitáveis da Lei.

PERGUNTA: — Qual foi, enfim, a realidade do julgamento de Jesus, em comparação com os relatos dos evangelistas?

RAMATÍS: — Em verdade, não ocorreram aquelas cenas demasiadamente degradantes para um Tribunal de tanta dignidade e respeito como era o Sinédrio, que além de ser uma corte com funções legislativas, influía em todas as atividades dos hebreus como um cérebro coordenador da religião, educação, saúde, relações públicas e do governo. Os seus membros eram escolhidos entre os principais partidos políticos e entre as melhores famílias e academias religiosas; deviam ser homens sem vícios, íntegros e de um passado respeitoso, além de hábeis linguistas e de abalizada cultura. Mas o astuto Hanan e seu genro Caifás, sem romper o verniz da casta de homens probos e dignos, conseguiram os seus intentos, ao fazerem aqueles juízes julgarem sem que vislumbrassem qualquer injustiça, desforra ou matreirice no seu julgamento contra o acusado. Jesus foi julgado sob um clima de respeito e retidão, pois, afora algumas expressões iradas de um ou outro juiz mais novo, que protestou contra o silêncio dele, como se fora uma atitude insultuosa, não lhe foram negligenciados os recursos de defesa ou do critério moral do "Tribunal Sagrado".

Não foram os juízes do Sinédrio que condenaram um Jesus inocente dos crimes que lhe imputavam. Isso decorreu da prodigalidade de provas que o Sumo Sacerdote conseguiu aliciar para convencer aquela corte. Convictos de que o Sinédrio condenaria Jesus, em face do sumário de culpa vultoso, Nicodemus e José de Arimatéia, que tinham sido substituídos à última hora, ainda tentaram rápida audiência com Pilatos, na noite de quinta-feira, fazendo-lhe reverente apelo para que interferisse naquele julgamento que eles consideravam desfavorável para o acusado.

Mas o Procurador de Roma, que jamais colocava as solicitações alheias sobre os seus próprios interesses, alegou que não poderia influir nos negócios religiosos do Clero Judeu e fazia votos para que tais coisas fossem resolvidas satisfatoriamente sem a sua interferência. Ele não queria comprometer as relações algo turbadas entre romanos e hebreus, e deixava o assunto para ser resolvido estritamente pelo Sumo Sacerdote. Aliás, as provas contra Jesus eram sumamente comprometedoras e a sua situação ainda mais se agravara nos últimos momentos, ante a confissão de natureza muitíssimo grave por parte de um dos seus discípulos mais íntimos, chamado Judas, filho de Simão Iscariotes. José de Arimatéia e Nicodemus ficaram estupefatos ante a notícia da terrível delação de Judas e partiram desalentados, reconhecendo que a situação de Jesus começava a periclitar perante o próprio Procônsul de Roma.

PERGUNTA: — Podereis descrever-nos alguns dos principais acontecimentos ocorridos durante o julgamento de Jesus pela "pequena corte" do Sinédrio?

RAMATÍS: — Diante de uma sessão solene do "Tribunal Sagrado", depois de cumpridas todas as providências legais e asseguradas as prerrogativas de defesa e de direito do réu, Jesus seria então acusado por quem de direito e de justiça, com provas, testemunhos escritos e verbais, para ser absolvido, encarcerado ou sentenciado à morte, conforme os votos de culpa, de indulgência ou de piedade dos juízes.

Mas a corte de juízes não se mostrava muito interessada em julgar aquele homem pálido, febril e cambaleante, que fizeram sentar no banco dos réus e o faziam levantar, cada vez que lhe dirigiam a palavra. A noite estava sufocante e aqueles juízes haviam deixado o aconchego do seu lar para atender à convocação de "emergência" do Sumo Sacerdote, cujo poder e prestígio não convinha enfrentar. O Sumo Sacerdote Caifás, ostentando pomposamente as vestes sacerdotais, próprias das altas funções que ali ocupava, sentava-se no centro do espaço semicircular, para o qual convergiam ambas as bancadas dos juízes. Sob o traje de seda azul-claro, via-se a túnica do mais puro linho branco, cingida à cintura por um cinto de cor vermelho-escarlate e ornamentada por botões resplandecentes de pedra de ônix. Um vistoso turbante, também azul, encimava-lhe a cabeça, cujos bordados eram finamente trabalhados a fios de ouro; no peito fulguravam 12 pedras preciosas, símbolo tradicional do poder e da glória das 12 tribos de Israel. Finalmente, todo esse traje esplendoroso e rico de cores e adereços, completava-se por um par de sandálias de um vermelho-púrpura, onde se viam bordados com fios delicados de prata, que lhe corriam no peito do pé aos calcanhares.

Estava cercado por 13 juízes de cada lado, os que deviam julgar; mais além, sentavam-se alguns discípulos dos Conselheiros, que também se versavam no conhecimento da Lei e aprendiam retórica, muito atentos às palavras e às opiniões dos maiorais. Abaixo, quase à frente do Sumo Sacerdote, sentavam-se os escreventes da corte; o da esquerda devia anotar todos os testemunhos contra o acusado e o da direita, para assentar o que lhe fosse favorável.

O acusado tinha o direito de se defender por suas próprias palavras; e, se não o fazia, era nomeado um defensor *ad hoc*, que o próprio acusado podia aceitar ou recusar até que lhe fosse do agrado. No decorrer do julgamento, os juízes trocavam ideias, discutiam as fases do processo, buscavam opiniões e procuravam conclusões sólidas, lógicas, dignas e benevolentes; pediam aos escribas para lerem as acusações e as defesas. Examinavam e reexaminavam provas, testemunhos e argumentos e, quando ainda havia dúvidas, não se procedia a votação.

PERGUNTA: — Como decorreu o julgamento de Jesus, que dizeis muito diferente do que nos relatam os evangelhos?

RAMATÍS: — Jesus não estava atado e lhe haviam oferecido um banco tosco, próprio de qualquer acusado por Lei. O suor escorria-lhe pela barba e sofria terrivelmente o efeito do profundo desgaste ocorrido no Jardim de Getsêmani, durante o transe mediúnico e a pródiga vertência de sangue. Febril e exausto, ele orava ao Pai rogando-lhe a graça de apressar aquele cerimonial da justiça humana para julgá-lo, pois bem sabia que ninguém tentaria absolvê-lo em face do acúmulo de provas contra si.

Seguindo o decoro exigido para aquele Tribunal, o Sumo Sacerdote, em voz oleosa e depois de ter dardejado felino olhar a Jesus, deu início ao julgamento, no qual era expressamente proibido se iniciar com qualquer acusação ao réu, pois tudo deveria ser feito na forma de inquirição tolerante e esclarecedora. Como era de praxe, o acusado devia ser primeiramente favorecido com a opinião formal de qualquer um dos juízes presentes. Então, Caifás exclamou:

— Que se argumente em favor do acusado!

Satisfeito, reconheceu que Jesus seria julgado com a máxima indiferença, pois fizera o propósito de reunir a pequena corte àquela hora, para julgar um caso que bem poderia ser enquadrado como infração civil e ser então da alçada do tribunal ordinário e não religioso. Percebia a ansiedade dos juízes em terminar o mais breve possível a tediosa reunião. Isso lhe daria o excelente ensejo de pouca argumentação na autópsia jurídica do caso e maior positividade de culpa pelo efeito material das provas. Após alguns momentos de silêncio, um dos juízes anciãos formulou a sua opinião favorável ao acusado, como era de praxe, dizendo numa voz quase alheia ao motivo daquele tribunal:

— Declaro que a aparência, o estado físico e a angústia do acusado recomendam a este tribunal o mais alto princípio de comiseração e benevolência. O acusado não se revela o sarcasta, o cínico ou orgulhoso, mas treme febril à frente deste juízo sagrado. Indulgência! — Rogo indulgência no julgamento!

Caifás mordeu os lábios, algo despeitado, mas depois verificou que o juiz autor da proposição recolhia-se a si mesmo, como se já estivesse a cochilar. Percorreu a fisionomia dos demais juízes e assinalou pequenas modificações nas fisionomias dos mais novos, enquanto os anciãos se mostravam impassíveis. Então, com repugnante doçura, mandou ler a peça acusatória e os relatos verbais, o que foi feito por um dos discípulos dos Conselheiros, espécie de promotor-relator sem interferência direta no julgamento e que enunciou as provas e os testemunhos. Encerrada a peroração acusatória, Caifás, num tom solene e grave, assim se expressou a Jesus:[88]

— Jesus de Nazaré, antes que esta corte te absolva ou te castigue, depois de esgotados todos os recursos de Lei em teu favor, conforme os testemunhos de amigos, asseclas e conterrâneos, feitos sob a lisura do Santo Ofício e por vontade dos que preferiram a verdade, o certo e o acontecido, sois acusado de sacrilégio, práticas maléficas, falsas curas, mistificações de milagres, inimigo da Lei mosaica, sacrílega intitulação de "Filho

---

[88] Nota de Ramatís: - Seria muito fastidioso discriminar a longa peroração dos diversos personagens que participaram do julgamento de Jesus, inclusive Caifás, pois na época abusava-se da retórica, da verborragia e da altiloquência, para se enunciarem as coisas mais simples. Optamos apenas por um resumo essencial e compatível com o espaço com que contamos nesta obra.

de Deus" e abominável de "Rei de Israel". Comprovou-se, e este Juízo investigou, que condenas publicamente as taxas, as oblatas e os sacrifícios a Jeová e tentas empobrecer a arca sagrada do Templo, pelos desmandos dos teus discípulos pisoteando vendeiros, bens e oferendas num dos maiores insultos contra o Clero Hebreu. Apresentas-te como o Messias Salvador, iludindo o povo com imposturas e promessas do Reino de Deus, pregando a verdade com a aparência do sobrenatural e de atos impossíveis. Usas o entorpecente da fascinação para atrair as herdades das viúvas e dos órfãos e dos fanáticos; da sedução, para o domínio das donzelas.

Após breve hiato, para verificar o efeito candente de suas palavras nos demais juízes, tendo-os realmente despertado ante as enunciações gravíssimas, Caifás apanhou uma lâmina de cera, à sua frente, e passou-a para o promotor-relator, acrescentando sibilinamente:

— Que se dê conhecimento desta peça acusatória de suma importância no julgamento.

Pausadamente e num tom de voz impessoal, o relator leu o mais terrível testemunho que o Sumo Sacerdote havia adjudicado à culpa de Jesus, assim se exprimindo:

— Declaro e confirmo que convivi e ainda convivo com Jesus de Nazaré, rabino galileu, chefe sedicioso do movimento dos "homens do caminho", e que ele pretende arrasar o Templo, tomar o poder de Israel, destruir os príncipes dos sacerdotes e os fariseus, extinguir o culto mosaico, abrir as portas de Jerusalém aos pagãos de Tiro e Sidon e expulsar os romanos.

Enquanto o próprio Jesus parecia despertar de sua letargia e erguia a cabeça em direção ao acólito de Caifás, então foi lido, sob acurada atenção de todos os juízes, o seguinte:

— Eu o disse e confirmo pela minha vontade e estado de espírito são: Judas, filho de Simão Iscariotes.

Jesus cerrou os olhos, um momento, enquanto doloroso suspiro tomou-lhe o peito ante a infamante delação. Mas não era de ressentimento, nem de aflição, pois o próprio Caifás estremeceu, açoitado por um rápido vislumbre de remorso, ao ouvir Jesus dizer:

— Pobre Judas! Tu és o mais digno de piedade!

Caifás não deixou a exclamação do Mestre influir naquele juízo, pois, rápido, dirigiu-se a ele, proferindo num tom de suprema autoridade:

— Jesus de Nazaré, antes de se expor a Lei que te castigue ou te absolva, por força dos testemunhos e da confirmação da dignidade dos juízes desta casa, devemos ouvir tua defesa pessoal ou facilitar tua confissão!...

Jesus manteve-se silencioso, olhos baixos, orando mentalmente ao Pai e rogando-lhe forças para resistir até ao fim à desfaçatez daquele homem afogueado pelo mais alto índice de hipocrisia. No entanto, o seu silêncio obstinado e a sua atitude humilde, mas serena, que antes fora motivo para uma intercessão favorável, agora mexia com aqueles homens de boas intenções, porém humanos, imperfeitos e algo feridos no seu amor próprio pela indiferença do acusado. Eram peças de uma organização religiosa onde funcionavam sob uma influência oculta que não percebiam. Não tardavam os murmúrios de insatisfações e os comentários, a meia voz, pelo desrespeito de Jesus ao tribunal. Os juízes novos deixavam escapar exclamações abafadas de "provocador", "fátuo galileu" e que Caifás conseguia ouvir, satisfeito, como a raposa experiente que aprecia o êxito de sua própria maquinação.

Súbito, Hanan cruzou um olhar com o genro Caifás, que lhe anuiu; e num tom de indignidade ofendida, assim exclamou:

— Embora o acusado insulte este Tribunal Sagrado por um silêncio orgulhoso, aprovando tacitamente os testemunhos acusadores e as provas da investigação de suas culpas, manda a Lei que seja defendido por quem de direito e não ser julgado sem defesa.

Escolhido o defensor pelo Tribunal e mantendo-se Jesus em silêncio, sem aprovar ou desaprovar a sua designação, então ele fez uma peroração, algo irritado, muitíssimo preocupado com os efeitos da retórica nos membros do júri e não com a substância da causa. Considerou que Jesus não passava de um maníaco religioso, espécie de homem demente e frustrado nas suas ambições messiânicas e extravagantes, que devia ser execrado e banido da Judeia, mas não sentenciado. O promotor e relator achou que o rabi da Galileia era homem de bom tino, um caráter perigoso e dissimulador, bastante capaz de arregimentar seres insatisfeitos e sem vocação devocional, para causar distúrbios e prejuízos à santa causa de Moisés. O julgamento atingia a madrugada e a dissertação do defensor em nada mudou a situação de Jesus, mas a sua deliberada indiferença e mutismo selaram-lhe o destino naquele Tribunal. Feita a votação e exposto o resultado do escrutínio, "Jesus de Nazaré, rabi galileu e sedicioso inimigo da Lei" fora condenado por unanimidade pela "pequena corte" do Sinédrio, e não lhe cabia apelação para recorrer ao Grande Conselho, uma vez que não tivera um só testemunho favorável e a votação fora unânime.

Hanan e Caifás desanuviaram a fisionomia, sem mesmo esconder a satisfação que lhes invadia a alma ante o êxito perfeito da sua maquinação, a serviço de outros poderosos de Jerusalém, a cuja atividade o Mestre Cristão lhes trazia sérios incômodos e prejuízos. Num arremate cínico, o Sumo Sacerdote exclamou:

— Levai-o! Jeová que se apiade do culpado!

Era regra acatada pelo Tribunal do Sinédrio que a sentença só fosse pronunciada no dia seguinte pelo Sumo Sacerdote. Aliás, os judeus tudo faziam para não executar um patrício, mesmo quando fosse condenado por coisas abomináveis; isso era sempre uma injúria à "cidade santa", embora, naquele caso, Caifás jamais se preocupasse com tal tradição, mas apenas em destruir o seu perigoso adversário.

Esse prazo poderia ser aproveitado pelos parentes, amigos ou interessados em inocentar o culpado, assim como as próprias testemunhas ainda poderiam retificar ou reconsiderar os seus testemunhos, caso admitissem terem-se equivocado. No entanto, Jesus não gozaria dessa regalia, pois a família do Sumo Sacerdote estava atenta para impedir ou desviar qualquer manifestação de solidariedade. No dia seguinte, sem dúvida, ele estaria defronte de Pilatos para ser julgado por sedicioso contra os poderes públicos. O seu destino estava selado: seria lapidado pelos judeus ou crucificado pelos romanos!

PERGUNTA: — Que se passou com Jesus no dia de sexta-feira?

RAMATÍS: — Pela manhã de sexta-feira, ainda cedo, o chefe dos esbirros do Sumo Sacerdote mandou retirar Jesus do edifício de segregação pública, uma quadra adiante da casa onde ele fora julgado. Ataram-lhe as mãos e o levaram apressadamente à presença do Procurador Romano. Quase todos os apóstolos haviam desaparecido e temiam aproximar-se da prisão hebraica, onde ele estava retido. No entanto, Marcos, Tomé, Tiago e o tio de Jesus, quando interrogados pelos esbirros do Sinédrio, jamais negaram a sua condição de discípulos. Acompanharam-no à distância, seriamente preocupados com o que lhe iria acontecer.

Embora o motivo real que levou Jesus à morte fosse de natureza religiosa, além de julgado pelo Tribunal Sagrado do Sinédrio, a verdade é que o Sumo Sacerdote colheu provas e material suficiente para culpá-lo sob as leis romanas e assim crucificá-lo por um crime de Estado. A lapidação, o estrangulamento ou sacrifício na fogueira eram processos de punição aos que se rebelavam contra a Lei mosaica. Mas a cruz era um suplício romano destinado a punir escravos, rebeldes, criminosos, ladrões ou conspiradores, o que lançava a ignomínia sobre a vítima. O Sinédrio poderia sentenciar quanto à lapidação e depois conseguir a confirmação do Pretório de Roma para executá-la; mas os procuradores romanos, em geral, fechavam os olhos a essas questões religiosas dos judeus, deixando-os algo livres para agirem conforme sua lei. Era um assunto particular e Roma saía mais beneficiada ignorando a morte de mais um judeu, mesmo porque isso era providência dos próprios patrícios.

Aliás, algum tempo depois da morte de Jesus, foi lapidado Estêvão, um dos seus seguidores, sob a custódia de Saulo de Tarso; e isso fora feito sem qualquer consulta à Procuradoria de Roma. Porventura, não havia o paradoxo de se lapidar as mulheres adúlteras, na rua, o que se fazia de imediato e sem a autorização dos romanos? Mas Hanan, o verdadeiro mentor da tragédia do Gólgota, alma vil e vingativa, demonstrou a Caifás que Jesus, rabi da Galileia, era um fascinador de multidões, aceito e reverenciado como um "reformador religioso" judeu. Em consequência, se ele fosse lapidado pela sentença do Sinédrio, deixaria um rastro de encanto sentimental entre o povo e forte motivo para a reação no seio dos seus próprios asseclas. Era perigoso e desaconselhável cometer tal imprudência de atear-se um rastilho de vingança na Galileia tão espezinhada por Jerusalém. Isso poderia arregimentar os galileus em uma força coesa e decidida contra o Poder Religioso, o que não seria muito desagradável ao Procurador de Roma, sempre deliciando-se com as lutas e os problemas religiosos dos hebreus. Assim como tantas vezes tem acontecido na história do mundo, ponderava Hanan, em breve Jesus seria transformado num mártir para execração dos seus patrícios algozes. Obviamente, se as multidões lhe iam no encalço, é porque também seguiam suas ideias famigeradas contra a pompa do Sacerdócio jerusalemita e o luxo do Templo. Em consequência, morto o chefe do movimento cristão, nem por isso seriam liquidadas as suas ideias. Era preciso evitar a auréola messiânica que se formaria em torno do "Salvador" de Israel, pois a multidão é versátil e muda rapidamente por um simples gesto que a encanta ou por uma palavra que a comove. E ante a indagação muda de Caifás, Hanan, seu sogro, esboçou um sorriso cínico na face cruel, exclamando pausadamente:

— Jesus de Nazaré não deve ser punido pela Lei de Moisés, mas pela de Roma!...

E ainda glosou, através de um sorriso sardônico: — Ele não deve ser executado pelos seus próprios compatriotas, mas "vilmente assassinado" pelos inimigos de nossa raça!...

30. Jesus e Pôncio Pilatos

PERGUNTA: — Que nos dizeis a respeito de Pôncio Pilatos?

RAMATÍS: — Pôncio Pilatos, como todos os procônsules seus predecessores, era também detestado pelos judeus, embora se mostrasse mais tolerante com os assuntos religiosos de tal povo. No princípio, ao assumir o comando da Judeia, ele agiu com demasiada violência, reprimindo qualquer indício de revolta ou conspiração com o suplício atemorizante da cruz. Mas em face da política adotada por Tibério, de não enfraquecer a autoridade religiosa dos povos vencidos, e governá-los mais facilmente através do poder e da astúcia do sacerdócio organizado, Pilatos convenceu-se de que seria muito difícil domar aquele povo irrequieto, fanático, obstinado e, ao mesmo tempo, audacioso. Além disso, o Sumo Sacerdote gozava de credenciais que o favoreciam de influir até quanto à permanência e ao prestígio do procônsul, dependendo dos seus relatórios enviados a Roma. Virgílio Galba, procurador que precedera Pilatos, gozara de poderes absolutos, pois derribava sumos sacerdotes conforme lhe apetecia, mas a política de Tibério obrigava o seu sucessor a viver em boas relações com Caifás, o Sumo Sacerdote em vigência, que era habilmente orientado pelo seu sogro Hanan, a quem sucedera naquele cargo prestigioso na organização sacerdotal judaica. Em face disso, Pôncio Pilatos moderou a sua irascibilidade e muitas vezes teve de se curvar ao sacerdócio hebreu para não se desprestigiar em Roma.

Pôncio Pilatos era um homem com cerca de 42 anos; era robusto, de estatura média, corado, cuja fisionomia traía um forte recalque pela vida sensual. Era calvo e procurava disfarçar a calvície no arranjo de um saldo de cabelos ao nível das orelhas, ou com enfeites próprios da época. Apesar de se mostrar afável e atencioso, quando isso lhe convinha, chegando a gargalhar muito tempo em face das tolices religiosas dos judeus, o bom fisionomista lhe identificaria alguns traços duros de despotismo e insensibilidade. Não era ríspido, mas atemorizava os que necessitavam dos seus préstimos, pois se encolerizava com facilidade quando contrariado. Enfim, traía aquela índole da fauna de políticos de Roma, em que os ambiciosos curvavam a cerviz para os mais poderosos, para depois extrair-lhe o máximo de proventos ou esmagá-los sob o tacão da bota ferrada, quando isso aprouvesse. Sumamente ambicioso, Pilatos era prudente no jogo dos seus interesses e temeroso do seu prestígio junto a Tibério, que lhe dera o cargo. Apesar de sua arrogância e repulsa contra os judeus, ele não se animava de abrir luta frontal com o Sumo Sacerdote, que era um inimigo implacável e perigoso pela sua astúcia. Hanan, o sogro de Caifás, quando em atividade no templo, já o havia indiciado junto a Roma, através de algumas comunicações com certo fundamento, amparadas por ricos presentes à corte romana. Graças a Sejano, seu particular amigo e ministro favorito de Tibério, Pilatos conseguira manter o cobiçado cargo de procurador da Judeia e doravante seria mais cauteloso quando se tratasse de decidir sobre os interesses sacerdotais. Além disso, Caifás fizera-lhe saber, indiretamente, que possuía provas de algumas negociatas inescrupulosas feitas com judeus gananciosos capazes de vender a própria alma, que faziam transações fabulosas no fornecimento de víveres e suprimentos para as embarcações e para os exércitos romanos. Através do beneplácito de Pôncio Pilatos, que assim carreava fartura de moedas para os seus cofres particulares, esses negociantes hebreus eram livres em suas especulações. Aliás, ultimamente ele se achava em boas graças com o Sumo Sacerdote, o qual lhe enviava, diariamente, os mais gordos faisões recebidos da província da Gália, assim como figos, tâmaras e damascos secos ou cristalizados, da mais fina qualidade, além de dezenas de caixas do excelente vinho de Chipre, que ele mais apreciava.

PERGUNTA: — Quais foram os acontecimentos sucedidos com Jesus, após ser conduzido a Pôncio Pilatos?

RAMATÍS: — O Pretório Romano funcionava no antigo palácio

de Herodes, contíguo à Torre Antônia, onde sediavam-se também duas legiões romanas sob o comando de Quinto Cornélio, o centurião de confiança do Procônsul. Ficava perto do Templo e distava algumas quadras da casa do Sumo Sacerdote, pois todos os edifícios principais ficavam na cidade alta. Seguindo o velho costume romano, Pôncio Pilatos iniciava a sua audiência habitualmente às nove horas da manhã, enquanto os seus assessores civis e o juízo comum, de poderes para resoluções e sentenças sumárias, que apenas lhe pediam a confirmação, funcionavam na antessala que se abria para o terraço ou plataforma, onde era costume dar-se conhecimento ao povo dos editos de César.

Jesus foi introduzido nessa antessala sob a custódia de esbirros do Sinédrio, enquanto a Pilatos era comunicado que se tratava de um prisioneiro já condenado pelo Tribunal Sagrado e sob recomendação particular do Sumo Sacerdote para imediato interrogatório. O Procurador de Roma surpreendeu-se diante de um homem palidíssimo, febril e abatido por visíveis sofrimentos, quando as provas e os testemunhos em seu poder o acusavam de perigoso facínora e obstinado rebelde. Esperava defrontar-se com um homem hirsuto, brutal, destemido e cínico, em vez de uma criatura humilhada, de aspecto delicado e cambaleante de fraqueza, como se mostrava Jesus de Nazaré. Provavelmente, o seu mau estado de saúde provinha de excessivos interrogatórios e da insônia, pois custava a reconhecer, debaixo daquela aparência inofensiva e atribulada, o galileu fanático e perigoso das provas criminais em seu poder. Era seu dever fazer cumprir a lei contra os infratores e manter a harmonia nas relações entre os hebreus e romanos, frequentemente em choque. Convinha prestar alguns favores ao Sumo Sacerdote, para que depois chegassem bons informes a Roma, pois, embora isso o irritasse, o seu prestígio administrativo e a sua segurança na Judeia dependiam fundamentalmente da opinião do próprio povo judeu, cativo e rixento, porém jamais conformado.

No entanto, Pilatos guardava lá no íntimo os seus ressentimentos contra as astutas raposas do Templo, como as designava, e perdia a tramontana toda vez que teimavam em lhe impor condições ou pareceres.

PERGUNTA: — Que dizeis do julgamento de Jesus por Pilatos?
RAMATÍS: — Pôncio Pilatos dirigiu-se ao beleguim-chefe do Sinédrio, que conduzira Jesus até a plataforma do pretório,

o qual fazia o papel de relator e ao mesmo tempo de promotor, habilmente instruído por Hanan e Caifás, e inquiriu-o do seguinte modo:

— Que se julgou deste homem pelo Sinédrio?

O agente religioso entregou-lhe a peça acusatória, informando sem esconder sua arrogância;

— Jesus de Nazaré, rabino galileu, foi considerado culpado por unanimidade da pequena corte de juízes do Sinédrio, mas não possui um só testemunho a seu favor, o que o impede de justificar o recurso de apelação; também não pode ser discutido pelo Grande Conselho, em face de sua condenação de culpa ter sido por votação unânime.

Pilatos fixou duramente o emissário do Sumo Sacerdócio de Jerusalém, que jamais pestanejou sob o seu olhar inquiridor. Em seguida leu a peça acusatória, que assim dizia: "Jesus de Nazaré, rabino galileu, sedutor, inimigo da Lei, falso rei de Israel, herético Filho de Deus, Messias impostor, explorador de viúvas e órfãos, fascinador de donzelas, agitador e depredador do Templo, profanador de oblatas e inimigo das devoções, assim julgado unanimemente culpado por esta corte em juízo de emergência".

— Qual foi a sentença exarada pelo Tribunal Sagrado? — indagou Pilatos, embora desde o dia anterior já estivesse a par de todas as acusações contra Jesus, inclusive quanto à delação de Judas, que realmente o convencera das intenções subversivas do movimento cristão.

— Conforme a Lei do Tribunal Sagrado, somente hoje, à tarde, o culpado poderá ser sentenciado — redarguiu-lhe o agente de Caifás. E num tom de profunda ênfase, exclamou:

— Mas Jesus de Nazaré não feriu apenas o poder divino, porém, comprometeu a ordem pública. Já foi julgado pelo direito sagrado, que está acima das competições humanas, mas agora encontra-se perante o juízo representativo do Imperador Tibério, que o julgará como crime civil de lesa-pátria e subversão.

E antes mesmo que Pilatos se insurgisse contra essa arenga impertinente e provocante, em que o Sumo Sacerdote fazia-o lembrar-se de suas próprias obrigações, o beleguim ainda prosseguiu, num tom indagativo, sem mesmo disfarçar o ar acintoso de desafio:

— Jesus de Nazaré, desmoralizador do direito sagrado, será lapidado como ímpio e profanador, mas isento de culpa perante Roma e para estímulo de novas sedições; ou considerado rebelde à ordem pública, sofrerá o suplício da cruz em bom cumprimento dado pela sentença do ínclito representante do Imperador Tibério.

Pôncio Pilatos recuou no espaldar da poltrona, os lábios entreabertos e pasmados de tanta audácia. Estava habituado ao cinismo e à petulância dos hebreus, porém, jamais tolerava que se imiscuíssem em seus negócios e nas suas obrigações públicas. O Sumo Sacerdote não lhe exigia a morte de Jesus, o rebelde inimigo do Clero Judeu; mas parecia desafiá-lo sob a ameaça de um rosário de consequências graves, se assim não o fizesse. Com isso demonstrava que possuía todos os trunfos na mão e jamais abdicaria de tal favor.

Sentiu-se sumamente ofendido no seu amor-próprio, ante a atitude descarada do esbirro de Caifás, tentado a dar uma lição ao seu capataz do Templo, pois um romano jamais se curvava tão facilmente à decisão acintosa de povos escravos. Mas isso também dependeria de conhecer melhor o sedicioso Jesus, pois, se o soltasse por um capricho e ele promovesse qualquer nova insurreição, ser-lhe-ia difícil explicar a Tibério os motivos que o fizeram decidir de modo tão discutível. Então, em vez de inquiri-lo na ante-sala do Pretório, ante os juízes, mandou conduzir Jesus ao seu aposento de trabalho. Ante a fraqueza e o estado aflitivo do rabino galileu, mandou sentá-lo:

— Que fizeste, galileu, para ateares a ira dos juízes do Sinédrio e atraíres tantos testemunhos de sedição, que me obrigas a crucificar-te? — indagou Pilatos com suma altivez, mas de certa afabilidade na secura da voz.

Jesus ergueu os olhos para o Procônsul, algo surpreso do tratamento mais ameno daquele rígido romano e volveu-lhe um olhar de gratidão. Pilatos remexeu-se na poltrona, algo contrafeito.

— Fala, galileu! — ordenou, autoritário e impaciente. — Por que violaste a ordem pública?

Ante aquela rude, mas humana compreensão, Jesus propunha-se a expor os motivos de sua vida, os seus sonhos e as suas ideias da imortalidade, as relações entre os espíritos, os fundamentos da sua doutrina de libertação da humanidade e o verdadeiro sentido do Reino de Deus, que ficava acima dos interesses e das contingências humanas. Desconhecia os motivos por que Pilatos o tratava com certa deferência, em vez de mandá-lo de imediato ao juízo comum, onde já teria sido sentenciado dezenas de vezes, tal a prodigalidade de provas e testemunhos fornecidos pelo Sinédrio.

Pôncio Pilatos compreenderia as suas esperanças e os seus ideais messiânicos, talvez o libertasse para poder continuar a sua obra de salvação humana. Mas Jesus, subitamente, envolvido por estranha vibração que o penetrou por todos os poros do corpo e lhe avivara os sentidos, tomado de surpreendente lucidez de espírito, reviveu os quadros já vividos no Horto das Oliveiras, quase sentindo o próprio sangue a gotejar das mãos e dos pés sangrando no martírio da cruz. Então fechou os olhos, clareando-se o entendimento de sua alma, pois ainda reviu, nessa ideoplastia mediúnica, que a humanidade lhe daria as costas, num gesto de desconfiança, se ficasse liberto dos grilhões dos hebreus e romanos. Mas aquele fugaz minuto de vacilação foi vencido, ao compreender que a sobrevivência do seu Evangelho dependeria do holocausto de sua vida carnal. Cortesmente e em palavras recortadas de ternura, mas de implacável decisão, Jesus respondeu a Pilatos, que o fitava com certa preocupação, sentindo-se impelido por um sentimento de simpatia:

— Nada tenho a defender-me das acusações dos homens, pois eu cumpro a vontade de meu Pai que está nos céus! A morte será para mim a coroa de glórias e a salvação de minha obra para a redenção dos homens!

Pilatos franziu a testa, profundamente surpreendido e, movido por um impulso sincero, assim se expressou:

— Mas eu posso salvar-te a vida, se isso me aprouver! Que pretendes, enfim?

— Recusar a vida que me ofereces, pois isso seria deserção e covardia. Só a minha morte não desmentirá aquilo que o Senhor transmitiu por mim aos homens!

Levantou-se o Procônsul e pôs-se a caminhar movido pelos mais estranhos pensamentos. Contrariando o que narra a história religiosa, jamais Pôncio Pilatos tentou salvar Jesus por questão de simpatia ou mesmo de piedade, sentimentos esses que não se afinavam com o seu caráter curtido pelas ambições e manhas da política de Roma. O que lhe importava era apenas o prazer de uma desforra contra Hanan, Caifás e seus sequazes, por saber que estavam em jogo os mais avançados interesses do Clero Judeu. No entanto, com a recusa de Jesus à sua clemência e ao indulto oferecidos, o que lhe podia ser facultado antes de qualquer sentença do juízo comum ali reunido, a poucos passos, sentia-se inclinado a desistir da porfia contra o Sumo Sacerdote de Jerusalém.

Novamente fitou Jesus, com um olhar em que transparecia certo despeito. E assim indagou, algo ríspido:

— Como te atreves a recusar meu indulto?

— Não intentes salvar-me! — redarguiu Jesus delicadamente. — Jamais seríeis perdoado pela ira dos que me condenaram.

Pôncio Pilatos ficou corado, ao verificar que o próprio acusado parecia saber de suas hesitações em afrontar os sacerdotes do Sinédrio.

— Julgas que eu temo esses sacripantas do Templo? — inquiriu num assomo de altivez.

— Sou grato pela vossa clemência e sei que não temeis os vossos cativos, mas eu preciso morrer por força de minha obra, só assim ela viverá! — respondeu Jesus com tal doçura que desarmou a ira de Pilatos, fazendo-o responder:

— Eu não te entendo, galileu!

Mas, de súbito, Pôncio Pilatos começou a perceber quão importante deveria ser a morte de Jesus para Caifás e seus sequazes e também a gravidade de sua decisão naquele momento. Aliás, havia alguns dias ele vinha sendo presenteado com os mais apetitosos faisões, frutos das mais finas qualidades, vinhos de Chipre, que tanto apreciava e iguarias raras. O inimigo, antes de agir junto a Tibério, acenava-lhe com as boas graças. Ademais, sabia-se em toda Jerusalém que naquela semana havia seguido um valioso carregamento de objetos, joias e adereços raros para Tibério, sua esposa e principais cortesões em Roma. Em consequência, Pilatos tinha razão para ficar seriamente apreensivo ante qualquer maquinação da família sacerdotal, que, para desalojá-lo da Judeia, não vacilaria ante as maiores infâmias e subornos. Enriquecia prodigamente no governo da Judeia e em breve teria garantido agradável futuro na sua herdade de Espanha, quase desonerada de compromissos.

Deixando-se dominar por um impulso indefinível, como a auscultar os seus interesses ocultos e ao mesmo tempo satisfazer o seu brio ferido, mas sem a veemência dos primeiros momentos, Pôncio Pilatos indagou a Jesus:

— Ainda te obstinas em morrer?

— Tu o disseste! — respondeu Jesus, sem vacilar.

Pouco lhe importava que o rabi da Galileia fosse indultado ou crucificado, pois não passava de uma peça viva igual a tantas outras que já fizera morrer por danos menores. Mas era o seu amor-próprio profundamente ferido, que o levava a hesitar na sentença final. O prisioneiro era um pretexto para lhe contentar o espírito de desforra contra o Sumo Sacerdote. Talvez, se lhe tivesse sido pedida a absolvição do acusado, sem dúvida tudo faria para crucificá-lo, a fim de contradizer o seu adversário. Jesus levantou-se, compreendendo que estava finda a entrevista e se dirigiu para a porta. Talvez atuado por alguma força oculta a que não pôde fugir, Pilatos fez um gesto com a mão, ordenando a Jesus que esperasse. Quase revoltado consigo mesmo, sofrendo ao fazer qualquer cessão ao próximo, disse bruscamente ao Mestre Cristão:

— Se desejas a morte, dize, pelo menos, o que posso fazer por ti!

Jesus fitou-o bem nos olhos, transmitindo-lhe a força do seu magnetismo sublime, o poderio do seu espírito e a ternura do seu coração. Então, pediu-lhe num supremo apelo, que tocou as fibras endurecidas do Procônsul romano:

— Se queres ajudar-me, não persigas os meus discípulos. Ser-te-ei grato da Casa de Meu Pai, por toda a eternidade!

Pôncio Pilatos mirou Jesus de alto a baixo, sem poder esconder a sua admiração por aquela deliberada renúncia, pois agora não lhe era difícil compreender porque ele desejava morrer e tudo fazia para que isso se efetivasse. O generoso rabino galileu tomava a culpa de todos os seus asseclas e buscava a morte para salvá-los! Algo de benfazejo tocou-lhe a alma, pois fez um gesto confuso, traindo sincera emoção e, precipitando-se nas palavras, como se temesse mudar de opinião, disse-lhe:

— Prometo, rabino! Enquanto eu aqui estiver, jamais perseguirei um dos teus discípulos, se retornarem às suas casas e abandonarem a sedição.

E, rodando nos calcanhares, encaminhou-se para a porta acenando a Jesus.

Súbito, Pilatos teve uma ideia, ao perceber que o povo se juntava na adjacência do Pretório, quer devido à passagem obrigatória para o Templo, quer pela curiosidade ante o julgamento do rabino da Galileia. Então mandou conduzir Jesus até o espaçoso terraço sob as colunas coríntias e o expôs ao público, enquanto se reduzia o vozerio do povo e o arauto berrava:

— Silêncio! O Procurador de Roma quer falar!

Pôncio Pilatos estava corado até à calva e não escondia a sua ira e repugnância em dar qualquer satisfação dos seus atos àquele povo desprezível. Mas, obcecado pelo seu bem-estar e pelos seus interesses ambiciosos, tentando frustrar os objetivos de Caifás sem se candidatar a futuras vinditas, resolveu induzir o próprio povo judeu a absolver ou condenar o rabino galileu. No primeiro caso ele estaria livre do ressentimento sacerdotal; e, no segundo caso, sentir-se-ia satisfeito no seu amor-próprio, pelo fato de o povo decidir pela sentença que ele mesmo negaceava em atender. Esperava lograr o Sumo Sacerdote pela absolvição de Jesus através da decisão do próprio povo. Ergueu a mão, num gesto de silêncio e, apontando o rabi da Galileia, indagou de modo arrogante:

— Que desejais a este homem? A liberdade ou a morte?

Houve um breve silêncio no seio da multidão que se juntava diante das grades do muro do Pretório. Pôncio Pilatos supôs que uma onda de simpatia envolvia aquelas criaturas a favor do acusado. Um sorriso irônico já lhe tomava os lábios, na certeza da próxima absolvição de Jesus e a consequente frustração do ardil do Sumo Sacerdote, quando estourou dos quatro cantos da praça um clamor disciplinado e num só diapasão de voz: "Crucifica-o! crucifica-o!" Era um grito ondulante, mas coerente, que estrugia numa certa ordem, abafando as vozes que provavelmente estariam pedindo a absolvição do rabi galileu.

— Morte ao Rei de Israel! Morte ao falso Filho de Deus! À cruz com o Messias! Crucifica-o! Crucifica-o! — berravam dezenas de criaturas num tom ameaçador.

Pôncio Pilatos mordeu os lábios e ficou congesto; estufou o peito e parecia explodir. Não se sentia apiedado de Jesus, mas o que o encolerizava era a sua frustração quanto ao objetivo de forçar os judeus a absolver o prisioneiro, para então glosar o logro de Caifás e seus sequazes.

— Cães! ... — bradou ele num assomo de raiva. — Cães vendidos e mercenários!

Realmente, não era o povo, que ainda simpatizava com Jesus, que gritava o "crucifica-o", mas isso provinha da "claque" infame recrutada a peso de ouro pelo Sumo Sacerdócio, com a finalidade de pedir a morte de um justo, assim como também lhe pediria a absolvição, caso fosse bem paga para isso.

— Crucifique-se o impostor! Crucifique-se o Rei de Israel!

— prosseguiam os agentes mercenários do Sinédrio, impedindo qualquer demonstração em favor do mestre Jesus. Entre eles misturavam-se alguns sacerdotes de absoluta confiança de Caifás, e que vigiavam o infame clamor da morte. Pôncio Pilatos, receoso de contrariar a vontade daqueles astutos chefes do Sinédrio, que poderiam prejudicá-lo em Roma, comunicando a Tibério que, apesar de o povo de Jerusalém ter exigido a morte do sedicioso rabino galileu, ele o havia indultado, então exclamou irado, num desabafo de desforra:

— Quereis a morte do rabi da Galileia? Pois seja, eu o entrego ao juízo do dia! Se ele for condenado, vós mesmos o condenastes, porque eu lavo as minhas mãos deste julgamento.

Rodopiou sobre os calcanhares, acenando para que encaminhassem Jesus à antessala onde se reunia a corte do juízo sumário. Diante das provas acusatórias, da confissão de Judas, da condenação do Tribunal Sagrado e do interrogatório que lhe foi feito por crime de subversão, o Mestre manteve-se em absoluto silêncio, agravando ainda mais a sua situação desfavorável. Após alguns momentos de confabulações e sucinto exame das peças acusatórias enviadas pelo Sinédrio, os juízes romanos condenaram Jesus à crucificação.

PERGUNTA: — *Certos autores objetam que é um absurdo a narrativa evangélica de que a crucificação de Jesus foi efetuada apenas algumas horas depois da sentença. Que dizeis?*

RAMATÍS: — A justiça romana exercida nas províncias cativas contra os sediciosos, conspiradores e escravos rebeldes procedia-se de modo sumário; a condenação era imediata e a execução logo em seguida. Os romanos eram práticos e sem sentimentalismos — provada a culpa do acusado, ninguém jamais o salvaria. Embora se deva assinalar a ética avançada do Direito Romano para a época, a sua aplicação justa e racional só se referia aos patrícios e cidadãos de Roma, pois outro era o tratamento concedido aos povos cativos. Jamais contemporizavam com as tentativas sediciosas ou conspirações contra o poder público, mas arrasavam cruelmente qualquer movimento ou objetivos insurretos, a fim de atemorizarem futuros levantes. Durante o seu domínio despótico, os romanos semearam milhares de cruzes na Palestina, onde também apodreceram milhares de rebeldes, conspiradores e até imprudentes criaturas, que foram capturadas na proximidade das sedições. Os romanos endurecidos não consideravam os povos vencidos além de matéria-prima para garantir os seus feitos orgulhosos e manter as suas instituições econômicas.

Apesar da tentativa de Pôncio Pilatos em salvar Jesus para

contrariar os objetivos do Sumo Sacerdote e sua família, nem por isso ele manifestava qualquer sentimento piedoso ou de simpatia pelo acusado. A verdade é que, tivesse de sacrificar os seus interesses e suas ambições para salvar Jesus, sempre terminaria optando pelo sacrifício do rabi da Galileia. Cumpria-lhe atender às tradições dos judeus, pois no sábado e domingo da Páscoa não deveria haver execuções, cerimônias fúnebres ou crucificações, para não ensombrar as festividades da "cidade santa". Então a sentença de crucificação de Jesus deveria ser cumprida na própria sexta-feira de sua condenação. Isso fez a "claque" do Sinédrio prorromper em aplausos, enquanto, alguns momentos depois, uma delegação de sacerdotes, adrede preparada, comparecia ao átrio do Pretório e um dos seus agentes oficiais lia, em voz untuosa, a saudação lisonjeira que o Sumo Sacerdote fazia a Pôncio Pilatos, na qual o cumprimentava pela sua "lisura e retidão no desempenho do honroso cargo que lhe fora confiado pelo Augusto Imperador Tibério". Pilatos ainda se mostrava despeitado e irascível, temendo a astúcia de Caifás, mas ao ouvir a hipócrita cantilena de elogio, não pôde deixar de envaidecer-se ante a perspectiva de que seriam enviadas excelentes notícias a Roma. Alguns momentos depois, Jesus já não lhe ocupava o pensamento. Nem mesmo procurou saber-lhe do destino, após assinar-lhe a sentença de morte, assunto que dali por diante ficaria a cargo do preposto do centurião Quinto Cornélio. A verdade é que o seu falso sentimentalismo de alguns minutos fora superado rapidamente pelos seus interesses e pela vaidade do mundo.

PERGUNTA: — Contam as narrativas evangélicas que Pôncio Pilatos tudo fez para salvar Jesus e o reconheceu inocente, chegando a desesperar-se porque os próprios judeus optaram pela crucificação. No entanto, dizeis que Pilatos apenas tentou desforrar-se do Sumo Sacerdote, na sua preocupação de absolver Jesus?

RAMATÍS: — O certo é que diante da severidade das provas que lhe foram entregues, Pôncio Pilatos não só considerou o rabi galileu líder de rebeldes perigosos, como ainda reconheceu a necessidade de sua eliminação imediata em favor da segurança do seu governo. Ele não considerava inocente ou inofensivo um homem que se intitulava "Rei de Israel", mas que chefiava um bando de galileus belicosos.

Não seria tão tolo a ponto de sacrificar a sua segurança administrativa na província da Judeia, só para salvar um judeu rebelde e desconhecido, já condenado pelos seus próprios compatriotas. Pôncio Pilatos não era peça de fácil engodo, pois, apesar do seu temperamento hesitante, ele se mostrava altivo, orgulhoso e déspota, nos momentos em que entravam em jogo a sua ambição, vaidade e seus interesses. Malgrado o seu caráter indeciso, a cólera sempre o fazia decidir a seu favor, coisa em que ele jamais se enganava.

Também não escondia o seu desprezo pela religião e pelo fanatismo dos judeus, pois, quando não se ria das intrigas e aflições da crença infantil daquele povo, chegava a ameaçá-los de um dia penetrar no Templo em afrontoso desafio. É certo que os judeus também eram insolentes e não escondiam o seu desprezo pelo "magnânimo e supremo Tibério, Imperador de Roma", provocação que eles faziam através do seu próprio Procônsul, tão orgulhoso.

Em consequência, Jesus de Nazaré também não passava de um judeu rebelde que tanto merecia a chibata como a crucificação, embora até lhe fosse aliado na sua resistência contra o astuto Clero Judeu. É evidente que, se Pilatos tivesse reconhecido a inocência de Jesus e lhe fosse amigo sincero, pelos menos o teria livrado da flagelação e recomendado a "bebida da morte", para logo depois da crucificação.[89]

---

[89] A "bebida da morte" só era ministrada por autorização superior a certos condenados à crucificação, que então gozavam de alguma consideração entre os romanos, ou tinham amigos influentes, que poderiam apelar para esse recurso da morte piedosa. Trata-se de uma bebida feita de um vinho vinagroso, mirra e certa substância extraída de um cardo venenoso, da Índia, que liquidava o condenado dentro de uma ou duas horas após a crucificação, livrando-o dos padecimentos atrozes, que podiam se prolongar por dias e noites.

31. O drama do calvário

PERGUNTA: — Jesus foi realmente flagelado? Temos compulsado obras que desmentem esse relato dos evangelistas, considerando que seria demasiada perversidade e contrária à ética dos romanos flagelar um condenado à sentença de crucificação.

RAMATÍS: — Por que Jesus não poderia ser flagelado, se o condenaram ao suplício mais atroz e infamante, como a morte na cruz? Os castigos corporais eram de hábito comum entre os romanos. O chicote, um símbolo do seu poderio sobre os povos vencidos, e a flagelação, embora fosse um método bárbaro, consistia num corretivo tão comum entre os próprios concidadãos de um mesmo país, como o velho regime da palmatória sob o jugo do mestre-escola. E isso não poderia ser diferente naquela época, em que as qualidades cristãs ainda eram embrionárias na humanidade. Aos romanos pouco lhes importava a distinção entre os prisioneiros vencidos ou escravos, pois não lhes minorava a pena e o tratamento o fato de serem pobres, ricos ou cultos, mas qualquer reação do vencido punia-se pelo primeiro capataz ou soldado que se sentisse irado ou ofendido por qualquer resistência alheia.

O chicote descia sem cessar nas carnes dos infelizes escravos, que deviam dar o máximo de suas energias para o bem de Roma. Quando caíam esfalfados ou imprestáveis, os seus algozes os matavam impiedosamente ou então os deixavam apodrecer ao relento e sem qualquer assistência. O burro de carga que hoje trafega pelas ruas das cidades amparado pelas sociedades protetoras dos animais, vive em melhores condições do que o ser humano que era cativo dos romanos. Malgrado o nosso sentimentalismo e a preocupação de resguardarmos a cultura de Roma, o certo é que os romanos ainda não revelavam virtudes tão elogiosas, que os fizessem tratar com ternura ou tolerância os rebeldes ou prisioneiros obstinados. O chicote não levava endereço certo. Era um modo de manter a memória dos vencidos sempre alerta para o poder e a glória de Roma.

Jesus não passava de um judeu culpado de subversão pública, e agravado pela condenação do Tribunal Religioso dos seus patrícios, e por esse motivo seria passível da flagelação habitual a todos os condenados. Embora condenado ao suplício da cruz, nem por isso devia ser poupado do azorrague, como a preliminar tradicional de qualquer punição. No entanto, devido à sua excessiva fraqueza e estado enfermiço febril, o "lictor" vergastou-o de leve, por três vezes apenas, usando o chicote feito de tiras de couro cru, mas sem as pontas de chumbo ou de osso que arrancavam pedaços da carne.

PERGUNTA: — E que dizeis das cenas relatadas pelos evangelistas, em que Jesus foi alvo de cruéis zombarias e insultos por parte dos soldados romanos?[90]

RAMATÍS: — Realmente, ocorreram algumas cenas degradantes contra o Mestre Jesus no pátio da prisão romana, mas não se ajustam à descrição melodramática dos evangelhos. Os legionários romanos, como prepostos de Pôncio Pilatos, eram produtos de férrea disciplina de três anos de trabalho consecutivo e preparo guerreiro; homens corajosos, altivos e decididos, embora rudes e impiedosos. No entanto, jamais desciam ao espetáculo circense de cuspir e esbofetear os prisioneiros, pois mantinham certo decoro nos seus atos e tudo faziam para não mancharem a sua dignidade de "homens superiores".

Quando Jesus foi recolhido ao pátio da prisão, situada a poucos passos do Pretório, diversos simpatizantes e amigos o seguiram. Os mais sensíveis choravam por vê-lo preso e outros lançavam seus protestos contra o crime de condenarem o generoso rabino que só pregava o amor e a paz. Mas a turba de mercenários contratada pelo Sinédrio e acicatada pelos acólitos de Caifás, impedia propositadamente qualquer manifestação de simpatia ao prisioneiro Jesus, que ainda não havia perdido a estima do seu povo. Mas Ele não foi humilhado pelos legionários

[90] João, 29:1-3; Mateus, 27:26-31.

do governador, conforme diz Mateus (27:27), sofrendo toda sorte de zombarias, insultos, escárnio e maus tratos.

Isso aconteceu por parte da criadagem ínfima, de alguns servos e escravos da comitiva de Pilatos e que, por ser hora de refeições, ali descansavam e eram vezeiros em tais empreendimentos sarcásticos. Infelizmente, a maioria se compunha de hebreus mercenários, desses apátridas que buscam prestígio ante os seus próprios donos ou capatazes, embora tenham de tripudiar vilmente sobre os próprios patrícios. Alguém apanhou um pedaço de pano vermelho, que ali servia para os soldados jogarem dados e o colocou nos ombros de Jesus, enquanto outro lhe punha uma cana entre as mãos, à guisa de um cetro real. Não satisfeitos, ainda arrancaram galhos finos de um pé de vime adjacente e o trançaram na forma de uma coroa, aliás, sem espinhos, que puseram sobre a cabeça do Mestre. Divertiram-se todos durante alguns momentos cruzando à frente do rabi, fazendo mesuras e saudando-o à conta de um rei. Um mais sarcasta puxou-lhe a barba, obrigando-o a acenar algumas vezes com a cabeça em resposta às suas petições zombeteiras. Os legionários romanos, postados ali por perto, riam-se, sem dúvida, talvez sugerindo alguma chalaça, mas nenhum deles participou daquelas cenas grotescas, coisa que ainda no vosso século costuma acontecer a muitos inocentes vítimas de semelhantes trocistas ignóbeis. Momentos depois, homens e mulheres, autores da farsa infeliz, desapareceram para atender às suas obrigações, enquanto Jesus ficava a meditar no opróbrio de receber as piores afrontas e crueldades por parte dos seus próprios patrícios, em vez de sofrê-las somente de seus adversários. Mais uma vez ali se provava o velho ditado, ainda hoje conhecido, de que "a pior cunha é sempre aquela que sai da mesma madeira"![91]

PERGUNTA: — Que sucedeu a Jesus, após as cenas humilhantes praticadas pelos servos, escravos e criados hebreus da corte de Pilatos?

[91] Nota do Médium: — Referendando Ramatís, de que os "melhores amigos de hoje podem ser os piores inimigos de amanhã", sabe-se que, durante a guerra nazista, as "mulheres-carrascos" dos campos de concentração, e que haviam sido escolhidas entre as próprias prisioneiras húngaras, tchecas e polonesas judias, eram muito mais cruéis para as companheiras do que as de raça alemã, na preocupação de ressaltarem-se ante os detestados chefes". Os piores surradores de negros fujões eram recrutados entre os próprios escravos, no Brasil colonial; no tempo da chibata, soldados e marinheiros apanhavam a valer dos próprios companheiros improvisados em carrascos, suplicando que preferiam os surradores oficiais!

RAMATÍS: — Era quase meio-dia; o Sol ia alto e o dia estava abafadiço prometendo chuvas torrenciais para a tarde, quando Jesus foi custodiado por um grupo de soldados romanos, iniciando a sua trágica jornada a caminho do Calvário, saindo pela porta de Damasco. O povo aglomerava-se junto do portão e dos muros da prisão, quando Jesus apareceu, Maria de Magdala, Salomé, Joana, Sara, Maria e outras mulheres precipitaram-se para abraçá-lo, mas foram impedidas com rudeza pelos soldados. Então ajoelharam-se, soluçando, sob as mais pungentes lamentações e clamando por Deus, enquanto o Amado Mestre lhes volvia um olhar compassivo e resignado. A rua se fazia cada vez mais íngreme e ele estava palidíssimo; tinha as mãos atadas e dava mostras visíveis de cansaço e dores físicas. À sua retaguarda, dois servos seguiam-lhe os passos carregando o pesado tronco de árvore, que depois lhe serviria para o suplício da cruz. A procissão seguia sob a indiferença dos soldados, bastante habituados àquelas cenas e aos lamentos dolorosos de parentes, amigos e simpatizantes dos condenados, que tanto suplicavam a libertação do prisioneiro como ofereciam toda sorte de valores para que assim o fizessem.

Aliás, os soldados cumpriam ordens superiores dentro da rotina peculiar daquelas execuções, sem qualquer iniciativa pessoal de agravar ou amenizar o sofrimento dos condenados. Mas, em dado momento, o chefe da patrulha romana atendeu à súplica das mulheres e consentiu que elas socorressem Jesus. Sem perda de tempo e dispondo apenas de alguns segundos, Verônica enxugou-lhe o rosto e Joana deu-lhe água fresca de um cântaro pequeno. Logo em seguida, puseram-se outra vez em marcha. O trajeto da porta de Damasco até o cimo do Calvário foi percorrido em 16 minutos, pois as execuções se cumpriam fora dos muros da cidade. Jesus mal podia respirar; o seu corpo tremia sob a temperatura febril e o suor empapava-lhe o rosto, vertendo sob as vestes amarfanhadas e manchadas de sangue da flagelação. Os encarregados da crucificação tinham pressa, pois o sol do meio-dia crestava as carnes de todos. Sob o rochedo de forma cônica, cujo aspecto se parecia realmente com uma caveira encimada por tufos de capim e arbustos reduzidos, a multidão espalhou-se e se dividiu em grupos. Aqui, os curiosos ou sádicos animados pelo espetáculo tenebroso; ali, parentes, discípulos e amigos oravam sob mortificante desespero; acolá, divertiam-se os infelizes escarnecedores de todos os tempos, que tripudiam vilmente até sobre o martírio dos justos. Alguns, mais sensíveis e confiantes, oravam fervorosamente, certos de que o céu não tardaria em se abrir despejando legiões de anjos para arrasar os soldados e libertar a Judeia do jugo dos romanos, conforme anunciava a profecia do Velho Testamento no advento do Messias.

Então se deu o terrível e doloroso suspense para todos. Amigos e discípulos de Jesus estremeceram e as mulheres caíam de joelhos em terra, sob cruciante oração, enquanto dois ajudantes despiram Jesus deixando-lhes apenas um pano em torno dos rins. Outro lhe oferecia um caneco de vinho com mirra, que servia de bebida anestesiante para os condenados suportarem os primeiros momentos atrozes da crucificação. Quase sempre isso provinha da iniciativa de um grupo de mulheres piedosas, que se reuniam e se cotizavam para amenizar o cruel sofrimento dos crucificados. Jesus mal tocou a bebida com os lábios e recusou-a, pois queria sofrer o martírio em perfeita lucidez de espírito e não se entorpecer na sua comunhão espiritual com o Senhor. Estava convicto de que sua obra redentora pedia tal sacrifício para o bem da própria humanidade e, por isso, queria estar consciente do seu próprio holocausto. Em seguida, deitaram-no sobre a cruz, pregaram-lhe as mãos na trave superior horizontal e os pés num apoio de madeira da trave vertical, enquanto outro carrasco também fixava um pedaço de madeira entre as suas pernas, aliviando-lhe o peso do corpo para não rasgar-lhe as mãos. Depois ergueram a cruz com o seu corpo já pregado e a colocaram na abertura do solo, ficando os pés à altura de uma jarda do chão. Outros dois condenados também foram crucificados em torno de Jesus, os quais se lamentavam sob os mais lúgubres gemidos na sua dor lancinante, porém, não lhe dirigiram a palavra conforme consta nos evangelhos.[92]

Era o ponto final do processo da crucificação. Dali por diante o tempo de vida de cada um dos crucificados dependeria exclusivamente de sua resistência orgânica, pois havia casos de indivíduos tão robustos e cheios de vida, que se aguentavam vivos durante dois, três e até quatro dias na cruz.

PERGUNTA: — Há veracidade nos relatos evangélicos de que Jesus também foi vilipendiado mesmo depois de pregado na cruz?

---

[92] Lucas, 23:35-43.

RAMATÍS: — Do alto da cruz Jesus circundou o seu olhar terno e amoroso sobre as criaturas que se achavam dispersas pelo cimo do Gólgota, procurando rostos amigos e entes queridos. Finalmente identificou Madalena, Salomé e Joana de Khousa; João, o querido discípulo, e seu irmão Tiago, sempre paciente e entusiasta; Marcos, corajoso e decidido; Tiago, maior, o fiel amigo. Mais além, quase atingindo o cimo do monte, chegava Pedro, cujo vulto alto e robusto parecia apoiar-se em seu irmão André; a seu lado, Sara e Verônica amparavam Maria, a infeliz mãe, que retornava ao Gólgota, depois de socorrida pela terceira vez dos seus desfalecimentos cruciantes ante o martírio do filho querido. Aquele quadro afetivo enfeitando as imagens dos seres que tanto ele tinha amado na sua jornada terrena, que pouco a pouco venciam o temor humano e vinham se juntar ao pé da cruz incendidos pela força da vida espiritual, satisfez Jesus e o encheu de regozijo. A sua morte e seu sacrifício já não seriam inúteis, pois as almas que escolhera para transmitir as suas ideias à posteridade, agora se comunicavam entre si e se agrupavam pela força coesiva dos pensamentos e dos sentimentos evangélicos, assim como as ovelhas, dispersas pela tempestade, depois se reúnem novamente sob o carinho do seu pastor.

Mas, de súbito, Jesus foi interrompido no seu devaneio consolador pelos gritos, chalaças e escárnios dos infelizes agentes de Caifás, que antes de se retirarem do Gólgota ainda procuravam arrematar a sua ignomínia com gestos de indiferença selvagem para agradarem aos seus chefes vingativos. Acossados pelos espíritos das trevas, sarcásticos o despeitados pelo triunfo indiscutível de Jesus, eles desceram à vileza de um humorismo tão negro como suas próprias almas.

— Desce da cruz, ó Filho de Deus! Chama teu Pai para te livrar do suplício! Guarda-me um lugar no teu reino! Para onde fugiram as tuas legiões de anjos? Salva o Rei dos Judeus no seu trono da cruz! Desce da cruz, salva-te primeiro e nós seremos teus crentes!

Enquanto riam fazendo gestos de deboche, Jesus pousou-lhes o olhar compassivo e resignado, fitando-os sem ressentimento, inclusive aos soldados que, às vezes, riam das zombarias dos esbirros de Caifás. Imensa ternura invadiu-lhe a alma, vibrando sob o mais puro e elevado amor. Novamente o seu olhar claro e expressivo, repleto de poderoso magnetismo angélico, então resplandeceu num fulgor majestoso, envolvendo aqueles seres tenebrosos num banho purificador e balsâmico, que os fez estremecer tocados pelo remorso e os fez silenciar. Após aquela transfusão de luz e amor, que tributou aos seus próprios algozes, abrindo-lhes o coração para um entendimento mais feliz da vida espiritual, Jesus ergueu os olhos para o alto e a sua voz suave e misericordiosa então se pronunciou vibrando ditosa no holocausto de sua própria vida:

— "Pai, perdoai-lhes, porque eles não sabem o que fazem!".[93]

PERGUNTA: — Jesus pronunciou todas as palavras, que lhe foram atribuídas, do alto da cruz?

RAMATÍS: — O Sol dardejava raios escaldantes sobre o dorso desnudo do Amado Mestre. O suor brotava-lhe do rosto em grossas bagas e o obrigava a fechar os olhos aumentando-lhe a tortura. Ele estava esmagado pela dor mais cruel. O corpo tenso, sem poder efetuar qualquer movimento sedativo, o excesso de sangue nas artérias e os vasos sanguíneos comprimidos faziam doer-lhe atrozmente a cabeça. As feridas dos pés e das mãos sangravam já empastadas, em parte, pela coagulação. O suplício da cruz era de espantosa atrocidade, pois a posição incômoda do crucificado produzia, pouco a pouco, uma rigidez espasmódica pela obstrução progressiva da circulação; o alívio impossível e a sede insaciável. A angústia crescente e o menor esforço provocava dores lancinantes. O sangue da aorta aflui mais para a cabeça e concentra-se no estômago na crucificação, pois o corpo do condenado fica muito tenso e pende para a frente. Poucas horas depois, processa-se também a rigidez na garganta e a atrofia das cordas vocais, o que sufoca a voz impedindo o crucificado de falar, salvo alguns estertores e sons inarticulados. Por isso, Jesus expirou sem pronunciar qualquer outra palavra, além daquele generoso pedido de perdão ao Pai para seus próprios algozes, quando ainda se achava na posse perfeita de sua voz. Como era criatura de contextura carnal mais apurada, ele também sentiu mais cedo os terríveis efeitos paralisantes e penosos do suplício da cruz. Enquanto os outros dois crucificados emitiam verdadeiros grunhidos de dor e desespero, o Mestre Amado curtia a sua desdita em silêncio e resignadamente; sua vida só se manifestava pelo arfar célere dos seus pulmões.

Daquele momento em diante, nem os soldados que mata-

[93] Lucas, 23:34.

vam o tempo jogando dados e bebendo o seu vinho vinagroso à sombra improvisada das três cruzes, nem os amigos e discípulos que se encontravam a poucas jardas de Jesus, ouviram-lhe quaisquer palavras além do seu silêncio doloroso e estoico.

PERGUNTA: — Contam os evangelistas que, na hora de Jesus expirar, o céu abriu-se em tremenda tempestade e se "difundiram as trevas sobre a terra e se rasgou o véu do Templo em duas partes". Que dizeis disso?
RAMATÍS: — Conforme dissemos, quando Jesus foi crucificado já passava do meio-dia. Dali a algum tempo a multidão foi-se reduzindo em face do calor sufocante e talvez saciada do espetáculo confrangedor, que a uns comovia, a alguns horrorizava e a outros atraía por espírito mórbido e sadismo. O sol ardente obrigava os restantes a procurar sombras entre os raros arbustos ou junto das ruínas de algumas catacumbas de um velho cemitério abandonado. Mas quase todos se mostravam cansados e fartos da cena tormentosa da crucificação, além do silêncio lúgubre que só era entrecortado pelos gemidos cada vez mais pungentes dos crucificados ao lado de Jesus.

Não era permitido a ninguém aproximar-se da cruz além de dez jardas, pois a sentença impedia qualquer iniciativa que reduzisse o tempo de vida dos crucificados, infração que poderia ser punida até com a morte dos infratores e a prisão dos guardas negligentes. Os parentes e amigos que se achavam mais próximos da cruz estavam de joelhos e oravam a Deus para dar o alívio ou a morte ao querido Amigo e Mestre Jesus de Nazaré. Os homens tinham os olhos rasos de lágrimas e as mulheres gemiam aflitas em desesperado lamento.

Em verdade, na sexta-feira da crucificação todo o aspecto do tempo denunciava tempestade para a tarde ou a noite. Quando já fazia duas horas que Jesus fora crucificado, nuvens densas puseram-se a correr pelo céu, impelidas por um vento furioso, enquanto a luz do dia se apagava aos poucos, vencida por inesperada escuridão. As criaturas estranhas ao acontecimento da cruz apressaram-se a descer a encosta do Gólgota em direção aos seus lares. Sob o rugido do vento impetuoso, as cruzes se sacudiam arrancando gemidos lancinantes dos crucificados. Os próprios soldados se entreolhavam inquietos e os amigos do Mestre esperançavam-se de que Jeová iria intervir a favor do seu filho querido e eleito para a glória de salvar Israel.

Jesus sentia os braços cada vez mais entorpecidos por um espasmo cruciante. Recrudesciam-lhe as dores opressivas da cabeça e o estômago queimava-lhe ardendo de modo esbraseado, enquanto os músculos do ventre pareciam rebentar sob a pressão da carga do corpo crucificado, penso para diante. O sangue das feridas dos pés e das mãos havia estancado, mas outra dor pungente tomava-lhe o coração. Tiago, o irmão de Maria, confabulava com os companheiros; ele não poderia suportar o espantoso drama de ver o seu adorado Mestre e sobrinho findar-se na cruz, aos poucos, só pelo crime de ter amado demais a humanidade. O que iria lhe acontecer dali por diante? Quantos dias Jesus resistiria, até apodrecer, acometido das pavorosas crises da gangrena da cruz, torturado sob o enxame de moscas e insetos ou assaltado pelas aves carniceiras, que estavam habituadas a devorar os crucificados abandonados nas estradas?

Tiago estava decidido. Mesmo que tivesse que submeter-se às mais terríveis torturas, jamais ele deixaria morrer de fome ou de sede o seu Mestre, pois o sacrificaria prematuramente dando-lhe o desejado alívio. Mediu o espaço que o separava dos soldados, mas verificou, desanimado, que seria morto antes de lograr vencer aquelas dez jardas. Naquele momento, num esforço supremo para exprimir-se, Jesus conseguiu dar a entender que suplicava por um pouco de água. Os soldados se entreolharam, numa espécie de consulta recíproca. Então embeberam a esponja no caneco de sua beberagem alcoólica e aproximaram-lha dos lábios. Ele sorveu algumas gotas da bebida ácida, gozando de breve alívio nos lábios ressequidos para depois retornar à sua condição de imobilidade atroz.

Tiago e João ainda se aproximaram mais da cruz, quedando-se ante o sinal ameaçador de um soldado armado de lança. Num esforço pungente, eles ergueram os olhos para Jesus, cujas veias estavam tensas e pareciam saltar da fronte sob o impacto do sangue impulsionado pela aorta. Tiago enxugou o rosto com a própria mão e olhou o céu, como a pedir socorro. Luziu-lhe um brilho de esperança nos olhos lacrimosos, ao ver que os soldados buscavam um lugar apropriado para se abrigarem ante a tempestade que se mostrava cada vez mais aterradora. Ele pretendia, de um salto, apanhar a lança que se achava encostada na cruz de um dos ladrões e por amor e piedade por Jesus, o melhor homem do mundo, então far-lhe-ia cessar o tormento pavoroso, cravando-a no seu coração.

PERGUNTA: — *E como se findou, realmente, o drama tormentoso do Calvário?*

RAMATÍS: — O cimo do Gólgota estava ficando deserto de estranhos e curiosos, pois só os amigos, discípulos e parentes ali permaneciam açoitados pelo vento cada vez mais impetuoso e uivante à flor do solo. A dor do Cordeiro do Senhor extravasava o cálice da suportação humana. O Espírito mergulhado na tortura da carne vivia minutos eternos represando em si as angústias da imensa responsabilidade de esgotar a última gota de fel para a redenção do gênero humano. A chuva benfeitora rugia além das colinas da Galileia, manchando o noroeste de um negro líquido. Mas Jesus não desejava, de modo algum, esse alívio, que, ao mitigar-lhe a sede abrasadora e banhar-lhe o corpo febril, também lhe prolongaria o sofrimento desumano.

Sentia uma excitação psiconervosa cada vez mais intensa, tentando reunir todas as suas forças físicas e espirituais para vencer a terrível opressão que ameaçava despedaçar-lhe os tímpanos, romper-lhe a garganta e a cavidade pulmonar. Quis abrir os olhos e só o conseguiu após tremendo esforço, movendo tormentosamente a cabeça numa leve inclinação para a frente, como se tentasse vencer a massa granítica que parecia lhe pesar na fronte. Eis que naquele momento, então, fulgura no céu tenebroso um relâmpago imensurável. Sob a sua luz cegante, Jesus pôde vislumbrar e reconhecer os seus amigos, alguns discípulos e as piedosas mulheres que ali se reuniam na mais terna e veemente oração. Sua alma entreabriu-se numa visão beatifica e ele tentou mover os lábios, mas estavam tão rígidos, que não puderam, sequer, esboçar-lhe o sorriso meigo de gratidão aos seus queridos. O trovão rebentou forte e as nuvens dançavam furiosamente em choques bruscos. O peso da atmosfera parecia cair todo sobre o corpo de Jesus aumentando-lhe a terrível sensação de cruel esmagamento. Uma dor atroz partiu-lhe das pontas dos dedos da mão esquerda; depois subiu-lhe rápida pelo braço, como um arame incandescente perfurando-lhe as veias e, num átimo de segundo, bloqueou-lhe o coração, paralisando-lhe a respiração. Um forte estremecimento sacudiu-lhe as faces, os lábios e as pontas dos dedos entorpecidos; os olhos se nublaram completamente e sua cabeça pendeu desamparada sobre o ombro esquerdo!...

O Messias havia expirado!... Eram três horas da tarde!

Tiago viu-lhe a morte à luz do relâmpago e caiu de joelhos

num grito de dor pela perda do Mestre e num brado de júbilo pela sua libertação do suplício bárbaro da cruz. Todos levantaram-se e numa só exclamação, de braços erguidos, gritavam jubilosamente chamando a atenção dos soldados:

— Hosanas! Hosanas! O Mestre expirou! O Senhor nos ouviu!

Prostravam-se ao solo e beijavam a terra entre soluços indescritíveis. Então o chefe da patrulha de soldados, empunhando a lança, feriu a carne de Jesus. Primeiramente de leve, e depois forçou-a até manchar-se de rubro e verificar que não havia mais sinal de vida. Em seguida, ordenou a um soldado que fosse dar ciência ao centurião Quinto Cornélio da morte de um dos crucificados. Findara-se, entre todos, o angustioso temor de o Amado Mestre apodrecer vivo na cruz ou ser devorado pelas aves de rapina. Graças à sua natureza delicada e ao enfraquecimento vital produzido pela exsudação sanguínea no Horto das Oliveiras, ele sucumbira em menos de três horas pelo rompimento benfazejo da aorta, dando-lhe a desejada libertação na cruz.

Alguns minutos depois o céu então se abria em cataratas de chuva torrencial, sob o fragor dos trovões assustadores, do vento furioso e dos raios fulgurantes, desgalhando árvores, abrindo sulcos na terra ressequida, desmontando telheiros, ruindo túmulos à flor do solo, arrasando granjas e manjedouras, rompendo diques, extravasando rios, estraçalhando pontes, derribando muros, desmontando ruínas e abarrotando o chão das herdades com milhares de frutos maduros. As cruzes oscilavam ameaçando tombar devido ao amolecimento da reduzida massa de terra que cobria o cimo rochoso do monte da caveira, onde se dera a crucificação. Os soldados calçavam-nas com pedras e paus no meio da água que se juntava nas bases vacilantes. Os dois ladrões crucificados moviam-se reanimados pela preciosa linfa que lhes escorria através dos cabelos empapados, na avidez animal de sobreviverem. Malgrado a insistência dos soldados para que todos abandonassem o local, pois ali nada mais tinham a fazer com a morte de Jesus, os seus amigos e discípulos permaneceram encharcados até os ossos e enlameados até os tornozelos. Maria, abraçada à trave inferior da cruz, beijava o dorso dos pés do amado filho; Madalena soluçava prostrada de bruços no solo lamacento; e Tiago, de braços cruzados, não desfitava os olhos do semblante imóvel e pálido do seu adorado Amigo, sentindo-se venturoso de vê-lo livre daquele suplício infernal.

Pedro revelava um espanto tão doloroso na sua face, que ainda parecia duvidar daquele acontecimento tão trágico. João, de olhos entrecerrados, tinha a mão direita crispada sobre o coração e a esquerda pousada na testa inclinada. Temia despertar do seu mundo fantasioso e defrontar o pesadelo mais atroz de sua vida. Os demais enchiam o ar de lamentos e prantos tão próprios da raça hebreia, erguendo os braços aos céus, em tormentosa súplica e cruciante desespero.

Finalmente, ao anoitecer, José de Arimatéia e Nicodemus haviam conseguido de Pilatos a autorização para descer-lhe o corpo da cruz, o qual estranhou a morte tão rápida de Jesus. Depois de embalsamado com aromas, sais da tradição hebraica e envolto em lençóis limpos, o corpo do Amado Mestre foi colocado num sepulcro novo, cavado na rocha viva de um horto adjacente, até lhe ser destinada mais tarde a moradia adequada, pois sendo o sábado o "dia da preparação" da Páscoa dos judeus, não se deveria cuidar de cerimônias fúnebres.

A tempestade havia amainado e a água da chuva escorria pelas fendas rochosas e enlameadas do Gólgota. Momentos depois, o grupo de criaturas pesarosas se punha a caminho entoando um canto triste e pungente, o mais profundo lamento da alma atormentada, onde a saudade, o remorso, a angústia e o desalento lavravam como o fogo queimando as carnes tenras. Era a procissão lamentosa de homens e mulheres lavados pela chuva e manchados pela lama, que seguiam pranteando a perda do Sublime Amigo Jesus, o homem justo, inocente, heroico e leal, que sucumbira para deixá-los viver. Quando desapareceram no sopé da colina rochosa em direção à cidade, deixando nas asas do vento fatigado os sons melancólicos dos mais acerbos queixumes, ainda se podia ver no cimo do Gólgota a silhueta das três cruzes, que Jesus havia entrevisto mediunicamente, durante a sua agonia espiritual no Horto das Oliveiras e na véspera de sua morte.

No entanto, a cruz no centro estava vazia, porque já se havia cumprido o sacrifício do Salvador. Daquele momento em diante, ela deixava de ser o instrumento de castigo infamante do homem, para se tornar o caminho abençoado da libertação espiritual da humanidade. Jesus, o Messias, havia triunfado sobre as Trevas, nutrindo a Luz do mundo através do combustível sacrificial do seu próprio sangue!

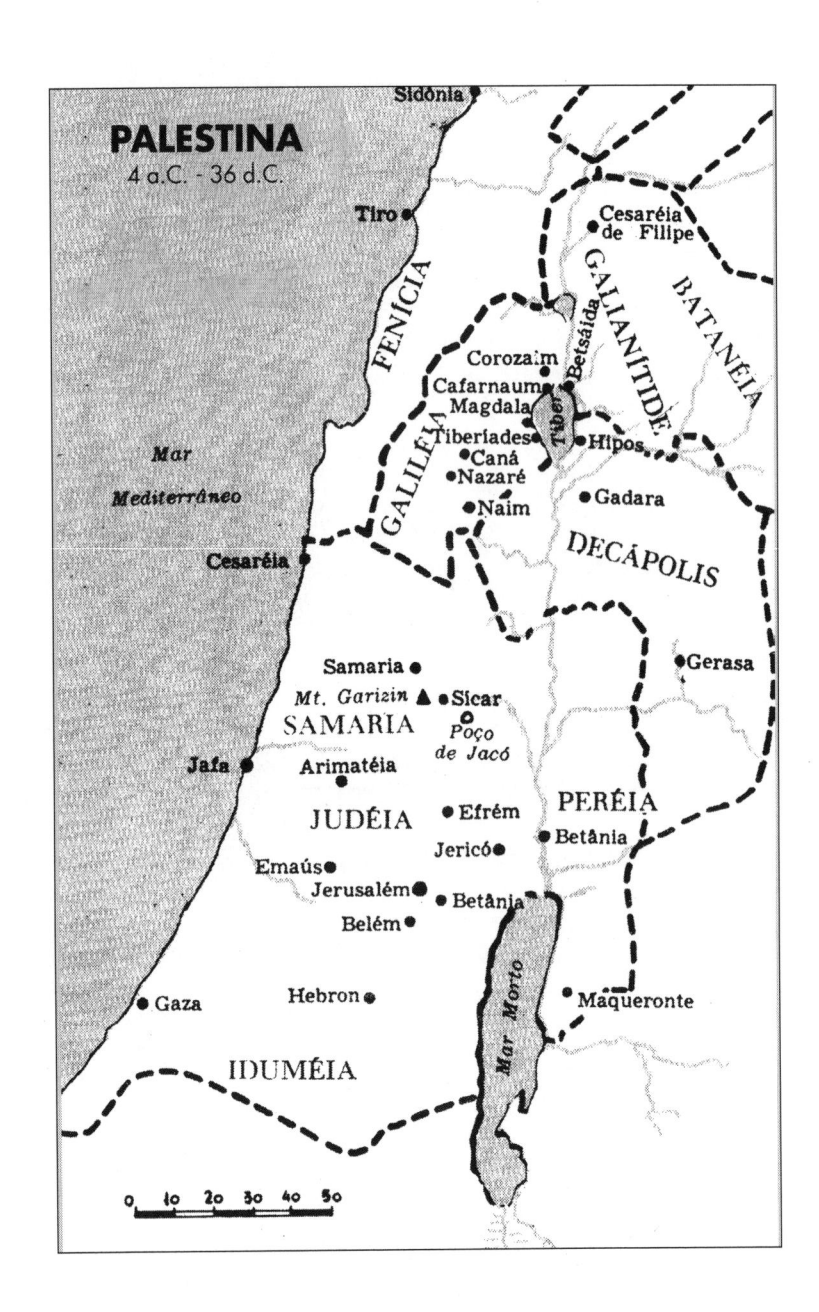

PALESTINA
4 a.C. - 36 d.C.

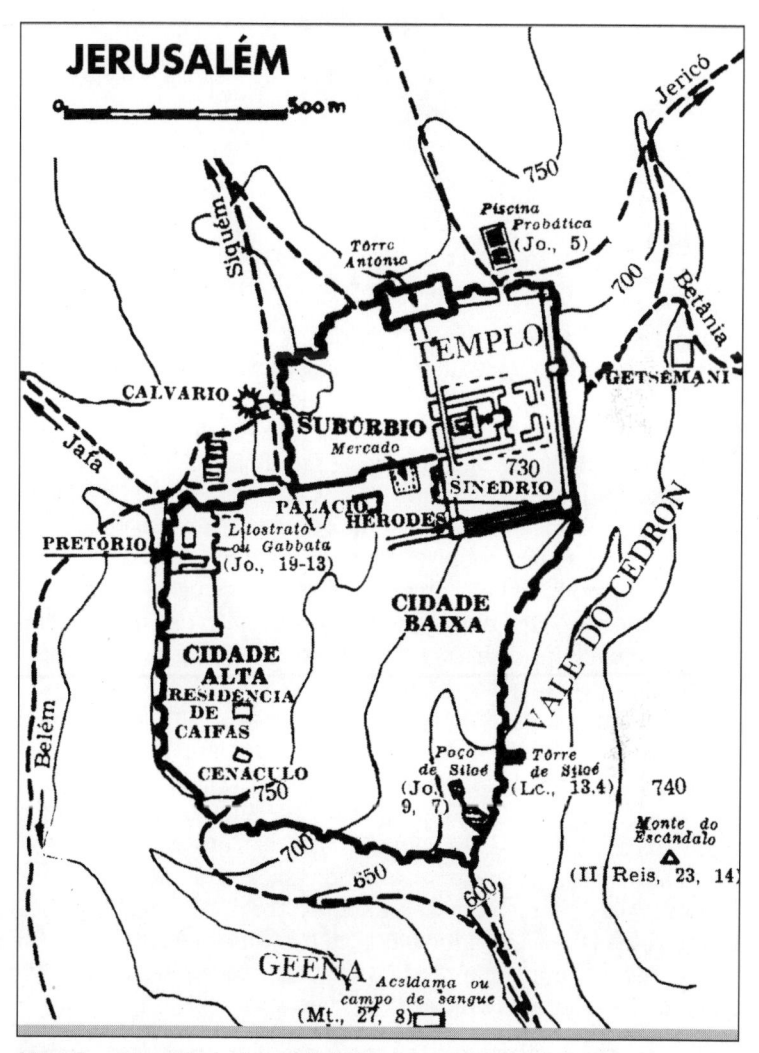

Mapa 2 — Jerusalém no tempo de Jesus.

DO ÁTOMO AO ARCANJO
Ramatís / Hercílio Maes
132 páginas – Formato 14x21cm

A mecânica evolutiva da Criação foi desvendada a Kardec – dois anos antes de Darwin! – pelos espíritos, com a genial declaração: "do átomo ao arcanjo, que começou sendo átomo". Mas... e entre o átomo e o arcanjo? Onde se encontram os degraus intermediários dessa escalada do zero ao infinito?

Com Ramatís, os degraus dessa simbólica "escada de Jacó" da imagem bíblica se povoaram, nos textos recebidos por vários médiuns e em diversas obras. Dos arcanjos (ou logos galácticos, solares e planetários) aos anjos e devas, dos espíritos da natureza aos animais – sem deixar de definir a posição de Jesus de Nazaré, anjo planetário da Terra, devidamente distinguida daquela do Cristo, nosso Logos.

Para que a humanidade possa ingressar de fato no patamar de consciência da Nova Era, esse conhecimento mais amplo da hierarquia e funcionamento do Cosmo se faz imprescindível, a fim de nos situar com maior amplitude no panorama do Universo e para o contato com nossos irmãos siderais, que se aproxima.

Este volume representa a condensação de conhecimentos iniciáticos milenares com que Ramatís abriu, para a mente ocidental, uma janela panorâmica sobre a estrutura e funcionamento do Cosmo, complementando a imorredoura revelação da Espiritualidade datada de um século e meio atrás.

O SUBLIME PEREGRINO

foi confeccionado em impressão digital, em março de 2025
Conhecimento Editorial Ltda
(19) 3451-5440 — conhecimento@edconhecimento.com.br
Impresso em Luxcream 70g – StoraEnso